Ken Wilber • Integrale Spiritualität

KEN WILBER

INTEGRALE SPIRITUALITÄT

Spirituelle Intelligenz rettet die Welt

Aus dem Amerikanischen von Karin Petersen, Berlin,
unter Mitwirkung von Dr. Andreas Lorenz, Berlin

Kösel

Die Originalausgabe erschien unter dem Titel »Integral Spirituality. A Startling New role for Religion in the Modern and Postmodern World«

Published by arrangement with Shambhala Publications, Inc., P.O. Box 308, Boston, MA. 02117

Penguin Random House Verlagsgruppe FSC® N001967

10. Auflage 2022

Umschlag: Kaselow Design, München
Umschlagmotiv: © Ryan McVay / Getty Images
Tabellen (S. 116–119, 279 u. Farbtabellen) sowie Grafiken:
Dipl.-Des. Uwe Schramm, Berlin (www.schramms.de)
Druck und Bindung: CPI books GmbH, Leck
Printed in Germany
ISBN 978-3-466-34691-2
www.koesel.de

INHALT

Anhang

Hinweis für die Leserinnen und Leser

In den letzten zwei Jahrzehnten ist ein radikal neuer theoretischer Rahmen für die systematische Erfassung der Welt und der in ihr stattfindenden Aktivitäten entstanden, der in weiten Kreisen zunehmend erkannt und anerkannt wird. Unter dem Begriff *Integraler Ansatz* hat er in allen gesellschaftlichen Bereichen von der Wirtschaft bis zur Medizin, von der Psychologie bis zur Justiz, von der Politik bis zur Idee der Nachhaltigkeit sowie Kunst und Erziehung Anwendung gefunden. Weil das Integrale Rahmensystem den Anspruch erhebt, umfassend und einschließlich zu sein, hat jede Disziplin, die es anwendet, sich entsprechend umfassender, effektiver, effizienter und einschließlicher reorganisieren können. Der Integrale Ansatz als solcher fügt diesen Disziplinen keine neuen Inhalte hinzu; er weist sie einfach darauf hin, welche Bereiche ihrer eigenen Ansätze nicht ganz integral oder umfassend sind und dient damit als Anleitung zu einer systematischen Neuformulierung dieser Disziplinen und zwar auf Wegen, die sich in manchen Fällen geradezu als revolutionär erweisen.

Was wäre, wenn wir den Integralen Ansatz auf **Spiritualität** anwenden würden? Das ist das Thema dieses Buches.

Dieses Thema ist seiner grundlegenden Natur nach so ernst, so düster, so enorm umfassend und weitreichend, dass dieses Buch nicht in Ernsthaftigkeit ersticken soll. Deshalb habe ich mich für einen Tonfall entschieden, der manchmal vielleicht zu weit in die andere Richtung geht, manchmal also zu salopp und sogar frivol scheinen mag. Ich denke aber, dies ist der einzig mögliche Umgang mit einem Thema, bei dem es um nichts Geringeres geht als höchste Anliegen wie Gott und GEIST, Erlösung und Befreiung, Sünde und Rettung der Seele, Illusion und Erwachen. Ein leichter Anschlag ist hier der weisere Ton und Leuchtkraft eine Gnade.

Eine der Hauptschwierigkeiten bei der Darstellung des Integralen Ansatzes besteht darin, dass wir ihn erklären müssen, bevor wir ihn anwenden können. Deshalb beginne ich dieses Buch mit einer Art Prolog oder Auftakt in Form eines Überblicks mit dem Titel: »Einleitung: Der Integrale Ansatz«. Diejenigen meiner Leserinnen und Leser, die mit dem Integralen Ansatz vertraut sind, können diese Seiten natürlich rasch durchblättern oder ganz überspringen.

Nachdem ich den Integralen Ansatz kurz vorgestellt und erläutert habe, wende ich ihn auf den Bereich Spiritualität an. Ich werde jedoch keine Zusammenfassung der Schlussfolgerungen geben, zu denen dieses Buch gelangt, sondern lediglich aufzeigen, dass es sich vier oder fünf der dringendsten Themen zuwendet, mit denen Spiritualität konfrontiert ist – wie ihrer Umsetzung im täglichen Leben, dem Beweis der Existenz von GEIST*, Stufen der spirituellen Entwicklung, der Rolle von Meditation oder Kontemplation, östlichen und westlichen religiösen Systemen und deren Beziehung zu den Strömungen in der modernen und postmodernen Welt. Das Ergebnis ist eine Art Manifest für eine Integrale Spiritualität.

Ein integraler Ansatz in der Spiritualität wird, so glaube ich, entdecken, dass diese in der modernen und postmodernen Welt eine radikal neue Rolle übernehmen kann, die bislang völlig übersehen wurde und die nicht nur funktioniert, sondern für die Menschheit als ganze eine sehr reale Form von Erlösung birgt. Wie diese Rolle aussieht? Genau diese Frage will die Diskussion klären, die sich auf den folgenden Seiten entfaltet.

Es gibt in diesem Buch zahlreiche Anmerkungen (siehe Anhang), und wer von Ihnen die entsprechenden Themen vertieft verfolgen möchte, findet hunderte Seiten von weiteren Anmerkungen auf den Webseiten *kenwilber.com* und *wilber.shambhala.com*. In diesem Buch

---

* Der transzendente »Geist« (engl. spirit) wird, um ihn vom denkenden Geist oder Verstand (engl. mind) zu unterscheiden, in diesem Buch meist in Großbuchstaben geschrieben, so, wie es sich in den deutschen Übersetzungen von Wilbers Schriften »eingebürgert« hat, Anm.d.Ü.

werden auch immer wieder die »Exzerpte A-G« erwähnt. Das sind Auszüge aus dem zweiten Band meiner Kosmos-Trilogie (deren erster Band *Eros, Kosmos, Logos* ist). Diese Exzerpte finden Sie ebenfalls auf den soeben genannten Webseiten.

Wenn ich auf den folgenden Seiten über den Integralen Ansatz schreibe, benutze ich oft das Pronomen »wir« statt »ich«. Dieses »Wir« bezieht sich auf meine Kolleginnen und Kollegen vom *Integral Institute* (I-I). Und ich benutze es zur Beschreibung dieser Arbeit, weil sie tatsächlich auf der gemeinsamen Anstrengung Hunderter von Individuen beruht, die direkt am *Integral Institute* mitarbeiten (und weiteren Zehntausenden, die Mitglieder des I-I sind) und sich der Aufgabe widmen, in sämtliche Lebensbereiche einen integraleren Ansatz einzubringen. Mehrmals im Buch werden wir Sie einladen, sich uns anzuschließen (*www.integralinstitute.org*), wenn Sie dieses außergewöhnliche Abenteuer mit unterstützen möchten.

Ein neuer Tag ist angebrochen, ein neuer Morgen dämmert, ein neuer Mann, eine neue Frau zeigen sich am Horizont. Der neue Mensch ist integral, und das gilt auch für seine Spiritualität.

Ken Wilber
Denver, Colorado
Herbst 2005

Einleitung

DER INTEGRALE ANSATZ

ÜBERBLICK

In den letzten 30 Jahren sind wir Zeugen eines Phänomens geworden, das in der Geschichte zum ersten Mal auftaucht: Wir haben heute Zugang zu sämtlichen Kulturen der Welt. Wären Sie in der Vergangenheit, sagen wir als Chinese zur Welt gekommen, hätten Sie wahrscheinlich Ihr ganzes Leben in einer einzigen Kultur verbracht, hätten oft in einer Provinz, manchmal in ein und demselben Haus auf einem einzigen kleinen Stück Land gelebt, geliebt und wären dort auch gestorben. Heute aber sind Menschen nicht nur geographisch mobil, sondern können praktisch jede Kultur auf diesem Planeten studieren und tun das auch. Im globalen Dorf sind alle Kulturen füreinander sichtbar.

Wissen selbst ist heute global. Das bedeutet, uns steht heute zum ersten Mal das gesamte menschliche Wissen zur Verfügung. Jede und jeder von uns kann das Wissen, die Erfahrung, die Weisheit und das Denken aller wichtigen menschlichen Zivilisationen – prämodern, modern und postmodern – studieren.

Was, wenn wir alles, was die verschiedenen Kulturen uns über das menschliche Potenzial zu sagen haben – über spirituelles Wachstum, psychologisches Wachstum, soziales Wachstum –, ganz konkret auf einen Tisch packen würden? Wenn wir versuchen würden, die wesentlichen und entscheidenden Schlüssel zum menschlichen Wachstum zu finden, die auf der Gesamtsumme menschlichen Wissens beruhen, zu dem wir heute Zugang haben? Was, wenn wir versuchten, auf der Basis gründlicher, kulturübergreifender Studien mit Hilfe sämtlicher großen Welttraditionen eine umfassende, komplexe, alles umschließende oder *integrale* Landkarte zu erstellen, welche die besten Elemente dieser Traditionen mit einbezieht?

Klingt kompliziert, komplex, erschreckend? In gewisser Weise ist es das auch. Aber in anderer Hinsicht, so stellen wir fest, kommt dabei etwas erstaunlich Simples und Elegantes heraus. Im Laufe der letzten Jahrzehnte sind tatsächlich gründliche Forschungen zur Entdeckung einer umfassenden Landkarte menschlicher Potenziale durchgeführt worden. Diese Landkarte nutzt sämtliche bekannten Systeme und Modelle menschlichen Wachsens – von denen der Schamanen und Weisen alter Zeiten bis hin zu den heutigen Durchbrüchen der kognitiven Wissenschaften – und destilliert ihre Hauptkomponenten zu fünf simplen Faktoren – Faktoren, welche die wesentlichen Elemente oder Schlüssel zur Erschließung und Förderung der menschlichen Evolution darstellen.

Willkommen beim Integralen Ansatz!

EINE INTEGRALE ODER UMFASSENDE LANDKARTE

Welches sind diese fünf Elemente? Wir bezeichnen sie als **Quadranten, Ebenen, Linien, Zustände** und **Typen**. Wie Sie noch sehen werden, sind alle diese Elemente *Ihrer eigenen Wahrnehmung* jetzt in diesem Augenblick *zugänglich*. Es handelt sich bei diesen fünf Elementen nicht um rein theoretische Konzepte; sie sind Aspekte Ihrer eigenen Erfahrung, Konturen Ihres eigenen Bewusstseins, wie Sie im weiteren Verlauf unserer Erläuterungen leicht selbst verifizieren können.

Warum diese Integrale Landkarte benutzen? Erstens: Ob Sie nun in der Wirtschaft, Medizin, Psychotherapie, Justiz oder Ökologie arbeiten oder es einfach um Ihr tägliches Leben und Lernen geht, die Integrale Landkarte stellt sicher, dass Sie (wie beim Baseball, Anm.d.Ü.) »alle Stützpunkte erreichen«. Wenn Sie eine genaue Landkarte besitzen, prallen Sie nicht so leicht gegen einen Gipfel, falls Sie, sagen wir die Rocky Mountains überfliegen wollen. Ein Integraler Ansatz stellt sicher, dass Sie für jede beliebige Situation das gesamte Spektrum an

Hilfsmitteln nutzen und sie wahrscheinlich auf diese Weise auch erfolgreicher bewältigen.

Zweitens: Wenn Sie lernen, diese fünf Elemente in Ihrem eigenen Wahrnehmungsfeld zu entdecken – und weil sie in jedem Ereignis präsent sind –, können Sie sie besser einschätzen, sich darin üben, sie anwenden ... und damit Ihr eigenes Wachstum und Ihre eigene Entwicklung zu höheren, weiteren, tieferen Ebenen des Seins enorm beschleunigen. Die simple Vertrautheit mit diesen fünf Elementen im Integralen Modell hilft Ihnen, sich bei dieser aufregenden Entdeckungsreise zum Erwachen leichter und gründlicher zu orientieren.

Kurz gesagt, der Integrale Ansatz unterstützt Sie darin, sich und die Welt, die Sie umgibt, umfassender und effizienter zu sehen. Wichtig ist, dabei von Anfang an Folgendes zu begreifen: Die Integrale Landkarte ist nur eine Karte. Sie ist nicht das Gelände selbst. Wir wollen ganz bestimmt nicht die Karte mit dem Gelände verwechseln – aber wir wollen auch nicht mit einer fehlerhaften oder falschen Karte reisen. Möchten Sie die Rockys mit einer schlechten Landkarte überfliegen? Die Integrale Landkarte ist nur eine Karte, aber sie ist die vollständigste und genaueste Karte, die wir zurzeit haben.

WAS IST EIN IBS?

IBS bedeutet einfach **Integrales Betriebssystem**. In einem Informationsnetzwerk ist ein Betriebssystem die Infrastruktur, welche die Anwendung zahlreicher verschiedener Softwareprogramme ermöglicht. Wir benutzen **Integrales Betriebssystem** oder **IBS** einfach als weiteren Begriff für die Integrale Landkarte. Der Punkt ist, dass Sie, wenn Sie in Ihrem Leben eine beliebige Software anwenden – sei es in Ihrem Unternehmen, bei der Arbeit, im Spiel oder in Beziehungen –, das beste Betriebssystem wollen, das Sie finden können, und das IBS erfüllt diese Anforderungen. Da es alle »Stützpunkte abdeckt«, können Sie damit die effektivsten Programme anwenden. Das ist einfach eine andere Art, über die umfassende, einschließliche Beschaffenheit des Integralen Modells zu sprechen.

Wir werden auch die wahrscheinlich wichtigste Anwendung der Integralen Landkarte oder des Integralen Betriebssystems erforschen. Weil wir mit Hilfe eines IBS jede Aktivität erfassen und einordnen können – von Kunst, Tanz, Wirtschaft, Psychologie, Politik und Ökologie bis hin zu Spiritualität –, eröffnet es jedem dieser Bereiche die Möglichkeit, mit den anderen ins Gespräch zu kommen. Mit dem IBS steht einem Unternehmen die notwendige Terminologie zur Verfügung, die ohne Einschränkungen mit der Ökologie kommunizieren kann, die mit Kunst kommunizieren kann, die mit Justiz kommunizieren kann, die mit Poesie, mit Erziehungswissenschaften, Medizin und Spiritualität kommunizieren kann. Das hat es in der Geschichte der Menschheit noch nie gegeben.

Durch Anwendung des Integralen Ansatzes – einer Integralen Landkarte oder eines Integralen Betriebssystems – können wir interdisziplinäre und transdisziplinäre Erkenntnisse fördern und dramatisch beschleunigen und auf diese Weise die erste wirkliche Lerngemeinschaft der Welt gründen. Und was Religion und Spiritualität betrifft, so hat der Integrale Ansatz die Entstehung eines *Integral Spiritual Centers* ermöglicht, in dem einige der führenden spirituellen Lehrerinnen und Lehrer aus sämtlichen wichtigen Weltreligionen zusammengekommen sind, um sich nicht nur gegenseitig zuzuhören, sondern »die Lehrer zu lehren«. Es ist das außergewöhnlichste Lernprojekt, das man sich vorstellen kann. Wir werden auf diesen wichtigen Zusammenschluss noch einmal zurückkommen und Ihnen zeigen, wie Sie sich dieser Gemeinschaft anschließen können, sollten Sie den Wunsch verspüren.

Doch das alles beginnt mit diesen simplen fünf Elementen in Ihrem eigenen Bewusstseinsfeld.

BEWUSSTSEINSZUSTÄNDE

Wir haben gesagt, dass sämtliche Aspekte der fünf Elemente des Integralen Modells Ihrer eigenen Wahrnehmung in diesem Augenblick zugänglich sind. Deshalb könnten wir, was jetzt folgt, als eine Art Führung durch Ihre eigene Erfahrung betrachten. Kommen Sie doch mit und entdecken selbst, wie sich diese Elemente in diesem Augenblick in Ihrem eigenen Wahrnehmungsfeld zeigen.

Einige dieser Elemente verweisen auf subjektive Realitäten in Ihrem eigenen Inneren, einige auf objektive Realitäten in der Welt da draußen und wieder andere auf kollektive oder gemeinsame Realitäten, die Sie mit anderen teilen. Beginnen wir mit den Bewusstseinszuständen, die auf subjektive Realitäten verweisen.

Jeder kennt grundlegende **Bewusstseinszustände** wie Wachen, Träumen und Tiefschlaf. Im Augenblick befindet sich Ihr Bewusstsein im Wachzustand (oder, wenn Sie müde sind, vielleicht im Zustand des Tagträumens). Es gibt alle möglichen verschiedenen Bewusstseinszustände, unter anderem *meditative Zustände* (ausgelöst durch Yoga, kontemplatives Gebet, Meditation usw.), *veränderte Zustände* (z.B. bewirkt durch Drogen) und zahlreiche verschiedene *Gipfelerfahrungen*, die beispielsweise durch intensive Erlebnisse wie das Liebesspiel, Wanderungen in der Natur oder schöne Musik ausgelöst werden können.

Die großen Weisheitstraditionen (wie die christliche Mystik, der Vedanta Hinduismus, der Vajrayana Buddhismus und die jüdische Kabbala) behaupten, dass die *drei natürlichen Bewusstseinszustände* – Wachen, Träumen und formloser Tiefschlaf – tatsächlich einen ganzen Schatz an spiritueller Weisheit und spirituellem Erwachen bergen ... wenn wir wissen, wie wir sie richtig nutzen können. Meistens gehen wir davon aus, dass der Traumzustand nicht real ist, aber was, wenn Sie ihn wach betreten könnten? Und ebenso den Tiefschlaf? Könnten Sie in diesen erwachten Zuständen etwas Außergewöhnliches lernen? Wie können Sie das wissen, wenn Sie es nicht ausprobieren? Es könnte sein, dass die drei großen natürlichen Zustände Wachen, Träumen und Tiefschlaf in einem ganz speziellen Sinne, den wir im Folgenden erforschen werden, ein vollständiges Spektrum von spiritueller Erleuchtung enthalten.

Doch auf einer viel simpleren, weltlicheren Ebene erlebt jede und jeder von uns zahlreiche verschiedene Bewusstseinszustände, und dieser Zustände vermitteln sowohl Ihnen als auch anderen Menschen oft tiefe innere Motivation, Sinn und Antrieb. Bewusstseinszustände mögen in bestimmten Situationen kein besonders wichtiger Faktor sein oder sie sind der entscheidende Faktor, doch kein integraler Ansatz kann es sich leisten, sie zu ignorieren. Immer wenn Sie das **IBS** anwenden, veranlasst Sie das automatisch zu überprüfen, ob Sie in Berührung mit den »Stützpunkten« dieser wichtigen subjektiven Realitäten sind. Das ist ein Beispiel dafür, wie eine Landkarte – in diesem Fall das IBS oder die Integrale Karte – Ihnen helfen kann, Ausschau zu halten nach einem Gelände, von dem Sie bislang vielleicht noch nicht einmal vermutet haben, dass es existiert ...

ENTWICKLUNGSSTUFEN ODER ENTWICKLUNGSEBENEN

Das Interessante an Bewusstseinszuständen ist: Sie kommen und gehen. Selbst ein großartiges Gipfelerlebnis oder veränderte Bewusstseinszustände, ganz gleich wie tief sie gehen, stellen sich ein, dauern eine Weile und verschwinden wieder. Welch wundervolle Möglichkeiten sie uns auch erschließen mögen, sie sind vorübergehend.

Während Bewusstseinszustände vorübergehend sind, sind **Bewusstseinsstufen** dauerhaft. Stufen stellen die tatsächlichen Meilensteine von Wachstum und Entwicklung dar. Wenn Sie sich erst einmal auf einer bestimmten Stufe befinden, haben Sie etwas Dauerhaftes erworben. Hat ein Kind zum Beispiel erst einmal die sprachlichen Entwicklungsstufen durchlaufen, steht ihm Sprache permanent zur Verfügung. Nicht dass Sprache im einen Augenblick da wäre, um im nächsten wieder zu verschwinden. Das Gleiche gilt für andere Typen von Wachstum. Haben Sie eine Wachstums- oder Entwicklungsstufe erst einmal stabil erreicht, steht Ihnen das konkrete Potenzial dieser Stufe – wie ein größeres Bewusstsein, umfassendere Liebe, Berufungen, die auf höheren ethischen Wertmaßstäben gründen, größere Intelligenz und Achtsamkeit – praktisch jederzeit zur Verfügung. *Vorübergehende Zustände* wurden umgewandelt in *dauerhafte Wesenszüge.*

Wie viele Entwicklungsstufen gibt es? Nun, denken Sie daran, dass auf einer Landkarte die Einteilungen und Darstellungen des tatsächlichen Gebiets etwas willkürlich sind. Wie viele Grade liegen zum Beispiel zwischen dem Gefrierpunkt und dem Siedepunkt von Wasser? Wenn Sie ein Celsiusthermometer benutzen, zeigt es zwischen Gefrierpunkt und Siedepunkt hundert Grad an. Benutzen Sie aber eine Fahrenheitskala, liegt der Gefrierpunkt bei 32 und der Siedepunkt bei 212, und damit liegen zwischen beiden 180 Grad. Was ist richtig? Beides. Ausschlaggebend ist, in wie viele Stücke Sie diese Torte schneiden wollen.

Das Gleiche gilt für Stufen. Es gibt alle möglichen Wege, Entwicklung zu unterteilen oder zu würfeln, und deshalb gibt es viele verschiedene **Stufenmodelle**. Sie alle können nützlich sein. Das System der *Chakren* zum Beispiel geht von sieben Hauptstufen oder Hauptebenen des Bewusstseins aus. Jean Gebser, der bekannte Anthropologe, benutzt fünf: archaisch, magisch, mythisch, rational und integral. Einige westliche psychologische Modelle haben acht, zwölf oder mehr Ebenen der Entwicklung. Was ist richtig? Sie alle; ausschlaggebend ist, welche Spur Sie in Wachstum und Entwicklung verfolgen wollen.

Wir bezeichnen »Entwicklungs**stufen**« auch als »Entwicklungs**ebenen**«; dahinter steht die Idee, dass jede Stufe eine bestimmte Ebene der Organisation oder Komplexität darstellt. Wenn wir uns zum Beispiel der Sequenz von Atomen zu Molekülen zu Zellen zu Organismen zuwenden, ist jede dieser Stufen der Evolution verbunden mit einer größeren Ebene von Komplexität. Das Wort »Ebene« ist hier nicht in einem rigiden oder ausschließenden Sinn gemeint, sondern soll einfach deutlich machen, dass wichtige neue Qualitäten, die aus niedrigeren Seinsstufen entstehen oder *emergieren*, meistens einzeln unterscheidbar und in quantum-ähnlicher Weise ins Sein treten; und diese Entwicklungssprünge oder Entwicklungsebenen sind wichtige Aspekte vieler natürlicher Phänomene.

Im Allgemeinen arbeiten wir im Integralen Modell mit etwa acht bis zehn Stufen oder Ebenen der Bewusstseinsentwicklung. Wir haben nach jahrelanger Feldforschung herausgefunden, dass mehr Stufen hinderlich und weniger unpräzise wären. Zu den Stufenmodellen, die wir oft benutzen, gehören die der Selbstentwicklung, die Jane Loevinger und Susanne Cook-Greuter entwickelt haben, *Spiral Dynamics* von Don Beck und Chris Cowan und die Stufenfolgen des Bewusstseins von Robert Kegan. Doch stehen viele weitere nützliche Stufenmodelle mit dem Integralen Ansatz zusammen zur Verfügung, die Sie, je nachdem was Ihre Situation erfordert, nach Belieben übernehmen können.

Wenn wir uns später in diesem Buch mit speziellen Einzelheiten befassen, werden Sie sehen, wie unglaublich wichtig diese Stufen sein können. Aber schauen wir uns jetzt ein simples Beispiel an, um deutlich zu machen, um was es geht.

EGOZENTRISCH, ETHNOZENTRISCH UND WELTZENTRISCH

Um zu zeigen, um was es bei Ebenen oder Stufen geht, wollen wir uns ein ganz einfaches Beispiel anschauen, das nur drei von ihnen mit einbezieht. Wenn wir uns zum Beispiel die moralische Entwicklung anschauen, stellen wir fest, dass ein Kleinkind bei der Geburt in Bezug auf ethische Vorstellungen und Konventionen noch nicht sozialisiert ist; das bezeichnen wir als **präkonventionelle** Stufe. Diese Stufe heißt auch **egozentrische**, da die Wahrnehmung des Kindes überwiegend selbstbezogen ist. Aber während das kleine Kind die Regeln und Normen seiner Kultur lernt, wächst es in die **konventionelle Stufe** der moralischen Entwicklung hinein. Diese Stufe bezeichnen wir auch als **ethnozentrische**, da sie um die spezielle Bezugsgruppe, den Stamm, Clan oder die Nation des Kindes kreist und Menschen, die nicht zur eigenen Gruppe gehören, tendenziell ausschließt. Aber auf der nächsten wichtigen Stufe der moralischen Entwicklung, der **postkonventionellen** Stufe, erweitert sich die Identität des Individuums erneut, und zwar dieses Mal in der Form, dass es Fürsorge und Anteilnahme für alle Menschen mit einschließt, ganz gleich welcher Rasse, Hautfarbe, welchen Geschlechts oder Glaubens diese sind; deshalb bezeichnen wir diese Stufe auch als **weltzentrische**.

Das heißt also, die moralische Entwicklung verläuft im Allgemeinen vom »Ich« (egozentrisch) zum »Wir« (ethnozentrisch) zum »Wir alle« (weltzentrisch) – ein gutes Beispiel für die Entwicklungsstufen des Bewusstseins.

Wir können diese drei Stufen auch als **Körper, Geist und Seele** darstellen. All diese Worte haben viele gültige Bedeutungen, aber wenn wir sie speziell auf Stufen anwenden, bedeuten sie:

Stufe eins, primär bestimmt durch meine grobstoffliche physische Realität, ist die »Körper«-Stufe (wobei Körper hier die übliche Bezeichnung für den physischen Körper meint). Da wir hauptsächlich mit dem isolierten körperlichen Organismus und dessen Überlebenstrieben identifiziert sind, bezeichnen wir sie auch als »Ich/Mir/Mein«-Stufe.

Stufe zwei ist die Stufe des »Geistes«, in der sich die Identität vom isolierten grobstofflichen Körper erweitert und beginnt, Beziehungen zu vielen anderen Menschen aufzunehmen, die auf gemeinsamen Werten, Interessen, Idealen oder Träumen beruhen können. Weil ich mich mit Hilfe dieses geistigen Verstehens in andere hineinversetzen und hineindenken kann – in ihre Lage versetzen und fühlen kann, was es heißt, wie sie zu sein –, erweitert sich meine Identität vom »Ich/Mir/Mein« zum »Wir/Uns/Unser« (der Schritt von egozentrisch zu ethnozentrisch).

Mit *Stufe drei* erweitert sich meine Identität erneut, diesmal von der Identifizierung mit »Wir/Uns/Unser« zur Identifizierung mit »Wir alle/Alle von uns/Unser aller« (der Schritt von ethnozentrisch zu weltzentrisch). Hier beginne ich zu verstehen, dass es über die wunderbare Verschiedenartigkeit von Menschen und Kulturen hinaus auch Ähnlichkeiten und Gemeinsamkeiten zwischen ihnen gibt. Dieser Schritt vom Ethnozentrischen zum Weltzentrischen ist verbunden mit der Entdeckung des »Gemeinwohls« aller Wesen und insofern »spirituell«, als wir uns hier mit Dingen identifizieren, die alle fühlenden Wesen miteinander teilen.

Das ist eine Möglichkeit, die Entfaltung von Körper, Geist und Seele zu betrachten, wobei diese drei jeweils als Stufe, Welle oder Ebene auf dem Weg zur Entfaltung von Anteilnahme und Bewusstsein gelten, der von egozentrisch zu ethnozentrisch zu weltzentrisch verläuft.

Wir werden zu diesen Stufen der Evolution und Entwicklung immer wieder zurückkehren und sie jedes Mal aus einem neuen Blickwinkel betrachten. Im Augenblick gilt es lediglich zu verstehen, dass wir mit »Stufen« fortschreitende und dauerhafte Meilensteine unserer eigenen evolutionären Entfaltung meinen. Ob wir nun von Stufen des Bewusstseins, Stufen von Energie, Stufen der Kultur, Stufen der spirituellen Selbstverwirklichung, Stufen der moralischen Entwicklung usw. sprechen, wir meinen damit stets diese wichtigen und grundlegenden Leitersprossen in der Entfaltung unserer höheren, tieferen und umfassenderen Potenziale.

Immer wenn Sie das Integrale Betriebssystem anwenden, sind Sie automatisch veranlasst zu überprüfen, ob Sie die wichtigen **Stufenaspekte** einer gegebenen Situation mit einbeziehen, was Ihre Erfolgsmöglichkeiten enorm vergrößert, ganz gleich, ob es nun um Ihre persönliche Transformation, soziale Veränderungen, berufliche Leistungen, Fürsorge für andere oder einfach um Ihre Zufriedenheit im Leben geht.

ENTWICKLUNGSLINIEN: MANCHE DINGE KANN ICH GANZ GUT, ANDERE WENIGER ...

Ist Ihnen jemals aufgefallen, wie ungleich entwickelt verschiedene Bereiche bei praktisch jedem und jeder von uns sind? Bei manchen Menschen ist zum Beispiel das logische Denken stark entwickelt, ihre Gefühlswelt hingegen kaum. Bei anderen ist die kognitive Entwicklung weit fortgeschritten (sie sind äußerst klug), aber ihre moralische Entwicklung ist dürftig (sie sind gemein und skrupellos). Manche Menschen haben eine hervorragende emotionale Intelligenz, können aber nicht zwei und zwei zusammenzählen.

Diesen Gedanken machte Howard Gardner populär und ging dabei von **multiplen Intelligenzen** aus. Menschliche Wesen besitzen zahlreiche verschiedene Intelligenzen: kognitive Intelligenz, emotionale Intelligenz, musikalische Intelligenz, kinästhetische Intelligenz usw. Die meisten Menschen sind in ein oder zwei dieser Bereiche sehr gut, in anderen aber unterentwickelt. Das ist nicht unbedingt oder grundsätzlich etwas Schlechtes; integrale Weisheit besteht unter anderem darin, herauszufinden, in welchem Bereich wir glänzen und der Welt unsere größten Geschenke machen können.

Das bedeutet aber, dass wir uns unserer Stärken (oder der Intelligenzen, mit denen wir glänzen können) ebenso bewusst sein müssen wie unserer Schwächen (Bereiche, in denen wir kaum entwickelt sind oder uns sogar pathologisch verhalten). Und das bringt uns zu einem weiteren unserer fünf wesentlichen Elemente: unseren multiplen Intelligenzen oder Entwicklungslinien. Bislang haben wir uns **Zustände** und **Stufen** angeschaut. Was aber sind **Linien** oder multiple Intelligenzen?

Die verschiedenen multiplen Intelligenzen sind: kognitive, zwischenmenschliche, emotionale, moralische und ästhetische. Warum bezeichnen wir sie auch als **Entwicklungslinien**? Weil diese Intelligenzen Wachstum und Entwicklung zeigen. Sie entfalten sich in fortlaufenden Stufen. Welches sind diese fortschreitenden Stufen? Die Stufen, die wir gerade umrissen haben.

Mit anderen Worten: Jede multiple Intelligenz durchläuft bei ihrem Wachstum – wenn sie denn wächst – die drei Hauptstufen (oder beliebige andere Stufen eines der anderen Entwicklungsmodelle, seien es drei Stufen, fünf Stufen, sieben oder mehr; denken Sie an Celsius und Fahrenheit). Ihre kognitive Entwicklung kann zum Beispiel bei Stufe eins, Stufe zwei oder Stufe drei liegen.

Das Gleiche gilt für die anderen Intelligenzen. Wenn Sie emotional bis zu Stufe eins entwickelt sind, besitzen Sie die Kapazität für Emotionen, die um »Ich/Mir/Mein« kreisen, besonders Emotionen und Antriebe wie Hunger, Überlebenstrieb und Selbstschutz. Wenn Sie emotional weiter wachsen und von Stufe eins zu Stufe zwei gelangen – oder von egozentrisch zu ethnozentrisch –, erweitert sich Ihre Entwicklung von »Ich/Mir/Mein« zu »Wir/Uns/Unser«. Sie fangen an, sich auf Menschen, die Sie lieben, emotional einzulassen und sich an sie zu binden, sei es an ihre Familie, enge Freundinnen und Freunde, an Ihren Stamm oder Ihre Nation. Wachsen Sie in die Emotionen der Stufe drei hinein, entwickeln Sie noch weitere Fähigkeiten zu Anteilnahme und Mitgefühl, die über Ihren eigenen Stamm oder Ihre eigene Nation hinausgehen, und versuchen, alle menschlichen Wesen und sogar alle fühlenden Wesen in Ihre weltzentrische Anteilnahme und das entsprechende Mitgefühl einzubeziehen.

Und denken Sie daran, weil es sich hier um Stufen handelt, sind dies permanente Errungenschaften. Bevor diese Entwicklung passiert, sind solche Kapazitäten lediglich flüchtige Zustände: Gelegentlich – wenn überhaupt – eröffnen sich Ihnen die eine oder andere großartige Gipfelerfahrung eines erweiterten Wissens oder Seins, wundervolle Aha-Erlebnisse, veränderte Bewusstseinszustände, die Ihnen tiefe Einblicke in Ihre eigenen höheren Möglichkeiten geben. Aber durch Praxis wandeln Sie diese Zustände in Stufen oder permanente Wesenszüge in den Bereichen Ihres eigenen Seins um.

DAS INTEGRALE PSYCHOGRAMM

Wir können diese Intelligenzen oder multiplen Linien ziemlich leicht darstellen. In Abbildung 1 zeigen wir in einer einfachen Grafik die drei Hauptstufen (oder **Ebenen** der Entwicklung) und fünf der wichtigsten Intelligenzen (oder Entwicklungs**linien**). **Die verschiedenen Linien entwickeln sich, indem sie diese Hauptstufen oder Hauptebenen durchlaufen.** Die drei Ebenen oder Stufen können wir auf jede Entwicklungslinie anwenden – sexuell, kognitiv, spirituell, emotional, moralisch usw. Die Ebene einer bestimmten Linie bedeutet einfach die »Höhe«, die diese Linie in Hinsicht auf ihr Wachstum und ihr Bewusstsein erreicht hat. Wir sagen oft: »Diese Person ist moralisch hoch entwickelt« oder »Diese Person ist in spiritueller Hinsicht wirklich weit gekommen.«

Abbildung 1 ist das Psychogramm eines Menschen, der kognitiv weit entwickelt und auch in seiner zwischenmenschlichen Entwicklung gut vorangekommen ist, moralisch aber ist er schwach und seine emotionale Intelligenz geradezu dürftig. Natürlich sähe das »Psychogramm« anderer Individuen ganz anders aus.

Das **Psychogramm** hilft Ihnen herauszufinden, wo Ihre größten Potenziale liegen. Sie wissen mit ziemlicher Sicherheit bereits, wo Sie wirklich gut sind und wo nicht. Doch ein Teil des Integralen Ansatzes besteht darin, das Wissen um Ihre eigenen Fähigkeiten und deren Grenzen enorm zu verfeinern, sodass Sie sowohl Ihre eigenen Stärken und Schwächen als auch die von anderen Menschen zuverlässiger einschätzen können.

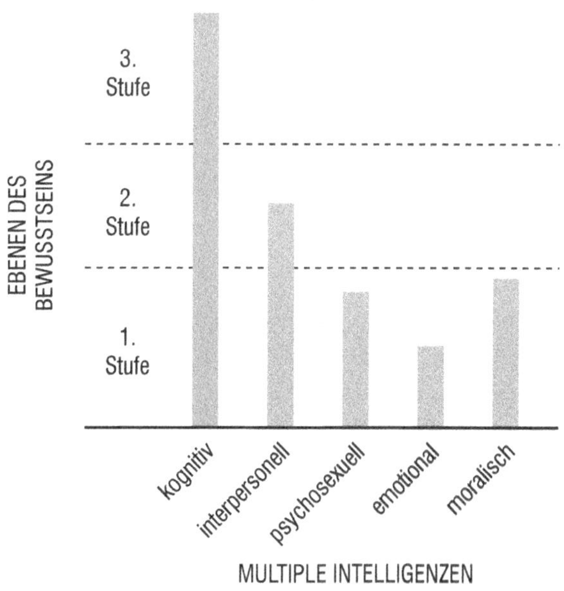

Abbildung 1: Das Psychogramm

Das Psychogramm hilft uns auch herauszufinden, in welcher Weise wir praktisch alle in verschiedenen Bereichen ungleich entwickelt sind, sodass wir nicht denken müssen, nur weil wir auf einem Gebiet großartig sind, müsste das auch in allen anderen Gebieten der Fall sein. Tatsächlich stimmt meistens das Gegenteil. Viele führende Persönlichkeiten, spirituelle Lehrerinnen oder Politiker haben spektakuläre Abstürze erlebt, weil sie diese simplen Realitäten nicht begriffen haben.

»Integral entwickelt« sein heißt nicht, dass Sie alle bekannten Intelligenzen hervorragend entwickelt haben oder in allen Linien Ebene drei erreicht haben müssen. Es bedeutet aber sehr wohl, ein klares Gefühl dafür zu bekommen, wie Ihr eigenes Psychogramm wirklich aussieht, um Ihre weitere Entwicklung auf der Grundlage eines integraleren Selbstbilds planen zu können. Für manche Menschen heißt das tatsächlich, Intelligenzen, die so schwach ausgeprägt sind, dass dies zu Problemen führt, stärker zu entwickeln. Andere müssen vielleicht ernste Schwierigkeiten oder pathologische Züge in einer bestimmten Linie (wie der psychosexuellen) klären. Und wieder andere müssen einfach erkennen, wo ihre Stärken und Schwächen liegen und entsprechend planen. Eine Integrale Landkarte hilft uns, unser eigenes Psychogramm zuverlässiger abzustecken.

»Integral aufgeklärt« sein heißt also nicht, auf allen Entwicklungslinien meisterhaft zu sein, sondern einfach, sich dieser Linien bewusst zu sein. Wenn Sie dann beschließen, Unausgewogenes auszugleichen, gehört das zur Integralen Lebenspraxis (ILP), die uns konkret hilft, Entwicklungsebenen und Bewusstseinsebenen mit Hilfe eines integrierten Ansatzes anzuheben. (In Kapitel 10 werden wir das genauer erläutern.)

Beachten Sie einen weiteren sehr wichtigen Punkt. Manche psychologischen und spirituellen Trainings machen Sie sofort mit dem gesamten Spektrum an Bewusstseins**zuständen** und Körpererfahrungen bekannt – in Form von Gipfelerfahrungen, meditativen Zuständen, schamanistischen Visionen, veränderten Zuständen usw. Diese Gipfelerfahrungen sind deswegen möglich, weil viele der Hauptbewusstseinszustände (wie z.B. wachend-grobstofflich, träumend-subtil und formlos-kausal) als Möglichkeiten immer präsent sind. Sie können also mit vielen **höheren Bewusstseinszuständen** sehr schnell bekannt gemacht werden.

Das gilt jedoch nicht für die Qualitäten der **höheren Stufen**, die Sie ohne tatsächliches Wachsen und konkrete Praxis nicht erreichen.

Sie können eine Gipfelerfahrung mit höheren *Zuständen* machen (indem Sie z.B. in Ihrem Inneren ein subtiles Licht sehen oder sich eins fühlen mit der ganzen Natur), weil viele dieser Zustände immer präsent sind und Sie deswegen noch in diesem Augenblick »einen Blick auf den Gipfel« erhaschen können. Sie können jedoch keine Gipfelerfahrung mit einer höheren *Stufe* machen (und beispielsweise auf Anhieb konzertreif Klavier spielen), weil sich Stufen in Sequenzen entfalten und für ihre Entwicklung beträchtlich viel Zeit brauchen. Stufen bauen in einem ganz konkreten Sinne auf ihren »Vorgängern« auf, deshalb können wir sie nicht überspringen: Wie Sie auch bei der Reihung von Atomen zu Molekülen zu Zellen nicht von Atomen zu Zellen springen und die Moleküle einfach auslassen können. Das ist einer von vielen weiteren wichtigen Unterschieden zwischen Zuständen und Stufen.

Wenn Sie jedoch durch wiederholte Praxis mit höheren Zuständen in Kontakt kommen, entfalten sich Ihre eigenen Entwicklungsstufen meistens schneller und leichter. Tatsächlich gibt es genau dafür viel experimentelles wissenschaftliches Beweismaterial. Je häufiger Sie in authentische höhere Bewusstseins*zustände* – wie meditative Zustände – eintauchen, desto *schneller* durchlaufen Sie bei Ihrem Wachstum und in Ihrer Entwicklung die einzelnen Bewusstseins*stufen*. Die Schulung in höheren Bewusstseinszuständen wirkt wie ein Gleitmittel auf der Entwicklungsspirale, und Sie lösen die Identifizierung mit einer niedrigeren Stufe schneller. Die nächsthöhere Stufe kann emergieren, bis Sie auf einer stabilen und kontinuierlichen Basis in höheren Ebenen des Gewahrseins verankert sind und ein vorübergehender Zustand zum permanenten Wesenszug geworden ist. Solche Schulungen in höheren Bewusstseinszuständen, wie zum Beispiel Meditation, sind Teil jedes integralen Ansatzes zur Transformation.

Kurz gesagt: Sie können die eigentlichen *Stufen* nicht überspringen, jedoch das Hineinwachsen in diese Stufen beschleunigen, indem Sie verschiedene *Zustands*schulungen wie Meditation praktizieren. Diese transformativen Praktiken sind ein wichtiger Bestandteil des Integralen Ansatzes.

Die nächste Komponente ist leicht verständlich: Jede der vorigen Komponenten hat einen männlichen und einen weiblichen Typ.

Hier gehen wir von zwei grundlegenden Gedanken aus: Eine hat zu tun mit der Idee der *Typen* selbst; und die andere mit männlich und weiblich als Beispiele für Typen.

Der Begriff **Typen** bezieht sich einfach auf Aspekte, die sich praktisch auf jeder Stufe oder in jedem Zustand zeigen können. Eine allgemein bekannte Typenlehre ist zum Beispiel Myers-Briggs (mit den Haupttypen Fühlen, Denken, Spüren und Intuition). **Sie können auf praktisch jeder Entwicklungsstufe einer dieser Typen sein.** Diese »horizontalen Typologien« können sehr nützlich sein, besonders wenn wir sie mit Ebenen, Linien und Zuständen kombinieren. Um zu zeigen, wie das aussieht, können wir das einmal mit den Typen »männlich« und »weiblich« durchspielen.

Carol Gilligan hat in ihrem enorm einflussreichen Buch *Die andere Stimme* darauf hingewiesen, dass sowohl die moralische Entwicklung von Männern als auch die von Frauen meistens drei oder vier der Hauptebenen oder -stufen durchläuft. Mit Verweis auf umfangreiches Beweismaterial aus der Forschung schlägt Gilligan vor, diese drei oder vier moralischen Stufen als *präkonventionell, konventionell, postkonventionell* und *integriert* zu bezeichnen. Diese Stufen haben tatsächlich große Ähnlichkeit mit den drei simplen Entwicklungsstufen, die wir benutzen und die hier auf die moralische Intelligenz Anwendung finden.

Gilligan fand heraus, dass die erste Stufe einer Moral entspricht, die völlig um das eigene »Ich« kreist (deshalb heißt diese präkonventionelle Stufe oder Ebene auch **egozentrische**). Die zweite Stufe der moralischen Entwicklung kreist um das »Wir«, sodass sich meine Identität erweitert hat und nicht nur um mich kreist, sondern andere menschliche Wesen aus meiner Bezugsgruppe einbezieht (deshalb wird diese konventionelle Stufe oft auch als **ethnozentrische**, traditionelle oder konformistische bezeichnet). Mit der dritten Stufe der moralischen Entwicklung erweitert sich meine Identität erneut, diesmal von »Wir«

zu »Wir alle« oder allen menschlichen Wesen (oder sogar allen fühlenden Wesen), und deshalb heißt diese Stufe oft **weltzentrische**. Jetzt gelten meine Fürsorge und mein Mitgefühl nicht nur meiner Familie, meinem Stamm oder meiner Nation (ethnozentrisch), sondern der gesamten Menschheit, allen Männern und Frauen überall auf der Welt, ganz gleich welcher Rasse, Hautfarbe, welchen Geschlechts oder Glaubens (weltzentrisch). Und wenn ich mich sogar noch weiter entwickele bis zur vierten Stufe, die Gilligan die **integrierte** nennt, dann ...

Nun, bevor wir uns der wichtigen Schlussfolgerung zuwenden, die Gilligan aus ihrer Arbeit zieht, wollen wir uns zuerst anschauen, worin ihr Hauptbeitrag besteht. Gilligan stimmte nachdrücklich dem Gedanken zu, dass die Entwicklung von Frauen, ebenso wie die von Männern, durch diese drei oder vier hierarchischen Wachstumsstufen verläuft. Sie bezeichnet diese Stufen ganz richtig als *hierarchische*, weil jede Stufe eine *höhere* Kapazität für Fürsorge und Mitgefühl hat. Sie sagt aber, dass Frauen, wenn sie bei ihrer Entwicklung diese Stufen durchlaufen, eine andere Art Logik benutzen – sie entwickeln sich »mit einer anderen Stimme«.

Die männliche Logik oder die Stimme des Mannes beruht meistens auf Autonomie, Rechten und Gerechtigkeit; während die Logik oder die Stimme von Frauen meistens auf Beziehungen, Fürsorge und Verantwortlichkeit beruht. Männer neigen zum Tun; Frauen eher zu Gemeinschaft. Männer richten sich nach Regeln; Frauen orientieren sich an Kontakten. Männer schauen; Frauen berühren. Männer neigen zum Individualismus, Frauen zu Beziehungen. Eine von Gilligans Lieblingsgeschichten: Ein kleiner Junge und ein Mädchen spielen zusammen. Sagt der Junge: »Lass uns Seeräuber spielen!« Sagt das Mädchen: »Lass uns spielen, dass wir Nachbarn sind.« Der Junge: »Nein, ich will Seeräuber spielen!« »Na gut, dann spielst du einen Seeräuber, der nebenan wohnt.«

Wenn kleine Jungen Spiele wie Baseball spielen, haben sie nicht gern Mädchen dabei, weil die beiden Stimmen dann übel aneinander geraten, und oft geht es dabei hoch her. Ein paar Jungen spielen Baseball, einer empfängt seinen dritten Schlag und scheidet aus, also fängt er an zu weinen. Die anderen Jungen stehen ungerührt da und warten, bis der Kleine aufhört zu weinen. Schließlich ist eine Regel eine Regel und die lautet: Drei Schläge und du scheidest aus. Ist ein Mädchen dabei, so Gilligan, sagt die meistens: »Ach kommt, lasst ihn doch noch mal versuchen!« Dieses Mädchen sieht den Jungen weinen und will ihm helfen, will Kontakt zu ihm herstellen und ihn trösten. Das jedoch macht die anderen Jungen wütend, denn für sie ist dieses Spiel eine Initiation in die Welt der Regeln und der männlichen Logik. Gilligan sagt, dass Jungen, um die Regeln zu retten, Gefühle verletzen; Mädchen brechen Regeln, um Gefühle zu retten. Mit einer anderen Stimme.

Sowohl diese Mädchen als auch die Jungen werden bei ihrer Entwicklung die drei oder vier Stufen des moralischen Wachstums durchlaufen (von egozentrisch zu ethnozentrisch zu weltzentrisch zu integriert), aber mit einer anderen Stimme, einer anderen Logik. Gilligan nennt diese hierarchischen Stufen speziell für Frauen **selbstbezogen** (entspricht egozentrisch), **Fürsorge** (entspricht ethnozentrisch), **universelle Fürsorge** (entspricht weltzentrisch) und **integriert**. Und noch einmal die Frage: Warum sagte Gilligan (die man in diesem Punkt übel missverstanden hat), diese Stufen seien hierarchisch? Weil jede Stufe eine höhere Kapazität für Fürsorge und Mitgefühl mit sich bringt. (Nicht alle Hierarchien sind schlecht, und dies ist ein gutes Beispiel dafür, warum das so ist.)

Also, integriert oder vierte Stufe – was heißt das? Auf der vierten und höchsten Stufe der moralischen Entwicklung, die wir kennen, kommt es laut Gilligan meistens in jedem und jeder von uns zu einer Integration der männlichen und weiblichen Stimmen. Das heißt nicht, dass einer Person auf dieser Stufe die Unterschiede zwischen männlich und weiblich verloren gehen und sie zu einem neutralen, androgynen, asexuellen Wesen wird. Tatsächlich können männliche und weibliche Dimensionen noch intensiver werden. Es bedeutet aber, dass sich ein Individuum sowohl mit den männlichen als auch mit den weiblichen inneren Anteilen anfreundet, selbst wenn sein Verhalten im typischen Fall vorrangig durch die einen oder anderen geprägt ist.

Vermutlich haben Sie schon einmal einen *Äskulapstab* gesehen (das Berufssymbol der Ärzte). Das ist ein Stab, an dem sich zwei

Schlangen über Kreuz hochschlängeln und an dessen Spitze sich Flügel befinden. Der Stab selbst stellt die Wirbelsäule in der Mitte des Körpers dar. Dort, wo die Schlangen den Stab kreuzen, befinden sich die individuellen *Chakren*, die vom Untersten bis zum Höchsten an der Wirbelsäule entlang nach oben verlaufen, und die beiden Schlangen selbst stellen die solaren und lunearen (oder männlichen und weiblichen) Energien in *jedem dieser Chakren* dar.

Abbildung 2: Der Äskulapstab

Das ist der entscheidende Punkt. Die *sieben Chakren*, die einfach eine komplexere Version der drei simplen Ebenen oder Stufen sind, stellen sieben Ebenen von Bewusstsein und Energie dar, zu denen alle menschlichen Wesen Zugang haben. (Die ersten *drei Chakren* – Nahrung, Sex und Macht – entsprechen grob der ersten Stufe; die *Chakren vier und fünf* – Herzensbeziehungen und Kommunikation – entsprechen grundsätzlich der zweiten Stufe; und die *Chakren sechs und sieben* – psychisch [gemeint sind höhere psychische Kräfte, Anm.d.Ü.] und spirituell – verkörpern die dritte Stufe.) Der wichtige Punkt hier ist, dass den Traditionen zufolge **jede dieser sieben Ebenen einen männlichen und einen weiblichen Aspekt, Typ oder »Stimme« hat.** Weder männlich noch weiblich steht höher oder ist besser; es handelt sich hier um zwei äquivalente Typen auf jeder dieser Ebenen des Bewusstseins.

Das bedeutet zum Beispiel in Bezug auf das *dritte Chakra* (das Chakra egozentrischer Macht), dass es eine männliche und eine weibliche Version dieses Chakras gibt: Auf dieser Chakra-Ebene tendieren

Männer dazu, Macht autonom auszuüben (»Entweder es läuft hier so, wie ich will, oder nichts läuft!«), und Frauen neigen dazu, Macht mit anderen zusammen auszuüben oder sozial einzusetzen (»Mach das so, oder ich rede nicht mehr mit dir!«). Und so geht es auch weiter mit den anderen Haupt*chakren*, von denen jedes eine solare und eine luneare oder männliche und weibliche Dimension hat. Keine der beiden ist grundlegender; keine dürfen wir ignorieren.

Beachten Sie jedoch, dass die männliche und die weibliche Schlange in Höhe des *siebten Chakras* beide in ihrem Urgrund oder ihrer Quelle verschwinden. Männlichkeit und Weiblichkeit begegnen und vereinen sich im *Kronen-Chakra* – sie werden buchstäblich eins. Und genau das stellte Gilligan in Bezug auf ihre vierte Stufe der moralischen Entwicklung fest: Die beiden Stimmen in jeder Person vereinen sich, und es entsteht eine paradoxe Einheit von Autonomie und Beziehung, Rechten und Verantwortlichkeiten, Tun und Gemeinsamkeit, Weisheit und Mitgefühl, Gerechtigkeit und Barmherzigkeit, Männlichkeit und Weiblichkeit.

Der wichtige Punkt ist: Immer, wenn Sie Ihr Integrales Betriebssystem (IBS) anwenden, überprüfen Sie automatisch jede Situation daraufhin – bei sich selbst, bei anderen, in einer Organisation, in einer Kultur –, ob Sie sowohl den männlichen als auch den weiblichen Typ berücksichtigen, um möglichst umfassend zu sein und möglichst viele Komponenten mit einzubeziehen. Wenn Sie glauben, dass es zwischen männlich und weiblich keine wesentlichen Unterschiede gibt – wenn Sie solchen Unterschieden misstrauen –, ist das auch in Ordnung, und Sie können beide gleich behandeln. Wir sagen einfach: Ganz gleich, wie Sie beides sehen: Sie sollten in jedem Fall sicherstellen, dass Sie sowohl die männlichen als auch die weiblichen »Grundsätze« berücksichtigen.

Es gibt noch viele weitere »horizontale Typologien«, die im Rahmen eines umfassenden Integralen Betriebssystems sehr hilfreich sein können, und der Integrale Ansatz knüpft an diese Typologien an und betrachtet sie als angemessen. »Typen« sind ebenso wichtig wie Quadranten, Ebenen, Linien und Zustände.

KRANKER JUNGE, KRANKES MÄDCHEN

Das Interessante an Typen ist, dass es gesunde und ungesunde Versionen davon gibt. Zu sagen, jemand stecke in einem ungesunden Typ fest, heißt nicht, ihn zu verurteilen, sondern Wege zu finden, mit dieser Person klarer und effektiver zu kommunizieren.

Wenn jede Entwicklungsstufe eine männliche und eine weibliche Dimension hat, können diese gesund oder ungesund sein. Manchmal sagen wir in diesem Zusammenhang »kranker Junge, krankes Mädchen«. Das ist einfach eine weitere Möglichkeit, horizontale Typisierungen vorzunehmen, die aber äußerst nützlich sein kann.

Wenn das gesunde männliche Prinzip zu Autonomie, Stärke, Unabhängigkeit und Freiheit tendiert, schießen all diese positiven Qualitäten über das Ziel hinaus oder sind unterentwickelt, sobald dieses Prinzip ungesund oder pathologisch wird. Dann haben wir es nicht mit Autonomie zu tun, sondern mit Entfremdung; nicht mit Stärke, sondern mit Dominanz; nicht mit Unabhängigkeit, sondern mit einer krankhaften Angst, Beziehungen einzugehen und sich einzulassen; nicht nur mit dem Drang nach Freiheit, sondern mit dem Drang zu zerstören. Das ungesunde maskuline Prinzip wird nicht transzendiert zu Freiheit, sondern übt – getrieben von Angst – Herrschaft aus.

Wenn das gesunde weibliche Prinzip zu Fließen, Beziehungen, Fürsorge und Mitgefühl tendiert, dann verstrickt sich das ungesunde Prinzip in all diesen Bereichen. Statt in Beziehungen zu leben, verliert sich die Frau in Beziehungen. Statt als gesundes Selbst die Gemeinschaft mit anderen zu suchen, gibt sie sich völlig auf und lässt sich von der Beziehung, in der sie lebt, beherrschen. Keine Verbindung, sondern Verschmelzung; kein Fließen, sondern Panik; keine Gemeinschaft, sondern Selbstaufgabe. Das ungesunde weibliche Prinzip erlebt in der Verbundenheit mit anderen keine Erfüllung, sondern chaotische Verschmelzung.

Mit Hilfe des IBS können Sie sowohl die gesunden als auch die ungesunden männlichen und weiblichen Dimensionen bestimmen, die sich durch Sie und andere äußern. Doch der wichtige Punkt ist hier: All diese verschiedenen Typologien sind eine nützliche Hilfe, andere

Menschen zu verstehen und mit ihnen zu kommunizieren. Und jede Typologie weist gesunde und ungesunde Versionen eines Typus auf. Ungesunde Typen benennen heißt jedoch nicht, andere Menschen verurteilen, sondern ist eine Möglichkeit, sie besser zu verstehen und effektiver mit ihnen zu kommunizieren.

ES GIBT SOGAR PLATZ FÜR VIELE KÖRPER

Wenden wir uns jetzt wieder Bewusstseinszuständen zu, um auf einen letzten Punkt hinzuweisen, bevor wir aus alldem eine integrale Schlussfolgerung ziehen.

Bewusstseinszustände schweben nicht körperlos in der Luft umher. Im Gegenteil, jeder Geist hat seinen Körper. Jeder Bewusstseinszustand hat eine gefühlte energetische Komponente, ein verkörpertes Gefühl, ein konkretes Medium, das den jeweiligen Bewusstseinszustand ganz real unterstützt.

Nehmen wir ein simples Beispiel aus den Weisheitstraditionen. Weil jeder von uns Zugang zu den drei großen Bewusstseinszuständen hat – Wachzustand, Traum und formloser Tiefschlaf –, behaupten die Weisheitstraditionen, dass auch jeder von uns drei Körper hat, die oft als **grobstofflicher Körper, subtiler Körper** und **kausaler Körper** bezeichnet werden.

Ich habe drei Körper? Wollen Sie mich auf den Arm nehmen? Reicht ein Körper nicht? Aber bedenken Sie folgendes: Für die Weisheitstraditionen ist »Körper« lediglich ein Modus der Erfahrung oder ein energetisches Gefühl. Es gibt also »rohe« oder grobstoffliche Erfahrung, subtile oder feinstoffliche Erfahrung und sehr subtile oder kausale Erfahrung. Die Philosophen würden in diesem Zusammenhang von »phänomenologischen Realitäten« oder einfach von Realitäten sprechen, da diese sich in unserem unmittelbaren Wahrnehmungsfeld zeigen. Im Augenblick haben Sie Zugang zu einem grobstofflichen Körper und seiner grobstofflichen Energie, einem subtilen Körper und seiner subtilen Energie und einem kausalen Körper und seiner kausalen Energie.

Was wäre ein Beispiel für diese drei Körper? Beachten Sie, dass sich Ihre Wahrnehmung im Augenblick im *Wachzustand* befindet; in diesem Zustand sind Sie sich Ihres **grobstofflichen Körpers** bewusst – des physischen, materiellen, sensomotorischen Körpers. Aber in Ihren nächtlichen Träumen existiert kein grobstofflicher, physischer Körper; er scheint sich aufgelöst zu haben. Auch wenn Sie im Traumzustand bewusst sind, haben Sie keinen grobstofflichen Körper aus dichter Materie, sondern einen **subtilen Körper** aus Licht, Energie, Gefühlen, frei fließenden Bildern. Im Traumzustand sind Geist und Seele frei, sich ihre Welten nach Belieben zu erschaffen, weitläufige Reiche zu phantasieren, die nicht an grobstoffliche, sinnliche Realitäten gebunden sind, sondern sich auf fast magische Weise bis zu anderen Seelen, anderen Menschen und weit entlegenen Orten erstrecken; wilde, leuchtende Bilder, die im Rhythmus der eigenen Herzenswünsche sprudeln.

Was für einen Körper haben Sie also im Traum? Nun, einen **subtilen Körper** aus Gefühlen, Bildern, sogar Licht. So fühlen Sie sich im Traum. Und Träume sind nicht »nur Illusion«. Wenn jemand wie Martin Luther King jr. sagt: »Ich habe einen Traum«, ist das ein gutes Beispiel dafür, wie jemand sich das großartige Potenzial visionärer Träume zunutze macht, in denen der subtile Körper und der Geist frei sind, sich zu ihren höchsten Möglichkeiten emporzuschwingen.

Wenn Sie vom *Traumzustand* mit seinem subtilen Körper in den Tiefschlaf oder *formlosen Zustand* übergehen, fallen selbst Gedanken und Bilder weg, und es existiert nur noch eine große Leere, eine formlose Weite, die über jedes individuelle »Ich«, Ego oder Selbst hinausgeht. Die großen Weisheitstraditionen behaupten, dass wir in diesem Zustand – der uns wie eine völlige Leere oder ein Nichts vorkommen kann – in Wirklichkeit in ein weites, formloses Reich eintauchen, in eine große Leerheit oder den Urgrund des Seins, eine fast unendliche Ausdehnung des Bewusstseins. Und diese nahezu unendliche Ausdehnung des Bewusstseins geht einher mit einem nahezu unendlichen Körper oder unendlicher Energie – dem **kausalen Körper**, dem Körper der feinsten, subtilsten Erfahrung, die möglich ist; eine große Formlosigkeit, aus der kreative Möglichkeiten entstehen können.

Natürlich erleben viele Menschen diesen tiefen Zustand nicht in seiner ganzen Fülle. Doch die Traditionen gehen einmütig davon aus, dass wir diesen *formlosen Zustand* und den *kausalen Körper* bei vollem Bewusstsein betreten können, und führen darauf auch deren außergewöhnliches Potenzial für Wachstum und Bewusstheit zurück.

Der Punkt ist wiederum folgender: Wenn wir das IBS anwenden, werden wir daran erinnert, uns an unsere Realitäten im Wachzustand und an unsere Träume, unsere Visionen und innovativen Ideen im subtilen Zustand und auch an unseren eigenen offenen, formlosen Urgrund voller Möglichkeiten anzuschließen, der die Quelle von so viel Kreativität ist. Das Wichtige am Integralen Ansatz ist, dass wir mit möglichst vielen Potenzialen in Berührung sein wollen, um alle Möglichkeiten für Problemlösungen, Wachsen und Transformation auszuschöpfen.

BEWUSSTSEIN UND KOMPLEXITÄT

Drei Körper – ist das vielleicht zu »weit hergeholt«? Nun, denken Sie daran, es geht hier um phänomenologische oder auf Erfahrung beruhende Realitäten, doch es gibt noch eine simplere, weniger »weit hergeholte« Möglichkeit, sich diese Realitäten anzuschauen – dieses Mal auf der Grundlage nüchterner Wissenschaft. Das sieht so aus: *Jede Ebene von innerlichem Bewusstsein geht einher mit einer Ebene von äußerer physischer Komplexität.* Je größer das Bewusstsein, desto komplexer das System, in dem es angesiedelt ist.

Mit dem **Reptilien-Gehirnstamm** bei lebenden Organismen zum Beispiel gehen ein rudimentäres innerliches Bewusstsein von grundlegenden Trieben wie Hunger und Durst, sowie physiologische Empfindungen und sensomotorische Aktivitäten einher (alles, wovon es weiter vorn hieß, es sei »grobstofflich« oder kreise um das eigene »Ich«). Beim komplexeren **Säugetiergehirn** oder **limbischen System** haben sich diese grundlegenden Empfindungen erweitert und dahingehend entfaltet, dass sie jetzt ziemlich differenzierte Gefühle, Wünsche, emotional-sexuelle Impulse und Bedürfnisse mit einschließen (und damit den Beginn dessen darstellen, was wir als subtile Erfahrung oder subtilen Körper bezeichnet haben, der sich vom »Ich« zum »Wir« erweitern kann). Während die Evolution fortschreitet zu noch komplexeren physischen Strukturen, wie dem **dreieinigen Gehirn** mit seinem **Neokortex**, erweitert sich auch das Bewusstsein zur weltzentrischen Sicht von »Wir alle« (und beginnt sich auf diesem Weg sogar an das anzuschließen, was wir als kausalen Körper bezeichnet haben).

Das ist ein simples Beispiel für die Tatsache, dass wachsendes innerliches Bewusstsein einhergeht mit wachsender äußerer Komplexität der Systeme, in denen es angesiedelt ist. Wenn wir das **IBS** anwenden, schauen wir uns oft sowohl die **innerlichen Ebenen des Bewusstseins** als auch die entsprechenden **äußeren Ebenen von physischer Komplexität** an, da wir, wenn wir beides einbeziehen, zu einem sehr viel ausgewogeneren, umfassenderen Ansatz gelangen. Wir werden gleich sehen, was genau das heißt.

UND JETZT: WIE PASST DAS ALLES ZUSAMMEN?

Das IBS – und das Integrale Modell – wären lediglich ein »Sammelsurium«, wenn es keinen Hinweis darauf gäbe, wie die Beziehung zwischen diesen zahlreichen verschiedenen Komponenten aussieht. Wie passt das alles zusammen? Es ist eine Sache, all die Versatzstücke dieser kulturübergreifenden Studie auf den Tisch zu legen und zu sagen: »Sie sind alle wichtig!«, und eine ganz andere, die Muster ausfindig zu machen, die diese Stücke tatsächlich miteinander verbinden. Die Entdeckung dieser tiefgreifenden **verbindenden Muster** ist eine der Hauptleistungen des Integralen Ansatzes.

In diesem abschließenden Teil werden wir diese Muster kurz umreißen, alle zusammengenommen bezeichnen wir manchmal als **A-Q-A-L** (ausgesprochen: ah-quell), eine Abkürzung für »alle Quadranten, alle Ebenen, alle Linien, alle Zustände, alle Typen« – also der Komponenten, die wir bereits dargestellt haben (mit Ausnahme der Quadranten, zu denen wir gleich kommen). **AQAL** ist einfach ein anderer Begriff für **IBS** oder Integrale Landkarte, wird aber oft als spezielle Bezeichnung für diesen bestimmten Ansatz gewählt.

Zu Beginn dieser Einleitung habe ich gesagt, dass alle fünf Komponenten des Integralen Modells *Ihrer Wahrnehmung in diesem Augenblick zugänglich sind,* und das gilt auch für die Quadranten.

Ist Ihnen schon einmal aufgefallen, dass die Hauptsprachen Pronomen verwenden, welche als erste Person, zweite Person und dritte Person bezeichnet werden? Die Perspektive der **ersten Person** ist die »der Person, die spricht«, und wir benutzen dafür die Pronomen *ich, mich, mir* (im Singular) und *wir, uns, unser* (im Plural). Die **zweite Person** ist die, »mit der gesprochen wird«, und die Pronomen heißen hier *du* und *dein/e/s.* Die **dritte Person** ist die, »über die gesprochen wird«, und wird mit den Pronomen *er, ihn/ihm, sie, ihr, es* und *sie* bezeichnet.

Wenn ich Ihnen von meinem neuen Auto erzähle, bin »ich« also die erste Person, »Sie« sind die zweite Person und das neue Auto (oder »es«) ist die dritte Person. Wenn Sie und ich uns unterhalten und austauschen, machen wir das deutlich, indem wir zum Beispiel das Wort »wir« benutzen, wie in dem Satz »Wir verstehen uns«. »Wir« ist grammatikalisch betrachtet erste Person plural, aber wenn Sie und ich kommunizieren, dann sind Ihre zweite Person und meine erste Person Teil dieses außergewöhnlichen »Wir«. So heißt die zweite Person manchmal »du/wir« oder »ihr/wir« oder manchmal einfach »wir«.

Wir können also die erste, zweite und dritte Person vereinfacht als **»ich«, »wir«** und **»es«** bezeichnen.

Das alles scheint ziemlich trivial zu sein, stimmt's? Vielleicht sogar langweilig? Versuchen wir einmal Folgendes: Was, wenn wir statt »ich«, »wir« und »es« das **Schöne**, das **Gute** und das **Wahre** sagen würden? Und was, wenn wir sagen würden, dass das Schöne, das Gute und das Wahre immer und in jedem Augenblick Dimensionen Ihres eigenen Seins sind, die sämtliche Ebenen des Wachsens und der Entwicklung mit einschließen? Und dass Sie durch eine integrale Praxis immer tiefere Dimensionen Ihres eigenen Gutseins, Ihrer eigenen Wahrheit und Ihrer eigenen Schönheit entdecken können?

Nun, das ist schon interessanter. Das Schöne, das Wahre und das Gute sind einfach Variationen der Pronomen für die erste, zweite und dritte Person, die wir in allen Hauptsprachen finden. Und wir finden sie in allen Hauptsprachen, weil Schönheit, Wahrheit und Gutsein ganz reale Dimensionen der Wirklichkeit sind, auf die sich Sprache bezieht. Die dritte Person (oder »es«) verweist auf die objektive Wahrheit, die am besten von der Wissenschaft erforscht wird. Die zweite Person (oder »du/wir«) bezeichnet das Gutsein oder die Art und Weise, wie wir – dieses Du und Ich – miteinander umgehen und ob wir dies mit Anstand, Ehrlichkeit und Respekt tun. Mit anderen Worten: Hier geht es um die grundlegende Moral. Und die erste Person hat mit dem »Ich« zu tun, mit dem Selbst und Selbstausdruck, mit Kunst und Ästhetik und der Schönheit im Auge (oder »Ich«) des Betrachters.

Die »Ich«-, »Wir«-und-»Es«-Dimensionen der Erfahrung beziehen sich also in Wirklichkeit auf **Kunst, Moral** und **Wissenschaft**. Oder **Selbst, Kultur** und **Natur**. Oder das **Schöne**, das **Gute** und das **Wahre**. (Aus irgendeinem Grund nennen die Philosophen die drei meist in dieser Reihenfolge: Das Gute, das Wahre und das Schöne. Welche Reihenfolge wäre Ihnen lieber? Jede ist in Ordnung.)

Der Punkt ist, dass *jedes Ereignis* in der manifesten Welt *alle diese drei Dimensionen* hat. Sie können jedes Ereignis aus dem Blickwinkel des »Ich« (oder wie ich persönlich dieses Ereignis sehe und empfinde), aus dem Blickwinkel des »Wir« (nicht nur wie ich, sondern wie andere dieses Ereignis sehen) und als »Es« (oder die objektiven Tatsachen des Ereignisses) betrachten.

Deswegen berücksichtigt ein integral begründeter Weg all diese Dimensionen und gelangt auf diese Weise zu einem umfassenderen und effektiveren Ansatz in »Ich«, »Wir« und »Es« – oder in Selbst und Kultur und Natur.

Wenn Sie die Wissenschaft auslassen oder Kunst oder Moral, dann fehlt etwas, tut das den Dingen im wahrsten Sinne des Wortes »Abbruch«. Selbst, Kultur und Natur werden gemeinsam befreit oder gar nicht. Diese Dimensionen von »Ich«, »Wir« und »Es« sind so grundlegend, dass wir sie als die *vier Quadranten* bezeichnen und sie zur Basis des integralen Bezugsrahmens oder des IBS machen. (Wir kommen auf »vier« Quadranten, indem wir das »Es« in »es« Singular« und »sie« Plural unterteilen). Wir können diese grundlegenden Punkte mit Hilfe einiger grafischer Darstellungen verdeutlichen.

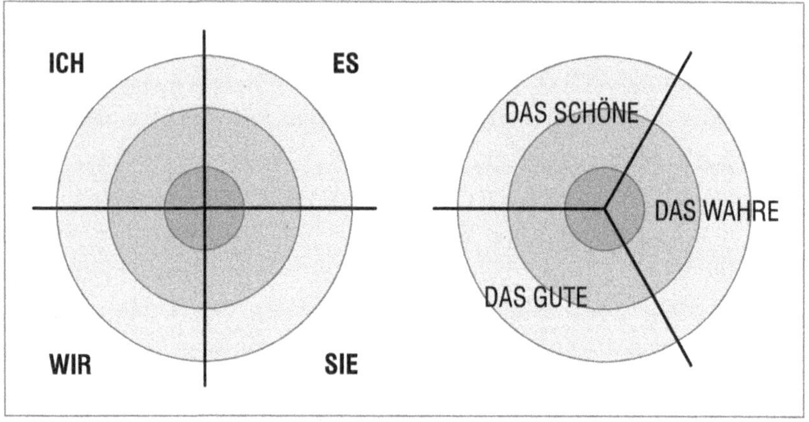

Abbildung 3: Die Quadranten

Dies ist eine schematische Darstellung der vier Quadranten. Sie zeigt das **»Ich«** (das *Innere* des Individuums), das **»Es«** (das *Äußere* des *Individuums*) das **»Wir«** (das Innere des Kollektivs) und das **»Sie«** Plural (das *Äußere* des *Kollektivs*). Mit anderen Worten: Die vier Quadranten – die vier grundlegenden Perspektiven jeder Begebenheit (oder vier grundlegende Wege, jede Begebenheit zu betrachten) – erweisen sich als etwas ziemlich Einfaches: Sie sind das **Innere** und das **Äußere** des **Individuums** und des **Kollektivs**.

Die Abbildungen 4 und 5 zeigen ein paar Details der vier Quadranten. (Einiges davon sind technische Begriffe, mit denen wir uns bei dieser grundlegenden Einführung nicht weiter befassen müssen; schauen Sie sich einfach die Grafiken an, um eine Vorstellung von den unterschiedlichen Typen von Aspekten zu bekommen, die Sie in den einzelnen Quadranten vorfinden können.)

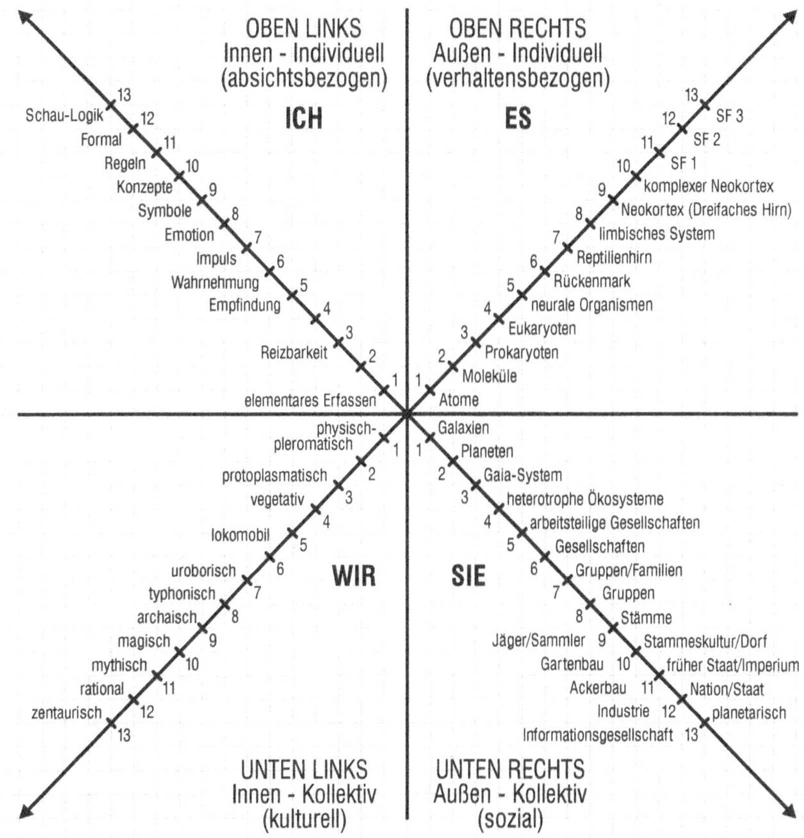

Abbildung 4: Einige Details der Quadranten

Im oberen linken Quadranten zum Beispiel (dem Inneren des Individuums) finden Sie Ihre eigenen augenblicklichen Gedanken, Gefühle, Empfindungen usw. vor (die alle in der ersten Person beschrieben werden). Wenn Sie aber Ihr individuelles Sein *von außen* betrachten, nicht auf dem Hintergrund eines subjektiven Bewusstseins, sondern der objektiven Wissenschaft, stoßen Sie auf Neurotransmitter, ein limbisches System, den Neokortex, komplexe molekulare Strukturen, Zellen, Organe, DNA usw., die alle in der objektiven Terminologie der dritten Person (»es« und »sie«) beschrieben werden. Der **obere rechte**

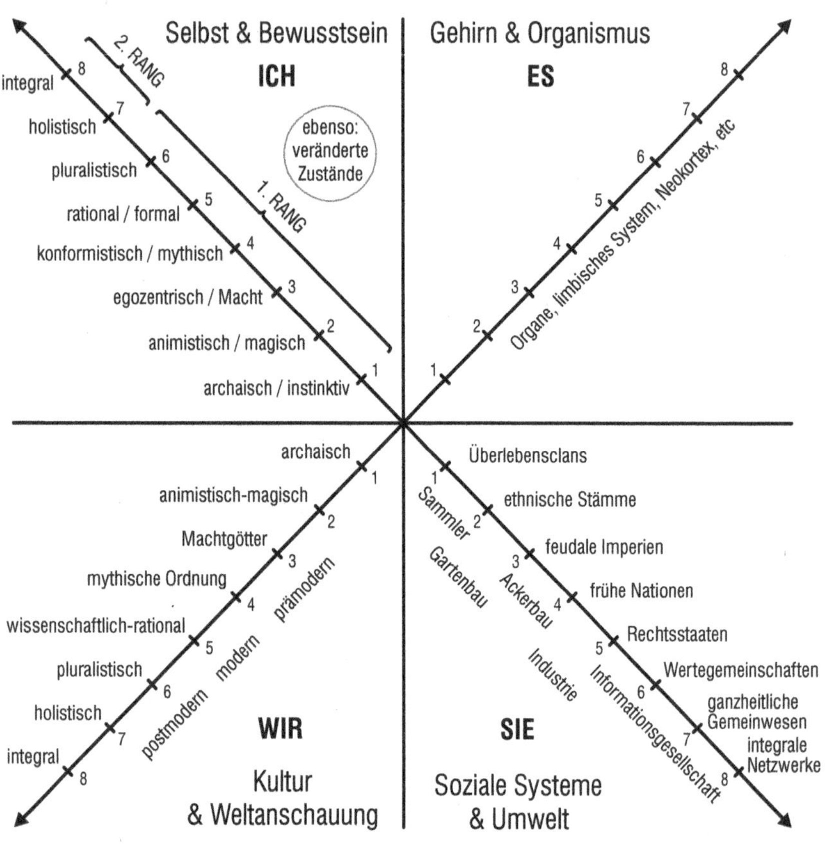

Abbildung 5: Die Quadranten, auf Menschen bezogen

Quadrant zeigt also, wie ein individuelles Ereignis von außen aussieht. Das umfasst vor allem dessen physisches Verhalten, seine materiellen Komponenten, seine Materie und Energie und seine konkrete körperliche Gestalt – denn auf all diese Aspekte können wir auf die eine oder andere Art in der objektiven **dritten Person** oder in »Es«-Form verweisen.

So sehen Sie oder Ihr Organismus von einem objektiven Es-Standpunkt betrachtet von außen aus, er besteht aus Materie, Energie und Objekten, während Sie im innerlichen Bereich keine Neurotransmitter, sondern Gefühle, kein limbisches System, sondern heftige Wünsche, keinen Neokortex, sondern innere Visionen, keine Materie-Energie, sondern Bewusstsein vorfinden, alle aus dem unmittelbaren Erleben der **ersten Person** heraus beschrieben. Welcher der beiden Blickwinkel ist richtig? Laut Integralem Ansatz beide. Das sind zwei verschiedene Sichtweisen von ein und derselben Begebenheit: Sie. Die Probleme fangen an, wenn Sie versuchen, eine dieser Perspektiven zu verleugnen oder als unwesentlich abzutun. Jede integrale Sicht muss alle vier Quadranten einbeziehen.

Es gibt noch weitere Verbindungen. Beachten Sie, dass jedes »Ich« in Beziehung zu anderen Ichs steht, das heißt, jedes »Ich« ist Teil von zahlreichen Wirs. Diese »Wirs« stellen nicht nur ein *individuelles,* sondern ein *Gruppen-* (oder *kollektives*) Bewusstsein dar, nicht nur ein subjektives, sondern ein intersubjektives Wahrnehmungsfeld – oder **Kultur** im weitesten Sinne. Darauf weist der untere linke Quadrant hin. Auch jedes »Wir« hat eine äußere Entsprechung, ein äußeres Erscheinungsbild, und das ist der untere rechte Quadrant. Der untere linke Quadrant wird oft als **kulturelle** Dimension bezeichnet (oder als inneres Bewusstsein der Gruppe – ihrer Weltsicht, ihrer gemeinsamen Werte, Gefühle usw.), und der untere rechte Quadrant als **soziale** Dimension (oder die äußeren Formen und Verhaltensweisen der Gruppe, welche Wissenschaften wie die Systemtheorie aus der Perspektive der dritten Person untersuchen).

Noch einmal: Die Quadranten sind einfach das **Innere** und das **Äußere** des **Individuums** und des **Kollektiven**, und der Punkt ist, dass wir alle vier Quadranten mit einbeziehen müssen, wenn wir so integral wie möglich sein wollen.

Wir sind jetzt an einem Punkt angekommen, wo wir anfangen können, alle integralen Teile zusammenzufügen: Quadranten, Ebenen, Linien, Zustände und Typen. Beginnen wir mit **Ebenen** oder **Stufen**.

Alle vier Quadranten weisen Wachstum, Entwicklung oder Evolution auf. Das heißt, alle weisen in irgendeiner Form Entwicklungsstufen oder -ebenen auf, und zwar nicht so exakt bemessen wie die Sprossen einer Leiter, sondern in flüssigen, fließenden Wellen der

Entfaltung. Das geschieht überall in der Natur, wo sich beispielsweise eine Eiche durch Entwicklungs- und Wachstumsstufen aus der Eichel entwickelt, oder ein sibirischer Tiger in genau definierten Wachstumsstufen aus einem befruchteten Ei zu einem erwachsenen Organismus heranwächst.

Das Gleiche geschieht auf bestimmten, wichtigen Wegen auch mit Menschen. Einige dieser Stufen, die für Menschen gelten, haben wir uns bereits angeschaut. Im oberen linken Quadranten oder »Ich«, zum Beispiel, entfaltet sich das Selbst von egozentrisch zu ethnozentrisch zu weltzentrisch oder vom *Körper* zum *Geist* zur *Seele.* Im oberen rechten Quadranten erweitert sich gefühlte Energie phänomenologisch von *grobstofflich* zu *subtil* zu *kausal.* Unten links erweitert sich das »Wir« von *egozentrisch* (»ich«) zu *ethnozentrisch* (»wir«) zu *weltzentrisch* (»wir alle«). Diese Erweiterung des Gruppenbewusstseins ermöglicht es sozialen Systemen – im unteren rechten Quadranten –, sich von einfachen Gruppen zu komplexeren Systemen wie Nationen und schließlich sogar zu globalen Systemen weiterzuentwickeln. Diese drei simplen Stufen in jedem der Quadranten sehen so aus:

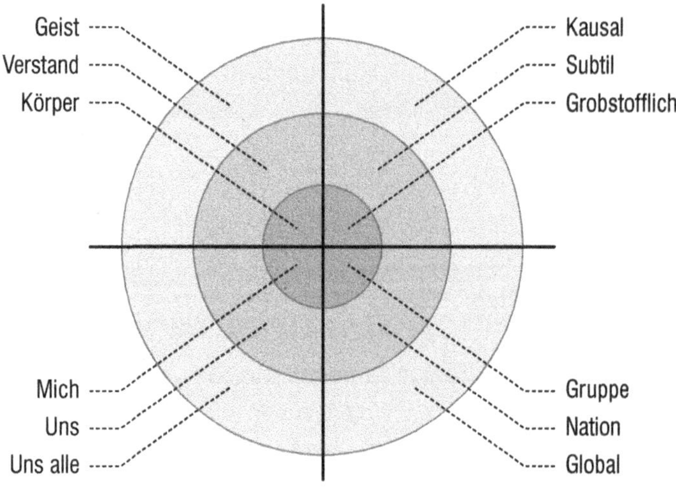

Abbildung 6: AQAL

Lassen Sie uns von **Ebenen** zu **Linien** übergehen. Entwicklungslinien gibt es in allen vier Quadranten, aber da wir uns auf die persönliche Entwicklung konzentrieren, können wir uns anschauen, wie einige dieser Linien im oberen linken Quadranten verlaufen. Wie wir bereits gesehen haben, gibt es über ein Dutzend verschiedene multiple Intelligenzen oder Entwicklungslinien. Zu den wichtigsten gehören:

- die **kognitive** Linie (oder Wahrnehmung dessen, was ist)
- die **moralische** Linie (oder Wahrnehmung dessen, was sein sollte)
- die **emotionale** oder **affektive** Linie (das vollständige Spektrum der Emotionen)
- die **zwischenmenschliche** Linie (wie ich mich sozial auf andere beziehe)
- die Linie der **Bedürfnisse** (wie Maslows Hierarchie der Bedürfnisse)
- die Linie der **eigenen Identität** (oder »Wer bin ich?«, wie Loevingers Ich-Entwicklung)
- die **ästhetische** Linie (oder die Linie von Selbstausdruck, Schönheit, Kunst und gefühltem Sinn)
- die **psychosexuelle** Linie, im weitesten Sinne das gesamte Spektrum von Eros (grobstofflich zu subtil zu kausal)
- die **spirituelle** Linie (wo »Geist« nicht nur als Urgrund oder höchste Stufe betrachtet wird, sondern als eigene Entwicklungslinie)
- die Linie der **Werte** (oder dessen, was eine Person als das Wichtigste betrachtet; eine Linie, die von Clare Graves untersucht und als »Spiral Dynamics« bekannt gemacht wurde)

All diese Entwicklungslinien können grundlegende Stufen oder Ebenen durchlaufen. Alle können wir in das Psychogramm mit einbeziehen. Wenn wir zum Beispiel die Konzepte der Stufen oder Ebenen von Robert Kegan, Jane Loevinger oder Clare Graves benutzen, haben wir fünf, acht oder sogar noch mehr Entwicklungsebenen vor uns, mit denen wir die natürliche Entfaltung von Entwicklungslinien oder -strömen verfolgen können. Und noch einmal: Es geht nicht um die Frage, welches dieser Modelle richtig oder falsch ist, sondern wie »feinkörnig« oder »komplex« wir vorgehen müssen, um eine Situation adäquater zu verstehen.

Wir haben bereits die Grafik eines Psychogramms vorgestellt (Abbildung 1). Abbildung 7 zeigt eine weitere. Sie stammt aus einer Präsentation der *Notre Dame business school* (Universität von Indiana, Anm.d.Ü.), die AQAL im Fachbereich Wirtschaft anwendet.

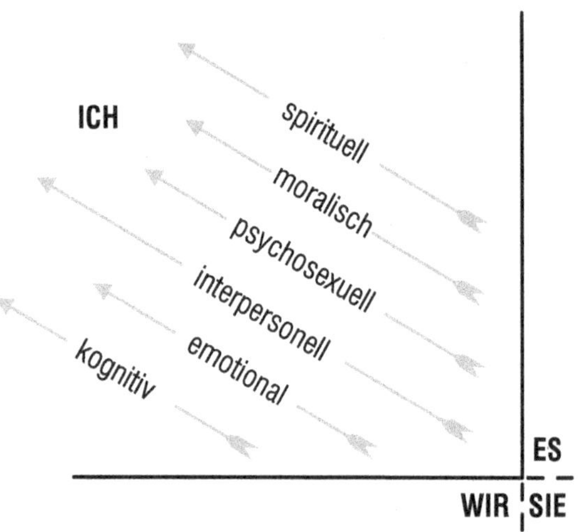

Abbildung 7: Eine andere Version des Psychogramms

Wie bereits erwähnt, haben alle Quadranten Entwicklungslinien. Wir haben uns gerade auf die im oberen linken Quadranten konzentriert. Im oberen rechten Quadranten ist eine der wichtigsten Entwicklungslinien in Bezug auf Menschen die Linie der körperlichen Materie-Energie, die – wie wir bereits sahen – von grobstofflicher Energie zu subtiler Energie zu kausaler Energie verläuft. Als Entwicklungsstufenfolge betrachtet, verweist sie auf den permanenten Erwerb der Fähigkeit, diese energetischen Komponenten Ihres Seins bewusst zu meistern (andernfalls würden sie lediglich als Zustände auftauchen). Der obere rechte Quadrant verweist außerdem auf alles **äußerliche**

Verhalten, Handlungen und Bewegungen meines objektiven Körpers (grobstofflich, subtil oder kausal).

Im unteren linken Quadranten verläuft die kulturelle Entwicklung oft in Wellen und bewegt sich – wie der geniale Pionier Jean Gebser es nannte – von *archaisch* zu *magisch* zu *mythisch* zu *mental*, zu *integral* und höher. Im unteren rechten Quadranten erforscht die Systemtheorie die kollektiven sozialen Systeme, die sich weiterentwickeln (und das schließt bei Menschen auch Stufenfolgen mit ein wie die von *Jäger-Sammler-* zu *Agrar-* zu *Industrie-* zu *Informations*gesellschaften). In Abbildung 6 haben wir diese Stufen zu »Gruppe, Nation und Global« vereinfacht. Aber die generelle Idee ist die von Stufen, die sich zu einer immer größeren sozialen Komplexität entwickeln und in umfassenderen Systemen integriert sind.

Und noch einmal: Für diesen simplen Überblick sind die Details nicht so wichtig wie generell zu verstehen, dass sich *alle vier Quadranten* entfalten oder *blühen*, was eine Erweiterung in Bereichen wie Bewusstsein, Anteilnahme, Kultur und Natur mit einschließen kann. Kurz gesagt, das Ich, das Wir und das Es können sich entfalten. Selbst, Kultur und Natur können alle evolvieren und sich entfalten.

Wir können mit den anderen Komponenten nun rasch zu Ende kommen. **Zustände** sind in allen Quadranten vorhanden (von Wetterlagen bis hin zu Bewusstseinszuständen). Wir haben uns bislang auf **Bewusstseinszustände** im oberen linken Quadranten konzentriert (wachend, träumend, schlafend) und auf **energetische Zustände** oben rechts (grobstofflich, subtil, kausal), die natürlich als dauerhafte Errungenschaften zu Stufen geworden sind, das heißt keine Zustände mehr sind.

Auch **Typen** gibt es in allen Quadranten, aber wir haben uns bislang auf die Typen *männlich* und *weiblich* konzentriert, wie sie sich in Individuen zeigen. Das maskuline Prinzip identifiziert sich eher mit Tatkraft und das feminine eher mit Gemeinschaft, aber der Punkt ist, dass jede Person beide Komponenten hat. Und schließlich gibt es, wie wir sahen, auf allen zugänglichen Stufen einen **ungesunden Typ** von männlich und weiblich – »kranke Jungen« und »kranke Mädchen« auf allen Stufen.

Scheint kompliziert zu sein? In gewisser Weise ja. Aber in anderer Hinsicht kann die außergewöhnliche Komplexität von Menschen und ihrer Beziehung zum Universum enorm vereinfacht werden, wenn wir mit allen »Grundsätzen« der **Quadranten** in Berührung sind (mit der Tatsache, dass wir jedes Ereignis als Ich, Wir oder Es betrachten können); mit den **Entwicklungslinien** (oder multiplen Intelligenzen), welche **Entwicklungsebenen** durchlaufen (von Körper zu Geist zu Seele) und mit den **Zuständen** und **Typen** auf jeder dieser Ebenen.

Das **Integrale Modell** – »alle Quadranten, alle Ebenen, alle Linien, alle Zustände, alle Typen« – ist das einfachste Modell, das all diese wirklich wesentlichen Aspekte handhaben kann. Manchmal kürzen wir, wie schon erwähnt, die ganze Reihe zu »alle Quadranten, alle Ebenen« – oder **AQAL** – ab, wobei die Quadranten beispielsweise Selbst, Kultur und Natur sind und die Ebenen Körper, Geist und Seele, sodass wir sagen, beim Integralen Ansatz geht es um die **aktive Entfaltung von Körper, Geist und Seele in Selbst, Kultur und Natur.** Die einfachste Version dieses Modells finden Sie in Abbildung 6, und wenn Sie diese Grafik grundsätzlich verstehen, ist der Rest ziemlich einfach.

ANWENDUNG DES IBS

Lassen Sie uns zum Abschluss dieses Teils, den wir »Einführung in die Grundlagen des IBS« nennen könnten, ein paar kurze Beispiele für dessen Anwendung geben – in Medizin, Wirtschaft, Spiritualität und Ökologie.

Integrale Medizin

In keinem anderen Bereich können wir das Integrale Modell direkter anwenden als in der Medizin, und überall auf der Welt übernehmen es immer mehr Menschen, die im Gesundheitswesen arbeiten. Eine Spritztour durch die Quadranten macht deutlich, warum das Integrale Modell hier so hilfreich sein kann.

Die orthodoxe oder konventionelle Medizin ist ein klassischer Ansatz des **oberen rechten Quadranten**. Sie beschäftigt sich fast ausschließlich mit dem physischen Organismus und arbeitet mit physischen Eingriffen: Chirurgie, Schmerzbetäubung, medikamentöse Behandlung und Verhaltensmodifizierung. Die orthodoxe Medizin geht grundsätzlich davon aus, dass physische Krankheiten physische Ursachen haben und behandelt sie deswegen meist mit physischen Interventionen. Das Integrale Modell hingegen behauptet, dass jedes physische Geschehen (oben rechts) mindestens vier Dimensionen (die Quadranten) hat, und deswegen müssen wir uns körperliche Krankheiten von allen vier Quadranten aus anschauen (ganz zu schweigen von den Ebenen, denen wir uns später zuwenden werden). Das Integrale Modell behauptet nicht, der obere rechte Quadrant sei unwichtig, sondern dass er für sich genommen nur ein Viertel der Geschichte ausmacht.

Das in jüngster Zeit explodierende Interesse an alternativen Behandlungsmethoden – ganz zu schweigen von Disziplinen wie der Psychoneuroimmunologie – hat deutlich gezeigt, dass *die inneren Zustände* der Person (ihre Emotionen, ihre psychologischen Einstellungen, inneren Bilder und Absichten) sowohl für die *Ursache* als auch für die *Behandlung* jeder physischen Krankheit eine entscheidende Rolle spielen. Mit anderen Worten, der **obere linke Quadrant** ist ein Schlüsselfaktor für jede umfassende medizinische Versorgung. Visualisierungen, Affirmationen und der bewusste Einsatz von inneren Bildern, so hat sich empirisch erwiesen, spielen bei der Bewältigung der meisten Krankheiten eine bedeutende Rolle. Und es hat sich gezeigt, dass die Behandlungsergebnisse auf emotionalen Zuständen und mentalen Einstellungen beruhen.

Aber so wichtig diese subjektiven Faktoren auch sind, individuelles Bewusstsein existiert nicht in einem Vakuum, sondern ist fest verwurzelt in allgemeinen kulturellen Werten, Überzeugungen und Weltanschauungen. Die Einstellung, die eine Kultur (unten links) einer bestimmten Krankheit entgegenbringt – Anteilnahme und Mitgefühl oder Verachtung und Spott –, kann tiefgreifende Auswirkungen auf den Umgang des Individuums mit dieser Krankheit haben (oben links), was sich wiederum direkt auf den körperlichen Verlauf der Krankheit selbst (oben rechts) auswirken kann. Der **untere linke Quadrant** umfasst die enorm große Anzahl intersubjektiver Faktoren, die für jede menschliche Interaktion von entscheidender Bedeutung sind – wie zum Beispiel die Kommunikation zwischen Arzt und Patient, die Einstellungen von Familie und Freunden und wie sie diese dem Patienten vermitteln, die kulturelle Akzeptanz (oder Ächtung) der speziellen Krankheit (z.B. AIDS) und die Werte eben der Kultur, welche diese durch die Krankheit bedroht sieht.

All diese Faktoren sind bis zu einem gewissen Grad ursächlich an jeder körperlichen Krankheit und deren Behandlung beteiligt (einfach weil *jede* Begebenheit vier Quadranten hat).

Natürlich muss dieser Quadrant in der Praxis auf die Faktoren begrenzt werden, die effektiv zum Einsatz kommen können – vielleicht die kommunikativen Fähigkeiten von Arzt und Patient, Selbsthilfegruppen für Familie und Freunde des Patienten und ein grundlegendes Wissen um die kulturelle Einstellung zu der Krankheit und ihre Auswirkung darauf. Untersuchungen zeigen zum Beispiel immer wieder, dass Krebspatienten in Selbsthilfegruppen länger leben als Krebskranke ohne vergleichbare kulturelle Unterstützung. Einige der relevanteren Faktoren aus dem unteren linken Quadranten sind deshalb für jede umfassende medizinische Versorgung von entscheidender Bedeutung.

Der **untere rechte Quadrant** betrifft alle materiellen, ökonomischen und sozialen Faktoren, die man fast nie als Teil einer Krankheit berücksichtigt, obwohl sie tatsächlich – wie jeder andere Quadrant – sowohl die Krankheit als auch die Behandlung *ursächlich* bedingen. Ein soziales System, das nicht für Nahrungsmittel sorgen kann, bringt uns um (wie Menschen in Ländern mit Hungersnot es leider täglich erleben). In der realen Welt, in der jede Begebenheit alle vier Quadranten hat, kann ein Virus im oberen rechten Quadranten das zentrale Thema sein, aber ohne ein soziales System (unten rechts), das Behandlungsmöglichkeiten zur Verfügung stellen kann, sterben wir. Das ist keine isolierte Angelegenheit, sondern zentral für das Ganze, denn alle Begebenheiten haben vier Quadranten. Der untere rechte Quadrant schließt Faktoren wie Wirtschaft, Versicherungen, soziale Versorgungssysteme und sogar so simple Dinge wie die äußere Gestaltung eines Krankenzimmers mit ein (kann man sich hier gut bewegen? Ist Platz für Besucher? usw.), ganz zu schweigen von Umweltgiften und Ähnlichem.

Die gerade aufgezählten Dinge verweisen auf den »Alle-Quadranten«-Aspekt der Ursache und Bewältigung von Krankheit. Der »Alle-Ebenen«-Teil bezieht sich auf die Tatsache, dass Individuen – mindestens – physische, emotionale, mentale und spirituelle Ebenen in jedem dieser Quadranten haben (siehe Abbildung 6). Manche Krankheiten haben überwiegend physische Ursachen und erfordern eine entsprechende Behandlung (wenn jemand z.B. von einem Bus angefahren wird und sich das Bein bricht).

Aber die Ursachen und Behandlungen der meisten Krankheiten haben auch emotionale, mentale und spirituelle Komponenten. Hunderte von Forscherinnen und Forschern aus der ganzen Welt haben unschätzbare Beiträge zu unserem Verständnis der »Vielschichtigkeit« von Krankheit und ihrer Behandlung geliefert (wozu auch die Beiträge aus den großen Weisheitstraditionen vom Schamanismus bis hin zur tibetischen Medizin gehören). Der Punkt ist, dass sich, wenn wir den Quadranten diese Ebenen hinzufügen, ein sehr viel umfassenderes – und effektiveres – medizinisches Modell abzuzeichnen beginnt.

Kurz gesagt, ein wirklich effektiver und umfassender medizinischer Behandlungsplan würde alle Quadranten und alle Ebenen mit einschließen: Die Idee ist einfach, dass jeder Quadrant oder jede Dimension (Abbildung 3) – ein Ich, Wir und Es – physische, emotionale, mentale und spirituelle Ebenen oder Wellen hat (Abbildung 6), und eine wirklich integrale Behandlung würde all diese Realitäten berücksichtigen. Dieser Typ von integraler Behandlung ist nicht nur *effektiver,* sondern auch *kosteneffizienter* – und aus diesem Grund beschäftigt sich selbst die institutionalisierte Medizin eingehender damit.

(Wenn Sie sich über diesen Ansatz noch genauer informieren möchten, können Sie sich unter *www.integraluniversity.org* an das *Center for Integral Medicine* wenden.)

Integrale Wirtschaft

Die Anwendung des Integralen Modells in der Wirtschaft hat in jüngster Zeit geradezu explosionsartige Ausmaße angenommen, weil der Nutzen so direkt und offensichtlich ist. Die Quadranten stellen die vier »Umgebungen« oder »Märkte« da, auf denen sich ein Produkt behaupten muss, und die Ebenen zeigen die Typen von Werten auf, die sowohl für die Produktion als auch für den Kauf des Produktes entscheidend sind. Untersuchungen über Wertehierarchien – wie die von Maslow und Graves (z.B. Spiral Dynamics), die in der Wirtschaft bereits einen enormen Einfluss haben, können mit den Quadranten (die zeigen, wie diese Werteebenen in den vier verschiedenen Umgebungen auftauchen) kombiniert werden, und das ergibt eine wirklich umfassende Landkarte des Markplatzes (die sowohl traditionelle Märkte als auch virtuelle Märkte abdeckt).

Darüber hinaus blühen und gedeihen auch die Trainingsprogramme für *Integrale Unternehmensführung*, die auf einem integralen oder AQAL-Modell beruhen. Es gibt heute vier Haupttheorien über wirtschaftliches Management (Theorie X betont das individuelle Verhalten; Theorie Y konzentriert sich auf das psychologische Verständnis; beim Kulturmanagement liegt der Schwerpunkt auf dem Organisieren von Kultur; und das Systemmanagement betont das soziale System und dessen Regierungsform). Diese vier Management-Theorien sind tatsächlich die vier Quadranten, und ein Integraler Ansatz müsste alle vier Ansätze mit einbeziehen. Fügen Sie Ebenen und Linien hinzu und Sie gelangen zu einem unglaublich reichen und differenzierten Modell für Führungskräfte, das wir ohne weiteres als das umfassendste bezeichnen können, das uns heute zur Verfügung steht.

(Wenn Sie diesen Ansatz weiterverfolgen möchten, informieren Sie sich bitte beim *Center for Integral Leadership and Business* unter *www.integraluniversity.org*.)

Sozial engagierte Spiritualität oder Beziehungen als spiritueller Weg

Die Hauptimplikationen eines AQAL-Ansatzes in der Spiritualität bestehen darin, dass wir physische, emotionale, mentale und spirituelle Ebenen des Seins im Selbst, in der Kultur und der Natur gleichermaßen praktisch berücksichtigen (d.h. in den Ich-, Wir- und Es-Bereichen). Daraus resultieren viele Spielarten von Spiritualität, von einer sozial engagierten Spiritualität bis hin zu Beziehungen als spirituellem Weg. Wir beziehen diese wichtigen Beiträge alle in die Integrale Lebenspraxis mit ein (siehe unten). Eine Integrale Spiritualität (*www.integralspiritualcenter.org*) hat tiefe und vielfältige Implikationen, deren Auswirkungen sich gerade erst abzuzeichnen beginnen.

Integrale Ökologie

Mehrere Mitarbeiter am *Integral Institute* haben bereits den Weg gebahnt für eine Integrale- oder AQAL-Ökologie, die sowohl unsere Denkweise als auch unser pragmatisches Vorgehen und Helfen auf diesem Gebiet zu revolutionieren verspricht (siehe *Center for Integral Ecology* unter *www.integraluniversity.org*).

Die Grundidee ist einfach: Jeder nicht integrale oder umfassende Ansatz ist beim Thema Umwelt zum Scheitern verurteilt. Wir müssen hier sowohl die inneren (oder linken) als auch die äußeren (oder rechten) Quadranten berücksichtigen. Im **äußeren** Bereich müssen wir in der Umwelt ganz klar vom Gedanken der Nachhaltigkeit ausgehen, doch ohne Wachstum und Entwicklung zu weltzentrischen Ebenen von Werten und Bewusstsein in den **inneren** Bereichen ist die Umwelt weiterhin stark gefährdet. Wer sich nur auf äußere Lösungen konzentriert, vermehrt die Probleme noch. Selbst, Kultur und Natur müssen gemeinsam befreit werden oder sie werden überhaupt nicht befreit. Integrale Ökologie konzentriert sich auf die Frage, was wir dafür tun müssen.

Integrale Lebenspraxis

Die bislang erwähnten Anwendungen des IBS konzentrieren sich vor allem auf einige der theoretischen Aspekte des Integralen Ansatzes. Aber was ist mit den praktischen Aspekten meiner eigenen Erfahrungen mit Bewusstsein, Wachstum, Transformation und Erwachen?

Jede Landkarte vom menschlichen Sein basiert auf einem expliziten oder impliziten praktischen Ansatz, und die praktische, die erste Person betreffende Erfahrungsdimension des Integralen Ansatzes nennen wir die bereits erwähnte **Integrale Lebenspraxis** oder **ILP.**

Die **ILP** ist ihrem Wesen nach simpel. Ich gebe hier eine schematische Zusammenfassung: Wenn Sie von Körper, Geist und Seele (als Ebenen) sowie Selbst, Kultur und Natur (als Quadranten) ausgehen und diese miteinander kombinieren, kommen Sie auf neun mögliche Bereiche des Wachsens und Erwachens (siehe auch Abb. 20, S. 279). Die Integrale Lebenspraxis ist der erste Ansatz, der all diese Aspekte übergreifend kombiniert und damit einen Weg aufzeigt, der am effektiven zur persönlichen Transformation führt (*www.MyILP.com*).

Ein etwas ausführlicheres Beispiel wäre: Wenn Sie sich Abbildung 6 anschauen, werden Sie bemerken, dass Sie bei drei Ebenen in vier Quadranten zwölf Zonen vor sich haben. Die Integrale Lebenspraxis hat praktische Übungen für das Wachsen in allen diesen zwölf Zonen entwickelt und somit einen radikal einzigartigen und historisch einmaligen Ansatz für Wachstum, Entwicklung und Erwachen. (Wir werden in Kapitel 10 noch einmal zur Integralen Lebenspraxis zurückkehren.)

ZUSAMMENFASSUNG UND SCHLUSS

All das sind einige wenige Anwendungsmöglichkeiten des Integralen Modells. Abschließend können wir jetzt zu einer kurzen Zusammenfassung der Hauptpunkte des Modells selbst kommen.

AQAL ist die Abkürzung für **»alle Quadranten, alle Ebenen«,** was wiederum die Abkürzung ist für »alle Quadranten, alle Ebenen, alle Linien, alle Zustände, alle Typen« – das sind fünf der grundlegendsten Elemente, die wir in einen wirklich integralen oder umfassenden Ansatz mit einbeziehen müssen.

Wenn wir AQAL als wegweisenden Bezugsrahmen für das systematische Erfassen oder Verständnis einer Aktivität benutzen, bezeichnen wir dieses Modell auch als **Integrales Betriebssystem** oder **IBS**. Es gibt noch fortgeschrittenere Modelle des IBS, aber unser Grundlagenmodell hat bereits alle wesentlichen Elemente (Quadranten, Ebenen, Linien, Zustände, Typen), sodass mit seiner Hilfe jede und jeder anfangen kann, sich mit einem umfassenderen, einschließlicheren und effektiveren Ansatz vertraut zu machen.

Natürlich sind **AQAL** und das **IBS** als solche nur Landkarten, nicht mehr. Sie sind nicht das eigentliche Gelände. Aber soweit wir wissen, ist dies die umfassendste Landkarte, die wir zurzeit besitzen. Außerdem – und das ist wichtig – besteht die Integrale Landkarte darauf, dass wir das reale Gelände aufsuchen und nicht bei bloßen Worten, Ideen oder Konzepten stehen bleiben.

Denken Sie daran, dass die Quadranten lediglich eine Version von Realitäten der ersten, zweiten und dritten Person sind? Nun, die **Integrale Landkarte** und das **IBS** sind lediglich Worte der dritten Person, es handelt sich bei ihnen um Abstraktionen, um eine Reihe von »Es«-Zeichen und Es-Symbolen. Aber diese Worte der dritten Person bestehen darauf, dass wir sowohl die unmittelbaren Gefühle, Erfahrungen und das Bewusstsein der ersten Person als auch den Dialog, Kontakt und die zwischenmenschliche Anteilnahme der zweiten Person mit einbeziehen. Die Integrale Landkarte als solche besagt: *Diese Landkarte ist lediglich eine Landkarte der dritten Person, vergessen Sie also nicht die anderen wichtigen Realitäten, die jeder umfassende Ansatz mit einbeziehen muss.*

Und an diesem Punkt kommt die Integrale Lebenspraxis ins Spiel. Werden AQAL oder das IBS auf das persönliche Wachstum und die persönliche Entwicklung im wirklichen Leben angewendet, sprechen wir von **Integraler Lebenspraxis**, die offensichtlich der umfassendste und deswegen wirkungsvollste Weg zur Transformation ist, der uns zur Verfügung steht.

Hier eine weitere wichtige und abschließende Bemerkung: Das **IBS** ist ein neutraler Rahmen; es sagt Ihnen nicht, was Sie zu denken haben, drängt Ihnen keine speziellen Ideologien auf und zwingt Ihre Wahrnehmung nicht in eine bestimmte Richtung. Wenn wir zum Beispiel sagen, dass menschliche Wesen Zustände wie Wachen, Träumen und Tiefschlaf erleben, schreibt Ihnen das nicht vor, was Sie im Wachzustand denken oder im Traum sehen sollen. Es besagt einfach nur, wenn Sie umfassend sein wollen, sollten Sie darauf achten, dass Sie Wachzustände, Schlafzustände und formlose Zustände mit einbeziehen.

Das Gleiche gilt, wenn wir sagen, dass alle Begebenheiten vier Quadranten – oder die Dimensionen »Ich«, »Wir« und »Es« – haben. Damit schreiben wir dem »Ich«, »Wir« oder »Es« nicht vor, was sie tun sollen. Wir sagen lediglich, wenn Sie versuchen, alle wichtigen Möglichkeiten mit einzubeziehen, sollten Sie sichergehen, dass Sie die Perspektiven der ersten, zweiten und dritten Person mit einbeziehen, da diese in allen Hauptsprachen der Welt vorkommen.

Genau deswegen, weil das **IBS** ein **neutraler Rahmen** ist, können wir mit seiner Hilfe in praktisch jede Situation mehr Klarheit und Anteilnahme einbringen und sie umfassender begreifen, was unsere Aussichten auf Erfolg beträchtlich vergrößert – ganz gleich, ob dieser »Erfolg« unsere persönliche Transformation, soziale Veränderungen, berufliche Leistungen, Fürsorge für andere oder einfach unsere Lebensfreude betrifft.

Aber am wichtigsten ist wahrscheinlich: Weil jede Disziplin das IBS anwenden kann – von der Medizin bis zur Kunst, von Wirtschaft, Spiritualität und Politik bis zur Ökologie –, kann zum ersten Mal in der Geschichte ein gründlicher und fruchtbarer Dialog zwischen all diesen Disziplinen beginnen. Jemand, der das IBS in der Wirtschaft benutzt, kann leicht und effektiv mit einer Person ins Gespräch kommen, die das IBS in Poesie, Tanz oder bildender Kunst anwendet, einfach weil die beiden jetzt eine gemeinsame Sprache haben – oder das gleiche Betriebssystem verwenden –, mit der sie kommunizieren können. Wenn Sie das IBS benutzen, können Sie damit nicht nur Hunderte von verschiedenen »Software-Programmen« anwenden, sondern all diese Programme können jetzt auch miteinander kommunizieren, voneinander lernen und auf diese Weise die evolutionäre Entfaltung zu noch umfassenderen Dimensionen von Sein, Wissen und Handeln fördern.

Aus diesem Grund haben Tausende von Wissenschaftlerinnen und Wissenschaftlern, Lehrerinnen und Lehrern gemeinsam die *Integrale Universität* ins Leben gerufen, die erste integrale Lerngemeinde der Welt. Weil all die zahlreichen, verschiedenen menschlichen Tätigkeitsbereiche, die bislang aufgrund unverständlicher Jargons und Begrifflichkeiten isoliert waren, mit Hilfe des IBS anfangen können, wirklich effektiv miteinander zu kommunizieren, können jetzt alle Disziplinen miteinander reden und voneinander lernen. Das war bislang nirgendwo in der Geschichte effektiv der Fall, und deshalb fängt das integrale Abenteuer in der Tat gerade erst an.

Wie immer wir es auch betrachten, all das läuft auf einige wenige simple Punkte hinaus. Sie haben die Fähigkeit, in Ihrem eigenen Wachstum und in Ihrer eigenen Entwicklung das Selbst, die Kultur und Natur zu immer höheren, umfassenderen und tieferen Seinsformen zu entwickeln; und dies gelingt, indem Sie sich von der isolierten Identität eines »Ich« zur vollständigeren Identität eines »Wir« zur noch tieferen Identität von »Wir alle« – von allen fühlenden Wesen überall – bewegen, während sich Ihre eigene Fähigkeit zum Wahren, Guten und Schönen vertieft und erweitert. Ein immer größeres Bewusstsein, das immer mehr umarmt und sich im Selbst verwirklicht, in der Natur verkörpert und in der Kultur zum Ausdruck bringt.

Das also heißt es, **Körper, Geist und Seele in Selbst, Kultur und Natur weiterzuentwickeln.** Das sind die außergewöhnliche Absicht und das außergewöhnliche Ziel des Integralen Ansatzes, und wir würden uns von Herzen freuen, wenn Sie sich uns bei diesem aufregenden Abenteuer anschließen.

Doch wenn Sie denken, es handele sich hier lediglich um einen weiteren typischen Ansatz für diese Themen aus der Ecke »ganzheitlich«, »spirituell«, »New Age« oder »neues Paradigma«, wäre das der erste große Fehler.

1

INTEGRALER METHODOLOGISCHER PLURALISMUS

Wir beginnen mit der einfachen Beobachtung, dass sowohl die modernen als auch die postmodernen Erkenntnistheorien die »Metaphysik« der spirituellen Traditionen gründlich kritisiert haben – »in Grund und Boden gestampft« müsste es wohl besser heißen – und dass sich bislang noch kein verlockender Ersatz für selbige gezeigt hat. Dieses Kapitel beginnt also mit einem Überblick über die verfügbaren Methodologien, mit deren Hilfe wir die spirituellen Systeme der großen Weisheitstraditionen ohne deren metaphysisches Gepäck rekonstruieren können.

Zum **Integralen methodologischen Pluralismus** (IMP) gehören unter anderem mindestens acht grundlegende und offenbar nicht reduzierbare Methodologien, Richtlinien oder Paradigmen für den Erwerb reproduzierbaren Wissens (oder verifizierbarer, wiederholbarer Erfahrungen). Die grundlegende Behauptung der Integralen Theorie von AQAL lautet, dass jeder Ansatz, der eines dieser acht Paradigmen auslässt, ausgehend von dem menschlichen Wissen, das uns zu diesem Zeitpunkt zuverlässig zur Verfügung steht, kein wirklich adäquater Ansatz ist.

Der leichteste Weg zum Verständnis des IMP besteht darin, mit dem anzufangen, was wir als die **Quadranten** kennengelernt haben, und die darauf verweisen, dass jede Gegebenheit sowohl eine Innenseite und eine Außenseite als auch eine individuelle und eine kollektive Dimension hat. Das alles zusammengenommen, haben wir die Innenseite und die Außenseite des Individuums und des Kollektivs vor uns.

Diese werden oft dargestellt als Ich, Du/Wir, Es/Sie (eine Variante der Pronomen für die erste, zweite und dritte Person; eine weitere Variante wäre das Gute, das Wahre und das Schöne; oder Kunst, Moral und Wissenschaft usw. – nämlich die objektive Wahrheit äußerer Wissenschaft oder es/sie; die subjektive Wahrheit der Ästhetik oder ich; und die kollektive Wahrheit von Ethik oder ihr/wir).

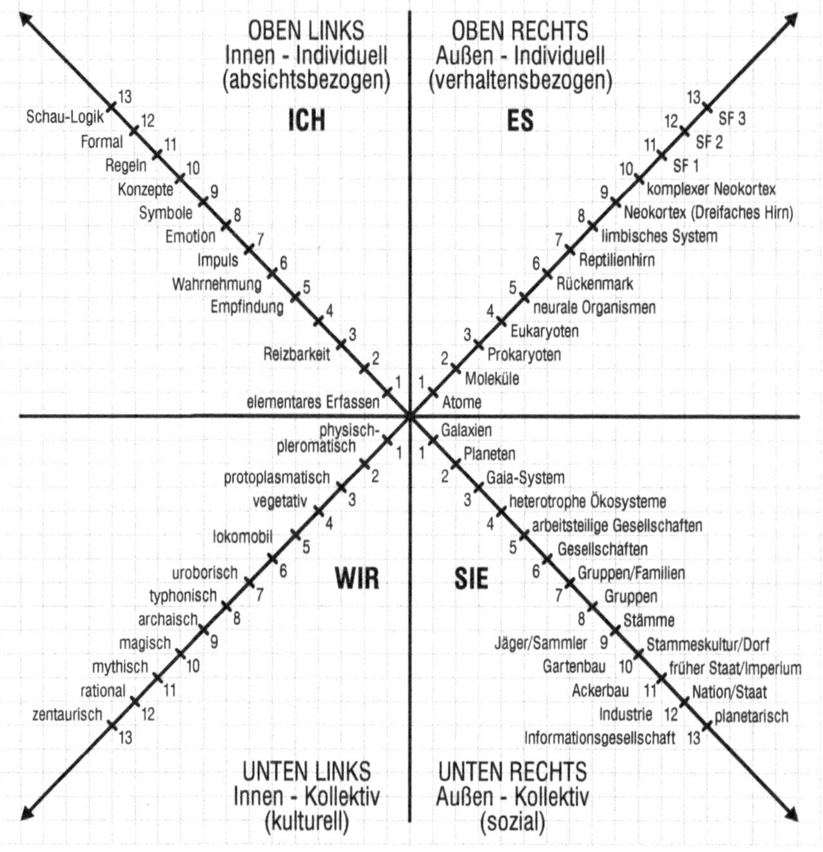

Abbildung 8: Einige Details der Quadranten

Diese Abbildung wird wiederholt wiedergegeben und zeigt eine schematische Darstellung einiger der Phänomene, welche wir laut zuverlässiger Wissensgemeinden, die damit arbeiten, in den Quadranten vorfinden. (Keine Sorge, wenn Ihnen einige Begriffe unbekannt sind; wir werden die wichtigen später ausführlich erläutern.)[1]

Wir bezeichnen ein Ereignis oft als **Holon** – ein »Ganzes/Teil« oder ein Ganzes, das Teil von anderen Ganzheiten ist –, und so können wir sämtliche Aspekte, die in den verschiedenen Quadranten benannt werden, auch als Holons bezeichnen. (Beispielsweise wäre im oberen rechten Quadranten ein Molekül ein Holon, das ganze Atome enthält und in ganzen Zellen enthalten ist; oben links ist ein Gedanke ein Holon, der ganze Symbole enthält und in ganzen Regeln enthalten ist usw.)

Hier nun wird es, wie man so sagt, richtig interessant. Wenn Sie sich irgendeines der Phänomene (oder Holons) aus den verschiedenen Quadranten vorstellen, können Sie es von seiner eigenen Innenseite oder seiner eigenen Außenseite aus betrachten. Damit haben Sie **acht ursprüngliche Perspektiven** zur Verfügung – die innere und die äußere Sicht eines Holons in jedem der vier Quadranten.

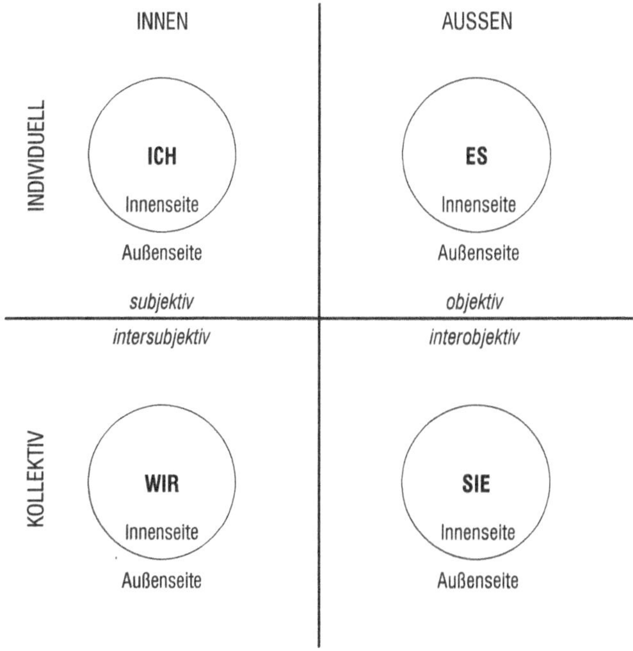

Abbildung 9: Acht ursprüngliche Perspektiven

Diese acht ursprünglichen Perspektiven jeder Begebenheit sind in Abbildung 9 zusammengefasst. Die Gesamtsumme dieser acht Sichtweisen nennen wir **Integralen Perspektivismus.**

Wir bewohnen diese acht Räume, diese Zonen, diese Lebenswelten als praktische Realitäten. Jede dieser Zonen ist nicht nur eine Perspektive, sondern ein Handeln, eine Richtlinie, eine Reihe ganz konkreter Handlungen in einer realen weltlichen Zone. Jede Richtlinie *bringt* das Phänomen, das durch die verschiedenen Perspektiven wahrgenommen wird, *hervor* oder enthüllt es. Es ist nicht so, dass erst die Perspektiven kommen und Handlungen oder Richtlinien später; sie entstehen gleichzeitig (tatsächlich entstehen sie vierfach). »Perspektiven« lokalisieren einfach das wahrnehmende Holon im AQAL-Raum. Eine bestimmte Perspektive einnehmen heißt, in diesem bestimmten Bereich der AQAL-Matrix auftauchen. (Tatsächlich können wir die »Adresse« eines Holons in der AQAL-Matrix angeben und zwar: **Adresse = Höhe + Perspektive**, wobei *Höhe* den Entwicklungsgrad und *Perspektive* die Perspektive oder den Quadranten meint, in dem es angesiedelt ist.)

Wir werden auf all das später noch einmal zurückkommen. Der grundlegende Punkt ist, dass diese acht fundamentalen Perspektiven auch acht fundamentale Methodologien beinhalten. Wir nehmen nicht nur einen Blickwinkel ein, wir können aus diesem Blickwinkel auch handeln. In Abbildung 10 sind einige der bekannteren dieser Methodologien zusammengefasst. All diese Methodologien zusammen bezeichnen wir als **Integralen Methodologischen Pluralismus.**

Die Idee ist ziemlich einfach. Beginnen Sie mit einem beliebigen Phänomen (oder Holon) in irgendeinem der Quadranten – zum Beispiel der Erfahrung eines »Ich« im oberen linken Quadranten. Dieses »Ich« kann von außen oder von innen betrachtet werden. Ich kann mein eigenes »Ich« in diesem Augenblick *von innen* erleben, als gefühlte Erfahrung, Subjekt meiner augenblicklichen Erfahrung zu sein, eine »erste Person«, die eine Erfahrung der ersten Person macht. Wenn ich so vorgehe, ergeben sich daraus Dinge wie Introspektion, Meditation, Phänomenologie, Kontemplation usw. (die in Abbildung 10 als **Phänomenologie** zusammengefasst sind).

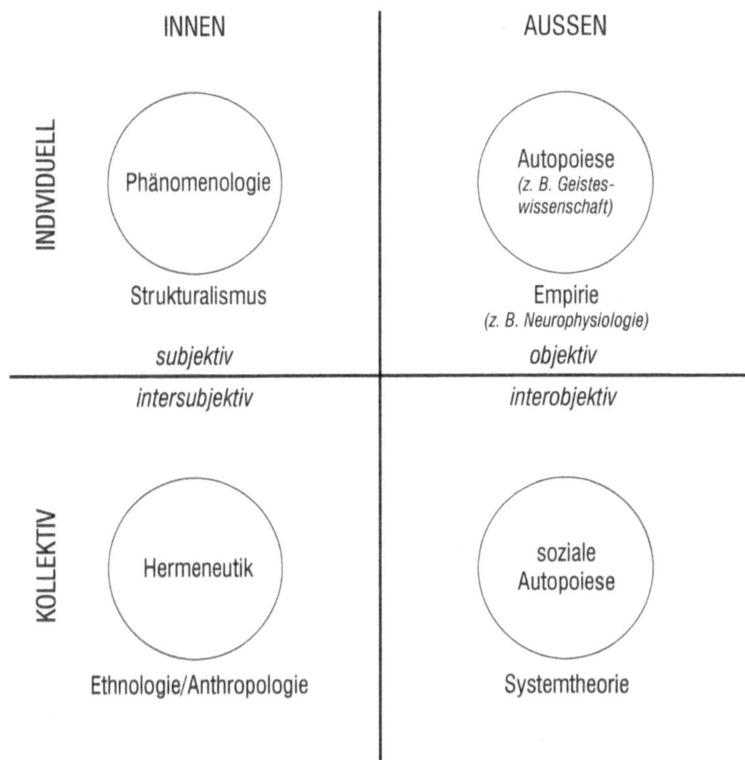

Abbildung 10: Acht fundamentale Methodologien

Ich kann mich diesem »Ich« aber auch von außen nähern mit der Haltung eines objektiven oder »wissenschaftlichen« Beobachters. Ich kann das in meinem eigenen Wahrnehmungsfeld tun (wenn ich versuche, »objektiv« mit mir zu sein oder »mich so zu sehen, wie andere mich sehen«), und ich kann das auch mit anderen »Ichs« versuchen, um bei meiner Untersuchung, wie Menschen ihr »Ich« erleben, möglichst wissenschaftlich vorzugehen. Zu den berühmtesten wissenschaftlichen Ansätzen zur Untersuchung des Ich-Bewusstseins in dieser Form gehören die Systemtheorie und der **Strukturalismus**.

Auf ähnliche Weise kann ich ein »Wir« von innen oder von außen untersuchen. *Von innen* betrachtet, gehört dazu auch Ihr und mein Versuch, uns in diesem Augenblick zu verstehen. Wie kommt es, dass

Sie und ich uns *gegenseitig* auch nur über irgendetwas *verständigen* können, und sei es, dass wir einfach miteinander plaudern? Wie kommen Ihr »Ich« und mein »Ich« zusammen zu etwas, das wir beide, Sie und ich, »wir« nennen (wie z.B. in der Frage: »Verstehen Sie und ich – wir beide – uns?«). Die Kunst und Wissenschaft der Wir-Interpretation heißt im allgemeinen **Hermeneutik**.

Ich kann aber auch versuchen, dieses »Wir« *von außen* zu untersuchen, vielleicht als Kulturanthropologe, als Ethnomethodologe oder als Archäologe in der Tradition von Foucault usw. (diese Methoden werden in Abb. 10 als **Ethnomethodologie** zusammengefasst.)

Und so verfahren Sie mit der ganzen Runde der Quadranten. So gelangen wir zu acht grundlegenden Perspektiven und acht grundlegenden *Methodologien*.

Lassen Sie mich kurz erläutern, warum das alles für die heutige Spiritualität von entscheidender Wichtigkeit ist. Viele von Ihnen kennen vielleicht das schon eingangs erwähnte Spiral Dynamics, ein System der psychosozialen Entwicklung, das auf Clare Graves' bahnbrechenden Untersuchungen über Stufen von Wertesystemen beruht. (Macht nichts, wenn Sie es nicht kennen. Wir werden dieses Modell später kurz zusammenfassen und an dem Punkt wird das, was ich gleich sagen will, seinen Sinn ergeben.) Spiral Dynamics ist repräsentativ für den Typ Forschung, der so wertvoll für das Verständnis der Weltsichten, Werte und Stufen von Sinnfindung ist, die menschliche Wesen durchlaufen. Und viele von Ihnen wissen um die tiefen meditativen Zustände, die allgemein als *Unio mystica, Sahaj* oder *Satori* (oder Erleuchtung und Erwachen) bezeichnet werden. Diese Stufen, so heißt es in den großen Traditionen, vermitteln uns ein Wissen oder Bewusstsein von einer höchsten Realität. (Keine Sorge, wenn Sie auch diese Begriffe nicht kennen, wir werden später noch darauf zurückkommen.)

Hier der entscheidende Punkt: Sie können jahrzehntelang auf Ihrem Meditationskissen sitzen, OHNE JEMALS irgendetwas zu sehen, was den Stufen von Spiral Dynamics auch nur im Entferntesten ähnelt. Und Sie können bis in alle Ewigkeit Spiral Dynamics studieren, OHNE JEMALS ein *Satori* zu haben. Und der integrale Punkt ist: Wenn Sie nicht beides mit einbeziehen, werden Sie menschliche Wesen und ihr Verhältnis zur höchsten Wirklichkeit, zum Göttlichen usw. wahrscheinlich nie verstehen.

Meditatives Verständnis beruht vor allem auf einer Methode, mit deren Hilfe das »Ich« von innen betrachtet wird (Phänomenologie); Spiral Dynamics untersucht dieses Ich von außen (mit Hilfe des Strukturalismus). Beide untersuchen das Bewusstsein einer Person, sehen aber völlig unterschiedliche Dinge, weil sie unterschiedliche Standpunkte oder Perspektiven einnehmen und unterschiedliche Methoden anwenden. Darüber hinaus kann eine Person in einem Bereich weit fortgeschritten sein, im anderen aber nicht, oder umgekehrt, ohne dass diese beiden Methoden dies mit Hilfe ihrer jeweiligen Maßstäbe überhaupt feststellen können; beide können sich noch nicht einmal gegenseitig sehen!

HORI-ZONEN DER ENTSTEHUNG

Jede Sicht oder Perspektive mit ihren Handlungen und Richtlinien bringt eine ganze Welt von Phänomenen hervor; einen Weltenraum, der als Ergebnis (vierfach) entsteht; einen Weltenraum mit einem Horizont. Die Gesamtsumme all dessen nennen wir einfach eine **Hori-Zone** oder – abgekürzt – **Zone.** Eine Zone ist eine Sicht mit deren Handlungen, Richtlinien, Lebenswelt und dem ganzen Krimskrams, der unter dieser Adresse abgerufen wird. Sie können sie sich als Lebenszone, Bewusstseinszone oder Lebensraum vorstellen – oder welchen Begriff auch immer Sie benutzen möchten.

Auf jeden Fall ist eine Zone in der AQAL-Matrix ein definitiver Ort: dieses konkrete Holon, das unter dieser Adresse lebt, das so und so handelt, diese Phänomene hervorbringt. Aber all das ganz konkret. Eine Zone ist ... na, eigentlich einkaufen gehen. Und all das, was Sie in dem Raum, in dem Sie sich dabei befinden, sehen, fühlen und tun könnten.

(Wir haben oben kurz erwähnt, dass die Adresse eines Holons aus seiner Höhe und Perspektive besteht. Wir werden darauf im nächsten Kapitel zurückkommen und sehen, wie dies mit einer Zone zusammenhängt. Wie wir noch entdecken werden, ist das alles wichtig, denn es hängt damit zusammen, dass wir imstande sind, die Existenz von etwas »zu beweisen«, sei es ein Stein, eine Behauptung oder Gott ...)

Perspektiven und Methodologien sind einfach Untergruppen von Hori-Zonen – sie gehören zu den Dingen, die in einer Zone des Entstehens passieren können. Auch das wird im Laufe unserer Erläuterungen klarer werden. Für den Moment können Sie sich eine Zone einfach als alles denken, was in einem der acht Bereiche auf den Abbildungen 9 und 10 auftauchen KANN. Um es uns leichter zu machen, werden wir sie in der folgenden Abbildung alle nummerieren.

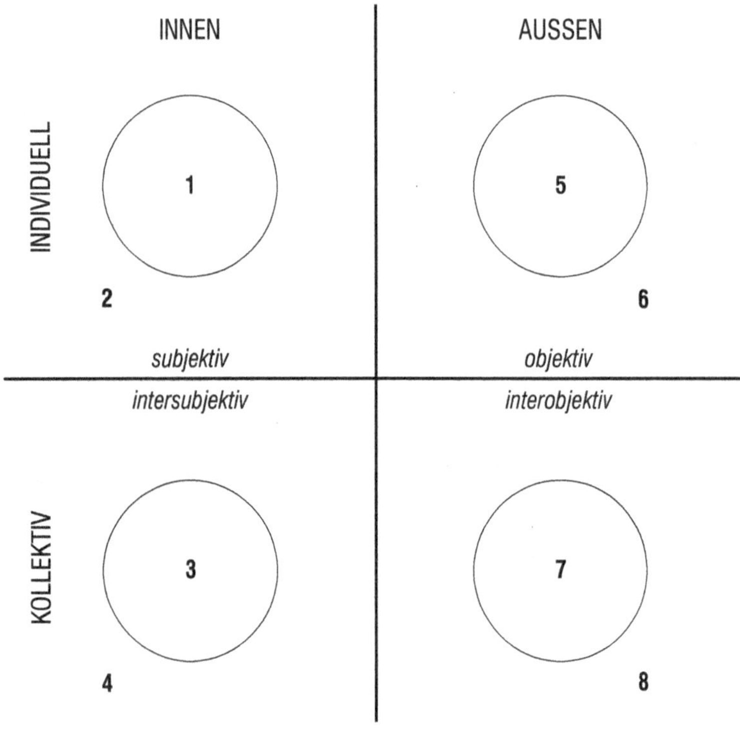

Abbildung 11: Acht Zonen

Um auf Spiral Dynamics und Meditation zurückzukommen: Wenn es um inneres Bewusstsein (den oberen linken Quadranten) geht, sind die beiden Methodologien von Zone 1 und Zone 2 als Typen von Wissen von ausschlaggebender Wichtigkeit und ergänzen sich wunderbar. (Falls Sie diese Methodologien nicht kennen, im nächsten Kapitel bringe ich ausführliche Beispiele für beide.) Um in unserem Verständnis der Rolle von Religion und Spiritualität in der modernen und postmodernen Welt überhaupt weiterzukommen, ist es absolut wesentlich, dass wir beide berücksichtigen.

Wenn wir die Forschung und die Wichtigkeit dieser beiden Methodologien erst einmal anerkennen, besteht der Trick darin, im nächsten Schritt zu verstehen, wie ihre Beziehung aussieht. Wie hängen die Zonen 1 und 2 zusammen – ja, wie hängen eigentlich alle acht Zonen zusammen?

Das ist ein primäres Thema dieses Buches. Und außerdem, was hat das alles mit Religion in der modernen und postmodernen Welt zu tun?

EINE INTEGRALE MATHEMATIK DER URSPRÜNGLICHEN PERSPEKTIVEN

Für euch höhere Semester unter meinen Leserinnen und Lesern: Beachtet, dass die acht Methodologien uns tatsächlich Perspektiven auf Perspektiven auf Perspektiven geben. Bei Meditation zum Beispiel geht es um die innere Sicht einer innerlichen Sicht einer individuellen Sicht. Francisco Varleas Ansatz einer biologischen Phänomenologie ist die äußere Sicht der inneren Sicht der äußerlichen Sicht. Hermeneutik ist die innere Sicht der innerlichen Sicht der kollektiven Sicht. Usw. An der Lokalisierung jeder **Zone** sind mindestens **drei Hauptperspektiven** beteiligt! (Keine Sorge, das ist viel einfacher, als es klingt!)

Daraus ergibt sich ein neuer Typ von mathematischer Schreibweise, den wir manchmal **integrales Mathe** nennen. Bei dieser Spielart von Mathematik ersetzen wir die traditionellen Variablen durch

Perspektiven. (Für die Anfangssemester unter meinen Leserinnen und Lesern: Keine Sorge, wenn Sie diesen Abschnitt nicht verstehen. Der Spaß geht weiter unter der Überschrift »Integrale Post-Metaphysik«, und Sie müssen diesen Abschnitt nicht einmal lesen, sollte er Ihnen total blödsinnig vorkommen.)

Wenn wir die Abkürzung für die erste Person (für das Innere allgemein) und die dritte Person (für das Äußere allgemein) benutzen, dann ist **Introspektion** zum Beispiel ein Typ von Phänomenologie (oder eine Aktivität der Zone 1), bei der ich »nach innen schaue« – oder als erste Person eine Erfahrung des Gewahrseins meiner ersten Person mache, und das würden wir schreiben als: **1-p x 1p.**

Aber ich kann auch versuchen, mich »objektiv« zu sehen, so wie andere mich sehen. Das wäre die Sicht einer dritten Person auf meine eigene Innenschau, also schreiben wir das als **3-p x 1-p x 1p.** Im Gegensatz dazu wäre reine Meditation oder Introspektion **1-p x 1-p x 1p,** das heißt, eine Sicht der ersten Person (**1-p**) des Gewahrseins meiner ersten Person (**1-p**) von mir oder meiner ersten Person (**1p**).

Wir werden auf Varelas Sicht später zurückkommen, aber für diejenigen, die mir hier im Augenblick folgen, so viel: Varela begann mit dem objektiven Organismus im oberen rechten Quadranten (oder einer dritten Person, **3p**). Er versuchte dann »die Welt durch die Augen des Frosches zu sehen« oder in diesem objektiven Organismus den Blickwinkel der ersten Person einzunehmen (**1-p x 3p**). Und das wiederum fasste er in wissenschaftliche Begriffe (**3-p**), also hatte er **3-p x 1-p x 3p** (eine begriffliche Darstellung der dritten Person von der Sicht einer ersten Person aus dem Inneren der dritten Person oder eines »objektiven« Organismus‘).

Das ist eine simple Version von angewandtem »integralem Mathe«, was konkret heißt, *so viele Perspektiven von anderen fühlenden Wesen einnehmen, wie es Ihnen möglich ist:* Kommen Sie aus sich heraus und versetzen Sie sich in die Rolle von anderen und versetzen Sie sich noch einmal in die Rollen von anderen ... Deswegen lautet der vollständige Name **eine integrale Mathematik ursprünglicher Perspektiven.** Jemand hat die Anwendung dieses Typs von integraler Mathematik als **psychoaktiv** bezeichnet, denn in Wirklichkeit handelt es sich hier nicht um abstrakte Mathematik, sondern Sie schlüpfen dabei tatsächlich in die Rolle von anderen, sodass sich Ihr Wahrnehmungsfeld zwangsläufig erweitert. (Auch darauf kommen wir später noch einmal zurück.)

Integrale Mathematik kann enorm vielschichtig und kompliziert werden und mit weitaus mehr Rollen, Begriffen und Perspektiven arbeiten, aber diese Beispiele sind ein Anfang. (Sie können hier einen Typ von ganz realer Mathematik entwickeln, in der das Gleichheitszeichen für »gegenseitiges Verständnis oder Resonanz« steht. Soweit wir wissen, ist das ein radikal neuer Typ von Mathematik, der Variablen durch Perspektiven und Objekte durch fühlende Wesen ersetzt.)

Aber der Hauptpunkt, um den es uns hier geht, ist folgender: Meditation ist, wie wir gesehen haben, **1-p x 1-p x 1p** (oder die Innensicht des innerlichen Gewahrseins von meiner ersten Person). Spiral Dynamics, auf ein Individuum bezogen, ist **3-p x 1-p x 1p** und damit die begriffliche Landkarte der dritten Person vom inneren Gewahrsein einer Person.

Bei den Gleichungen für Spiral Dynamics und Meditation können Sie sofort sehen, dass das erste Element bei jeder anders aussieht – sehr anders: bei Spiral Dynamics (**3-p** x **1-p x** 1p) und bei Meditation (**1-p** x **1-p** x 1p). Wie die unterstrichenen Elemente zeigen, haben Zen und Spiral Dynamics zwei Variablen gemeinsam, aber nicht die erste: Spiral Dynamics sind eine Landkarte der dritten Person von einem innerlichen Territorium, und Zen ist eine Erfahrung der ersten Person von einem innerlichen Territorium. Es gibt noch weitere wichtige Unterschiede, denen wir uns gleich zuwenden werden, aber Sie können allmählich sehen, wie nützlich die Unterscheidungen sind, die wir mit einem integralen Methodologischen Pluralismus und einer integralen Mathematik der ursprünglichen Perspektiven vornehmen können.[2]

Wir werden diese Unterschiede in einem späteren Kapitel noch genauer erforschen. Und Sie *müssen kein Mathe* können.

Die Integrale Sicht führt zu einem völlig neuen Ansatz in der Metaphysik, der eigentlich **Post-Metaphysik** ist, da er vom traditionellen Ballast der Metaphysik (wie der Postulierung von prä-existierenden ontologischen Strukturen nach Spielart von Platon, der Archetypen, Patanjali oder des Yogachara Buddhismus) nichts mitschleppen muss, und doch kann er diese Strukturen bei Bedarf selbst hervorbringen (wie ich später zu zeigen versuche).

Diese **Integrale Post-Metaphysik** ersetzt *Wahrnehmungen* durch *Perspektiven* und definiert auf diese Weise das manifeste Reich neu als Reich der Perspektiven; darin gibt es weder Dinge noch Ereignisse, Strukturen, Prozesse, Systeme, *Vasanas*, Archetypen oder *Dharmas.* Denn das alles sind, bevor es irgendetwas anderes ist, Perspektiven, und wir können es nicht übernehmen oder auch nur behaupten, ohne zunächst eine Perspektive einzunehmen.

So ist zum Beispiel die Vorstellung von Whitehead und seinen Anhängern sowie des Buddhismus, jeder Augenblick sei ein vorübergehendes, einzelnes, flüchtiges Subjekt, das *Dharmas* oder momentane Begebenheiten erfasst, selbst eine Verallgemeinerung der dritten Person von der Sicht der ersten Person von der inneren Realität der ersten Person (3-p x 1-p x 1p). Jeder Moment ist *nicht* ein Subjekt, das ein Objekt wahrnimmt; er ist eine Perspektive, die eine Perspektive wahrnimmt – dabei ist Whiteheads Version eine gestutzte Version dieser vielschichtigen Begebenheit, eine Version, die in Wirklichkeit eine verkappte monologische Metaphysik enthält. Integrale Post-Metaphysik kann auf diese Weise die wesentlichen Aspekte von Whiteheads Sicht entwickeln, ohne jedoch seine versteckte Metaphysik zu übernehmen.

Das Gleiche erweist sich auch für die zentralen Behauptungen der großen Weisheitstraditionen als wahr: Eine Integrale Post-Metaphysik kann sie in ihren wesentlichen Umrissen hervorbringen, *ohne* ihre weit verzweigte Metaphysik zu übernehmen. (Da diese Beispiele vielleicht etwas abstrakt sind, werden wir auf dieses Thema demnächst mit ein paar einfacheren Beispielen zurückkommen.)

Das Problem mit den großen Weisheitstraditionen ist, dass ihre unglaublich wichtigen Wahrheiten, schwer beladen mit Metaphysik, der Kritik sowohl der Moderne als auch der Postmoderne nicht so einfach standhalten konnten. Moderne Erkenntnistheorien konfrontierten sie mit der Forderung nach Beweismaterial, und weil die prämodernen Traditionen auf diesen Ansturm schlecht vorbereitet waren, begegneten sie dieser Herausforderung nicht, indem sie sofort über das eine Gebiet ihrer Lehren Aufschluss gaben, das diesen Angriffen etwas entgegenzuhalten vermocht hätte: *den phänomenologischen Kern* ihrer kontemplativen Traditionen, der all die verifizierbaren Beweise, die man sich nur wünschen kann, innerhalb eines bemerkenswert modernen Paradigmas bot (Kontemplation war schon immer eine moderne Erkenntnistheorie, die in einer prämodernen Welt ihrer Zeit voraus war). Auch wenn sowohl die Kontemplation der Moderne als auch die Moderne selbst monologisch waren, konnten sie *im Rahmen ihrer eigenen Exempel* legitime Beweise geben, was ein Anfang war.[3] Doch die großen Traditionen versagten, als es darum ging, diese eine starke Karte zu ziehen, und aus diesem Grund stampften die modernen Erkenntnistheorien die prämodernen spirituellen Traditionen mehr oder weniger ganz in Grund und Boden: Die Moderne lehnte die Prämoderne total ab.

Nicht dass das viel ausgemacht hätte, denn die Postmoderne lehnte beide ab. Die wichtige Wahrheit, die postmoderne Erkenntnistheorien geltend gemacht haben, besteht darin, dass alle Wahrnehmungen in Wirklichkeit Perspektiven sind und *alle Perspektiven eingebettet in Körper und Kulturen sind*, und nicht nur in ökonomische und soziale Systeme (was moderne Erkenntnistheorien vom Marxismus bis zur Systemtheorie bereits herausgefunden hatten). Angesichts dieser postmodernen Kritik zuckte die Moderne zusammen und zog sich zurück. Wenn schon moderne Erkenntnistheorien sich mit dieser Situation schwer taten, können Sie sich vorstellen, wie es den prämodernen Traditionen erging.

Der Integrale methodologische Pluralismus hebt eine ganze Reihe von grundlegenden Perspektiven hervor, von denen postmoderne Erkenntnistheorien dann einige besonders betonen sollten (andere ignorierten sie durchgängig, selbst dann, wenn sie sie implizit benutzten.) Wie bereits erwähnt, besteht AQAL besonders darauf, dass jede Begebenheit vier Quadranten hat, einschließlich eines unteren linken Quadranten (intersubjektiv, kulturell, kontextbezogen), und die Quadranten »gehen ganz bis nach unten«. Simpler ausgedrückt, laut AQAL ist alles Wissen eingebettet in kulturelle oder intersubjektive Dimensionen. Selbst transzendentales Wissen ist eine Angelegenheit von vier Quadranten: Die Quadranten gehen nicht nur ganz bis nach unten, sondern auch ganz bis nach oben. Sie sind »Schildkröten« ganz bis nach oben, und »Schildkröten« ganz bis nach unten.

Wie wir in diesem Buch durchgängig sehen werden, konzentrierte sich die Moderne tendenziell nicht nur auf eine bestimmte Entwicklungsebene, sondern auf die rechten Quadranten der objektiven äußeren Erscheinungsformen; während sich die Postmoderne nicht nur auf eine bestimmte Entwicklungsebene konzentrierte, sondern auf den unteren linken Quadranten der intersubjektiven Wahrheit und sozialen Konstruktion von Wirklichkeit. Die prämodernen Weisheitstraditionen, denen diese drei Quadranten noch nicht einmal explizit zur Verfügung standen (diese waren bis zur Moderne nicht differenziert), waren für die Hervorbringungen der Moderne (d.h. der modernen Wissenschaft) und Postmoderne (d.h. den Multikulturalismus) in diesen Bereichen einfach keine gute Partie. Aber es gab einen Bereich, in dem die großen Traditionen weiterhin Spezialisten waren, einen vergessenen Bereich, den Moderne und Postmoderne gleichermaßen ignorierten oder manchmal sogar unterdrückten, und das war **das Innere des Individuums** – der obere linke Quadrant mit all seinen **Zuständen** und **Stufen** des Bewusstseins, der Verwirklichung und der spirituellen Erfahrungen. Doch wenn wir die großen Weisheitstraditionen in einen integralen Bezugsrahmen stellen – der die bleibenden Wahrheiten der prämodernen, modernen und postmodernen Erkenntnisse akzeptiert –, können wir ihre bleibenden Einsichten in einem bemerkenswerten Maß retten.

So fügt sich zum Beispiel *praktisch die gesamte Große Kette in den oberen linken Quadranten* ein (siehe Anhang I, »In drei Schritten mühelos von der Großen Kette des Seins zur Postmoderne«). Die Große Kette, welche – wie Lovejoy ausführte – die überwältigende Mehrheit der größten, spekulativsten und kontemplativsten Geister in Ost und West fast zweitausend Jahre einbezogen hat und die die Essenz dieser prämodernen Traditionen enthält, beschäftigt sich tatsächlich mit Realitäten und Phänomenen, die fast alle im oberen linken Quadranten angesiedelt sind. Das ist keine Abwertung, sondern eine gute Adresse: Diese Leute waren hervorragende Phänomenologen. Sie erforschten und meisterten einige dieser Bereiche oft mit einer Genialität und Intensität, die noch heute ihresgleichen sucht.

Aber die großen Traditionen wussten nicht wirklich – und konnten das zu jener Zeit auch nicht wissen – um die Konturen der anderen Quadranten (z.B. Serotonin, Dopamin, Neurosynapsen, DNA, Neokortex, dreieiniges Gehirn usw. oben rechts; System- und Komplexitätstheorien unten rechts; multikulturelle Hermeneutik unten links usw.). Und so kam es, wie es kommen musste: Weil sie behaupteten, ein allumfassendes Wissen zu besitzen oder sich zumindest als vollkommene Wege verstanden, mussten sie sich den allerstrengsten prüfenden Blicken aussetzen. Und die Entdeckungen in den anderen Quadranten würden dieser Behauptung einen entscheidenden Schlag versetzen (was aber NICHT für ihre Behauptungen im oberen linken Quadranten gilt, auf den die Traditionen sich spezialisierten – und das ist genau der Punkt: Sie sind im Besitz unglaublich wichtiger Teilwahrheiten, die wir in das größere Bild integrieren müssen).

Die Moderne hingegen bescherte uns ein atemberaubendes Verständnis für die rechten Quadranten, ein Verständnis, welches – was das betrifft – das der alten Traditionen völlig über den Haufen warf. Unter diesem modernen Ansturm erging es den Traditionen so schlecht, dass sie sich überall in der modernen Welt aus der Szene der seriösen Intelligenzija zurückziehen mussten (auch aus Theorie und Forschung). Diesen Triumphzug der Moderne hat Kant mit den treffenden Worten festgehalten: »Moderne heißt, dass du dich schämst, wenn einer deiner Freunde zur Tür hereinkommt und dich im Gebet antrifft.«

In der Tat.

Andererseits hat sich die Postmoderne (das sind lediglich schnell hingeworfene Skizzen, zu den Details kehren wir später zurück) auf den anderen blinden Flecken der Traditionen – den sie mit der Moderne gemeinsam haben – konzentriert, und das war das so genannte *Monologische* ihres Wissens (was Vieles heißt, aber Sie können es sich denken als nicht dialogisch, nicht intersubjektiv oder das Versäumnis zu erkennen, wie die Kultur die individuellen Wahrnehmungen von Phänomenen und *Dharmas* prägt; und dann – nachdem dieser fundamentale Fehler begangen wurde – genau das als Wahrheit beschreiben, was bis zu einem gewissen Grad bloß kulturelle Vorlieben sind).

Habermas hat für monologisches Wissen viele verschiedene Bezeichnungen: Er spricht vor allem von »der Philosophie des Subjekts« und »der Philosophie des Bewusstseins« – was sowohl er als auch jeder andere postmoderne Theoretiker, der etwas taugt, so heftig kritisierte, dass nichts mehr davon übrig blieb. Die »Philosophie des Subjekts« geht einfach davon aus, dass ein individuelles Subjekt Phänomene wahrnimmt, während dieses Subjekt in Wirklichkeit in kulturelle Kontexte eingebettet ist, die es überhaupt nicht wahrnimmt. So konnte beispielsweise ein Meditierender im Tibet des 14. Jahrhunderts in seiner Höhle sitzen, auf ein Objekt des Bewusstseins meditieren – wahrscheinlich aus dem Zabmo Yangtig – und glauben, er habe es mit gegebenen Realitäten zu tun, während jedes einzelne Ding, das er bewusst wahrnahm, tatsächlich in bedeutendem Maße (nicht total) kulturell geprägt war. Er dachte, er versenke sich in zeitlose Wahrheiten, Wahrheiten, die für alle gelten, während eine ganze Menge davon tibetischer Machart war.

»Die Philosophie des Bewusstseins« beruht auf einer ähnlichen Annahme, nämlich dass es ein Bewusstsein gibt und sich diesem Bewusstsein Phänomene zeigen, entweder einem individuellen, einem kollektiven oder einem »Speicherhaus-Bewusstsein« (z.B. dem *Alaya-Vijnana*). Jede meditative und kontemplative Tradition geht von dieser Annahme aus. Und die ist schlichtweg falsch. Sie ist ein grundlegender Fehler und deswegen befangen in dem, was in mehrfacher Hinsicht als *falsches Bewusstsein* bezeichnet wird. Am einfachsten lässt sich diese einhellige postmoderne Kritik an der Philosophie des Bewusstseins im

Augenblick formulieren, indem wir sagen, dass die Philosophie des Bewusstseins nicht wahrnimmt, wie die anderen drei Quadranten das Bewusstsein zutiefst beeinflussen und prägen und zwar auf Wegen, die das Bewusstsein selbst überhaupt nicht sehen kann. (Noch einmal, die Große Holarchie der Weisheitstraditionen ist fast vollständig eine Angelegenheit des oberen linken Quadranten.)

Deshalb sind Introspektion, Meditation und Kontemplation (und alle Methodologien, die ausschließlich aus Zone 1 stammen) befangen in verschiedenen Typen von Illusion und Ignoranz, denen sie mit Hilfe ihrer eigenen Methodologien nicht entkommen können. Die Postmoderne hat das sofort erkannt (obwohl sie das Kind mit dem Bade ausschüttete, wie wir später sehen werden) und daraufhin das monologische Wissen sowohl der Moderne als auch der Prämoderne vernichtend kritisiert. Aufgerieben zwischen der Kritik von Moderne und Postmoderne, blieb von den großen Traditionen nicht viel mehr übrig als ein Löffelchen voll.

Integrale Post-Metaphysik behauptet, dass wir die unschätzbaren und tiefen Wahrheiten der prämodernen Traditionen retten können, wenn wir erkennen, dass das, was sie sagen und uns zeigen, grundsätzlich im oberen linken Quadranten gilt, und wir sie nicht unbedingt dafür verantwortlich machen müssen, dass sie von den anderen drei Quadranten nichts wussten. So können wir ihre Wahrheiten achten und in den integralen Blumenstrauß einbinden. Ähnliches gilt für die Moderne, die sich überwiegend mit den rechten Quadranten beschäftigte, und die Postmoderne im unteren linken Quadranten, die wir alle begeistert umarmen können.

Auf diese Weise ihres metaphysischen Gepäcks beraubt, fügen sich die prämodernen Weisheitstraditionen also in einen integralen Bezugsrahmen ein, der auch moderne und postmoderne Wahrheiten zulässt. Diese Intention, alle mit einzubeziehen, ist ein echtes Anliegen von AQAL. Und die Details, die Aufschluss darüber geben, wie wir diese integrale Umarmung zustande bringen, sind so seriös formuliert, dass sie es verdienen, kontinuierlich weiter diskutiert und erforscht zu werden. Wenn wir das nicht tun, wird die Entfremdung zwischen den Traditionen und der modernen und postmodernen Welt weiter zunehmen.

DIE GROSSEN TRADITIONEN VERHASPELTEN SICH IM TABU DER (INTER)SUBJEKTIVITÄT

Hier ein Beispiel dafür, warum es für die kontemplativen Traditionen wichtig ist, diese Bedenken zu berücksichtigen. B. Alan Wallace hat mit *The Taboo of Subjectivity* ein wunderbares Buch darüber geschrieben, wie der westliche wissenschaftliche Materialismus schließlich die Vorherrschaft über die Innerlichkeit der Introspektion gewann. Das Ergebnis war eine moderne Weltsicht, die den kontemplativen und meditativen Traditionen, sei es aus Ost oder West, feindlich gegenübersteht.

Das ist sicherlich wahr. Moderne Erkenntnistheoretiker definierten sich generell durch ihr empirisches Vorgehen. Beachten Sie aber, dass der Empirismus – was so viel heißt wie »Erfahrungswissenschaft« oder »auf Erfahrung beruhend« – *ursprünglich* umfassend genug war, um mit der geläufigeren äußeren Erfahrung oder dem Behaviorismus (Oben-Rechts-Positivismus) auch die innere Erfahrung oder Introspektion (Oben-Links-Phänomenologie) mit aufzunehmen. Das Buch *Die Vielfalt religiöser Erfahrungen* von William James (Frankfurt 2003), das Wallace rühmt, ist in seiner Quintessenz tatsächlich moderne Erkenntnistheorie (sie ersetzt metaphysische Postulate durch auf Erfahrung basierende Beweise und beurteilt Wahrheit nach ihren Resultaten, und nicht anhand vermuteter ontologischer Referenten). Mit anderen Worten, sein Buch ist reine Phänomenologie, oder, wie James es lieber nannte, »radikaler Empirismus«. Aber wie in verschiedenen anderen Strömungen auch, von denen Wallace in *The Taboo of Subjectivity* (Oxford 2004) viele gekonnt beleuchtet, lehnte man den inneren Empirismus zugunsten des äußeren Empirismus ab, und die kontemplativen Traditionen gingen mit diesem Schiff unter, zumindest in den Augen der späten Moderne.

Doch noch einmal: Was das Schicksal von Meditation und Introspektion im Westen betrifft, war das einzige Problem oder gar Hauptproblem nicht, dass die Moderne die Prämoderne umbrachte, sondern es bestand vielmehr darin, dass die Postmoderne beide umbrachte. Am grimmigsten (und erfolgreich) stürzten sich die Vertreter der Postmoderne tatsächlich auf die moderne Phänomenologie, für die zum Beispiel ein Husserl oder William James exemplarisch war – oder ein Dogen, ein Meister Eckhart oder eine heilige Teresa. Das waren die Angriffsobjekte der Postmoderne, und es war die Postmoderne, die in den westlichen Geisteswissenschaften den Sieg davontrug.

All diesen kontemplativen Traditionen gemeinsam war, dass sie monologisch waren und immer noch sind; sie alle verschreiben sich der Philosophie des Bewusstseins. Die gesamte buddhistische Psychologie und die großen metaphysischen Systeme des Theravada- und Yogachara-Buddhismus basieren auf monologischem Bewusstsein – sei es individuell oder kollektiv – wie auch die großen neoplatonischen Systeme im Westen, einschließlich der kontemplativen Traditionen. Tatsächlich waren sich all diese Wissenstypen, die sowohl die Prämoderne als auch die Moderne anbot, der *konstitutiven Natur des unteren linken Quadrantens nicht bewusst*, und genau dort hat die Postmoderne mit ihrer verheerenden (und richtigen) Kritik an beiden angesetzt. Und wieder wurden viele Kinder mit dem Bade ausgeschüttet, aber andererseits meditierten auch spirituell Suchende auf Massen von Badewasser und nannten das Dharma oder Gospel.

Es war also nicht nur oder gar hauptsächlich der moderne wissenschaftliche Materialismus, der meditative Introspektion und Phänomenologie tötete, in den Geisteswissenschaften sowieso nicht. Es waren die gründlichen und verheerenden *postmodernen Angriffe auf die Phänomenologie* (und alle ähnlichen Methodologien). Die meisten Vertreter der Postmoderne kümmerten sich noch nicht einmal um die Wissenschaften, sie stürzten sich direkt auf die Phänomenologie. Foucault ignoriert die Naturwissenschaften und greift Husserl an. Und der Grund dafür war genau der, den wir schon erwähnten: Die Phänomenologie ließ völlig außer Acht, dass alles Gewahrsein kulturell eingebettet und intersubjektiv ist. Die Philosophie des Subjekts und der Subjektivität muss ergänzt werden um (nicht ersetzt werden durch) die Philosophie der Intersubjektivität. Der obere linke Quadrant braucht seinen unteren linken Quadranten (ganz zu schweigen von seinem oberen rechten und unteren rechten Quadranten).

Darauf stürzte sich die Postmoderne mit aller Macht. Präzise formuliert, würde die postmoderne Kritik an Meditation lauten: Meditatives Gewahrsein ist eine Reinform des monologischem Gewahrseins, das Meditierende nicht im Dialog praktizieren, sondern als inneren Monolog der reinen »Präsenz« und »bloßen Achtsamkeit«. Doch weit davon entfernt, auch nur irgendjemanden zu befreien, *verfestigt* dieser Bewussteinsmodus *hauptsächlich ihre Ignoranz der Tatsache, dass er kulturell eingebettet* und damit intersubjektiv ist, und *genau diese Ignoranz macht es möglich, dass soziale und kulturelle Interessen – patriarchalische, sexistische, ethnozentrische, androzentrische – sich sogar im Satori unentdeckt in das Bewusstsein des Meditierenden einschleichen können.* Satori ist deswegen nichts weiter als eine einzige Verfestigung von intersubjektiver Ignoranz, die der Unterdrückung und Marginalisierung dialogischer Realitäten Vorschub leistet: So sehen die Wege zur Befreiung in den Augen der Postmoderne aus.

Es war also nicht nur das Tabu der Subjektivität, das die kontemplativen Traditionen umbrachte, es war *das Tabu der Intersubjektivität, das den Traditionen selbst innewohnte und das sie unbekümmert weiter zur Schau stellten.* Auch wenn wir das Tabu der Subjektivität beiseite lassen, bleibt die Tatsache, dass die Traditionen sich mit den stichhaltigsten Kritiken der Postmoderne nicht auseinandergesetzt haben. Und deshalb können wir sagen, dass die Philosophie des Bewusstseins NICHT noch mehr Introspektion, reine Achtsamkeit, Vipassana und Bewusstsein braucht – denn das verstärkt genau die Krankheit, an der sie leidet, und fördert nicht ihre Heilung. Und auch wenn das kontemplative Gebet oder Vipassana Sie vielleicht von Ihrem Ego befreit, befreit es Sie nicht von Ihrer Kultur, deren Vorurteile im Versteck des intersubjektiven Hintergrunds bestehen bleiben, nie ins Bewusstsein gebracht und damit auch nie transzendiert werden – als Quelle von kollektiver Ignoranz und falschem Bewusstsein auf der Gefangeneninsel egoistischer Befreiung.

Kurz gesagt, dieser doppelte Tod, den die kontemplativen Traditionen in den letzten Jahrhunderten erlitten, war verbunden mit dem *Tabu (oder der Ignoranz) der Subjektivität* oder *Innerlichkeit*, **das die späte Moderne zeigte,** und *dem Tabu (oder der Ignoranz) der Inter-*

subjektivität, **das die Traditionen selbst zeigten.** Folglich wurden die kontemplativen Traditionen sowohl von der Moderne als auch von der Postmoderne in die Pfanne gehauen, und nur weniges überlebte diesen Doppelangriff, zumindest in den Augen seriöser Gelehrter und Forscher. Die moderne Wissenschaft lehnte die ganz realen Phänomene ab, die die Kontemplation enthüllt, und das taten auch die postmodernen Geisteswissenschaften. (Wenn Sie die Diskussion dieses Themas weiterverfolgen möchten, lesen Sie bitte Anhang II. Eine Kritik an zwei Dutzend heutigen, spirituellen Autorinnen und Autoren, die mit der postmodernen Revolution immer noch nicht ins Reine gekommen sind, finden Sie in Anhang III.)

ALLGEMEINER ENTWURF EINER INTEGRALEN ERKENNTNISTHEORIE

Integraler methodologischer Pluralismus ist eine Möglichkeit, mit diesen schwierigen Themen zurechtzukommen. Er schafft ausdrücklich Raum für prämoderne Wahrheiten, moderne Wahrheiten und postmoderne Wahrheiten, alle angesiedelt in einem integralen Bezugsrahmen, der keine Schlussfolgerungen enthält, sondern Perspektiven und Methodologien. Darüber hinaus »betrügt« er nicht, indem er die zahlreichen verschiedenen Wahrheiten so grauenhaft verwässert, dass sie kaum noch wiederzuerkennen sind. *Er nimmt all diese Wahrheiten mehr oder weniger so, wie er sie vorfindet.* Das Einzige, was er verändert, ist ihr Absolutheitsanspruch und jegliche Gerüste (und metaphysischen Krücken), die diesen ungerechtfertigten Anspruch rechtfertigen sollen.

Darüber hinaus kann der Integrale methodologische Pluralismus mit Hilfe von Vorgehensweisen, auf die wir später zurückkommen werden (wenn dies für die Leserinnen und Leser, für die diese Einführung gedacht ist, mehr Sinn ergibt), die wichtigen Wahrheiten der kontemplativen Traditionen *rekonstruieren* – jedoch *ohne die metaphysischen Systeme,* welche die modernen und postmodernen Kritiken nicht überleben würden, und die die Traditionen, wie sich herausstellt, sowieso nicht brauchen.

Ich sage nicht, dass AQAL (oder IMP) die einzige Lösung für diese Probleme ist, sondern einfach, dass AQAL all diese Probleme ernsthaft berücksichtigt hat und damit einen Weg bietet, im nächsten Schritt die besten Elemente der prämodernen, modernen und postmodernen Strömungen des Selbstverständnisses der Menschheit und des Geistes zusammenzubringen. **Auf diese Weise schützt ein integraler Ansatz jede dieser Strömungen vor den Angriffen der beiden anderen.**

Schauen wir uns ein Beispiel dafür an, indem wir uns auf innere Realitäten, einschließlich meditativer und kontemplativer Realitäten, konzentrieren und einige der Hauptansätze für diese inneren Begebenheiten erforschen.

2

STUFEN DES BEWUSSTSEINS

In diesem Kapitel werden wir uns die verblüffenden und wirklich revolutionären Entdeckungen anschauen, die wissenschaftliche Untersuchungen über die innerlichen Bereiche gemacht haben. Wir werden auch sehen, warum Introspektion, Meditation und Kontemplation diese Realitäten nicht sehen können. Und werden abschließend einen integraleren Bezugsrahmen vorstellen, der beide anerkennt, achtet und glaubwürdig einbezieht.

HORI-ZONE 2: DIE WISSENSCHAFTLICHE ERFORSCHUNG INNERER BEREICHE

Da wir Spiral Dynamics mehrmals erwähnt haben, wollen wir mit diesem Wissenstyp im oberen linken Quadranten beginnen – nämlich der Innenseite des Inneren, jedoch objektiv oder »wissenschaftlich« betrachtet (**3-p x 1-p x 1p**). Mit anderen Worten, wir fangen an mit einer Begebenheit oder einem Fall – in diesem Beispiel einem menschlichen Wesen –, schauen uns seine **individuelle** Form (eine erste Person oder 1p) an, schauen dann die **innere** oder Sicht der ersten Person dieses Individuums an (**1-p x 1p**) – das heißt, seine eigenen unmittelbaren Erfahrungen und innerlich beobachteten Realitäten –, betrachten diese aber von einem objektiven, einem wissenschaftlichen oder einem Standpunkt der dritten Person aus (**3-p x 1-p x 1p**). Wie um Himmelswillen soll das gehen? Nun, genau darin bestand die großartige, bahnbrechende Erfindung, die ich gerade erwähnte, und auf die wir im Folgenden näher eingehen werden. In Abbildung 11 wird das vereinfacht dargestellt als Zone 2 im oberen linken Quadranten, nämlich ein Holon im oberen linken Quadranten *von der Außenseite* betrachten, und genau das tut zum Beispiel Spiral Dynamics.

Dieser Methodologie-Typ war zentral für einige der größten Entdeckungen, sowohl der modernen als auch der postmodernen westlichen Ansätze der Bewusstseinserforschung. Einer der berühmtesten war der von Lawrence Kohlberg und der moralischen Entwicklung. Eine seiner Studentinnen, Carol Gilligan, kam mit Hilfe dieser Methodologie der Zone 2 ebenfalls zu Ergebnissen, die berühmt wurden, und fasste sie in ihrem Buch *Die andere Stimme* zusammen (München 1993). Gilligan stellte einer Gruppe von Frauen solche Fragen wie: »Haben Frauen ein Recht auf Abtreibung?« Sie fand heraus, dass es auf diese Frage drei verschiedene Antworten gibt: Ja, Nein und Ja.

Der erste Typ von Antwort lautete: »Ja, sie hat ein Recht auf Abtreibung, denn was ich sage, stimmt, und du kannst mich mal am Arsch lecken«, verzeihen Sie die vornehme Ausdrucksweise. Der zweite Typ von Antwort war: »Nein, sie hat kein Recht auf Abtreibung, denn das verstößt gegen das Gesetz/die Bibel/meine Gesellschaft, und das wäre schrecklich.« Der dritte Typ war: »Ja, unter bestimmten Umständen kann sie das machen, denn wir müssen abschätzen, welche Folgen das für alle Beteiligten insgesamt hat, und manchmal ist eine Abtreibung das kleinere Übel.« Diese drei Antworten heißen **präkonventionell, konventionell** und **postkonventionell.**

Wenn es speziell um die moralische Entwicklung von Frauen ging, wie sie in dem erwähnten Buch *Die andere Stimme* dargestellt wird, bezeichnete Gilligan diese drei Stufen als **selbstbezogen, Anteilnahme** und **universelle Anteilnahme** (je nachdem, wie viele andere Menschen mit berücksichtigt wurden).

Mein Vorschlag lautet, dass wir diese Stufen generell, ganz gleich, ob auf Männer oder Frauen bezogen, auch **egozentrisch, ethnozentrisch** und **weltzentrisch** nennen können.

Die verschiedenen Bezeichnungen für diese Stufen vermitteln allesamt wertvolle Informationen, und wir werden sie alle gelegentlich benutzen.

Beachten Sie, dass **beide**, die *prä*-konventionellen (egozentrischen) und *post*-konventionellen (weltzentrischen) Antworten, **Ja** lauten und die konventionelle Antwort Nein. Wenn Sie diese Art Forschung nicht kennen, könnte es sein, dass Sie prä-konventionell und post-konventionell miteinander verwechseln, einfach weil beide die gleiche Antwort geben. Sie könnten annehmen, dass jeder, der sagt: »Ja, ich kann das herkömmliche Gesetz brechen«, ein post-konventioneller Rebell ist, der versucht, die herrschenden Hierarchien im Namen einer höheren Freiheit zu unterwandern. Vielleicht; und vielleicht sagt er auch einfach: »Leck mich, niemand sagt mir, was ich zu tun habe!« **Beides,** sowohl **PRÄ**-konventionell als auch **POST**-konventionell, ist **NICHT**-konventionell, deswegen sehen sie für das ungeschulte Auge oft gleich aus.

Und genau aus diesem Grund werden sie oft verwechselt. Diese Verwechslung von prä und post – oder prä und trans – nennen wir **Prä/Post-Verwechslung** oder **Prä/Trans-Verwechslung** (PTV), und wir werden sehen, dass es sehr hilfreich ist, diese Verwechslung zu verstehen, wenn es um die Rolle von Religion in der heutigen Welt geht. Bei jeder Entwicklungsfolge – prä-rational zu rational zu trans-rational; unbewusst zu selbst-bewusst zu überbewusst; präverbal zu verbal zu trans-verbal oder präpersonal zu personal zu transpersonal – werden die »prä« und »trans« Komponenten oft verwechselt und zwar in beide Richtungen. Sind sie erst einmal verwechselt worden, nehmen einige Forscher alle trans-rationalen Realitäten und versuchen sie auf prä-rationalen Infantilismus zu reduzieren (z.B. Freud), während andere einige der prä-rationalen infantilen Elemente nehmen und sie zu trans-rationalen glorifizieren (z.B. Jung). Dieser **Reduktionismus** und dieser **Elevationismus** beruhen beide auf derselben Prä/Post-Verwechslung.

Das ist ein ständiges Problem mit und für Spiritualität. Vor allem, wenn Sie sich mit den meditativen, kontemplativen oder mystischen Zuständen der spirituellen Erfahrung beschäftigen – von denen die meisten tatsächlich nicht-rational sind –, könnte es scheinen, dass alle nicht-rationalen Zustände spirituell und alle rationalen Zustände nicht spirituell sind. Das übliche Beispiel dafür ist die Einteilung der Zustände in dionysische (nicht-rationale) und apollinische (rationale), um dann dionysisch mit spirituell gleichzusetzen. Aber das kaschiert und verbirgt die Tatsache, dass es nicht nur »nicht-rational«, sondern auch »prä-rational« und »trans-rational« gibt. Selbst Nietzsche gelangte zu der Einsicht, dass es zwei *gründlich verschiedene* dionysische Zustände (prä und trans) gibt. Sind aber prä und trans erst einmal verwechselt worden, scheint *alles*, was nicht rational ist, SPIRIT-uell zu sein.

Wenn Sie nicht an GEIST glauben, werden Sie jedes trans-rationale Ereignis auf prä-rationale Impulse und sinnloses präverbales Gebrabbel reduzieren und vielleicht behaupten, es sei regressiv, nichts als ein Relikt der ozeanischen Verschmelzung in der Kleinkindzeit. Und so sind Sie ein großartiger Reduktionist, von denen es unzählige gibt, leben glücklich in den Tag hinein, klappen trans-rational zu prä-rational zusammen – reduzieren jede Erfahrung von GEIST auf ein unverdauliches Häppchen, und Gott ist etwas, dem Sie einfach entwachsen können, wenn Sie sich nur weiter Mühe geben. Mit diesem Handstreich, diesem Fitzelchen intellektueller Trägheit, werden alle authentischen trans-rationalen Realitäten verabschiedet.

Wenn Sie hingegen an GEIST glauben und alles Nicht-Rationale GEIST ist, dann kommt Ihnen *jede* prä-rationale Drehung oder Wendung – ganz gleich, wie infantil, kindisch, regressiv, selbstbezogen, irrational oder egozentrisch sie ist – irgendwie tief spirituell oder religiös vor, und so fahren Sie fort, die Bereiche in Ihrem Gewahrsein zu füttern, die den Reifeprozess am stärksten behindern. Jede Peter-Pan-Pietät wird ermutigt – im Namen des GEISTes –, da das Prä-Rationale zum Trans-Rationalen erhoben und glorifiziert wird. So scheinen sogar die eigenen selbstbezogenen, prä-rationalen, präkonventionellen Impulse besonders spirituell zu sein – und doch gehen sie nicht über die Vernunft hinaus, sondern sind dieser unterlegen. Das führt auch, und das ist vielleicht am traurigsten, zu einem wild wuchernden *Anti-Intellektualismus* (statt zu Trans-Intellektualismus, der den Intellektualismus transzendiert und mit einbezieht). Dieser Anti-Intellektualismus und Anti-Rationalismus (der schnell in Prä-Rationalismus abrutscht) fördert und ermutigt unglücklicherweise eine narzisstische Herangehensweise an Meditation und spirituelle Studien (während er von weltzentrisch zu ethnozentrisch zu egozentrisch abrutscht). Dieser anti-intellektuelle Narzissmus ist in der Unterhaltungsindustrie und in alternativen Bildungseinrichtungen, die sich Spiritualität widmen, extrem verbreitet. Egozentrische Gefühle werden verwechselt mit weltzentrischen Gefühlen, einfach weil beides Gefühle sind, und bei dieser Prä/Post-Verwechslung gilt alles als spirituell, wenn ich es nur fühle und mir alle Mühe gebe, diese Gefühle auch vorzuführen. Wenn ich meinen Narzissmus möglichst genüsslich fühlen kann, komme ich Gott näher (oder der Göttin oder meiner Buddha-Natur), und so verkommt »universelle Anteilnahme« schneller, als Sie sagen können »die Ich-Generation«, zu »selbstbezogen«. Dieses unerschrockene Schwelgen im Seichten ist ein Markenzeichen der meisten alternativen Ansätze von Spiritualität.

(Nebenbei bemerkt, bezieht sich die Prä/Trans-Verwechslung nur auf Stufen, nicht auf Zustände. Die einzige Kritik an der PTV, die mir zu Augen gekommen ist, verwechselt beide. Abgesehen von dieser hinfälligen Kritik, haben ziemlich viele Experten diesen Gedanken übernommen, da er eine enorme Hilfe für die Klärung von Verwirrungen ist, die ansonsten ziemlich hartnäckig sind.)

Kehren wir zu Gilligan zurück: Nachdem sie festgestellt hatte, dass die Antworten auf ihre Frage in drei Klassen fallen (A: Ja; B: Nein; und C: Ja), hat sie (und andere, die ähnliche Forschungen betreiben) diese Gruppen von Testpersonen über mehrere Jahre hinweg weiterhin beobachtet. So fand sie heraus, dass jemand, der mit Antwort B anfing, *immer* zu Antwort C weiterging, niemals zu Antwort A. Entsprechend ging also jemand mit der Antwort A zu B und dann zu C über, aber niemals anders herum. Mit anderen Worten, diese **Klassen** von Antworten waren in Wirklichkeit **Stufen** von Antworten.

Das ist, gelinde ausgedrückt, sehr interessant. Warum gibt es diese *Zielgerichtetheit* in der Psyche? Warum verlaufen die Stufen nie rückwärts? Warum ist der Zeitpfeil in der Psyche so beharrlich anzutreffen? Woraus *besteht* diese Stufenfolge *eigentlich wirklich*? Die nächste Aufgabe bestand also darin zu bestimmen, »woraus sie gemacht sind«, und herauszufinden, welche **Strukturen** oder **Muster** in der Psyche diesen Stufen scheinbar zugrunde liegen.

Dieser Forschungstyp – der, wie wir noch sehen werden, eigentlich vor fast hundert Jahren entdeckt wurde – war der Beginn des unglaublich einflussreichen Ansatzes, den wir als **Strukturalismus** kennen. Grundlegend können wir sagen, dass diese Forschung folgendermaßen vorging: Stelle großen Gruppen von Menschen eine Reihe von **Fragen**. Schau dir an, ob ihre **Antworten** in bestimmte **Kategorien** fallen. Wenn ja, verfolge diese Kategorien über einen längeren Zeitraum und schau nach, ob sie in Form einer bestimmten Reihenfolge von **Stufen** emergieren. Wenn ja, versuche die **Struktur** oder Beschaffenheit dieser Stufen zu bestimmen.

Genau das sind die Forschungsschritte des genuinen Strukturalismus, deren Entdeckung eine geradezu elektrisierende Wirkung auf sämtliche Geisteswissenschaften und viele Naturwissenschaften hatte. Fast alle heutigen Stufenmodelle – von Maslow und Graves, Loevinger, Kohlberg, Gilligan und Torbert bis zu Kegan – halten sich im Wesentlichen immer noch an diese Forschungsschritte, welche die Entwicklungsstrukturalisten als erste umrissen haben. Der **Strukturalismus** ist also, allgemein gesagt, die Suche nach diesen inneren Strukturen und Stufen in der Psyche und in der Kultur, vergleichbar genau denen, die neben Hunderten von weiteren Forscherinnen und Forschern, sagen wir Gilligan und Graves gefunden haben.

Einige Dinge sind dabei von Anfang an zu beachten. Erstens, wenn Sie selbst zu diesen Forscherinnen und Forschern gehören, beschäftigen Sie sich bereits mit den **inneren** Bereichen von Individuen, denn *Sie können diese Strukturen in der Außenwelt nirgendwo sehen.* Innerliche Realitäten – seien es die von Introspektion, Meditation oder Phänomenologie – sind in der Welt da draußen nirgends zu sehen. Diese strukturelle Forschung plaziert Sie also in die linken oder inneren Quadranten (und das reicht bereits, um Sie aus dem Lager der Positivisten zu vertreiben).

Aber auch wenn Sie mit inneren Realitäten arbeiten (**1-p x 1p**), nehmen Sie dabei eine äußere, »wissenschaftliche« Sicht oder die Sicht der dritten Person (**3-p**) von diesen ein. Wenn Sie diese Realitäten erforschen, betrachten Sie sie »von außen« und erleben sie nicht zwangsläufig von innen. Wenn Sie zum Beispiel eine Person befragen, die sich moralisch auf Stufe eins befindet (präkonventionell oder egozentrisch), erleben Sie selbst NICHT zwangsläufig auch die

Moral der Stufe eins. Sie haben also von dieser Stufe nicht (zwangsläufig) das Wissen der ersten Person (**1-p**). Damit tun Sie im oberen linken Quadranten etwas *grundlegend anderes* als der Meditierende, der mit bestimmten Zuständen oder Stufen Erfahrungen *der ersten Person* machen möchte. Die Person, die in den Abbildungen 9 und 10 Zen Meditation praktiziert, betrachtet also das »Ich«-Holon **von innen** (via Phänomenologie und Introspektion), und der objektive Forscher betrachtet es **von außen** (z.B. via Strukturalismus). Aber jeder der beiden erforscht innere, linksseitige oder »unsichtbare« Realitäten (deswegen würde man beide aus den positivistischen, äußeren oder rechtsseitigen Lagern hinauswerfen). Beide jedoch sehen bestimmte Phänomene und Muster, die *für den anderen unsichtbar sind* – und das ist der wichtige Punkt (auf den wir gleich zurückkommen werden).

DIE HISTORISCHE (UND BLEIBENDE) WICHTIGKEIT DES STRUKTURALISMUS

Einer der Hauptunterschiede zwischen Phänomenologie und Strukturalismus (oder Zone 1 und Zone 2) besteht darin, dass die Phänomenologie die Inhalte (oder Phänomene) des Geistes anschaut, die in der unmittelbaren Erfahrung oder im augenblicklichen Wahrnehmungsfeld auftauchen, während der Strukturalismus nach den Mustern Ausschau hält, denen die Phänomene oder Erfahrungen folgen. Die Phänomenologie hält nach den *direkten Erfahrungen und Phänomenen* Ausschau, der Strukturalismus nach *den Mustern, welche die Phänomene miteinander verbinden.* Diese Muster oder Strukturen steuern tatsächlich die Phänomene, aber ohne dass diese das jemals wissen.

Eine gute Analogie ist ein Kartenspiel, sagen wir Poker. Wenn Sie einem Pokerspiel zuschauen und Phänomenologe sind, werden Sie versuchen, jede einzelne Karte, jedes Phänomen ganz genau zu beschreiben und dabei ganz präsent zu sein. Sie werden auf die verschiedenen Bildseiten der Karten achten, die Markierungen jeder Karte, ihre Farben, Größe, Formen, Material usw. Sie erleben alle

Karten so intensiv wie möglich. Aber die Karten folgen tatsächlich *Regeln,* und *diese Regeln sind auf den Karten selbst nirgendwo zu sehen.* Der Strukturalist hält Ausschau nach den Regeln – den Mustern, den holistischen Strukturen –, denen die mentalen Inhalte oder Karten tatsächlich folgen. Sie können in Ihrem eigenen Verstand nachforschen, können Ihren Geist von innen betrachten, ohne diese Regeln irgendwo zu finden – sie sind unsichtbar für Introspektion, unsichtbar für Meditation und unsichtbar für die Phänomenologie generell.

(Deshalb können Sie jahrzehntelang auf Ihrem Meditationskissen sitzen, ohne jemals etwas zu sehen, das den Stufen von Spiral Dynamics ähnelt. Aber umgekehrt gilt auch: Sie können bis in alle Ewigkeit Spiral Dynamics studieren, ohne jemals ein *Satori* zu haben oder erleuchtet zu werden.)

Historisch betrachtet, begann die Schule des Strukturalismus (im engeren Sinn) als Ansatz der Zone 4 im unteren linken Quadranten (z.B. Lévi-Strauss und Jakobson). Das heißt, der Strukturalismus forschte für ein »Wir« den Fragen nach, die Carol Gilligan für ein »Ich« verfolgte, und der Strukturalismus untersuchte diese inneren Realitäten mit Hilfe »objektiver«, »wissenschaftlicher« Ansätze der »dritten Person« (und zwar viele Jahrzehnte vor Gilligan, Graves, Kegan und anderen). Schon bald wurde deutlich, dass der ursprüngliche Ansatz der Strukturalisten (der ahistorisch und kollektivistisch war) unbefriedigend war und modifiziert werden musste. Der erste Schritt bestand darin, ihn zu einem historischen und/oder Entwicklungsstrukturalismus (oder einer Genealogie) zu machen; der zweite war, ihn zu unterteilen in Ansätze, die sich mit Individuen beschäftigten (oben links), und Ansätze, die sich mit Kulturen beschäftigten (unten links).

Der erste, der dem auf Individuen angewandten Entwicklungsstrukturalismus (Zone 2) zu Beginn des 19. Jahrhunderts erfolgreich Gestalt verlieh, war der bahnbrechende, geniale **James Mark Baldwin**, einer der größten Psychologen Amerikas (unter seinen Studenten befand sich unter anderen Jean Piaget). Baldwin war tatsächlich Vorgänger all der späteren, weitaus berühmteren Entwicklungsstrukturalisten, einschließlich **Jean Gebser** und **Sri Aurobindo**, und sein Modell war sehr viel ausgereifter als das dieser beiden. Baldwin, dieser nie besungene Held, wird gerade rehabilitiert von denen, die von diesen Dingen etwas verstehen. Jean Gebsers strukturelles Modell, das 40 Jahre nach Baldwin entstand und nicht im Entferntesten so ausgereift oder hinlänglich ist, hatte trotzdem einen starken Einfluss, wahrscheinlich weil es so vereinfacht war; ein eindimensionales Modell, das inzwischen ziemlich bekannt ist: Seine Hauptstufen sind **archaisch** zu **magisch** zu **mythisch** zu **rational** zu **integral-aperspektivisch**. Wir werden dieses Modell in einige spätere Abbildungen einbeziehen.

Interessant ist, dass, während Baldwin bahnbrechende Ansätze der Zone 2 entwickelte, sein Zeitgenosse William James eine der striktesten Abhandlungen der Zone 1 oder der Phänomenologie des innerlichen Bewusstseins und seiner Erfahrungen verfasste und dabei auch die Phänomenologie religiöser Erfahrungen mit einbezog (*Die Vielfalt religiöser Erfahrungen*, Frankfurt 2003). Während James einen modernen Ansatz begründete, säte Baldwin die Samen eines postmodernen Ansatzes und schuf den Strukturalismus, der den Antrieb für die frühe Postmoderne und später, in deren Folge, für den **postmodernen Poststrukturalismus** liefern würde.

Schließlich entwickelte **Michel Foucault** eine der bahnbrechendsten Formen dieses Entwicklungsstrukturalismus (oder dieser **Genealogie**), angewandt auf das kollektive »Wir« und speziell auf dessen linguistisch erzeugte Weltsichten, und half damit die jüngere Welle postmoderner Strömungen einzuleiten, die sowohl in ihren gesunden als auch in ihren krankhaften (oder stark übertriebenen) Formen die akademischen Geisteswissenschaften in den letzten vier Jahrzehnten dominiert haben. Und während die modernen Erkenntnistheorien die großen Traditionen vom einen Ende her abtrugen (sie nicht »wissenschaftlich« fanden), trugen die postmodernen Erkenntnistheorien sie vom anderen Ende her ab (fanden sie tyrannisch, marginalisierend, patriarchalisch, monologisch). Gegen beide Kritiken ist ein Kraut gewachsen, wie wir noch sehen werden. Sie waren oft berechtigt, richteten aber ziemlichen Schaden an.

Inzwischen ist der Punkt jedoch der, dass jeder, der heute die **Entwicklungsstufen** der zahlreichen verschiedenen Aspekte der innerlichen Bereiche eines Individuums erforscht, in die Fußstapfen dieser großen Pioniere tritt, angefangen mit James Mark Baldwin. In den fünfziger Jahren des letzten Jahrhunderts trat der Positivismus des oberen rechten Quadranten, der die amerikanische akademische Welt (d.h., die angelsächsische) tendenziell dominierte, vorübergehend etwas zurück. Deshalb lebte das Interesse an diesen allgemeinen Methodologien der Zone 2 wieder auf, und es kam folglich zu einer regelrechten Explosion von Forschungen und einer völlig neuen Runde von bahnbrechenden Genies auf dem Gebiet der Entwicklungsstudien, zu denen Erik Erikson, Abraham Maslow, Clare Graves, Lawrence Kohlberg und Jane Loevinger gehörten.

Forscherinnen und Forscher, die individuelle Stufen untersuchen, benutzen weiterhin Variationen der Methodologien des oberen linken Quadranten (unter anderem auch den Strukturalismus, aber nicht nur diesen), dazu gehören Robert Kegan, William Perry, Robert Selman, Susann Cook-Greuter, Carol Gilligan, Spiral Dynamics, Jenny Wade, Michael Basseches, William Torbert, Patricia Arlin, John Broughton, Kurt Fischer, Howard Gardner und eine ganze Reihe anderer wichtiger Wissenschaftlerinnen und Wissenschaftler ...

Beachten Sie die unmittelbare Relevanz dieser Forschungen für die kontemplativen und meditativen Traditionen: *Diese Ansätze geben Aufschluss über Aspekte des Bewusstseins, die für Meditation, Gebet der Sammlung und Kontemplation* unsichtbar sind. **Sie können diese Stufen einfach nicht sehen, weder durch Meditation,** Introspektion, Phänomenologie oder mit Hilfe irgendeines der Ansätze der Zone 1, seien sie östlich oder westlich. Deswegen können Sie also jahrelang auf Ihrem Meditationskissen sitzen, ohne jemals die Stufen von Spiral Dynamics zu sehen, und deswegen finden Sie diese Stufentypen in keiner spirituellen oder kontemplativen Schrift der Welt.

Das, so stellt sich heraus, ist für die Rezeption der kontemplativen Traditionen in der modernen und postmodernen Welt von entscheidender Bedeutung. *Es gibt im Augenblick keine wichtigen Schulen der Meditation, Kontemplation oder des Gebets, die diese Stufentypen berücksichtigen.* Auch für alternative Bildungsinstitute und Ansätze, von denen die meisten diese wichtigen Entdeckungen der Zone 2 offensichtlich ebenfalls nicht zur Kenntnis nehmen, hat sich das als quälend schwieriges Problem erwiesen, wahrscheinlich auch wieder deshalb, weil sie diese mit Hilfe von Meditation oder direkten Empfindungen nicht wahrnehmen können.

Ein weiteres Problem ist, dass jede der Hori-Zonen Störungen aufweisen kann, und wenn Sie die Zone nicht sehen können, können Sie auch die Abweichungen nicht sehen. »Boomeritis« oder »Pluralitis« ist eine Störung in einigen Stufen von Zone 2, und diese Abweichungen rücken nicht durch Meditation, Phänomenologie oder fühlende Wahrnehmung in unser Blickfeld. Und so ziehen die kontemplativen Traditionen, die von vielen Ketten befreien wollen, diese Ketten nur noch enger (eine Tatsache, die von den Forscherinnen und Forschern der Zone 2 sofort bemerkt wurde). Das führt dazu, dass die Individuen, die Kontemplation praktizieren, heute ihre eigenen wirkungsvollsten Saboteure sind, ohne das zu beabsichtigen.

ANDERE ANSÄTZE, DIE DEN OBEREN LINKEN QUADRANTEN VON AUSSEN ERFORSCHEN

Lassen Sie mich hier kurz erwähnen, dass es neben Genealogie, Strukturalismus und deren Abwandlungen noch weitere Ansätze gegeben hat, die inneren Phänomene von außen erforschen. Der geläufigste ist wahrscheinlich die **Systemtheorie**, die Forscher wie Charles Tart ursprünglich auf höchst bemerkenswerte Weise angewendet haben. Wer daran interessiert ist: Ich werde die Rolle der Systemtheorie in einer Anmerkung verfolgen und will hier lediglich erwähnen, dass sie im oberen linken Quadranten zwar nützlich ist, sich aber, wie sich erwiesen hat, am besten im unteren rechten Quadranten anwenden lässt (d.h., aus verschiedenen Gründen lässt sich die Systemtheorie am besten auf soziale Holons und nicht auf individuelle Holons anwenden).[4] Wir werden zur Systemtheorie zurückkehren, wenn wir uns die gemeinschaftlichen Quadranten (unten links und unten rechts) und ihre Rolle für spirituelles Gewahrsein näher anschauen.

Wenn wir bei unserer »Außen-«, »objektiven« oder »wissenschaftlichen« Sicht der inneren Bereiche bleiben – der Sicht von Zone 2 des oberen linken Quadranten –, fällt uns unter anderem als erstes die enorme Vielfalt der Forschungen auf, die auf zahlreiche verschiedene **Entwicklungslinien und ihre Ebenen** verweisen. Wir stehen dann vor der verzwickten Aufgabe, die Frage zu beantworten, wie diese zahlreichen verschiedenen Entwicklungslinien oder »multiplen Intelligenzen« miteinander zusammenhängen. Das ist, wie wir noch sehen werden, für die spirituelle Entwicklung besonders wichtig.

Die frühen Entwicklungstheoretiker neigten zu der Annahme, dass es so etwas gibt wie *die* eine Entwicklung, der sie schon auf die Spur kommen würden. Ihre Stufen waren einfach eine Landkarte »des« Verlaufs von Entwicklung. Piaget ging davon aus, dass seine kognitive Linie die einzige grundlegende Linie sei, an der alles Weitere hing wie die Lichter an seinem Weihnachtsbaum. Clare Graves nahm an, dass sein »Wertesystem« im Grunde »Ebenen der Existenz« darstellte, in die man alles hineinplumpsen lassen konnte (trotz der Tatsache, dass er seine ersten Untersuchungen mit amerikanischen, weißen College-Studenten aus der Mittelklasse durchführte und sie aus deren Antwort auf nur eine simple Frage – »Definieren Sie das Verhalten eines psychologisch gesunden menschlichen Organismus« – bestanden; ein totaler Reduktionismus, der ziemlich erstaunlich ist). Doch konnten die ersten Forscher auf dem unbekannten und unerschlossenen Gebiet, das sie durchquerten, kaum zu anderen Annahmen gelangen.

Heute jedoch, rund 40 Jahre später, können wir sämtliche Ergebnisse dieser bahnbrechenden Forschung auf den Tisch legen und betrachten, und dabei zeichnet sich ein eindeutiges Muster ab. Es gibt nicht eine einzige Entwicklungslinie, von der Dutzende verschiedene Landkarten-Modelle vorliegen, sondern vielmehr mindestens **ein Dutzend verschiedener Entwicklungslinien** – kognitiv, moralisch, zwischenmenschlich, emotional, psycho-sexuell, kinästhetisch, Selbst, Werte, Bedürfnisse usw. Jeder der großen Entwicklungstheoretiker stieß mehr oder weniger zufällig auf eine bestimmte Entwicklungslinie oder auf einen bestimmten Entwicklungsstrom und erforschte diese(n) mit aller Gründlichkeit. Häufig gingen solche Forscher davon aus, dies sei der einzige, grundlegende Strom und sie könnten alle anderen leicht reduzieren auf etwas, was sich innerhalb ihres Stromes abspiele – eine Annahme, die nur die Geschichte und weitere Forschungen als ungerechtfertigt entlarven konnten (wir sprechen hier von **Strom-** oder **Linienabsolutismus**).

Die Idee der multiplen Entwicklungslinien ist mit der Vorstellung von multiplen Intelligenzen – kognitive Intelligenz, emotionale Intelligenz, musikalische Intelligenz, kinästhetische Intelligenz usw. – populär geworden. Die Forschung hat immer wieder bestätigt, dass sich diese multiplen Linien tatsächlich **relativ unabhängig** voneinander entwickeln. Wir können bei ein und derselben Person eine hohe Entwicklung in einigen Linien (z.B. der kognitiven) nachweisen, eine mäßige Entwicklung in anderen (z.B. der zwischenmenschlichen) und in wieder anderen eine schwache Entwicklung (z.B. moralisch). AQAL hat das **integrale Psychogramm** eingeführt, mit dessen Hilfe wir diese multiplen Ströme und ihre Entwicklung sichtbar machen können.

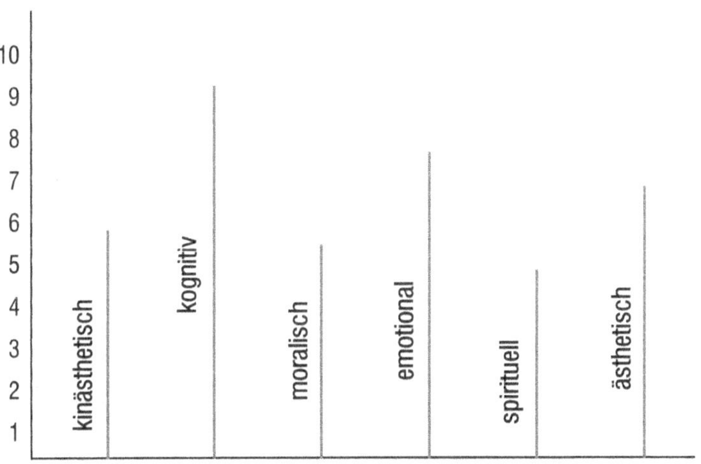

Abbildung 12: Das integrale Psychogramm

Was sind diese Entwicklungslinien, von denen einige hier abgebildet sind, und was bedeuten sie? Unter anderem scheinen die verschiedenen Linien (oder multiplen Intelligenzen) tatsächlich verschiedene Typen von Antworten auf Fragen darzustellen, die uns das Leben selbst stellt.

Zum Beispiel: **Was nehme ich bewusst wahr?** (Die kognitive Linie oder kognitive Intelligenz ist die Antwort auf diese Lebensfrage; z.B. Piaget.) Welche der Dinge, die ich bewusst wahrnehme, **brauche ich**? (Maslows Bedürfnishierarchie.) Was von dem, was ich bewusst wahrnehme, nenne ich mein **»Selbst«** oder **»Ich/mich«**? (Linie der Ich- oder Selbstentwicklung; z.B. Loevinger.) Was von den Dingen, die ich bewusst wahrnehme, **schätze** ich am meisten? (»Wertesystem«; z.B. Graves.) Was **fühle** ich in Bezug auf die Dinge, die ich bewusst wahrnehme? (Emotionale Intelligenz; z.B. Goleman.) Welche der Dinge, die ich bewusst wahrnehme, finde ich am attraktivsten oder **schönsten**? (Ästhetische Linie, z.B. Housen.) Wie schließe ich aus den Dingen, die ich bewusst wahrnehme, auf **richtiges** Handeln? (Moralische Linie; z.B. Kohlberg.) Wie schließe ich aus den Dingen, die ich bewusst wahrnehme, auf richtiges Verhalten in meiner **Beziehung** zu dir? (Zwischenmenschliche Entwicklung; z.B. Selman.) Welche von den Dingen, die ich bewusst wahrnehme, sind mein **höchstes Anliegen**? (Spirituelle Intelligenz; z.B. James Fowler.)

Das Leben stellt uns Fragen. Wir beantworten sie. Die Struktur und Geschichte dieser Fragen ist das weite Gebiet der Genealogie und des Entwicklungsstrukturalismus. Genau deswegen, weil die Existenz selbst uns diese grundlegenden Fragen präsentiert, scheinen wir für jede ein bestimmtes »Organ« in der Psyche entwickelt zu haben, das sich auf ihre Beantwortung spezialisiert hat – multiple Intelligenzen, die sich, so könnte man sagen, der Aufgabe widmen, sich für die Beantwortung dieser Lebensfragen »schlau« zu machen. (Siehe folgende Tabelle.)

Tabelle 1 Entwicklungslinien, Lebensfragen und Forscher

Linie	Lebensfrage	Typischer Forscher
kognitiv	*Was nehme ich bewusst wahr?*	*Piaget, Kegan*
Selbst	*Wer bin ich?*	*Loevinger*
Werte	*Was ist wichtig für mich?*	Graves, *Spiral Dynamics*
moralisch	*Was soll ich tun?*	*Kohlberg*
zwischenmenschlich	*Wie sollen wir uns begegnen?*	*Selman, Perry*
spirituell	*Was ist mein höchstes Anliegen?*	*Fowler*
Bedürfnisse	*Was brauche ich?*	*Maslow*
kinästhetisch	*Wie soll ich das körperlich bewerkstelligen?*	*Gardner*
emotional	*Welche Gefühle habe ich dazu?*	*Goleman*
ästhetisch	*Was finde ich schön?*	*Housen*

Die großen Entwicklungsforscher haben sich einfach diese **Fragen** und die **Antworten** darauf angeschaut, auf die **Struktur** der Antworten geachtet und **das alles über einen gewissen Zeitraum hinweg verfolgt.** Dadurch konnten sie (wie wir bei Gilligan gesehen haben) herausfinden, dass jede dieser Entwicklungs**linien Ebenen** besitzt (die sich in **Stufen** oder **Wellen** entfalten). Selbst Bezeichnungen wie »hoch entwickelt« oder »niedrig entwickelt« setzen Ebenen der Entwicklung voraus, und tatsächlich hat sich herausgestellt, dass jede dieser Entwicklungslinien ihre eigenen Ebenen des Erreichten (und damit Stufen der Entfaltung) hat – von niedrig zu mäßig zu hoch zu sehr hoch (ohne dass sich bislang nach oben hin eine Grenze gezeigt hätte ...). Eine »Entwicklungsebene« ist immer eine »Ebene in einer bestimmten Linie«. Wir haben an früherer Stelle als Beispiele die drei generellen Stufen in der moralischen Linie vorgestellt: von egozentrisch zu ethnozentrisch zu weltzentrisch.

Legen Sie die Ergebnisse dieser Forscher alle auf einen Tisch – was keinem von ihnen in den Anfängen seiner Forschung möglich war –, und das Ergebnis sieht tatsächlich ungefähr so aus wie das integrale Psychogramm (siehe Abbildung 12).

STRÖME UND SPIRALEN ÜBERALL

Ich hoffe, ich muss nicht extra erwähnen, dass Entwicklungslinien keine Linien in irgendeinem strikten Sinne sind. Man könnte höchstens sagen, sie stellen Verhaltenswahrscheinlichkeiten dar – und sind deswegen eher so etwas wie Wahrscheinlichkeitswolken als schnurgerade Linien. Viele Forscher bezeichnen Entwicklungslinien auch als **Entwicklungsströme** (und die Ebenen als **Wellen**). Also »Wellen und Ströme« statt »Ebenen und Linien«. Das gefällt mir und ich benutze diese Begriffe oft.

Beachten Sie auch, dass viele Entwicklungslinien oder Entwicklungsströme oft zwischen verschiedenen Typen von Hauptpolaritäten oszillieren oder in Spiralen verlaufen und dabei jedes Mal dasselbe Gebiet abdecken, aber aus einer höheren Perspektive. Die Idee, dass Entwicklungslinien in Spiralen verlaufen, reicht mindestens zurück bis zu Erik Erikson (1963). Zur Verdeutlichung füge ich drei Diagramme bei, die auf dieses spiralförmige Verhalten in einigen Entwicklungslinien hinweisen: Eins stammt von Robert Kegan (1982), eins von Susanne Cook-Greuter (1990) und eins von Spiral Dynamics (1996) (siehe die Abbildungen 13, 14 sowie 15 auf S. 95/96)[5]. Die exakten Details dieser Abbildungen sind hier nicht so wichtig wie die simple Erkenntnis, dass Entwicklung eine wunderbar organische, strömende und spiralförmig verlaufende Angelegenheit ist.

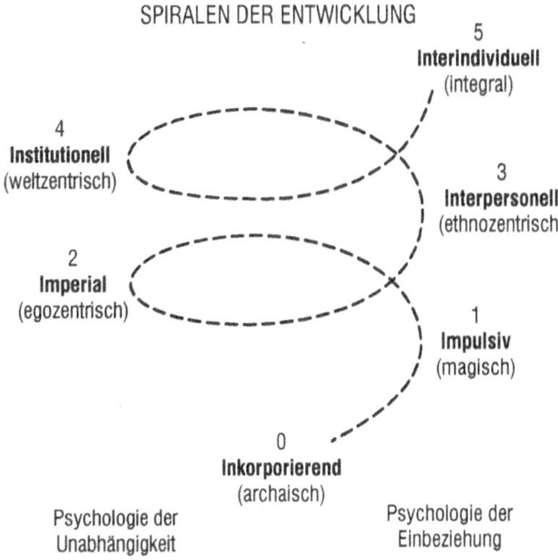

Abbildung 13: Einige Beispiele für die spiralförmig verlaufenden Entwicklungslinien

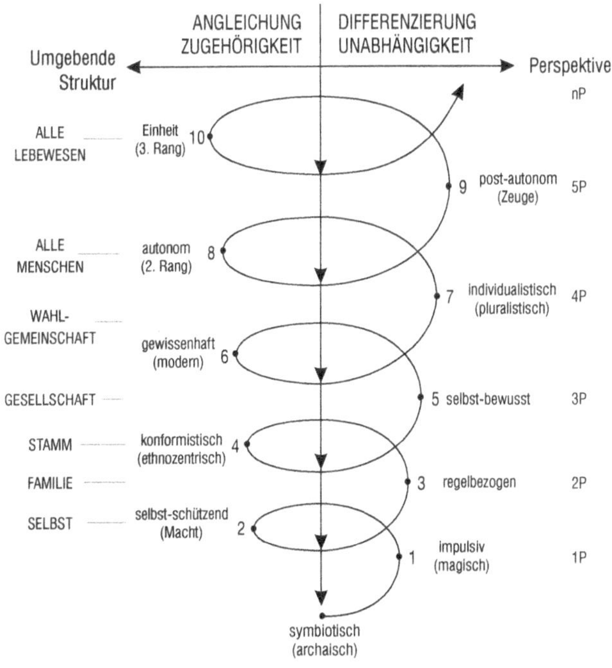

Abbildung 14: Loevinger/Cook-Greuter (1990)

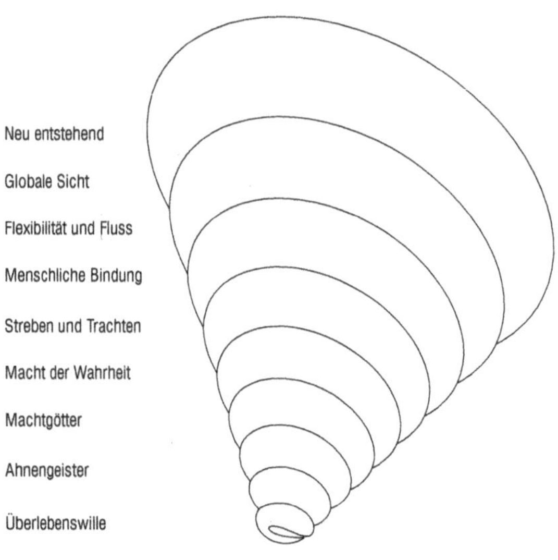

Abbildung 15: Spiral Dynamics (1996)

Wenn Ihnen klar ist, dass die verschiedenen Ebenen oder Wellen von Entwicklung holarchisch sind (d.h., eine Reihe von ineinander gebetteten Sphären, die transzendieren-und-einbeziehen) und wir Entwicklungslinien oft besser als Ströme oder Spiralen darstellen, sieht das Psychogramm in Abbildung 12 tatsächlich eher aus wie das in Abbildung 16 (obwohl dieses nur vier Ebenen und fünf Linien hat, aber Sie bekommen eine Vorstellung davon, wie der Wind weht ...).

DIE BEZIEHUNG DER VERSCHIEDENEN LINIEN ZUEINANDER

Wie also sieht die Beziehung aus, in der die vielen Entwicklungslinien zueinander stehen? Diese Frage ist nicht annähernd so einfach, wie es scheinen mag.

Zunächst einmal können wir die Ebenen/Stufen in einer Linie auf keinen Fall benutzen, um auf die Ebenen/Stufen in einer ande-

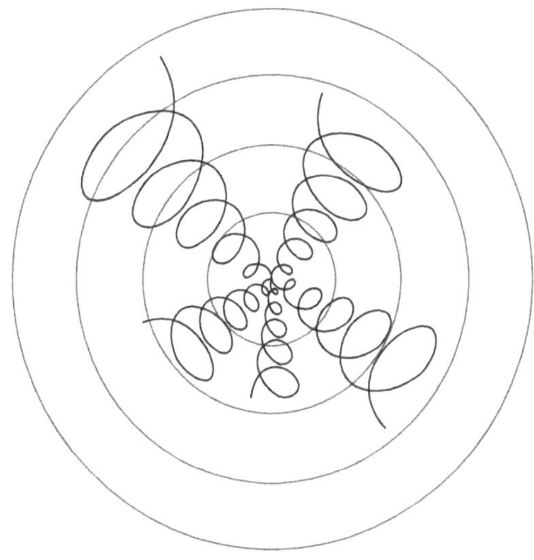

Abbildung 16: Organische Wellen und spiralförmige Ströme der Entwicklung

ren Linie zu verweisen. Erstens, weil es nicht möglich ist, genau zu wissen, wie sie verlaufen. Und zweitens, selbst wenn wir es wüssten, sind die Strukturen in den einzelnen Linien so verschieden wie Äpfel und Orangen (d.h., die Ebenen der moralischen Entwicklung werden mit ziemlich anderen Begriffen beschrieben als Graves' Werte).

Deshalb können Sie die Begriffe von Spiral Dynamics nicht benutzen, um, sagen wir, die kognitive Entwicklung nach Piaget zu beschreiben. Jemand kann sich auf der Ebene der formal-operativen Erkenntnis befinden und die Werte von Orange vertreten. Oder die von Rot oder von Magenta. Formal-operativ und Orange sind also nicht dasselbe. Es gibt genügend Beweismaterial dafür, dass eine Person *bei ein und derselben Sache absolut gleichzeitig* auf einer Ebene des Erkennens, einer anderen Ebene des Selbstgefühls und auf wieder einer anderen Ebene der Moral sein kann, was wir mit Modellen wie Spiral Dynamics, die sich primär auf eine Linie beziehen, nicht erklären können. Eine Leiter bleibt auch dann eine Leiter, wenn wir sie zur Spirale verbiegen.

Die etwa ein Dutzend verschiedenen Entwicklungslinien sind also in der Tat verschieden, wie Sie vielleicht schon erwartet haben und die Forschung bestätigt. Aber das Verblüffende ist: Wenn Sie die Entwicklungsmodelle und Linien wie im Psychogramm nebeneinander anordnen, scheinen sämtliche Linien in dieselbe Richtung zu streben, was wir als wachsende Komplexität (in **3-p** Begriffen ausgedrückt) und wachsendes Bewusstsein (in **1-p** Begriffen) beschreiben könnten. Aber was ist hier die eigentliche **Maßeinheit**? *Was ist im Psychogramm die vertikale oder Y-Achse?*

Mit anderen Worten, gibt es **einen Maßstab**, mit dem wir die Höhe sämtlicher Entwicklungslinien messen können? Das war für die Entwicklungsforscher in den letzten Jahrzehnten das große Rätsel.

Es gibt zwei Theorien, die versuchen, das zu erklären, und AQAL wendet beide an. Die eine Theorie, die von den meisten Entwicklungsforschern akzeptiert wird, besagt, dass der grundlegende Maßstab die kognitiven Linie ist, weil sie von allen Linien als Einzige einen Mechanismus zu enthalten scheint, der sie mit den anderen in Zusammenhang bringt. Die Forschung hat nämlich kontinuierlich gezeigt, dass das Wachstum in der kognitiven Linie notwendig, aber nicht hinreichend für das Wachstum in den anderen Linien ist. So können Sie also in der kognitiven Linie hoch entwickelt und in der moralischen Linie schwach entwickelt sein (ziemlich schlau, aber ohne Moral: Nazi-Ärzte), aber den umgekehrten Fall finden wir nicht (niedriger IQ, moralisch hoch entwickelt). Deshalb können Sie formal-operationale Erkenntnis und rote Werte haben, aber *nicht* prä-operationale Erkenntnis und die Werte von Orange (auch das könnten wir, wären die Werte-MEME von Spiral Dynamics die einzigen Ebenen, nicht erklären). Aus dieser Sicht betrachtet, ist also die absolute Höhe die kognitive Linie, die für die anderen Linien notwendig, aber nicht hinreichend ist. Die anderen Linien sind keine Variationen der kognitiven, sondern abhängig von dieser.

Ein Hauptgrund dafür, dass die kognitive Linie notwendig, aber nicht hinreichend für die anderen Linien ist, besteht darin, dass Sie etwas bewusst erkennen müssen, um entsprechend zu handeln, es zu fühlen, sich damit zu identifizieren oder ein Bedürfnis danach zu verspüren. (Aus diesem Grund werden die Fragen oft in der Form formuliert: »Was von den Dingen, die ich bewusst wahrnehme, schätze ich am meisten?«) Das Erkennen liefert die Phänomene, mit denen die anderen Linien agieren. Deshalb kann es als eine Art Messlatte dienen.

Die andere Theorie, die ich in meinem Buch *Integrale Psychologie* vorstelle (und in den ausgelagerten Exzerpten ausführlich darlege), lautet, dass die y-Achse **Bewusstsein per se** ist. Deswegen stellt »der Grad des Bewusstseins« die Höhe dar: Je mehr Bewusstsein, desto größer die Höhe (vom Unterbewussten zum Selbst-Bewussten zum Überbewussten). Aus dieser Sicht gesehen, verlaufen sämtliche Entwicklungslinien durch ein und denselben Höhen-Gradienten – und diese Maßeinheit ist Bewusstsein, das die y-Achse oder die »Höhe« jeder der Linien auf dem Psychogramm darstellt. Je größer also in einer Linie der Grad an Bewusstsein ist, desto »höher« können wir eine Ebene nennen. Sämtliche Linien können dann in ein und demselben Psychogramm tatsächlich in derselben Richtung angeordnet werden, da sie durch denselben Höhen-Gradienten verlaufen (und *zugleich auch* durch ihre eigenen spezifischen Strukturen oder Stufen verlaufen, die, was das betrifft, Äpfel und Orangen bleiben und nicht aufeinander reduziert werden können; so können wir zum Beispiel Erkenntnis nicht reduzieren auf Werte oder umgekehrt).

Ich vergleiche das gern mit mehreren Pfaden, die alle einen Berg hochführen: Die verschiedenen Pfade (die Entwicklungslinien) eröffnen alle sehr unterschiedliche Aussichten von diesem Berg und können einfach nicht gleichgesetzt werden (der Pfad, der am Südhang verläuft, eröffnet eine völlig andere Aussicht als der Pfad am Nordhang). Aber es ergibt tatsächlich Sinn zu sagen, dass sich jetzt beide Pfade auf einer Höhe von 1.500 m befinden oder dass sich der Pfad am Südhang und der Pfad am Osthang jetzt beide auf einer Höhe von 2.100 m befinden, usw. Die Höhenmarkierungen selbst (900 m, 2.400 m usw.) haben *keinen Inhalt* – sie sind »leer«, genauso wie Bewusstsein per se –, doch wir können jeden der Pfade mit Hilfe seiner Höhe messen. »Meter« oder »Höhe« bezeichnet den Entwicklungsgrad, das heißt, den Grad an Bewusstsein.

Zufällig stimmt das wunderhübsch mit der Sicht des Madhyamaka-Yogachara Buddhismus überein, der Bewusstsein als Leerheit oder Offenheit betrachtet. Bewusstsein selbst ist nicht etwas, sondern nur der Grad an Offenheit oder Leerheit, die Lichtung, auf der sich die Phänomene der zahlreichen verschiedenen Linien zeigen (Bewusstsein selbst ist kein Phänomen – es ist der Raum, in dem die Phänomene auftauchen).[6]

(Es gibt noch eine weitere Theorie, eine dritte Mitbewerberin, die Höhe erklärt, und das ist die **Theorie von grundlegenden Strukturen**, auch bekannt als **Leiter, Kletterer, Sichtweise** – eine Theorie, die AQAL vorschlägt. Es reicht hier zu sagen, dass sie so etwas wie eine Kombination der beiden oben dargestellten Theorien ist und wir sie im Rahmen des AQAL-Systems mit diesen zusammen fruchtbar anwenden können. Es ist nicht notwendig, diese Theorie im Detail zu verfolgen, da ihre Hauptpunkte diese Erläuterungen nicht verändern. Interessierte Leserinnen und Leser können den Quellenangaben folgen und den Artikel »Ladder, Climber, View«, [»Leiter, Kletterer, Sichtweise«, Anm.d.Ü.] unter *www.kenwilber.com* nachlesen.)

Da Bewusstsein als solches keine spezifischen Inhalte hat, *wie können wir dann seine Grade oder Ebenen bezeichnen?* Mit anderen Worten, wie sollen wir in der Psyche 1000 Meter Höhe, 2000 Meter Höhe, 3000 Meter Höhe usw. bezeichnen? Wir könnten die Ebenen *nummerieren* und tun das auch oft (und benutzen dafür 3 bis 16 grundlegende Ebenen des Bewusstseins oder der generellen Entwicklung). Aber das ist keinesfalls befriedigend, weil dann oft für ein und dieselbe Ebene verschiedene Zahlen benutzt werden. Diese Ebenen zu bezeichnen oder zu *benennen* ist nicht die beste Lösung, denn Namen sind oft mit vielen bereits existierenden Assoziationen beladen; trotzdem landen wir oft bei der Benutzung von Namen (die wir meistens von den Ebenen einer Linie stibitzen und dann generell auf die Höhe anwenden, was eine theoretische Katastrophe ist).

Die großen Weisheitstraditionen stießen auf eine wunderbare Lösung, angefangen mit dem *Chakra*-System, das über 3000 Jahre alt ist und die Farben des Regenbogens benutzt, und zwar immer in deren natürlicher Reihenfolge – von Rot zu Orange zu Gelb zu Grün zu

Türkis zu Blau zu Indigo zu Violett ... Die *Chakren* selbst zum Beispiel beginnen bei Rot und bewegen sich aufwärts zu Gelb, dann kommen Grün, Blau, Violett, reines, farbloses Licht ...

Also verwende ich nur gelegentlich Zahlen und Namen und schließe mich ansonsten dieser uralten Tradition an; das heißt, ich benutze den Regenbogen als y-Achse, welche die wachsenden Ebenen der *generellen Entwicklung* als »Höhenangabe« darstellt. Außerdem habe ich in Abbildung A (auf der vorderen Umschlagklappe) folgende Beispiele für spezielle Entwicklungslinien mit ihren speziellen Stufen einbezogen: die kognitive Linie (eine Kombination aus Piaget für die unteren Stufen, Michael Commons und Francis Richards für die Zwischenstufen und Aurobindo für die höheren Stufen dieser Linie);[7] die Wertelinie von Graves (ich habe auch die Begriffe/Farben hinzugefügt, welche Spiral Dynamics dafür benutzt); Kegans Stufenfolgen des Bewusstseins und einige der Hauptstufen der Linie der Selbstidentität, die Loevinger und Cook-Greuter am fruchtbarsten beleuchtet haben.

Das Schöne an diesem »Höhenmesser« der Entwicklung ist, dass er mit den Entwicklungstheoretikern insofern übereinstimmt, als die Ebenen in einer bestimmten Linie tatsächlich nicht benutzt werden können, um sich auf die Ebenen in anderen Linien zu beziehen. (In Bezug auf Abbildung A heißt das zum Beispiel, Sie können nicht von »Erfolgsorientierungs-Erkenntnis« sprechen, als hätte beides die gleiche Struktur, weil die erfolgsorientierte Ebene von einigen verschiedenen Ebenen der kognitiven Entwicklungslinie einbezogen werden kann.) Mit »Höhe« können Sie aber in sämtlichen verschiedenen Linien generell die gleiche Ebene bezeichnen. (Sie *können* von bernsteinfarbener Wahrnehmung, bernsteinfarbenen Werten, bernsteinfarbenem Selbstgefühl usw. sprechen.) Wir haben die Analogie von Pfaden benutzt, die den Berg hochführen: Wenn ein Dutzend solcher Pfade den Berg hinaufführt, eröffnet uns jeder dieser Pfade eine etwas andere Aussicht, und Sie können diese Aussichten oder »Strukturen« eines dieser Pfade nicht benutzen, um sich auf die Aussichten oder Strukturen der anderen Pfade zu beziehen. In dieser Hinsicht sind das wirklich Äpfel und Orangen. Die Aussicht am Nordhang und die

Aussicht am Südhang des Berges können einfach nicht gleich behandelt werden, jedenfalls nicht ohne Reduktionismus (von der Spielart des Linienabsolutismus).

Darüber hinaus hat die Forschung, die benutzt wurde, um die Stufen-Ebenen in einer bestimmten Linie zu bestätigen (z.B. Loevinger, Kohlberg, Graves), die Begriffe oder Strukturen der anderen Linien definitiv nicht mit einbezogen, ganz zu schweigen von *sämtlichen* anderen Linien, die es gibt (von der kinästhetischen bis zur musikalischen); das ist ein weiterer Grund dafür, dass die Ebenen in einer Linie nicht für die Ebenen in anderen Linien benutzt werden können. Verwenden wir jedoch die »Höhe« als generelle Markierung für Entwicklung, können wir auf generelle Ähnlichkeiten quer durch alle Linien verweisen; und doch hat Höhe, gemessen in »Meter«, »Zentimeter« oder »Yard«, **selbst keinen Inhalt**; sie ist leer. »Zentimeter« ist ein Längenmaß, nichts weiter. Sie laufen nicht herum und erzählen den Leuten: »Ich musste heute den Bau meines Hauses abbrechen, weil mir die Zentimeter ausgegangen sind.« Oder: »Ich sollte losgehen und ein paar Meter kaufen.« Meter ist das Maß oder die Markierung von etwas, hat aber selbst keinen Inhalt.

Und Ähnliches gilt für das Bewusstsein, wenn wir den Begriff auf diese Weise verwenden. Es ist kein Ding, Inhalt oder Phänomen. Es gibt keine Beschreibung dafür. Es ist keine Weltsicht, kein Wert, keine Moral, keine Wahrnehmung, kein Werte-MEM, keine mathematisch-logische Struktur, keine Anpassungsintelligenz oder eine der multiplen Intelligenzen. Und vor allem ist Bewusstsein selbst keine Linie unter anderen, sondern der Raum, in dem die Linien entstehen.

Bewusstsein ist die Leere, die Offenheit, die Lichtung, auf der sich Phänomene zeigen, und wenn sich diese Phänomene in Stufen entwickeln, bilden sie eine Entwicklungslinie (kognitiv, moralisch, Selbst, Werte, Bedürfnisse, MEME usw.). Je mehr Phänomene in dieser Linie im Bewusstsein entstehen *können*, desto höher die Ebene in dieser Linie. Und noch einmal: Bewusstsein selbst ist kein Phänomen, sondern der Raum, in dem Phänomene auftauchen.

Deswegen ist die kognitive Linie (die für die anderen Linien immer noch notwendig, aber nicht ausreichend ist), wie in Abbildung A dargestellt, in der Höhe von *Bernstein* auf der konkret-operationalen Ebene, das Werte-MEM ist absolutistisch (»Wahrheitsglaube«/Blau), die Ebene des Selbst konformistisch, die Ebene der Weltsicht traditionell usw. Auf der Höhe von *Türkis* ist die kognitive Ebene späte oder reife Schau-Logik, das Werte-MEM ist systemisch (globale Sicht/Türkis), das Selbstgefühl integriert (entspricht dem »Zentauren«), das Bedürfnis ist Selbstverwirklichung usw. Das alles sind relativ unabhängig voneinander verlaufende Entwicklungslinien, denn jemand kann auf der kognitiven Linie bei Schau-Logik sein und trotzdem Werte auf der Ebene des »Wahrheitsglaubens« vertreten usw. (In *Integrale Psychologie* finden Sie Tabellen mit über 100 Entwicklungsmodellen, aufgestellt vor dem Hintergrund der Ebenen in der kognitiven Linie, die als Höhenmesser dienen; Sie können diese Tabellen zu Rate ziehen, wenn Sie möchten.)

Bedenken Sie aber bitte bei alledem eins: Diese Stufen (und Stufenmodelle) sind lediglich gedankliche Schnappschüsse vom großen, stetig fließenden Fluss des Lebens. Es gibt einfach nirgendwo im Kosmos etwas, das »blaues Werte-MEM« heißt (außer im gedanklichen Raum der Theoretiker, die daran glauben). Das soll *nicht* heißen, dass Stufen *bloße* Konstruktionen oder sozial konstruiert sind. Das wäre die konträre Sicht, die ebenso einseitig ist. Stufen sind in dem Sinne real, dass in der realen Welt wirklich etwas passiert, das wir »Entwicklung« oder »Wachstum« nennen. Nur dass die »Stufen« dieses Wachstums tatsächlich einfach Momentaufnahmen sind, die wir zu ganz bestimmten Zeitpunkten und aus einer ganz bestimmten Perspektive (*die selbst wächst und sich entwickelt*) machen.

Denken Sie daran, wir haben auf Seite 60 kurz den Gedanken erwähnt, dass die **Kosmische Adresse = Höhe + Perspektive** lautet. Wir werden auf diesen faszinierenden Gedanken noch mehrmals zurückkommen. Der Punkt hier ist: Wenn wir einen Schnappschuss machen von etwas, das wächst (z.B. einer Eiche in Zone 6, einer Gesellschaft in Zone 8, dem Wertesystem eines Individuums in Zone 2), hat das, was da wächst, eine Adresse, *aber das gilt auch für den Fotografen.* Wir sagen also nicht, dass diese Stufen in der realen Welt nicht existieren, sondern einfach, dass die Schnappschüsse davon nicht dasselbe sind wie die reale Sache. Und die reale Sache kann auf hundert verschiedene Arten, alle gleich nützlich und schön, fotografiert werden, und jede Aufnahme *bringt* etwas Neues *hervor*. Wenn wir unterschiedliche Fotos einer Pflanze vor uns haben und darüber streiten, welche Aufnahme die einzig richtige ist, ist das einfach Dummheit.

Die Adresse des Fotografen (Höhe + Perspektive) ist ebenso wichtig wie die des Gegenstands, der fotografiert wird. Wir sind gut beraten, wenn wir uns immer wieder daran erinnern, dass Fotografen die Dinge, die sich nicht auf ihrer Wahrnehmungsebene befinden, nicht sehen können und sie deswegen noch nicht einmal auf die Idee kämen, sie zu fotografieren.

JAMES FOWLER: STUFEN DES GLAUBENS

Bevor wir Zone 2 verlassen, möchte ich eine weitere, sehr wichtige Entwicklungslinie vorstellen, die mit Hilfe dieser Methodologie entdeckt wurde, nämlich die, die James Fowler untersucht und in seinem einflussreichen Buch *Stufen des Glaubens* (Gütersloh 2000) – und weiteren Büchern – vorgestellt hat. In Abbildung B (auf der hinteren Umschlagklappe) habe ich Fowlers Stufen – welche **Ebenen in der Entwicklungslinie des Glaubens** sind – zusammen mit Gebser, Loevinger/Cook-Greuter (als Bezugspunkt) und einer Darstellung von *Bewusstseinszuständen*, auf die wir in Kürze eingehen werden, einbezogen.

Was Fowlers Werk betrifft, so sollten wir sofort hervorheben, dass die Begriffe »Glauben« oder »Spiritualität« mehrere Bedeutungen haben, von denen Fowler nur eine erforscht hat. In Kapitel 4 werden wir uns mit einigen dieser verschiedenen Bedeutungen oder Aspekte von Spiritualität beschäftigen – was auch Spiritualität als höchste Ebene in jeder Linie, als eigenständige Linie und als veränderte Zustände mit einschließt. Fowler erforscht die zweite Bedeutung, Spiritualität als *eigenständige Entwicklungslinie*. Diese Bedeutung oder dieser Aspekt von Spiritualität ist sowohl *entwicklungsbedingt* als auch *strukturell* – sie ist ein klassischer Ansatz der Zone 2, der hier auf Fragen Anwendung findet, die nichts mit kognitiver, emotionaler oder musikalischer Intelligenz, sondern mit **spiritueller Intelligenz** zu tun haben. Diese spezielle Entwicklungslinie ist ein wichtiger Aspekt von Spiritualität insgesamt. Und dessen Beziehung zu den anderen Dimensionen oder Aspekten von Spiritualität ist ein Thema, auf das wir wiederholt zurückkommen werden. (Für diejenigen, die Fowlers Forschungen nicht kennen, werde ich später eine kurze Zusammenfassung seiner Arbeit geben.) Wenn ich mich also auf die *Stufen spiritueller Intelligenz* beziehe, meine ich speziell Fowlers Forschungsergebnisse.

Bei all diesen Erläuterungen der Ebenen und Linien von Entwicklung ging es immer darum, wie innere Holons (oben links) von außen (Zone 2) betrachtet aussehen. Wie sehen sie von innen (Zone 1) betrachtet aus?

3

BEWUSSTSEINSZUSTÄNDE

Wie sehen innere Holons von innen aus? So wie das, was Sie in diesem Augenblick zufällig gerade fühlen.

PHÄNOMENOLOGIE, GEFÜHLTE ERFAHRUNGEN UND BEWUSSTSEINSZUSTÄNDE

Doch ab hier wird es etwas komplizierter. Eine der wichtigen Unterscheidungen, die AQAL beleuchtet, ist die zwischen **Strukturen** und **Zuständen**. **Strukturen**, auf die wir im vorigen Kapitel einen ersten Blick geworfen haben, ist lediglich ein anderer Begriff für die **Ebenen** in jeder Linie. Jede Ebene hat eine **Struktur**, eine Art konkrete Architektur oder ein konkretes Muster. Sprechen wir zum Beispiel von einer Ebene der Komplexität in einer Sprache, hat diese Ebene selbst eine bestimmte Struktur, Konfiguration oder ein Muster, so wie wir auch von der Struktur einer Zellwand oder der Struktur des Neokortex sprechen würden.

Das Bemerkenswerte an diesen Strukturen ist, dass sie, weit davon entfernt, feste oder starre Muster zu sein, wahre Wirbelwinde sind. Eine Sprache hat ein festes Muster oder eine Syntax, selbst wenn die Worte, die wir dafür benutzen, ständig in Bewegung sind. Strukturen sind enorm dynamische Muster, die oft »autopoietisch« oder selbstorganisierend sind. Die Teile einer Zelle verändern sich ständig, aber die

Zelle bleibt sie selbst, weil sie ein selbstorganisierendes, festes Muster hat. Dieses **dynamische holistische Muster** ist ihre Struktur.

Diese durch Muster geprägte Ganzheit oder Stufen davon sind, betrachten wir sie auf objektive Weise von außen, genau die »Strukturen«, die der **Strukturalismus** und die **Entwicklungstheorie** untersuchen. Bezogen auf Loevinger, sind »konformistisch«, »gewissenhaft«, »individualistisch«, usw. einige der Hauptstrukturen (oder -ebenen) in der Linie der Ich-Entwicklung.

Diese *Struktur/Ebenen* emergieren als *sequenzielle Stufen*, und deswegen benutzen wir die Begriffe **Strukturen** und **Stufen** oft synonym, aber *im Grunde sind Strukturen und Stufen etwas Unterschiedliches* – auch andere Dinge emergieren als Stufen –, deshalb werden wir sie in diesem Teil der Diskussion nicht gleichsetzen. Auch wenn das nicht besonders elegant sein mag, werden wir sie, wollen wir uns auf beide zusammen beziehen, **Struktur-Stufen** nennen, wenn wir die sich *sequenziell entfaltenden* Strukturen der Zone 2 in der Psyche meinen. Loevinger, Kegan, Selman, Perry Broughton usw. beschreiben Struktur-Stufen. Trotz dieser nicht besonders eleganten Terminologie wird, glaube ich, schon bald deutlich werden, auf welchen Punkt es hier ankommt.)

In diesem Kapitel wollen wir uns **Bewusstseinszustände** anschauen, sie mit **Bewusstseinsstrukturen** vergleichen und diesen gegenüberstellen. So trocken das zunächst klingen mag, stellt sich doch heraus, dass die Beziehung zwischen beiden wahrscheinlich den *einzigen und wichtigsten Schlüssel zum Verständnis des Wesens spiritueller Erfahrungen* enthält (und damit auch zum Verständnis der wichtigen Rolle der Religion in der modernen und postmodernen Welt). Mit dieser bescheidenen, verschämten Einleitung wollen wir anfangen.

Wir haben gesagt, dass die Zone 1 im oberen linken Quadranten (das Innere eines »Ich«) einfach das ist, was ich in diesem Augenblick zufällig gerade denke, fühle und empfinde. Ich könnte fortfahren, meine augenblicklichen, unmittelbaren, gefühlten Erfahrungen und Befürchtungen in der ersten Person sprachlich direkt zu beschreiben (»Da ist ein Gefühl von Schwere, Hitze, Anspannung, Leichtigkeit, Strahlen, Liebe, Fürsorge, Begeisterung, Erfahrungen blitzen auf usw.«), und viele Formen der **Phänomenologie**, welcher Spielart auch immer, tun genau das (Abbildung 10). Das alles sind Variationen von Ansätzen der Zone 1, und einige davon erforschen bestimmte Typen von inneren Erfahrungen, die bekannt sind als **außergewöhnliche Zustände**.

Das heißt, was ich in der ersten Person unmittelbar erfahre, schließt außer bestimmten »Inhalten« oder »direkten Erfahrungen« (ein Gefühl, ein Gedanke, ein Impuls, ein inneres Bild usw.) auch das ein, was wir oft als »außergewöhnliche Zustände« bezeichnen. Beachten Sie, dass ich zwar Zustände, aber keine Strukturen als solche erfahren kann. So etwas wie »die moralische Stufe 3«, »die Gewissensstruktur« oder »die zwischenmenschliche Beziehungsfähigkeit von Stufe 4« *erfahre ich nie direkt*, selbst wenn das genau die Stufe sein mag, auf der ich mich derzeit befinde und alle meine Gedanken, ohne dass ich es weiß, tatsächlich in dieser Struktur auftauchen. **Strukturen** können wir nur mit Hilfe einer Methodologie der Zone 2 aufdecken, und nicht mit Hilfe von Meditation oder Kontemplation, welcher Spielart auch immer.[8] **Zustände** hingegen sind der Wahrnehmung unter verschiedenen Umständen direkt zugänglich. Ich erfahre Zustände, keine Strukturen.

Die meisten von uns kennen Bewusstseinszustände, und auch den großen Weisheitstraditionen sind sie bekannt. Vedanta zum Beispiel geht von fünf **natürlichen** Haupt**zuständen** des Bewusstseins aus: Wachen, Träumen, Tiefschlaf, Zeuge sein (*Turiya*) und nichtdual (*Turiyatita*). Diese fünf Zustände sind extrem wichtig. Halten Sie also bitte einen Augenblick inne, um sie sich zu merken.

Außer natürlichen oder gewöhnlichen Bewusstseinszuständen gibt es **veränderte** oder **ungewöhnliche** Zustände, einschließlich **exogener** Zustände (z.B. durch Drogen ausgelöst) und **endogener** Zustände (zu denen auch **geschulte Zustände** wie **meditative Zustände** gehören).

Erhöhte Zustände, ob gewöhnlich oder ungewöhnlich, nennen wir oft **Gipfelerfahrungen**.

Die meisten Kulturen, und das gilt auf jeden Fall für die großen Traditionen, haben eine **Kartographie von Zuständen**, die natürliche, exogene und endogene Zustände einbeziehen.

Einige der **meditativen Kartographien** sind außerordentlich differenziert, aber sie alle beruhen auf Methodologien und Richtlinien der Zone 1 (wie Zazen, Gebet der Sammlung, schamanistische Reisen, Vipassana, Ayahuasca, Derwisch-Drehtanz, Kontemplation usw.). Und wer den entsprechenden Richtlinien folgt (z.B.: Setze dich auf dieses Kissen, zähle deine Atemzüge von 1 bis 10, bis du mindestens eine Stunde lang beim Zählen bleiben kannst; konzentriere dich auf dieses *Mantra*; nimm diese Droge; tanze so und so; werde eins mit dem *Koan* usw.), kann sie als phänomenologische Erfahrungen bestätigen.

Wenn Sie sich genau an diese Richtlinien halten, machen Sie eine Reihe von phänomenologischen Erfahrungen. Ob diese *phänomenologischen Erfahrungen* (»Vor mir öffnet sich etwas, das sich anfühlt wie unendliches Licht und unendliche Liebe«) tatsächliche *ontologische Referenten* haben (»Es gibt einen göttlichen Urgrund des Seins«), ist natürlich eine interessante Frage (die wir später wieder aufgreifen werden, denn das ist eines der wichtigsten Gebiete der Integralen Post-Metaphysik).[9]

Viele der großen Traditionen haben eine höchst differenzierte Psychologie entwickelt, die auf diesen Zuständen beruht. Auch wenn wir uns nicht mit Details aufhalten müssen, möchte ich ein paar bedeutende Grundzüge beleuchten, denn wir haben es hier, gelinde ausgedrückt, mit einigen der großartigsten Systeme von innerlicher Phänomenologie zu tun, die jemals entwickelt wurden. Die Korrelationen, die ich gleich zusammenfassend darstellen werde, sind als solche umstritten und schwer nachzuweisen. Aber wir gehen im Augenblick einfach einmal davon aus, dass sie existieren. Ich werde Vedanta und Vajrayana als Beispiele benutzen (auch wenn sich der Neoplatonismus ebensogut eignen würde). Zunächst einmal müssen wir jedoch einige komplizierte Begrifflichkeiten klären.

Beide Traditionen gehen davon aus, dass meditative Zustände Variationen natürlicher Zustände sind. Meditation auf eine Form (*Savikalpa Samadhi*) zum Beispiel – wie das Visualisieren einer Gottheit und das Wiederholen ihres Namens oder *Mantras* – ist eine Variation des **Traumzustands**; und Meditation ohne Form (*Nirvikalpa Samadhi*) – wie die Ausrichtung auf das Bewusstsein selbst ohne ein bestimmtes Objekt – ist eine Variation von **formlosem Tiefschlaf**. Weiter heißt es, dass die drei natürlichen Hauptzustände des Bewusstseins (Wachen, Träumen, Schlafen) von einer bestimmten Energie oder einem bestimmten »Körper« unterstützt werden: das sind, in entsprechender Reihenfolge, der **grobstoffliche Körper**, der **subtile Körper** und der **kausale Körper** (z.B. Nirmanakaya, Sambhogakaya, Dharmakaya; manchmal ist auch die Rede von einem vierten Körper, dem Svabhavikakaya, der die Zustände Zeuge sein/nichtdual unterstützt).

Obwohl die Begriffe *»grobstofflich«, »subtil«* und *»kausal«* genau genommen NUR die Körper oder Energien (*im oberen rechten Quadranten*) bezeichnen, benutzen wir diese Begriffe auch als Bezeichnungen für die entsprechenden allgemeinen Bewusstseinszustände (im oberen linken Quadranten). Also können wir die fünf natürlichen und/oder meditativen Hauptzustände des Bewusstseins bezeichnen als: grobstofflich, subtil, kausal, Zeuge sein und nichtdual. (Wie die Traditionen selbst, werde auch ich mich manchmal auf drei, manchmal auf vier oder auch auf fünf Hauptbewusstseinszustände beziehen – was aber immer alle fünf impliziert.)

Für diejenigen von Ihnen, die irgendwo mittendrin den Versuch aufgegeben haben zu verstehen, was ich hier sage – das simple Fazit von alledem ist: Die großen Weisheitstraditionen gehen davon aus, dass alle Männer und Frauen Zugang zu mindestens fünf großen, natürlichen **Bewusstseinszuständen** haben, die alle direkt erfahrbar sind:

1. Grobstoffliche Wachzustände, zum Beispiel das, was ich erlebe, wenn ich Fahrrad fahre, diese Buchseite lese oder Körperarbeit mache;
2. subtile Traumzustände, wie ich sie in einem lebhaften Traum, einem lebhaften Tagtraum oder einer Visualisierungsübung sowie auch in einigen Meditationen erleben kann, die auf eine Form ausgerichtet sind;
3. kausal-formlose Zustände, wie im tiefen traumlosen Schlaf, Typen von formloser Meditation und Erfahrungen von weiter Offenheit oder Leerheit;

4. Zustände, in denen wir Zeuge sind – oder einfach »der Zeuge« –; damit ist die Fähigkeit gemeint, sämtliche anderen Zustände als Zeuge wahrzunehmen; zum Beispiel die Fähigkeit zum ununterbrochenen Gewahrsein im Wachzustand und zu luziden Träumen;
5. immer präsentes, nichtduales Gewahrsein, das ist weniger ein Zustand als der immer gegenwärtige Urgrund aller Zustände (und kann als solcher »erfahren« werden).

Vedanta und Vajrayana behaupten, dass diese Zustände (und ihre entsprechenden Körper und Reiche des Seins) allen menschlichen Wesen vermöge »des kostbaren menschlichen Körpers« zugänglich sind. Das bedeutet, dass **diese Hauptzustände des Seins und Bewusstseins bis zu einem gewissen Grad allen Menschen auf praktisch jeder Wachstumsstufe zugänglich sind,** und das gilt auch für Kleinkinder, einfach weil selbst Kleinkinder wachen, träumen und schlafen.

Das ist ein wirklich, wirklich, wirklich wichtiger Punkt, auf den wir noch zurückkommen werden.

(Eine inoffizielle Einführung: Weil diese Haupt*zustände* in ihren wesentlichen Konturen immer präsent sind, können Sie eine Gipfelerfahrung mit einem höheren Zustand machen, nicht aber mit einer höheren Stufe. Wenn Sie sich zum Beispiel auf der Entwicklungs-Struktur-Stufe »gewissenhaft« von Jane Loevingers Ich-Stufen befinden, können Sie, wie die Forschung immer wieder nachweist, einfach keine Gipfelerfahrung mit einer höheren Struktur wie zum Beispiel der autonomen machen – aber Sie *können* eine Gipfelerfahrung mit Bewusstseins**zuständen** von grobstofflich, subtil, kausal, Zeuge sein bis zu nichtdual machen. Wir werden die Frage, wie beides genau zusammenhängt, später erneut aufgreifen.)

Auch wenn diese Hauptzustände in ihren generellen Ausführungen allen Menschen natürlich und spontan zugänglich sind, können wir uns in einigen von ihnen intensiv schulen oder sie erforschen, und diese **geschulten Zustände** halten tatsächlich einige Überraschungen bereit.

GESCHULTE ZUSTÄNDE: KONTEMPLATIVE UND MEDITATIVE BEWUSSTSEINSZUSTÄNDE

Auch wenn es heißt, dass die natürlichen Hauptzustände des Seins und Bewusstseins allen Menschen auf allen Stufen zugänglich sind, bedeutet das nicht, dass wir uns darin nicht schulen und üben können. Die **Schulung in Zuständen** ist eine besonders fortgeschrittene Technik der Zone 1, in der es die großen meditativen Traditionen in Ost und West erstaunlich weit gebracht haben.

Allgemein können wir sagen, dass *natürliche Zustände keine Entwicklung zeigen.* Traumzustände geschehen, aber sie führen nirgendwo hin. Natürliche Zustände und die meisten veränderten Zustände weisen keine Stufen auf.

Sie kommen und gehen einfach, wie die meisten anderen Zustände auch – sei es ein emotionaler Zustand oder eine Wetterlage wie ein Gewitter. Außerdem sind die meisten Bewusstseinszustände exklusiv – Sie können nicht gleichzeitig betrunken und nüchtern sein. Und die natürlichen Zustände existieren selbst auf den fortgeschrittenen Stufen weiter – selbst Buddhas wachen, träumen und schlafen (auch wenn sie diese Zustände im Zustand des Zeugen als nichtduale wahrnehmen). In einigen Zuständen jedoch können wir uns *schulen*, und wenn dabei – wie bei vielen Formen von Meditation und Kontemplation – die Aufmerksamkeit entwickelt wird, *entfalten sich diese geschulten Zustände meistens in einer bestimmten Abfolge.* Und zwar meistens in der natürlichen Reihenfolge von grobstofflichen zu subtilen zu kausalen zu nichtdualen Zuständen.

Als *unmittelbare Erfahrung meiner ersten Person,* so heißt es, entfalten sich außergewöhnliche Zustände in vielen Typen von Meditation von grobstofflichen Phänomenen (»Ich sehe Steine«) zu subtilen Phänomenen (»Ich erlebe Licht und Segen, ich empfinde eine umfassende Liebe«) zu kausalen Phänomenen (»Da ist nichts als weite Leere in einem unendlichen Urgrund«) zu nichtdualen (»Göttliche Leere und relative Form sind nicht zweierlei«). Das sind keine *Strukturen* der dritten Person (von Zone 2 aus gesehen), sondern *Zustände* der ersten Person (Zone 1).

Wenn sich Zustände in irgendeiner Art von Sequenz entfalten (überwiegend deswegen, weil es geschulte Zustände sind), nennen wir sie **Zustand-Stufen** (im Gegensatz zu **Struktur-Stufen**). Weil **Zustände** von Natur aus sehr viel fließender und weniger greifbar sind als Strukturen, ist auch diese Stufenfolge von Zuständen sehr flüssig und fließend – und außerdem **können Sie mit höheren Zuständen Gipfelerfahrungen machen.** (Obwohl diese ohne Schulung im typischen Fall meist sehr flüchtig sind – einfach nur veränderte Zustände oder vorübergehende Gipfelerfahrungen. Aber durch weitere Schulung können »Gipfelerfahrungen« zu stabilen so genannten »Plateau-Erfahrungen« werden.) Wenn Sie auf einer bestimmten Zustand-Stufe sind, können Sie also wiederholt vorübergehende Gipfelerfahrungen mit einer höheren Zustand-Stufe machen, diese aber nicht als Plateau-Erfahrung halten.

Andererseits hat die Forschung wiederholt gezeigt, dass Struktur-Stufen, anders als Zustand-Stufen, relativ eingegrenzte Entwicklungsebenen oder -sprossen sind. *Sie können Struktur-Stufen nicht überspringen und können auch keine Gipfelerfahrungen mit höheren Struktur-Stufen machen.* Wenn Sie zum Beispiel in der kognitiven Linie auf der präoperationalen Ebene sind, können Sie einfach keine formal-operationale Erfahrung machen – aber Sie *können* eine Gipfelerfahrung mit dem subtilen Zustand machen! (Noch einmal, wir werden gleich auf die Beziehung von Zuständen und Strukturen zurückkommen.)

Was diese **Zustand**-Stufen betrifft – die sich generell von der grobstofflichen Erfahrung zur subtilen Erfahrung zur kausalen Erfahrung zum Nichtdualen bewegen –, so können Sie praktisch in jedem Handbuch der Meditation oder Kontemplation aus Ost oder West eine Beschreibung von meditativen oder spirituellen Erfahrungen finden, die sich im Wesentlichen in dieser Reihenfolge mit genau diesen generellen Merkmalen entwickeln. Dabei fallen einem sofort *»Die innere Burg«* der heiligen Teresa ein; die außergewöhnlichen Landkarten des Bewusstseins des heiligen Johannes vom Kreuz; die meditative Kartographie von Buddhaghoshas *Visudhimagga*; die systematischen Aufzeichnungen der Kirchenväter – wie die des heiligen Gregors von Nyssa, von Origen oder Sankt Dionysius (dessen »Weg der Reinigung«, »Weg der Erleuchtung« und »Weg der Vereinigung« eine ebenso kurze wie bündige Zusammenfassung ist: Reinige den grobstofflichen Körper durch Disziplin und bringe den grobstofflichen Verstand durch Konzentration zur Stille; finde subtile innere Erleuchtung; gib in einem Gebet der Stille und göttlichen Unwissenheit selbst die Erleuchtung auf; und so finden Seele und Gott zur Einheit in der Göttlichkeit, eins mit dem strahlenden All.)

Die wahrscheinlich differenzierteste und sorgfältigste Studie über meditative Traditionen stammt von Daniel P. Brown (in: Ken Wilber, Jack Engler und Daniel P. Brown: *Psychologie der Befreiung. Perspektiven einer neuen Entwicklungspsychologie – die östliche und die westliche Sicht des menschlichen Reifungsprozesses.* München: O.W. Barth Verlag 1988). Brown nahm eine gründliche Untersuchung der Wurzeltexte und zentralen Kommentare der drei wichtigsten meditativen Traditionen vor – der Yoga Sutras von Patanjali, des *Visuddhimagga* von Buddhaghosha und des *Mahamudra Nges don phyag rgya chen po'i sgom rim gsal bar byed pa'i legs bshad zla ba'i 'od* (Mondstrahlen des Mahamudra) von Tashi Namgyal. Das sind in gewisser Weise die Grundsäulen des Hinduismus und des Buddhismus.

Brown fand heraus, dass der meditative Pfad in allen drei Traditionen durch die gleichen grundlegenden kontemplativen Stufen verläuft. Und alle sind Variationen grobstofflicher Vorbereitungen und Schulungen, gefolgt von subtilen Erlebnissen von Licht und Leuchtkraft, dann Variationen der formlosen Versenkung oder kausalen »Auslöschung/ein Geschmack von Verwirklichung«, dann Durchbruch zur nichtdualen Verwirklichung (und dann weitere mögliche Differenzierungen von »Post-Erleuchtung«). Aufgrund dieser mit akribischer Sorgfalt durchgeführten Untersuchungen, einschließlich der Lektüre der Texte in ihren Originalsprachen, ist Browns Untersuchung ein absoluter Klassiker über meditative Stufen. (Siehe Tabelle 2, nächste Seite, die seine Kurzfassung der generellen Stufen von meditativen Zuständen wiedergibt.)

Tabelle 2

Stufen von Meditativen Zuständen in einigen bekannten östlichen Traditionen

(Daniel P. Brown, in *Pychologie der Befreiung*, 1986)

	DIE STUFEN DER MEDITATION	PERSPEKTIVE	
		Buddhismus	Yoga
	I. VORBEREITENDE ETHISCHE PRAKTIKEN		
Einstellung	A. Aufbau von Glaube; Einstellungsänderung		Geist als Licht
Affekt	B. Formales Studium; intrapsychische Transformation		
Verhalten	C. Gefühls-/Verhaltensregulierung Ununterbrochenes Aufmerksamkeitstraining	(photon-ähnlich)	(wellen-ähnlich)
	II. VORBEREITENDES KÖRPER/GEIST-TRAINING		
	A. Körpergewahrseinsübungen		
Denken	B. Atmung und Denken beruhigen	nicht fortlaufend	fortlaufende Veränderung
	C. Neuordnung des Bewusstseinsstroms	momenthaft, kurz	derselben Sache
	III. KONZENTRATION MIT UNTERSTÜTZUNG		
	A.1. Konzentrationstraining: Entkategorisieren		
Wahrnehmung	A.2. Internalisieren; Neuordnen der Bilder		
	B. Anerkennung der verschiedenen Strukturen aller Sinnesqualitäten von Grund auf	nicht fortlaufende	fortlaufende Veränderung
	C. Den Verstand anhalten, d.h. grobstoffliche Wahrnehmung	Hervorbringung des Grundes	des Grundes
	IV. KONZENTRATION OHNE UNTERSTÜTZUNG	nicht fortlaufende	fortlaufende Schwingung von
	A. Einstellen auf subtile Wahrnehmung	Zwischenzustände	*tanmātras*
Selbst	B. Erkennen des subtilen Flows		
	C. Zusammenbruch des gewöhnlichen Beobachters; Neustrukturierung der Perspektive	begleitende Perspektive (Zugang)	Reflektion von *puruṣa (buddhi)*

Raum/Zeit	V. PRAXIS ZUR EINSICHT A. High-speed Suche nach subtilen Energien; Auslöschung des Selbst; De-Realisation B. High-speed Suche grobstofflicher mentaler Gegebenheiten; Übergänge zu Wahrnehmungsverlängerungen und Häufung von Ereignissen im subtilen Flow; Erlebnis des nur Erscheinens; ganze Abläufe in Zeitlupe; plötzliche psychische Kraftsensationen; Brüche; weißes Licht C. Analyse von Gedächtnismomenten und ihrer Auswirkungen; das Problem der Raum-Zeit-Wahrnehmung Verbundenheit aller möglichen Ereignisse	Leere Substanzlos *(ngo bo nyid med)* Vereinzelte Blitze Nicht-Auflösung Co-abhängige Entstehung aller Bereiche und Zeiten	Leeren der Sinneseindrücke Gleichheit *(tulya)* Transformation eines Substrates *(dharmin)* Einheit Einheit des Manifesten Kosmos *(präkrti)*
Kosmos	VI. ENTWICKELTE EINSICHT A. Ausgeglichenheit von zusammenhängenden Beziehungsgeflechten; Interaktion von besonderen Ereignissen B. Stoppen der gesamten mentalen Aktivität/Reaktion Erleuchtungsmomente: Basis: Leeren der mentalen Inhalte Wahrnehmen der Unendlichkeit Weg: Rückkehr zu den mentalen Inhalten mit einem veränderten Wahrnehmungsort	 Nicht-Auflösung	 Alle Interaktionen des manifesten Kosmos Regenwolken Samādhi

Stufen von Kontemplativen Zuständen bei einigen bekannten Kirchenheiligen

(John Chirban, in *Pychologie der Befreiung*, 1986)

APOPHATISCHE VERFAHREN

STUFEN	**St. Isaac** (von Syrien)	**St. Seraphin** (von Sarov)	**St. Gregorius Palamas**	**St. Johannes Klimakos**		**St. Maximus** (von Turin)	**St. Dionysios** (von Zakynthos)
V THEOSIS *(De-Identifikation; mit dem Göttlichen eins werden)*	(3) Perfektion	Aneignung des heiligen Geistes	(3) Theosis (mit dem Göttlichen eins werden)	Schritt 30 Gleichheit		(3) 'Aєi Eἶναι Ewiges Sein	(3) Vereinigung Gebet der Einheit
		Königreich Rechtschaffenheit Friede			29		(Gebet der Stille)
IV LICHT		Illumination	(2) Göttliches Licht Reine Stille (Hesychasmus)	Schritte Stille (Hesychasmus)	28 27		(2) Illumination
							(Gebet der Erinnerung)

STUFEN	**St. Isaac** (von Syrien)	**St. Seraphin** (von Sarov)	**St. Gregorius** **Palamas**	**St. Johannes** **Klimakos**	**St. Maximus** (von Turin)	**St. Dionysios** (von Zakynthos)
III APATHEIA *(Gleichgültigkeit; Gemütsruhe)*	(2) Reinigung					(1) Reinigung
				Spirituelle Entwicklung		(Gebet des Geistes)
II METANOIA *(Innere Umkehr; Neuorientierung)*	(1) Reue		(1) Gebet Arbeit	(1) Schritte 1-26	(2) Εὐ Εἶναι (Rechtes Sein)	
		Gebet Fasten Almosen				(Gebet der Schlichtheit, Einfachheit)
I BILD					(1) Εἶναι (Sein)	

Für das Buch *Psychologie der Befreiung*, das ich mit Brown und Engler zusammen herausgegeben habe, fragten wir den Harvard-Theologen John Chirban, ob wir einen Bericht seiner eigenen gründlichen Arbeit über die Stufen kontemplativer Zustände bei den frühen Kirchenvätern veröffentlichen dürften, was wir dann auch taten. Chirbans Arbeit zeigte im Wesentlichen die gleiche organische Reihenfolge von Stufen, von grobstofflichen Phänomenen zu subtilem Licht zu kausaler Dunkelheit und nichtdualer Vereinigung. (Vergleiche Tabelle 3, die das zusammenfasst. Wie für Browns Forschung gilt auch hier, dass nicht jeder, der sich in Kontemplation schult, alle diese Stufen durchläuft, sondern dass es sich hier um einen umfassenden Überblick handelt.)

Dic wahrscheinlich einfachste und verständlichste Zusammenfassung der generellen Stufen meditativer Zustände finden wir in dem Buch *The Varieties of Meditative Experience* von Daniel Goleman (Hoboken, NJ 1978). Beachten Sie, dass der Titel seines Buches bewusst an den von William James' Meisterwerk *Die Vielfalt religiöser Erfahrungen* (engl.: *The Varieties of Religious Experience*, Anm.d.Ü.) anknüpft. Das ist völlig angemessen, denn beide Bücher geben einen Überblick über die Phänomenologie von Zone 1 und beide ignorieren Zone 2. (Bei James war das der Fall, weil der erste große Pionier der Methodologie von Zone 2 zu Beginn des letzten Jahrhunderts James Mark Baldwin war, ein Zeitgenosse von James, und Baldwins revolutionäre Forschung die akademische Welt in Amerika und Europa noch nicht erreicht hatte; als das passierte, war sie sowohl für den Strukturalismus als auch für den Poststrukturalismus ein hilfreicher Antrieb.)

William James tendiert dazu, sich in Zone 1 auf natürliche oder spontan auftretende Zustände zu konzentrieren. Goleman geht einen Schritt weiter und schaut sich geschulte Zustände in Zone 1 an, die eine bestimmte Reihenfolge zeigen. Und wieder ist diese Reihenfolge mehr oder weniger exakt die gleiche, wie Daniel P. Brown aufzeigte und wie wir sie generell in praktisch jedem großen meditativen System (oder System **geschulter Zustände**) überall auf der Welt finden können.

Um es noch einmal zu wiederholen: Weil es sich hier um *Zustand*-Stufen und nicht um Struktur-Stufen handelt, sind diese viel fließender, springen hin und her, weisen Gipfelerfahrungen mit höheren Zuständen (nicht Strukturen) auf usw. Aber die generelle Reihenfolge der durch Schulung gemeisterten Zustände (von spontanen Erfahrungen zu Gipfelerfahrungen zu Plateau-Erfahrungen) war tatsächlich die von grobstofflich zu subtil zu kausal zu nichtdual.

Zustände lassen sich bildlich schwer darstellen; wir haben uns für wolkenähnliche Sphären entschieden. Abbildung 17 (siehe nächste Seite) ist eine Zusammenfassung des typischen Fortschreitens meditativer Zustände im Verlauf einer vollständigen Schulung in Meditation, die bis zur Meisterung dieser Zustände von 5 bis zu 20 Jahren dauern kann. Wir sehen hier ein generelles Fortschreiten der Wachheit von grobstofflich zu subtil zu kausal zu nichtdual – ein Fortschreiten der Wachheit von ihrer typischen Einschränkung im Wachzustand zu einer Wachheit, die bis in den Traumzustand (an diesem Punkt treten vermehrt luzide Träume auf) und/oder meditative Zustände auf der Zwischenebene erhalten bleibt und sich dann fortsetzt bis zum kausalen, formlosen Zustand (wie auch immer er bezeichnet wird), ein Punkt, an dem fortgeschrittene meditative Zustände einschließlich Auslöschung möglich sind und/oder ein zutiefst stilles Gewahrsein, das bis in den Zustand des Tiefschlafs reicht, sodass selbst der tiefe traumlose Schlaf wach erlebt wird (das EEG bestätigt, dass fortgeschrittene Meditierende Muster zeigen, die mit dieser Behauptung übereinstimmen).

An dem Punkt sind alle subjektiven Zustände zum Objekt der Präsenz des Zeugen geworden, und hier wird oft von einer nichtdualen Vereinigung oder sogar einem Einssein mit einem Urgrund berichtet. Was »göttlicher Urgrund« eigentlich bedeutet ... nun, Sie wissen es genau, aber wir werden später darauf zurückkommen und dieses Erwachen im Licht integraler Interpretationen erörtern.

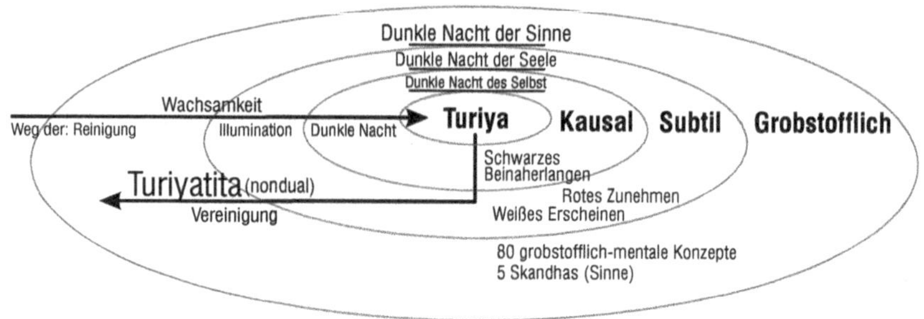

Abbildung 17: Hauptstufen von meditativen Zuständen

UND DIE MILLIONENGEWINNFRAGE LAUTET ...

Wir haben *Bewusstseinsstrukturen* untersucht (die in Stufen auftreten) und *Bewusstseinszustände* (die – als geschulte – in Stufen auftreten können). Die Millionengewinnfrage lautet: Wie hängen die beiden zusammen? Sie stellen, in dieser Reihenfolge, wahrscheinlich die grundlegendsten Beiträge des **konventionellen Ansatzes** im oberen linken Quadranten (Strukturalismus und Genealogie der Zone 2) und des **kontemplativen Ansatzes** im oberen linken Quadranten (Meditation und Kontemplation der Zone 1) dar. Und das bringt uns tatsächlich zu unserer ursprünglichen Frage zurück: Warum können Sie jahrzehntelang auf Ihrem Meditationskissen sitzen, ohne jemals etwas zu sehen, das den Stufen von Spiral Dynamics ähnelt?

Und warum können Sie bis in alle Ewigkeit Spiral Dynamics studieren, ohne jemals ein *Satori* zu haben?

4

ZUSTÄNDE UND STUFEN

Ich werde in diesem Buch immer wieder versuchen, kurze Überblicke über allgemein bekannte Methodologien zu geben und dann Vorschläge machen, wie wir sie bei der Anwendung eines AQAL-Ansatzes auf fruchtbare Weise einbeziehen können, was wir auf jeden Fall tun müssen, wenn »integrale Spiritualität« überhaupt einen Sinn ergeben soll. Wir beginnen mit Zen und Spiral Dynamics und der bereits erwähnten Frage: Da beide eindeutig verschieden sind, wie sieht die Beziehung zwischen ihnen aus?

ZONE 1 UND 2: ZEN UND SPIRAL DYNAMICS

Spiral Dynamics (SD) beruht auf der Arbeit von Clare Graves, einem der großen Pioniere auf dem Gebiet von Entwicklungsstudien der Zone 2. Sein Modell wiederum basiert auf Forschungen, die ursprünglich mit College-Studenten durchgeführt wurden, denen man eine simple Frage stellte: »Beschreiben Sie das Verhalten eines psychologisch gesunden menschlichen Organismus.« Einer Standard-Methodologie der Zone 2 folgend, die auf Baldwin zurückgeht, fand Graves Antworten auf seine Frage, die ihn schließlich zum Entwurf seines Entwicklungssystems brachten, das beschreibt, was er und seine Studenten als Stufen eines **»Wertesystems«** bezeichneten. Spiral Dynamics, das zum großen Teil auf Graves' Arbeit beruht, bezieht sich auf ein **vMEM**, das als »Systeme- oder **Werte-MEM«**

und auch als »Kernintelligenz« definiert wird (und das ich einfach Werte-Intelligenz oder Wertelinie nenne, eine der multiplen Intelligenzen).[10]

Graves und Spiral Dynamics sprechen von **acht Ebenen/Stufen** dieser Anpassungsintelligenz, und das sind (sämtliche folgenden Begriffe stammen direkt von *Spiral Dynamics*) in Kurzfassung:

Ebene 1 *(A–N): überlebensorientiert; am Leben bleiben; »Überlebenssinn«*
Ebene 2 *(B–O): magisch; innere und äußere Sicherheit; »Gleichgesinnte«*
Ebene 3 *(C–P): impulsiv; egozentrisch; Macht und Handeln; »Machtgötter«*
Ebene 4 *(D–Q): zielgerichtet; absolutistisch; Stabilität und sinnvolles Leben; »Wahrheitskraft«*
Ebene 5 *(E–R): erfolgsorientiert; ergebnisorientiert; Erfolg und Autonomie; »Erfolgsstreben«*
Ebene 6 *(F–S): gemeinschaftlich orientiert; relativistisch; Harmonie und Gleichheit; »menschliche Verbundenheit«*
Ebene 7 *(G–T): integrativ; systemorientiert; »flexibel-fließend«*
Ebene 8 *(H–U): holistisch; erfahrungsorientiert; Synthese und Erneuerung; »globale Sicht«.*

Vielen Menschen, die mit Spiral Dynamics arbeiten, fällt es schwer, das grundlegende Wesen dieses Wissens zu verstehen, wie es sich im umfassenderen AQAL-Bezugsrahmen darstellt, deswegen möchte ich Ihnen folgendes Denkexperiment vorschlagen, mal sehen, ob es weiterhilft:

Nehmen wir an, Sie belegen an einer Universität ein Seminar über Spiral Dynamics und sind in Ihrer Entwicklung auf Ebene 4, also zielgerichtet. Sie lesen sich das Unterrichtsmaterial durch, merken sich die Beschreibungen der acht Ebenen oder acht vMEME und diskutieren sie mit dem Dozenten und Ihren Mitstudenten. Sie machen das Abschlussexamen, und Ihre Prüfungsaufgabe lautet, die acht Ebenen von Wertesystemen zu beschreiben. Weil Sie sich diese Ebenen gemerkt haben, können Sie die Aufgabe perfekt lösen. Sie schließen Ihr Examen mit »sehr gut« ab.

Sie können die Ebenen 5, 6, 7 und 8 beschreiben – *obwohl Sie selbst erst auf Ebene 4 sind* –, und zwar deshalb, weil dies Beschreibungen von außen oder Beschreibungen der Zone 2 sind. Es handelt sich hier um Beschreibungen der dritten Person von verschiedenen Realitäten der ersten Person. Sie können Ihr Examen deswegen mit »sehr gut« abschließen, weil Sie sich diese Beschreibungen der dritten Person merken können, *obwohl Sie selbst sich nicht auf den höheren Ebenen befinden,* deren Beschreibungen Sie sich gemerkt haben.

Stellen Sie sich jetzt vor, dass Ihre Examensaufgabe anders aussieht. Sie lautet: »Bitte beschreiben Sie die Erfahrung auf Ebene 8 in der direkten Sprache der ersten Person und formulieren Sie, wie sie sich unmittelbar anfühlt.« Sie müssen jetzt auch eine mündliche Prüfung mit den gleichen Anforderungen machen. Wenn Ihr Ich-Gefühl tatsächlich das von Ebene 4 ist, werden Sie dieses Examen gründlich verhauen. Das Examen, das Beschreibungen der dritten Person verlangt, können Sie bestehen, würden aber durch die Prüfung rasseln, wenn Sie die Frage in der ersten Person beantworten müssten.

Mit anderen Worten, das Studium der Stufen von Spiral Dynamics vermittelt Ihnen einen Blick von außen (oder der dritten Person) auf diese Stufen, kann Sie aber nicht unbedingt *transformieren* zu einer der Stufen, die höher sind als die, auf der Sie sich befinden. Das ist kein Fehler des Systems, sondern genau das, was Beschreibungen der Zone 2 sind – nämlich Beschreibungen der dritten Person und strukturelle Formulierungen von Realitäten der ersten Person.

Deshalb wird das jahrelange Studium von Spiral Dynamics Sie nicht zwangsläufig transformieren. Dieses Modell geht vom Wahrnehmungsmodus der dritten Person und nicht von der Ich-Identität der ersten Person aus. Noch einmal: Das ist KEIN Fehler des Modells, sondern GENAU DAS, was Ansätze der Zone 2 (oder Ansätze der dritten Person, die Realitäten der ersten Person erforschen) tun. Ich bin ein großer Fan der Arbeit von Clare Graves und der wunderbar eingängigen Art und Weise, wie Spiral Dynamics – von Don Beck und Christopher Cowan entwickelt – sie präsentiert. Ich werde Spiral Dynamics auch weiterhin als gutes Einführungsmodell empfehlen.[11] Und Don ist natürlich Gründungsmitglied des *Integralen Instituts*; und Chris Cowan und Natasha Todorovic, die große Teile von Graves' Originalwerk einem größeren Publikum zugänglich machten, haben wunderbare Arbeit geleistet.

Was *Transformation* selbst betrifft: Wie und warum Individuen wachsen, sich entwickeln und sich wandeln, ist eines der großen Mysterien der menschlichen Psychologie. Die Wahrheit ist, niemand weiß es. Es gibt viele Theorien, viele kenntnisreiche Vermutungen, aber wenige wirkliche Erklärungen. Natürlich ist das ein äußerst komplexes Thema, das ich, um diesen Abschnitt zu beenden, für den Augenblick einmal beiseite lasse.

Sagen wir also, ganz gleich auf welcher Ebene der Zone 2 Sie sich befinden, Sie beschließen mit dem Meditieren anzufangen. Das ist ein Abenteuer der ersten Person, keine Untersuchung der dritten Person. Wenn Sie ernsthaft beginnen, eine bestimmte Form von Meditation oder Kontemplation zu praktizieren, werden Sie eine ganze Reihe von Erfahrungen machen. Weil das meditative Erfahrungen und Zustände sind, dürfen wir sie nicht verwechseln mit den ziemlich klar unterschiedenen Struktur-Stufen der meisten Ansätze der Zone 2. Doch werden sich diese Zustände meistens in allgemeinen Wellen von Gewahrsein von grobstofflich zu subtil zu kausal zu nichtdual entfalten – den Hauptzustand-Stufen, wie sie in den Tabellen 2 und 3 und Abbildung 17 dargestellt sind.

Die berühmteste Version dieser meditativen Stufen im Zen sind **die zehn Ochsenbilder.** Hier finden wir Zustand-Stufen abgebildet, die sowohl den allgemeinen Verlauf einer Schulung in Zen zeigen als auch wie diese sich an jedem Punkt von Augenblick zu Augenblick entfaltet. In gewisser Weise sind das – wie bereits erwähnt – Stufen, bei denen die Achtsamkeit zum Einsatz kommt und geschult wird. Demzufolge entwickelt sich die Wachheit von ihrer typischen Beschränkung im grobstofflichen Wach-Zustand zu einer Wachheit für subtile Traumphänomene (Savikalpa, Gottheiten, Erleuchtung) und kausale Phänomene (Nirvikalpa, formlos, dunkle Nacht) weiter – hier sind wir beim achten Ochsenbild angelangt, einem leeren Kreis – und schreitet weiter voran zur Verwirklichung von allgegenwärtigem, nichtdualem Großen Geist/Großen Herzen (*Sahaj,* Göttlichkeit, Einssein, Svabhavikakaya), die wir auf dem zehnten Bild finden, das die Überschrift trägt: »Den Marktplatz mit leeren Händen betreten.«

Wie bereits erwähnt, sind dies generelle Variationen der gleichen Zustand-Stufen der Zone 2, von denen Daniel P. Brown berichtete und von denen Daniel Goleman in seinem Buch *Varieties of Meditative Experience* (Hoboken, NJ 1978) uns eine vereinfachte Version vorstellt.

Und jetzt endlich die Millionengewinnfrage: Wie hängen die Zen Stufen und die Stufen von Spiral Dynamics zusammen?

DAS WILBER-COMBS-RASTER

An diesem Punkt werde ich Sie alle mitziehen durch das verwickelte Chaos, das wir durchqueren müssen, um für dieses Thema eine gewisse Klarheit zu bekommen. Der Grund dafür ist, dass ich mich selbst durch dieses vertrackte Wirrwarr kämpfen musste und keinen Grund dafür sehe, Ihnen das zu ersparen.

Das Verwirrende für uns erste Forscher auf diesem Gebiet war anfangs folgendes: Wir wussten, wie wirklich wichtig die Stufenmodelle von Leuten wie Loevinger und Graves waren, und darüber hinaus waren einige dieser Stufen (z.B. die von Kohlberg) in mindestens einem Dutzend oder noch mehr kulturübergreifender Untersuchungen geprüft worden; also müssen wir diese Modelle mit einbeziehen, oder wir haben es mit einem geradezu peinlich unvollständigen psychospirituellen System zu tun.

Aber wir wussten auch, dass die phänomenologischen Traditionen aus Ost und West ebenso wichtig waren (z.B. *Die innere Burg* der heiligen Teresa oder *Anu-* und *Ati-Yoga*), und das Gleiche gilt für jüngste Untersuchungen wie die von Daniel P. Brown über bestimmte tiefe Aspekte, in denen meditative Stufen übereinstimmen. Also nahmen wir bezeichnenderweise die höchsten Stufen der westlichen psychologischen Modelle – die meistens irgendwo im Bereich der globalen Sicht von Spiral Dynamics, von Loevingers »integriert« oder des

»Zentauren« lagen –, nahmen dann die drei oder vier Hauptstufen der Meditation (grobstofflich, subtil, kausal, nichtdual oder Einweihung, Reinigung, Erleuchtung, Vereinigung) und packten diese *oben auf* die anderen Stufen. Demnach würden Sie sich von Loevingers integrierter Ebene (Zentaur) zur psychischen Ebene zur subtilen Ebene zur kausalen Ebene zur nichtdualen Ebene bewegen. Zack zack zack – schon haben wir Ost und West vereint!

Das war immerhin ein Anfang – zumindest nahmen einige Leute sowohl die westlichen als auch die östlichen Ansätze ernst –, doch die Probleme fingen sofort an. Müssen Sie wirklich alle Stufen von Loevinger eine nach der anderen absolvieren, um eine spirituelle Erfahrung zu machen? Wenn Sie eine Erleuchtungserfahrung machen, wie sie der heilige Johannes vom Kreuz beschreibt, bedeutet das, Sie haben alle acht Werte-Ebenen von Graves durchlaufen? Klingt nicht ganz richtig.

Und schon bald zeichnete sich ein weiteres Problem ab und machte die Sache noch komplizierter. Wenn »Erleuchtung« (oder welche Form von *Unio mystica* auch immer) wirklich bedeutete, alle diese acht Stufen zu durchlaufen, wie konnte dann vor 2000 Jahren überhaupt jemand erleuchtet sein, da doch einige der Stufen, wie die systemische Globalsicht, *jüngste* Emergenzen sind?

Alle unsere ersten Integrationsversuche blieben bei der Frage stecken, wie wir die meditativen Stufen und die westlichen Entwicklungsstufen in Beziehung bringen können – und blieben da fast 20 Jahre stecken.

Ein Teil des Problems kreiste um die Frage, was ist »Erleuchtung« überhaupt? Was *könnte* »Erleuchtung« bedeuten – und wie konnten wir sie so definieren, dass es für alle Beweisführenden zufriedenstellend wäre, sowohl für die, die Erleuchtung für sich in Anspruch nehmen, als auch für die, die sie erforschen? Jede Definition von »Erleuchtung« musste sowohl erklären können, was es heißt, heute erleuchtet zu sein, als auch was das in früheren Zeiten hieß, als es einige der heutigen Stufen noch gar nicht gab. Gelänge es uns nicht, eine solche Definition zu finden, dann könnte *nur* eine heute lebende Person ganz erleuchtet oder spirituell erwacht sein, und das macht überhaupt keinen Sinn.

Daraus ergab sich folgender Präzedenzfall: Wie immer wir Erleuchtung heute definieren – macht diese Definition auch noch Sinn, wenn wir von jemandem, der vor 2000 Jahren gelebt hat, nehmen wir Buddha, Jesus Christus oder Padmasambhava, sagen, er sei »erleuchtet«, habe sich »vollkommen verwirklicht« oder sei »spirituell erwacht«?

Dieser Problemkomplex war für uns, wie ich bereits erwähnte, fast 20 Jahre eine Art Gordischer Knoten. Der erste wirkliche Durchbruch kam, als wir anfingen, den Unterschied zwischen Zuständen und Strukturen zu verstehen und uns dann fragten, wie beide wohl zusammenhingen (sobald Sie das herausgefunden haben, dürfen Sie beide auf keinen Fall mehr gleichsetzen). Ein paar Jahre, nachdem ich eine erste Lösung vorgeschlagen hatte, stieß mein Freund Allan Combs, der unabhängig von mir arbeitete, auf eine grundlegend ähnliche Idee, und in dem peinlich offenkundigen Bemühen, dieses gemeinsame Ergebnis darzustellen, nannten wir es das »Wilber-Combs-Raster« (nachdem ich Allan monatelang erklären musste, wie albern »Combs-Wilber Lattice« [deutsch etwa: »Kämmt-Wilber–Gitter«, Anm.d.Ü.] klang).

Hier die generelle Idee: Der wesentliche Schlüssel ist, mit der Erkenntnis anzufangen, dass die meisten meditativen *Zustände* Variationen der natürlichen Zustände grobstofflich-wachend, subtil-träumend, kausal-formlos und deshalb, wie bereits erwähnt, auf praktisch allen Wachstums*stufen* präsent sind oder präsent sein können, weil wir selbst auf den frühesten Stufen wachen, träumen und schlafen.

Wenn wir also eine beliebige Sequenz von Struktur-Stufen nehmen (wir werden Gebsers benutzen – archaisch, magisch, mythisch, rational, pluralistisch, integral) und diese sich sequenziell entwickelnden Struktur-Stufen (die wir, falls nicht anders vermerkt, wieder einfach *Stufen* nennen werden) auf der linken Seite des Rasters oder Gitters aufsteigen lassen und dann die Hauptzustände oben horizontal anordnen (grobstofflich, subtil, kausal, nichtdual/nondual), erhalten wir eine einfache Version des Wilber-Combs-Rasters (siehe Abbildung 18).

Es gibt viele Variationen dieser generellen Idee, und ich will hier nicht den Eindruck erwecken, dass Allen mit all meinen Vorschlägen übereinstimmt. Doch entscheidend ist tatsächlich die generelle Idee, dass sich Strukturen und Zustände auf komplexe Weise überlagern. Die meisten dieser Diagramme und nachfolgenden Erläuterungen sind vor allem meine speziellen Versionen dieses generellen Gedankens, und ich denke, Allan stimmt mit ihnen überein. Aber auch hier gilt wieder, dass ich in diesen Details nicht für ihn sprechen will, da jeder von uns die ursprüngliche Idee in unterschiedliche Richtungen weiterentwickelt hat.

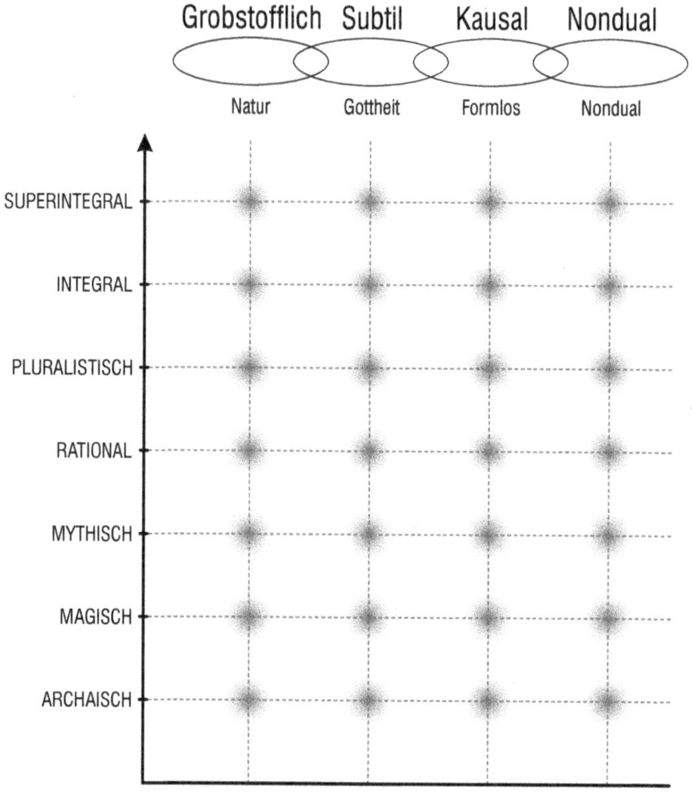

Abbildung 18: Das Wilber-Combs-Raster

In dieser Abbildung können Sie sehen, dass eine Person auf jeder Stufe eine Gipfelerfahrung mit einem grobstofflichen, subtilen, kausalen oder nichtdualen Zustand machen kann. Aber diese Person wird diesen Zustand entsprechend der Stufe interpretieren, auf der sie sich befindet. Wenn wir Gebsers einfaches Modell von sechs Stufen benutzen, dann haben wir 6 Stufen x 4 Zustände = 24 stufen-interpretierte/Zustandserfahrungen. (Und wir haben, wie wir noch sehen werden, für all diese »Struktur-Zustand« Erfahrungen auch Beweismaterial.)

Der fettgedruckte Satz war für uns erste Forscher auf diesem Gebiet der Durchbruch und ein wirklicher Wendepunkt. Er ermöglichte uns zu sehen, dass Individuen sogar auf einigen der unteren Entwicklungsstufen – wie zum Beispiel magisch oder mythisch – tiefe Erfahrungen mit religiösen, spirituellen und meditativen Zuständen machen können. Also waren grobstofflich/psychisch, subtil, kausal und nichtdual nicht länger Stufen, die man einfach oben auf die westlichen konventionellen Stufen packte, sondern Zustände (einschließlich veränderte Zustände und Gipfelerfahrungen), die mit jeder dieser Stufen einhergehen können und das auch taten. Darauf weist Abbildung B auf der hinteren Umschlagklappe hin, wo wir die drei Hauptzustände/Wolken rechts von den Stufen angeordnet haben.

(Doppelt verwirrend war für uns die Tatsache, dass es, wie Abbildung A auf der vorderen Umschlagklappe zeigt, über den Zentauren und seine Schau-Logik hinaus noch drei oder vier höhere Strukturen gibt, und weil bestimmte Merkmale dieser Strukturen denen der drei oder vier höheren Zustände zu ähneln scheinen, ist es fast unmöglich, die beiden zu unterscheiden. Also packten wir die höheren Zustände der Zone 1 weiterhin oben auf die Strukturen der Zone 2 – und nannten sie höhere Strukturen – und konnten uns um nichts in der Welt erklären, warum das nicht funktionierte. Das machte uns regelrecht verrückt. Obwohl wir die Daten direkt vor Augen hatten, war die Wilber-Combs-Matrix aufgrund dieser Überlagerungen äußerst schwer erkennbar.)

Der Punkt ist, dass eine Person eine Gipfelerfahrung machen und tiefe religiöse, spirituelle oder meditative Erlebnisse haben kann mit, sagen wir, einem subtilen Licht oder kausaler Leere, aber sie wird diese Erfahrung mit den Mitteln interpretieren, die ihr als einzige zur Verfügung stehen – nämlich den Werkzeugen der Entwicklungsstufe, auf der sie sich befindet. Eine Person auf der magischen Stufe interpretiert diese Erfahrungen magisch, eine Person auf der mythischen Stufe mythisch, auf der pluralistischen pluralistisch usw. Aber eine Person auf der mythischen Stufe wird sie nicht pluralistisch interpretieren, weil diese Struktur-Stufe des Bewusstseins bei ihr noch nicht emergiert ist oder sich entwickelt hat.

Doch die fünf Hauptzustände des Bewusstseins sind jedem Menschen von Anfang an mehr oder weniger zugänglich, weil jeder Mensch wacht, träumt und schläft, ganz gleich auf welcher Stufe er sich befindet. Wenn wir das alles zusammentun, haben wir sofort so etwas wie das Wilber-Combs-Raster vor uns.

Ich möchte an einem kurzen Beispiel durchspielen, um was es hier geht. Nehmen wir die Erfahrung eines subtilen Zustands von intensivem inneren Leuchten, begleitet von einem Gefühl allumfassender Liebe. Nehmen wir an, die Person, die diese Erfahrung macht, ist westlich und christlich, sodass der untere linke Quadrant (der eng daran beteiligt ist, die Kontexte für die Interpretation zu liefern) diese Erfahrung vom inneren Licht vorgeprägt hat und der Betreffende sie als eine Begegnung mit Jesus Christus (oder dem Heiligen Geist) interpretiert. Diese religiöse Erfahrung des subtilen Bereiches ist praktisch auf jeder Stufe möglich – der magischen, mythischen, rationalen, pluralistischen oder integralen –, aber die Person, die sie macht, wird sie in jedem Fall auf dem Hintergrund der grundlegenden, einschränkenden Prinzipien dieser Stufe interpretieren.

So wird Jesus (um ein paar schnelle, vereinfachte Beispiele zu geben) auf der magischen Stufe als persönlicher Retter erlebt, der die Welt auf wunderbare Weise verändern kann, um alle meine Wünsche und Marotten zu erfüllen: Jesus als Zauberer, der Wasser in Wein verwandelt, aus einem Laib Brot und einem Fisch viele macht, auf dem Wasser wandelt usw. (wir reden hier nicht vom ontologischen Inhalt der Interpretation, wenn es denn einen gibt; Jesus mag auf dem Wasser gewandelt sein oder auch nicht, aber auf dieser Stufe ist das die Geschichte, die mir am meisten bedeutet). Diese Stufe ist präkonventionell und egozentrisch, also kümmert sich dieser Jesus nur um mich.

Auf der nächsten Stufe, der **mythischen**, kann die gleiche Erfahrung des subtilen Bereichs als Kommunion mit Jesus, dem Überbringer ewiger Wahrheit interpretiert werden. Diese Stufe ist in ihren Überzeugungen *absolutistisch*, also halten Sie sich in Ihrem Glauben besser eng an das geschriebene Wort, sonst werden Sie auf ewig in der Hölle schmoren. Außerdem ist diese Stufe *ethnozentrisch*, deshalb können *nur* die Menschen, die an Jesus als persönlichen Erlöser glauben, auch erlöst werden.

Auf der nächsten Stufe, der **mental-rationalen**, wird Jesus Christus zu einer menschlichen Gestalt, immer noch ganz göttlich und ganz menschlich, doch jetzt auf glaubwürdigere Art menschlich, als Lehrer der universellen Liebe eines deistischen Gottes (der die *Principia Mathematica* gelesen hat und weiß, wo er die Grenze ziehen muss). Da diese Stufe den Anfang zu den postkonventionellen und *weltzentrischen* Stufen legt, ist das die erste der Entwicklungslinien, auf denen wir durch Jesus Christus Erlösung finden, aber auch anderen zugestehen, auf ihre Weise ebenfalls Erlösung zu finden. Sie werden sich im liberalen Geist des Zweiten Vatikans bewegen.

Wenn Sie auf der **pluralistischen Stufe** eine Reihe von tiefen spirituellen Erfahrungen gemacht haben, sind Sie wahrscheinlich Mitautor von *The Postmodern Bible*, ein wunderbares Beispiel dafür – von Tausenden, die uns eingefallen sind –, wie Jesus Christus und die Christus-Erfahrung durch die Brille der grünen Entwicklungsstufe aussehen.

Die **integrale Stufe** war für Gebser eine Stufe, aber für uns eröffnet sie einfach mindestens vier höhere Struktur-Stufen der Entwicklung (siehe Abb. A und B), und rund um die Welt wird jede darauf beharren, für die Verarbeitung ihrer Erfahrung vom Christus-Bewusstsein andere Ausdrücke des Heiligen Geistes zu benutzen, was in Ihrem Fall wahrscheinlich so aussieht, dass Sie ein Buch wie dieses lesen. (Offen gesagt, finden Menschen auf den früheren/unteren Stufen dieses Thema einfach nicht interessant. Aber wenn wir uns schon selbst auf die Schulter klopfen, sollten wir demütig bleiben: Auf welcher Stufe wir uns auch befinden mögen, es gibt immer noch höhere Stufen; und irgendwo, an irgendeinem Ort, in irgendeinem Universum oder irgendeiner Dimension schreibt jemand einen Text, der auch uns zu hoch ist ...)

TYPEN VON MYSTIZISMUS UND BEWUSSTSEINSZUSTÄNDE

Beachten Sie, dass ich in Abbildung 18 *Natur, Gottheit, Formlos* und *Nondual* unter die Zustände geschrieben habe, was sich auf die ihnen entsprechenden Formen von Mystizismus bezieht. Das sind sehr lockere Zuordnungen, die trotzdem ziemlich nützlich sind (und die ich dem ursprünglichen Wilber-Combs-Raster hinzugefügt habe). Die grundlegende Idee ist, dass Sie in jedem der vier natürlichen Hauptzustände eine Gipfelerfahrung machen oder eine Intensivierung dieses Zustands erleben können. Eine der höchsten Gipfelerfahrungen in jedem dieser Zustände ist die, mit den Phänomenen in diesen Bereichen eins zu sein. Die Erfahrung des Einsseins mit allen Phänomenen im subtilen Wachzustand ist typisch für **Naturmystizismus**. Die Erfahrung des Einsseins mit allen Phänomen im subtilen Traumzustand ist typisch für **Gottesmystik**. Die Erfahrung des Einsseins mit allen Phänomenen (oder deren Nichtvorhandensein) im kausal-nichtmanifesten Zustand ist typisch für **formlosen Mystizismus**. Die Erfahrung des Einsseins mit allen Phänomenen, die in grobstofflichen, subtilen und kausalen Zuständen auftauchen, ist typisch für **nichtdualen Mystizismus**.

Das ist ein Vorschlag für eine klärende Klassifizierung (oder Typologie), die, wie ich glaube, stichhaltig ist. Sie ist keinesfalls die einzig mögliche Typologie, aber ziemlich nützlich. Wenn wir das Wilber-Combs-Raster entsprechend ergänzen, können wir sehen, dass Individuen eine Erfahrung des Einsseins mit der Natur machen – und damit »Naturmystiker« sein – können, dieses Einssein jedoch je nach Stufe, auf der sie sich befinden, völlig unterschiedlich interpretieren werden. Sie können eine tiefe Erfahrung des Einsseins mit der Natur machen und sich trotzdem auf der Ebene von Rot, Bernstein, Orange, Grün usw. befinden.

Es gibt also nicht einfach eine »Vielfalt« von religiösen, meditativen oder spirituellen Erfahrungen (z.B. William James), wie Zone 1 sie bietet, sondern eine »Vielfalt von *interpretierten*« religiösen, meditativen oder spirituellen Erfahrungen, weil diese Erfahrungen *immer schon* in ihrer Kontextbezogenheit und Interpretation – zum Beispiel Zen bzw. Spiral Dynamics – *festgelegt* sind, was auch eine Reihe von interpretativen Fähigkeiten einschließt, wie sie Methoden der Zone 2 aufdecken (z.B. James Baldwin).

Wenn wir die Forschung von Zone 1 und Zone 2 zusammentun, erhalten wir das Wilber-Combs-Raster.

Wir werden auf diesen speziellen Punkt noch zurückkommen, aber dieses ganze Thema wird, glaube ich, ziemlich wichtig, wenn es darum geht, uns anzuschauen, wie verschiedene nichtduale Wege in Ost und West in den letzten 30 Jahren interpretiert wurden (in Amerika), vor allem von postmodernen Strömungen (und ihren Schattenerscheinungen, der »Boomeritis«).

Aber mal abgesehen von alledem und abgesehen von der Frage, ob wir diese vier Haupttypen von Mystizismus diesen vier Zuständen zuordnen können, ist das Wilber-Combs-Raster meiner Meinung nach als genereller Entwurf ziemlich nützlich und stichhaltig. Es zeigt uns einen ersten Weg, die Struktur-Stufen der Entwicklungspsychologie und die Zustände und Stufen der spirituellen/meditativen Traditionen miteinander in Beziehung zu bringen.

INTERPRETATION UND DIE AQAL-MATRIX

Ich möchte hier eine simple begriffliche Klärung vornehmen und tue das nur einmal, aber mit Nachdruck: Wenn ich sage, dass eine Person einen bestimmten Zustand oder eine bestimmte Erfahrung »entsprechend der Stufe interpretiert, auf der sie sich befindet«, lautet die ausführlichere Version, »entsprechend der ganzen aktuellen AQAL-Matrix, die wirksam ist«. Wie immer ist die Interpretation eine AQAL-Angelegenheit.

Das schließt insbesondere die »Ebenen und Linien« im oberen linken Quadranten mit ein – eine Person wird eine Erfahrung auf der Grundlage ihres Psychogramms interpretieren (d.h., eine Vielzahl von Intelligenzen agieren alle gleichzeitig und wetteifern darum, vom Selbst anerkannt zu werden). Unten links sind die kulturellen Hintergründe und zwischenmenschlichen Kontexte entscheidend (und nahezu vollkommen vorbewusst). Im oberen rechten Quadranten geben neurophysiologische Parameter eine enorme Anzahl von interpretativen Bezugsrahmen vor. Unten rechts nehmen soziale Systeme fast genauso stark Einfluss, wie Marx es behauptete. Keiner dieser Faktoren darf übersehen werden; sie alle sind beteiligt, wenn es um die Frage geht, wie ein Individuum jeden beliebigen Moment seiner Erfahrung interpretiert. In jedem Moment spricht in einem und durch ein Individuum die gesamte AQAL-Matrix.

DIE GLEITENDE SKALA DER ERLEUCHTUNG

In gewisser Weise waren »Zustände und Stufen« der leichte Teil beim Lösen des Gordischen Knotens. Den schwierigen Teil können wir auf mehrfache Weise formulieren.

- Wenn es eine **Evolution** gibt, welche Bedeutung kann dann **Erleuchtung** haben? Erleuchtung soll doch so etwas sein wie das Einssein mit allem. Aber wenn sich alles ständig weiterentwickelt und ich heute erleuchtet werde, ist meine Erleuchtung dann nicht unvollständig, sobald der morgige Tag anbricht? Bin ich bei Sonnenuntergang wieder unerleuchtet? Gibt es irgendeine Definition von Erleuchtung hier und heute, nach der mir meine Erleuchtung morgen nicht wieder genommen wird?
- Eine typische Antwort lautet: Erleuchtung heißt eins sein mit allem, was *zeitlos, ewig* und *ungeboren* ist, doch das erzeugt im GEIST eine tiefe Dualität – das Zeitlose und Ewige gegen das Temporäre, sich Entfaltende – und was ich damit wirklich sage, ist, dass ich nur mit einer Hälfte des GEISTes eins bin.

- Wir haben gesehen, dass »nichtdualer Mystizismus« eine »Vereinigung mit *allem* ist, was in den grobstofflichen, subtilen und kausalen Bereichen existiert.« Aber Sie können, wie wir oft gesehen haben, einen nichtdualen Zustand praktisch auf jeder Stufe erfahren, einschließlich der magischen und der mythischen – und diese Stufen enthalten keines der Phänomene, die wir auf den höheren Stufen vorfinden. Auf der mythischen Stufe zum Beispiel können Sie also eine Verwirklichung des nichtdualen, immer gegenwärtigen Gewahrseins des Großen Geistes erleben, die Erfahrung des absoluten Einsseins mit allem, was Ihre Welt ausmacht, aber diese Erfahrung lässt eine Menge vom Universum aus. Also kann ich im *Satori* tatsächlich eins sein mit einer Teilwirklichkeit. Das ist, generell gesagt, keine gute Sache.

Dieser Teil der Beziehung von Zuständen und Stufen hat sich als der allerschwierigste erwiesen, und die Lösung, die ich vorschlage, ist ebenfalls ziemlich verwickelt. Aber jeder spirituelle Lehrer, mit dem ich diesen Lösungsvorschlag diskutiert habe, hat bestätigt, dass er funktioniert oder zumindest plausibel ist.

(Wie können wir ERLEUCHTUNG [Wenn Wilber diese seine Definition von »Erleuchtung« meint, schreibt er das Wort im Englischen groß, Anm.d.Ü.] mit all diesen tückischen Schwierigkeiten im Hinterkopf definieren? Vorschlag für eine Antwort: ERLEUCHTUNG ist die Verwirklichung von Einssein mit **allen Zuständen** und **allen Stufen**, die sich bis zu diesem Punkt entwickelt haben und in Erscheinung getreten sind.) Was das sorgfältige Nachvollziehen sämtlicher Schritte betrifft, mit denen wir zu dieser Schlussfolgerung gelangen, so möchte ich es arglosen Seelen nicht zumuten und hebe es für Anhang II auf (»Integrale Post-Metaphysik«). Hier werden wir die Diskussion wieder aufnehmen mit einigen weiteren Beispielen aus Zone 1 und Zone 2, die wir auf Meditation/Kontemplation anwenden und verfolgen können, ohne uns auf diesen Anhang beziehen zu müssen.

ZONEN 1 UND 2: EVELYN UNDERHILL UND JAMES FOWLER

Für einen weiteren Vergleich von Zone 1 und Zone 2 nehmen wir uns zwei der spirituellen Landkarten vor, die vielleicht die bekanntesten und einflussreichsten sind, nämlich die von Evelyn Underhill und James Fowler. Beide sind nahezu perfekte Repräsentanten nicht nur der Zonen 1 und 2, sondern auch der Entwicklungsansätze dieser beiden Zonen.

Underhills Arbeit wird so hoch geschätzt, weil sie ein Überblick und eine Zusammenfassung des spirituellen Wegs ist und auf einer Untersuchung über einige der weltweit am meisten verehrten Heiligen und Weisen beruht. Durchgeführt zurzeit der Jahrhundertwende, hat sie den Test der Zeit bestanden, weil sie auf Material zurückgreift, das sich schwer datieren lässt. Tatsächlich ähnelt diese Arbeit in ihren Grundzügen der ersten großen, westlichen Version eines solchen Unternehmens von Dionysius und hält bis heute Vergleichen wie dem mit Daniel P. Browns Überblick über die großen östlichen Wege stand. Underhill war eine Zeitgenossin von William James. Beide ergründeten Ansätze der Zone 1, die sich dem Empirismus von innen nähern. James erarbeitete primär eine phänomenologische Beschreibung und Klassifizierung der religiösen und spirituellen Zustandserfahrungen von Zone 1, während Underhill eine Entwicklungsstudie über *geschulte* spirituelle und meditative Zustandserfahrungen durchführte.

Underhill konzentrierte sich speziell auf **die phänomenologischen Stufen des spirituellen Weges** – mit anderen Worten, *Zustand*-Stufen – oder Stufen von gefühlten Erfahrungen und *bewussten Ereignissen im Raum des »Ich«,* wie sie von innen erfasst und gesehen werden, während sie sich durch die Disziplin einer spirituellen Praxis (oder *meditativen Zustandsschulung*) im Laufe der Zeit entfalten. Das sind genau die Dinge, die Sie in Ihrem Gebetsstuhl oder auf Ihrem Meditationskissen mit der Zeit sehen können.

Fowler untersuchte die Dinge, die *Sie nicht sehen können*, ganz gleich, wie lange Sie auf Ihrem Kissen sitzen. Mit anderen Worten, er wendet einen Ansatz der Zone 2 auf das sich entfaltende spirituelle Gewahrsein an, was Phänomene hervorbringt, die wir nur von außen, von einem objektiven Standpunkt aus sehen können, meistens durch Beobachtung von großen Personengruppen über lange Zeiträume hinweg. Deshalb finden Sie Entsprechungen zu Underhills Stufen in den kontemplativen Schriften aus aller Welt, stoßen aber in keinem dieser kontemplativen oder meditativen Systeme auf Fowlers Stufen (und auch nicht auf die Stufen von Loevinger, Spiral Dynamics usw.).

Underhills Stufen der spirituellen Entwicklung sind in Kurzform:

1. Erwachen/Einweihung
2. Reinigung/still werden
3. Erleuchtung
4. dunkle Nacht
5. Vereinigung

Fowlers Stufen sind:

0. präverbal prädifferenziert
1. projektiv-magisch
2. mythisch-wörtlich
3. konventionell
4. individuell reflexiv
5. verbunden, Beginn von postkonventionell
6. postkonventionelles Gemeinwohl

Nun hat man zwar schon lange erkannt, dass beide eine unglaublich wichtige Spur verfolgen, aber ihre Stufen passen nicht zusammen. Und nicht nur das, laut Kommentar vieler Gelehrter überschneiden sich beide offensichtlich so, wie keine der beiden es gestattet.

Was also geht hier vor? Vielleicht wird deutlich, dass Underhill die Daten aus Abbildung 17 (Zustand-Stufen) darstellt und Fowler die aus Abbildung A (Struktur-Stufen) – die Sie beide in Abbildung B finden. Inzwischen sind ihre jeweiligen Abfolgen so bekannt, so offensichtlich, dass sie Ihnen geradezu ins Gesicht springen: Underhills Stufen sind eine Version von grobstofflich, subtil und kausal, und Fowlers eine Version von präkonventionell, konventionell und postkonventionell.

Und nicht nur das, zusammengenommen erhalten Sie ein Raster von neun Typen (das Wilber-Combs-Raster), und für alle diese neun Typen gibt es reichlich Beweismaterial. (Wenn Sie Underhills und Fowlers eigentliche Stufen nehmen, ergibt das etwa 4 x 6 Zellen.) Underhill stellt die Sequenz von *Zuständen* dar, die im Wilber-Combs-Raster oben quer verlaufen (Abbildung 18), während Fowler die Sequenz der vertikalen *Strukturen* darstellt, die an der linken Seite von unten nach oben verlaufen. Und das ist genau der Grund dafür, warum eine Person auf *jeder* von Fowlers Stufen alle Zustände von Underhill erfahren kann (und natürlich ist die Beziehung der beiden die gleiche wie die von Zen und Spiral Dynamics.)

Um sich das zu verdeutlichen, stellen Sie sich einfach ein Wilber-Combs-Raster vor, für das Sie Fowlers Stufen und Underhills Zustände benutzen. Jemand kann zum Beispiel auf Fowlers Stufe 3 – der konventionellen Stufe – damit beginnen, Meditation oder kontemplatives Gebet zu praktizieren und im Verlauf seiner Praxis in *Zustände* wie Erleuchtung, dunkle Nacht und Einssein eintauchen, doch wird er jede dieser Erfahrungen seiner *Stufe* entsprechend (in diesem Fall konventionell und konformistisch) interpretieren.

Jeder, der mit den Klostertraditionen in Ost und West von Zen bis zu den Benediktinern vertraut ist, wird jene Seelen wiedererkennen, die in Underhills Sinne spirituell ziemlich weit fortgeschritten sind (was kontemplative Erleuchtung und Vereinigung betrifft) und trotzdem ziemlich konformistische und konventionelle Einstellungen vertreten – manchmal geradezu schockierend fremdenfeindlich und ethnozentrisch sind –, und das gilt leider auch für viele tibetische und japanische Meister der Meditation. Obwohl sie in der meditativen *Zustands*schulung sehr weit gekommen sind, liegen ihre *Strukturen* bei Bernstein bis Orange, und deswegen ist das ihnen zugängliche interpretative Repertoire durch den unteren linken Quadranten belastet mit sehr ethnozentrischen und engstirnigen Ideen, die als zeitloser Buddha-Dharma durchgehen.

(Zum Beispiel soll der Dalai Lama glauben – so sein Sekretär –, Homosexualität sei eine Sünde, analer Sex ebenfalls und oraler Sex schlechtes Karma usw. Jeder weiß aber, dass oraler Sex kein schlechtes Karma ist; nur schlechter oraler Sex ist schlechtes Karma. Aber das sind traurigerweise die typisch mythischen Überzeugungen von Bernstein.)

Nicht dass westliche Menschen besser dran wären: Die Struktur typischer westlicher Lehrer birgt ihre eigene Störung, allgemein bekannt als »Boomeritis« oder »Pluralitis« – ein grüner Pluralismus, der einem hemmungslosen roten Narzissmus (Die »Ich-Generation«) Tür und Tor öffnet. Mehr darüber später.

Weil wir diese Struktur-Stufen (Bernstein, Orange, Grün, Türkis usw.) in der Meditation nicht sehen können, ganz gleich wie häufig wir praktizieren, können sie belastet sein mit unsichtbaren Pathologien, die im Westen im Kern des Buddha-Dharma siedeln. Amerikanische buddhistische Lehrer schütteln nur den Kopf, wenn das zur Sprache kommt, und empfehlen, noch mehr zu meditieren, was das Problem in den meisten Fällen verstärkt. Wie ich bereits sagte, werden wir uns dieses unglückselige Szenarium später noch einmal anschauen.

Hier sei fürs Erste nur erwähnt, dass asiatische Meditationslehrer mit einem unteren linken Quadranten, der stark bernsteinfarben ist, oder mythischer Zugehörigkeit, die also in einem PRÄ-individualistischen Sinn »ohne Ego« und deswegen daran gewöhnt sind, dass ihnen ihre Schülerinnen und Schüler ganz im Sinne der konformistischen Stufe bedingungslos gehorchen, nicht richtig wissen, was sie mit westlichen Menschen anfangen sollen, die auf der individualistischen Stufe sind und deren unterer linker Quadrant orange bis grün gefärbt ist. Hierin drückt sich eine dreißigjährige Geschichte der Quadranten-Kollision und der **AQAL-Kollision** aus. Im *Integral Institute* bereiten wir Überblicke über diese AQAL-Kollision vor, nicht um anzuklagen, sondern mit der Perspektive, die integrale Praxis möglichst ohne versteckte Störfaktoren aufnehmen zu können.)

Auf der anderen Seite des Rasters können wir jemanden vorfinden, der in Fowlers Dimension *ziemlich weit fortgeschritten* ist, *nicht aber* in Underhills kontemplativer Dimension. Das ist kein Fall von

»Ebenen und Linien« (d.h., Sie können in den zahlreichen Entwicklungs*linien* auf unterschiedlichen Ebenen sein), sondern ein Fall von »Zuständen und Ebenen« (auf jeder dieser *Ebenen* können Sie die gleichen allgemeinen *Zustände* erfahren; das heißt, auf verschiedenen *Ebenen/Stufen/Strukturen* des Bewusstseins können unterschiedliche Bewusstseins*zustände* auftreten – ein Vergleich, den wir »Zustände und Ebenen« oder allgemeiner – was das Gleiche ist – »Zustände und Stufen« nennen).

Das sind zwei relativ unabhängige Elemente in der AQAL-Matrix, und das Wilber-Combs-Raster stellt die Überlagerung dieser beiden speziellen Elemente (Zustände und Stufen/Ebenen) grafisch dar. Aber Sie können in der AQAL-Matrix natürlich noch weitere Überlagerungen darstellen, und alle sind bezeichnend (das integrale Psychogramm beispielsweise stellt »Ebenen und Linien« dar, und Sie können auch Typen und Ebenen, Typen und Zustände, Quadranten und Ebenen, Ebenen, Typen und Zustände usw. darstellen).

DUNKLE NACHT

Abbildung 17 habe ich drei »dunkle Nächte« hinzugefügt: die dunkle Nacht der (grobstofflichen) Sinne, die dunkle Nacht der (subtilen) Seele und die dunkle Nacht des (kausalen) Selbst. »Dunkle Nacht« ist ein allgemeiner Begriff, der in den verschiedenen Traditionen vieles meint, aber generell bezeichnet er eine Phase, in der jemand eine Anhaftung oder Sucht in einem bestimmten Bereich (grobstofflich, subtil, kausal) hinter sich lässt oder loslässt. Und manchmal ist damit auch der Schmerz gemeint, der sich einstellt, wenn jemand eine Gipfelerfahrung mit einem höheren Zustand macht, in dem er bereits frei ist von dieser speziellen Sucht, und dann zurückfällt auf die niedrigere Stufe, was ein tiefes Gefühl von Verlust und Leid auslöst. Diese dunklen Nächte treten meistens in den Übergangsphasen zwischen den Zuständen auf oder dem Übergang der Wachheit (und damit der Identität) vom grobstofflichen Körper zum subtil-seelischen Traum zum kausal-formlosen Selbst zum radikal Nichtdualen.

Das heißt, dunkle Nächte erleben Suchende meist an der Schwelle zwischen diesen allgemeinen Zuständen, wenn die *Anhaftung an* oder die *Identifizierung mit* diesen Zuständen losgelassen oder aufgegeben wird. Die Zustände selbst (und ihre generellen Bereiche des Seins und der Erkenntnis) bleiben erhalten und entstehen weiter, aber die Identifizierung mit ihnen wird abgestreift, und dieses »Abstreifen« löst die entsprechenden dunklen Nächte der Sinne, der Seele und des Selbst aus – es verursacht eine dunkle Nacht der Sinne, eine dunkle Nacht der Seele und eine dunkle Nacht des Selbst. Die dunkle Nacht des Kausalen/Selbst ist zum Beispiel dargestellt im achten »Ochsenbild« der Zen-Geschichte, und wir finden sie auch in Theresas siebter Burg, Anu Yogas »schwarzem beinah-Erreichen« usw.

Noch einmal: Weil es sich hier um Zustand-Stufen und nicht um Struktur-Stufen handelt, sind sie sehr fließend und offen, nicht abgegrenzt und linear. Außerdem werden sie, wie wir gerade gesehen haben, auf dem Hintergrund der AQAL-Matrix des Individuums (und der spirituellen Tradition) interpretiert, das sie erfährt. Manche Traditionen betonen sie, andere gehen schneller darüber hinweg. Und manche Traditionen, das sollte betont werden, gehen in Bezug auf die generelle Fortentwicklung der Zustände weiter als andere. Das ist ein heikles und schwieriges Thema, aber viele Traditionen drängen voran durch die dunkle Nacht der Seele (zum kausalen Einssein), aber nicht durch die dunkle Nacht des Selbst (in nichtduales So-Sein).

Einige führen Sie, wie zum Beispiel an Theresas siebter Burg deutlich wird, direkt zur kausalen Leere und lassen Sie dort stehen oder hüllen sich in Schweigen über das, was folgt. Andere, wie Meister Eckhart natürlich, kämpfen sich durch die dunkle Nacht des Selbst, welche die Subjekt/Objekt-Dualität und die Kontraktion des Selbst in jeder Form einschließlich ihrer kausalen Überbleibsel völlig ausmerzt (doch selbst Eckhart bleibt in Bezug auf die Einzelheiten vage, während uns zum Beispiel das *Anuttara Tantra* eine reiche Beschreibung davon liefert). Der Punkt ist jedoch, ganz gleich wie weit sie alle in der Stufenfolge vorankommen, die generelle Zusammensetzung dieser Sequenz sieht so aus, wie in Abbildung 17, die eine simple Zusammenfassung der Stufen von meditativen/kontemplativen Zuständen insgesamt ist.

So weit einige der allgemeinen *Zustand*-Stufen. Was Fowlers *Struktur*-Stufen betrifft, so beachten Sie bitte, dass Fowler die objektiven Ergebnisse einiger weniger Untersuchungen präsentiert, und deshalb werden seine Daten nach oben hin schnell spärlicher. Nicht, dass es dort oben keine höheren Stufen gäbe, aber es gibt nicht viele Menschen, die sich dort befinden.

Würde Fowler seine Forschungen mit diesen höheren Struktur-Stufen im Hinterkopf weiterverfolgen (wie es z.B. Cook-Greuter mit der Linie von Loevinger getan hat), würden wir von dieser Forschung die Entdeckung erwarten, dass es über seine sechste Stufe hinaus (die in etwa **Glaube auf der Ebene von Türkis** ist) zirka drei oder vier weitere *Stufen des Glaubens* gibt, die jetzt zwar als kosmische Gewohnheiten nur zart verankerte, doch immer noch deutlich unterscheidbare Stufen sind (obwohl es immer weniger werden, je höher Sie einen Berg erklimmen, der durch die, die ihn besteigen, mit erschaffen wird): eine Version des **Glaubens auf der Höhe von Indigo** (auf gleicher Höhe wie der transplanetarische Geist), dann ein **Glaube auf der Höhe von Violett** (Meta-Geist), dann ein **Glaube auf der Höhe von Ultraviolett** (Über-Geist) ... während Glaube als solcher immer voller, voller und voller wird ... gründend in einer Freiheit und Leere, die, zeitlos und ewig, unverändert bleibt, der große Urgrund und die Offenheit des ganzen sich entwickelnden Schaubilds, das dennoch Zeuge seines sich entwickelnden Schaubilds ist ...

VIER BEDEUTUNGEN DES WORTES »SPIRITUELL«

Das ist das letzte wichtige Thema, dem ich mich in diesem allgemeinen Teil des Buches zuwenden möchte, und mit Hilfe der Begriffe, die wir bereits erläutert haben, können wir es ziemlich schnell abhandeln.

Wenn Sie sich einmal genau anschauen, wie Menschen das Wort »spirituell« benutzen – sowohl Geisteswissenschaftler als auch Laien –, werden Sie feststellen, dass sie dabei von mindestens vier Hauptbedeutungen ausgehen. Auch wenn sie die folgende Terminologie nicht benutzen, ist offensichtlich, dass sie mit »spirituell« meinen: 1. Die höchste Ebene in jeder der Linien; 2. eine eigenständige Linie; 3. eine außergewöhnliche Gipfelerfahrung oder einen entsprechenden Zustand; 4. eine bestimmte Haltung.

Mein Punkt ist, dass das alles legitime Verwendungen des Wortes »spirituell« sind (und ich denke, alle verweisen auf konkrete Realitäten), aber wir MÜSSEN unbedingt bestimmen, welche dieser Bedeutungen wir gerade meinen, oder das Gespräch verläuft sehr schnell im Sande und wird außerdem dadurch belastet, dass wir glauben, die Grundlagen seien bereits klar. In meinem ganzen Leben habe ich persönlich nie so viele Menschen so viele bedeutungslose Worte äußern hören wie zu diesem Thema.

Hier kurz die vier wichtigen Anwendungen des Wortes »spirituell«, die wir meines Erachtens alle anerkennen sollten:

1. Wenn Sie eine beliebige Entwicklungslinie nehmen – von der kognitiven zur affektiv/emotionalen bis hin zu Bedürfnissen oder Werten –, halten die meisten Leute die unteren oder mittleren Ebenen dieser Linien nicht für spirituell, beschreiben aber die höheren und höchsten Ebenen als spirituell (Sie können das anhand der in den Abbildungen A und B dargestellten Linien selbst überprüfen). Auf diesem Hintergrund wurde zum Beispiel das Wort »transpersonal« übernommen: Wir gehen meistens nicht davon aus, dass prä-rational oder prä-persönlich spirituell sind, und setzen spirituell auch nicht mit persönlich oder rational gleich. Spirituell ist für uns meistens nicht prä-rational oder prä-persönlich, sondern zutiefst transrational und transpersonal – und damit *die höchsten Ebenen in jeder der Linien.* (Wenn wir uns an Maslows Datenpool halten, benutzen wir oft **dritter Rang** als lockeren Begriff für die Beschreibung dieser Entwicklungsaspekte transpersonaler Struktur-Stufen, siehe Abbildung A.)
2. Manchmal sprechen Menschen von »spiritueller Intelligenz«, die uns nicht nur auf den höchsten Ebenen jeder dieser Linien zugänglich ist, sondern *eine eigenständige Entwicklungslinie* darstellt, die ganz bis nach unten zu den ersten Lebensjahren verläuft.

James Fowler ist ein Beispiel dafür. Wie Sie in den Abbildungen 12 und B sehen können, bezeichnet »spirituell« hier nicht nur die höchsten transpersonalen und transrationalen Ebenen in den verschiedenen Linien (wie beim ersten Gebrauch des Wortes), sondern hat seinen eigenen ersten, zweiten und dritten Rang (oder Struktur-Stufen), und diese Stufen verlaufen ganz bis nach unten (wie Fowlers Stufe 0). Anders ausgedrückt, diese spirituelle Linie hat ihre eigenen prä-persönlichen, persönlichen und transpersonalen Ebenen/Stufen.

Das ist einer der Gründe dafür, dass Sie sich extrem eng an die Bedeutung halten müssen, denn wenn wir die zweite und erste Wortbedeutung nebeneinander benutzen, würden wir damit sagen, dass nur die höchsten Ebenen der spirituellen Linie spirituell sind. Das hat natürlich enorm viel Verwirrung gestiftet. (Die AQAL-Haltung ist, dass beide Anwendungen des Wortes – ja tatsächlich alle vier Anwendungen – korrekt sind; Sie müssen nur spezifizieren, was Sie gerade meinen, oder Sie verlaufen sich total.)

3. Manchmal meinen Menschen mit Spiritualität eine *religiöse oder spirituelle Erfahrung*, eine meditative Erfahrung oder eine Gipfelerfahrung (bei der Stufen eine Rolle spielen können oder auch nicht.) In diese Kategorie gehört praktisch der gesamte Schatz schamanistischer Traditionen (siehe Roger N. Walsh, *Der Geist des Schamanismus*, Düsseldorf 2005). William James, Daniel P. Brown, Evelyn Underhill und Daniel Goleman sind ebenfalls Beispiele für Spiritualität als Zustandserfahrung (oft geschulte). Zustandserfahrung ist eine weitere wichtige Bedeutung für den Begriff »spirituell« und stellt natürlich die horizontale Achse im Wilber-Combs-Raster dar.
4. Manchmal meinen Menschen mit »spirituell« einfach eine *bestimmte Haltung*, die auf *jeder* Stufe oder in jedem Zustand vorkommen kann: Wahrscheinlich ist hier die Rede von Liebe, Mitgefühl oder Weisheit (d.h., es handelt sich um einen *Typ*). Dieser Gebrauch des Wortes ist sehr verbreitet, aber genau betrachtet, führt er wieder zurück zu einer der ersten drei Bedeutungen.

> Denn es gibt wirklich Stufen von Liebe, Mitgefühl und Weisheit (eine Tatsache, die fast alle »grünen« Autorinnen und Autoren, wenn sie die Notwendigkeit von Liebe und Mitgefühl beschwören, außer Acht lassen).

Ich werde diese vier Bedeutungen nicht noch weiter ausführen. In meinem Buch *Integrale Psychologie* gehe ich ausführlich darauf ein. Mein Punkt ist einfach, dass alle vier gültige Bedeutungen des Wortes »spirituell« sind, aber meistens vermischen die Leute sie in ihren Diskussionen zu einem einzigen Brei ... und das Ergebnis ist – nun – noch mehr Brei.

Was den vierten Gebrauch des Wortes betrifft, so habe ich selbst eine ziemlich negative Einstellung dazu, verzeihen Sie mir also, wenn ich mich hier kurz darüber auslasse. 99 % aller Diskussionen über »die Beziehung von Religion und Wissenschaft« gehören praktisch in die Kategorie Brei. Tut mir leid, aber so sieht es für mich aus. Diese Diskussionen kommen nie sehr weit, weil die Definitionen, von denen die Diskutierenden ausgehen, diese vier versteckten Variablen enthalten, und mit diesen Variablen wird ständig um sich geworfen, ohne dass jemand herausfindet warum – und damit geraten auch die Diskussionen ins Schleudern.

Vor allem, wenn einem klar wird, dass der dritte Gebrauch des Wortes, der durchaus gültig ist, für sich genommen **Ebenen** von Religion oder **Ebenen/Stufen von Spiritualität** enthält, geraten die Dinge völlig außer Kontrolle (es gibt archaische Spiritualität, magische Spiritualität, mythische Spiritualität, rationale Spiritualität, pluralistische Spiritualität, integrale Spiritualität, transpersonale Spiritualität ...). Wenn jemand sagt: »Religion oder Spiritualität teilt uns etwas über tiefe Verbundenheit und ewige Werte mit«, dann habe ich verdammt noch mal keine Ahnung, welche Religion oder Spiritualität er meint, und weiß nur so viel, dass er selbst auch keine Ahnung hat.

Es gibt mindestens fünf oder sechs Haupt**ebenen/-stufen** von Religion – von magisch zu mythisch zu rational zu pluralistisch zu integral und höher –, die durch vier **Zustände** (grobstofflich, subtil, kausal, nichtdual) verlaufen, die auch vier Typen oder Klassen sind

(**Natur, Gottheit, formlos, nichtdual**) – ganz zu schweigen von den vier Anwendungen oder **Bedeutungen** des Wortes »spirituell«, die wir in diesem Kapitel darlegen. Und dabei haben wir noch nicht einmal die **Quadranten** erwähnt (Spiritualität als großes Selbst oder Ich, Spiritualität als großes Du oder Ihr, Spiritualität als großes Es oder Anderes).

Bevor Sie mir etwas über Wissenschaft und Religion oder über Religion und sonstwas erzählen, sagen Sie mir doch bitte, welche Religion Sie meinen. Selbst wenn wir nur vom Wilber-Combs-Raster ausgehen, gibt es etwa zwei Dutzend verschiedene religiöse oder **spirituelle Wahrheitsanspüche**. Welchen davon meinen Sie und auf welcher Grundlage schließen Sie die anderen aus?

Das ist KEIN übermäßig kompliziertes Schema. Es ist das MINIMALE Schema, das Sie brauchen, um überhaupt einen zusammenhängenden Satz über dieses Thema sagen zu können.

5

BOOMERITIS-BUDDHISMUS

Wir kommen jetzt zu den Pathologien oder Störungen, die in jedem Element der AQAL-Matrix auftreten können. Ich werde *Boomeritis* als Beispiel heranziehen und mich dann dem Phänomen zuwenden, das wir als »Boomeritis-Buddhismus« bezeichnen könnten, der ein spezielles Beispiel dafür ist, wie diese Störungen Spiritualität generell beeinträchtigen oder infizieren können. Dass wir den Buddhismus als Beispiel nehmen, sollte nicht von der Tatsache ablenken, dass der gleiche Störungstypus bei jeder Form von Religion und Spiritualität in der heutigen Welt auftreten kann, ohne dass ich irgendwo eine Ausnahme sehen könnte. Wenn Sie also einen anderen spirituellen Weg gehen als den des Buddhismus, können Sie, während wir das Thema verfolgen, die entsprechenden Parallelen ziehen und überprüfen, in welcher Form es auch für Ihren Weg gilt. Am Ende dieses Kapitels schlage ich für sämtliche Wege und Glaubensrichtungen Möglichkeiten vor, für dieses weit verbreitete Problem Abhilfe zu schaffen.

BOOMERITIS

Boomeritis ist bereits für sich genommen wichtig, verweist aber auf ein viel umfassenderes und wichtigeres Thema, in diesem Fall auf Strom- oder Linienpathologie. Genauer müsste es heißen **Entwicklungslinienstörung** oder **ELS**. ELS gefällt mir, denn es klingt nach mehr.

Jeder Aspekt der Psyche – oder, was auf das Gleiche hinausläuft, der Realität – kann eine Störung entwickeln. In jedem Quadranten, auf jeder Ebene, in jeder Linie, jedem Zustand, jedem Typ ... usw., kann ich von einer Krankheit oder einem »Unwohlsein« befallen werden. Alles, was aus beweglichen Teilen besteht, kann zusammenbrechen.

Aber um Pathologisches zu finden, müssen Sie wissen, wo Sie nachschauen können. Wir haben gesehen, dass die meditativen Traditionen überwiegend Methodologien der Zone 1 benutzen. Und weil das so ist, verstehen sie die Struktur-Stufen der Entwicklung in Zone 2 nicht wirklich und/oder beziehen sie nicht ein. Boomeritis ist eine bedeutende Störung, die in der Entwicklungsstrukturierung eines Individuums (Zone 2) auftreten kann, eine Störung, die die meditativen Traditionen – seien sie christlich, jüdisch oder buddhistisch – nicht sehen oder diagnostizieren können. Das ist KEIN Fehler der Methodologien der Zone 1, von denen wir nicht erwarten können, dass sie Themen der Zone 2 im Blickfeld haben. Es ist aber sehr wohl ein Fehler der spirituellen Lehrerinnen und Lehrer, die nur eine der beiden benutzen.

Pluralitis oder Boomeritis selbst machte sich zuerst bemerkbar bei Phänomenen wie der Studentenbewegung gegen den Vietnamkrieg in den sechziger Jahren (und wird auf ähnliche Weise in den heutigen Protesten gegen den Krieg im Mittleren Osten deutlich). Alle Studentinnen und Studenten behaupteten, dass sie gegen den Krieg protestierten, weil er unmoralisch sei. Durch Tests ihrer moralischen Entwicklung fand man heraus, dass manche von ihnen moralisch tatsächlich ziemlich hoch entwickelt waren. In einigen Untersuchungen sagten viele Protestierende »Nein!« zu einem Krieg, der nach ihrem Gefühl falsch war, und nicht nur das – sie protestierten auf *post*-konventionellen Ebenen der moralischen Erkenntnis und benutzten dabei weltzentrische Argumente. Aber viele dieser Kriegsgegner waren *prä*konventionell, das heißt, ihr »Nein!« war auf einer egozentrischen, narzisstischen Ebene angesiedelt und hieß im Grunde: »Fickt euch selbst, mir sagt niemand, was ich zu tun habe!«

Bei ein und derselben Friedenskundgebung, unter ein und demselben Dach, alle die gleichen Slogans im Mund, die lauteten: »Nein, zur Hölle, wir ziehen nicht in den Krieg!«, versammelten sich also **prä**konventionelle *und* **post**konventionelle Proteste, und solange sie nicht wussten, was da vor sich geht, hatte es den Anschein, als ob alle Protestierenden das Gleiche sagten und alle vom gleichen Standpunkt aus argumentierten. Der Protest gegen den Krieg – der eine heftige Auflehnung gegen die konventionelle Sicht war – versammelte deswegen sowohl sehr niedrige als auch sehr hoch angesiedelte Reaktionen, und alle benutzten die gleiche hohe Rhetorik, sodass das *Präkonventionelle* unter dem *postkonventionellen* Dach blühte und gedieh. Diese Verwechslung und Gleichschaltung beider – der fast jeder auf den Leim ging – ist eine klassische **Prä/Post-Verwechslung.**

Boomeritis ist eine spezielle Version dieser Prä/Post-Verwechslung.

Genauer gesagt, die Generation der Boomer war die erste, deren Bevölkerungsanteil einen hohen Prozentsatz in den grünen Entwicklungswellen ausmachte – pluralistisch, relativistisch, postmodern. Das Motto lautete: »Ich mache mein Ding, du machst deins«, beruhte aber in vielen Fällen auf einem ziemlich hohen Entwicklungsstand – postkonventionell, weltzentrisch, grün, global. Aber diese pluralistische Offenheit *reaktivierte* und *förderte* sehr egozentrische und narzisstische Impulse. Und so hielt die präkonventionelle Parade, die jeden narzisstischen Impuls der unteren Ebenen in hoch stehenden Pluralismus ummünzte, Einzug unter dem postkonventionellen Dach. Die Ich-Generation war geboren.

»Boomeritis« ist ein genereller Begriff für postkonventionelle/weltzentrische Ebenen, die von präkonventionellen/egozentrischen Ebenen infiziert sind, oder einfach und auch am häufigsten Grün, infiziert mit Rot (diese Farben bezeichnen die Höhe in jeder der Linien). Dieser grün/rote Komplex ging oft damit einher, dass Menschen die narzisstischen, egoistischen Gefühle und Impulse ziemlich niedriger Ebenen mit postkonventionellen, weltzentrischen und manchmal sogar spirituellen Begriffen umbenannten – und schließlich tatsächlich dachten, die eigenen egozentrischen und narzisstischen Gefühle seien ziemlich hoch angesiedelt. Je stärker sie also Ihr Ego fühlten, zelebrierten und mit realen, spontanen Gefühlen vorführen konnten, desto spiritueller waren sie in den Augen der anderen.

In diese Atmosphäre kam der Buddhismus hinein, bekannt als »Religion der Egolosigkeit«, und wurde deshalb oft schnell zur »Religion, in der du dein Ego forciert ausdrückst«. Was für ein Kraftakt – aber: Willkommen im Westen, Boomeritis-Stil!

Viele Buddhisten dieser Generation waren, als Boomer, Pioniere auf der grünen-pluralistischen Entwicklungs*stufe* oder *-welle*, die als solche eine ziemlich außergewöhnliche Errungenschaft ist. Manche von ihnen begannen auch zu meditieren und konnten tatsächlich ziemlich echte und tiefe meditative *Zustände* erreichen (da alle Zustände so ziemlich auf jeder Ebene zugänglich sind). Aber wie immer wurden diese meditativen Zustände entsprechend der Stufe interpretiert, auf der man sich befand. Und so wurden meditative Zustände schnell benutzt, um die pluralistische Weltsicht der grünen Ebene zu unterstützen.

(Und auch in der eigentlichen Praxis. So können zum Beispiel die ausführlichen Anweisungen für die Verwirklichung der **Natur des Geistes** – und damit der eigenen Buddha-Natur – oder **einer immer gegenwärtigen, natürlichen, das Selbst erkennenden, achtsamen Leerheit, die nicht unterschieden ist von ihrer äußeren Form,** genau deswegen auf der grünen Welle verwirklicht werden, weil die Natur des Geistes mit allen Stufen des Geistes vereinbar ist. Nehmen wir Anweisungen wie »Alles ist Geist, Geist ist leer, leer sein heißt, spontan präsent sein, spontan präsent sein heißt, das Selbst befreien« oder solche wie »Erlaube deinem Geist sein natürliches Sosein und den Gedanken, sich in sich selbst aufzulösen. Dies ist dein ursprünglicher Geist, leeres, sich selbst erkennendes, natürliches Gewahrsein. Dein Geist ist unantastbare, bewusste Leerheit. Schaue direkt in die Natur dieses reinen Zustands!« – *alle diese Zustandsverwirklichungen können auf jeder der Stufen einschließlich der grünen voll erkannt werden.* Das Gleiche gilt für Tozans »fünf Ränge« im Zen usw. Und so kann von Dzogchen und Mahamudra bis zu Zen alles benutzt werden und wird auch benutzt, um Grün zu unterstützen und zu fördern, was so viel heißt wie: Immer gegenwärtiger GEIST wird benutzt, um die grüne Ebene zu verstärken und zu zementieren.)

Das ist schlimm genug – tatsächlich geradezu eine Katastrophe –, aber es gibt noch zwei weitere potenzielle Probleme. Das erste ist, dass viele der großen kontemplativen Texte, Sutras und Tantras in der kognitiven Linie zumindest auf der Ebene von Türkis und oft auf der Ebene von Indigo oder Violett verfasst wurden. **Indigo**-Texte wurden also *herunterübersetzt* in **grüne** Texte, einfach weil beide durch ähnliche meditative Zustände und Fortschritte begründet werden konnten. Wie wir bereits gesehen haben, kann ich aus einem nichtdualen Bewusstseinszustand kommen und werde ihn, wenn ich grün verankert bin, *mit grünen Begriffen als Nichtdualität interpretieren;* und wenn ich ultraviolett bin, interpretiere ich ihn mit ultravioletten Begriffen. Ein und derselbe authentische Zustand kann benutzt werden, um beliebig viele Stufen zu stützen. Dieses **Herunterübersetzen** großer spiritueller Werke ist ein bedeutendes Problem.

Das zweite Problem ist: Weil ich mit diesen authentischen meditativen Zuständen Grün stützen kann und weil grüner Pluralismus roten Narzissmus unterstützen und aktivieren kann, kann das ganze meditative Werk benutzt werden, um grüne/rote Persönlichkeitsstrukturen zu unterstützen und zu fördern. Mit anderen Worten: Meditation kann Boomeritis verstärken. Und so war der **Boomeritis-Buddhismus** geboren. Er beruht nicht nur darauf, dass der Buddhismus in Grün herunterübersetzt wird, sondern dass er in gestörtes Grün, pathologischen Pluralismus oder Grün/Rot herunterübersetzt wird. Und dass der Buddhismus zur Unterstützung und Förderung »des Narzissmus der Gefühle« benutzt wird, ist eine der wirklich unglücklichen Situationen, die jetzt, wo der Dharma darum kämpft, im Westen Wurzeln zu schlagen, ziemlich um sich greift. Höchst fortgeschrittene meditative Zustandsschulung wird benutzt, um gestörte Strukturen oder Entwicklungslinienstörung (für die Boomeritis oder Grün/Rot ein Beispiel ist) zu unterstützen.

Vor allem, wenn nichtduale Zustände – die, soweit sie beschrieben werden können, ein Typ von »Alles in eins, eins in allem, eins in eins, alles in allem« sind (z.B. Hua Yens vier Prinzipien, Tozans fünf Ränge) – in Worte übersetzt werden, kann das sehr nach der grünen, pluralistischen Welle klingen, wie zum Beispiel: »Alles durchdringt sich gegenseitig« – mit dem merkwürdigen und etwas alarmierenden Resultat, dass Ati-Yoga benutzt wird, um das Ego zu stützen, GEIST benutzt wird, um Selbstbezogenheit zu zementieren.

Das wirkliche Problem ist, *dass wir mit den Werkzeugen des Buddhismus nichts davon sehen können.* Der Buddhismus ist spezialisiert auf Techniken der Zone 1, **aber das hier ist eine Krankheit der Zone 2,** eine Krankheit auf den Entwicklungsstufen, die wir in Zone 2 sehen. Diese Krankheit kann in einem buddhistischen Geisteszustand einfach nicht entdeckt oder gesehen werden.

Wenn das Ich-Gefühl wächst und sich vom Egozentrismus von Rot zum Konformismus von Bernstein zur Rationalität von Orange zum Pluralismus von Grün zum Integralismus von Türkis bis zu Indigo und höher entwickelt, kann auf jeder dieser Stufen etwas schiefgehen – jede und alle diese Stufen sind anfällig für potenzielle Pathologien. Aber wenn Sie diese Stufen nicht sehen können, können Sie auch die Pathologien nicht sehen.

Westliche Buddhisten (tatsächlich gilt das für die praktizierenden Anhänger sämtlicher kontemplativen Wege – Buddhisten, Christen, Juden usw.), gesegnet seien sie alle (und wir auch), haben keine Ahnung, dass diese Stufen der Zone 2 existieren; dass Individuen ihre meditativen Erfahrungen von einer bestimmten Stufe aus interpretieren; dass jede dieser Stufen gestört sein kann; dass diese Pathologie deshalb auf ihren Radarschirmen nicht sichtbar wird, tatsächlich aber ihr gesamtes Schulungssystem infiziert. Und diese unsichtbare Pathologie hat sich im westlichen Buddhismus eingenistet, weil der Buddhismus sie nicht sehen kann. Kurz gesagt, es gibt einen **stillen Virus** im Betriebssystem, der das gesamte System zum Abstürzen bringen kann, was oft auch passiert. Und das Gleiche erleben aus genau den gleichen Gründen auch die anderen kontemplativen Traditionen.

Selbst fortgeschrittene Meditierende stoßen ständig auf diesen Virus, ohne es zu wissen, und bekommen dann den Rat, ihre Meditation zu vertiefen, was auch das Problem vertieft – und das wiederum macht man dem Individuum zum Vorwurf, was dazu führt, dass sein ganzes System über kurz oder lang abstürzt. Und ab geht's in die Therapie mit den Verwundeten. *Wer überlebt, überträgt den Virus der*

Zone 2 einfach auf seine oder ihre Schülerinnen und Schüler. Und so wird die Boomeritis-Spiritualität weiter verbreitet, selbst von denen, die nach Kriterien der kontemplativen Traditionen, den Zustands- (oder Zone 1) Kriterien, als erleuchtet gelten. Und so stürzen Indigo (oder höhere) Lehren und meditative Zustandsschulungen ab in ein pluralistisches grünes Selbst, das einen kulturellen Narzissmus beherbergt, den es nicht aufspüren, sondern nur verkörpern kann.

Und so geschieht es, dass ein Systemvirus die kontemplativen Traditionen befallen hat und sich durch die Praktizierenden weiter verbreitet ...

Kopf hoch! Bislang sieht es so aus, als ob der Virus gewinnt, aber wir werden sehen. Die Buddhisten (wie viele andere auch) verstärken ihre Bemühungen – und tun das seit 20 Jahren –, können aber nicht herausfinden, warum irgendetwas nicht stimmt und die meisten Personen, die als erleuchtet oder verwirklicht gelten, *eindeutig nicht integral sind.* Mehrere Kritiker haben darauf hingewiesen, dass Sie an einigen alternativen Hochschulen tatsächlich einen Abschluss in Boomeritis-Buddhismus machen können, auch wenn manche von ihnen inzwischen den Kopf darüber schütteln und sich fragen, was hier los ist.

Doch so problematisch das alles auch ist, es ist lediglich ein Indiz für einen noch umfassenderen Punkt: Wenn ein System sich ausschließlich auf eine der acht Methodologien spezialisiert, dann kann es sein, dass ich als Praktizierender dieses Systems in den sieben anderen Dimensionen *meines eigenen Seins* keine einzige der hier potenziell möglichen Störungen entdecken kann.

Das ist der Hauptpunkt. Ein Ansatz auf integraler Grundlage kann bei genau dieser schwierigen Situation helfen, und eine AQAL-Analyse kann das System darin unterstützen, sich tiefer, umfassender und einschließlicher selbst zu korrigieren, selbst zu organisieren und selbst zu befreien. Die »Sicht« kann einfach nicht mehr weniger als integral sein, wenn Erleuchtung nicht nur Freiheit, sondern auch Fülle sein soll.

Wenn wir uns in tiefer Meditation oder Kontemplation befinden und sogar in Berührung mit dem sind, was formlos ist und nicht manifest – die reinste Leerheit der Auslöschung –, steigen natürlich keine Gedankenformen auf. Dieser reine, »nicht begriffliche« Geist – ein kausaler Zustand von Formlosigkeit – ist ein wesentlicher Teil unserer Befreiung, Verwirklichung und Erleuchtung.

Im Theravada – oder frühen – Buddhismus gilt dieser formlose Zustand der Auslöschung (z.B. *Nirvikalpa, Nirvana, Nirodh*) als in sich selbst vollkommen, ein Nirvana, das frei ist von Samsara oder jeglicher Manifestation. Der Mahayana-Buddhismus ging noch weiter und behauptete, diese Sicht sei nur ein Teil der Wahrheit und degradierte Theravada prompt zum »Hinayana-Buddhismus« (»Buddhismus des kleinen Fahrzeugs«). Der Mahayana-Buddhismus behauptete, die Verwirklichung von Nirvana oder Leerheit sei zwar wichtig, es gäbe aber eine noch tiefere Verwirklichung, wo Nirvana und Samsara oder Leerheit und die gesamte Welt der Form eins sind, oder – genauer gesagt – Leerheit und Form sind Nicht-Zwei. Wie es im berühmtesten Sutra – dem *Herz Sutra* – zu diesem Thema heißt:

»Was Leerheit ist, ist nichts als Form, was Form ist, ist nichts als Leerheit.« Diese Verwirklichung von Nichtdualität ist der Grundpfeiler sowohl des Mahayana (»Großes Fahrzeug«) als auch des Vajrayana (»Diamant-Fahrzeug«)-Buddhismus.

Das heißt in Bezug auf das Wesen von Erleuchtung oder Verwirklichung, eine vollständige, vollkommene oder nichtduale Verwirklichung hat zwei Komponenten: eine absolute (Leerheit) und eine relative (Form). Der »nicht begriffliche Geist« vermittelt uns das erste und der »begriffliche Geist« das zweite.

Sagen wir so: Wenn Sie aus nicht begrifflicher Meditation kommen, welche begrifflichen Formen nehmen Sie dann auf? Wenn Sie gleich das manifeste Reich betreten – und nicht nur nicht begriffliches Nirvana, sondern auch begriffliches Samsara aufnehmen –, welche begrifflichen Formen benutzen Sie dann? Eine nichtduale Verwirklichung erfordert per Definition sowohl »keine Sichtweisen« in Leerheit als auch »Sichtweisen« in der Welt der Form. Meditation soll uns vor allem in die Welt der Leerheit eintauchen lassen; und was vermittelt uns die »richtige Form«? Das heißt, welche **begriffliche Sicht** oder welcher **Bezugsrahmen** empfiehlt der nichtduale Buddhismus?

Traleg Kyabgon Rinpoche, einer der tibetischen Meister, die sowohl in der westlichen als auch in der östlichen Tradition zu Hause sind, bringt die einzigartige Voraussetzung dafür mit, das zu kommentieren (sämtliche folgenden Zitate stammen aus seinem Buch: *Mind at Ease: Self-Liberation through Mahamudra Meditation,* die Hervorhebungen stammen von mir). Er beginnt, indem er darauf hinweist, dass **richtige Sichtweisen** ebenso wichtig sind wie **richtige Meditation**; tatsächlich sind beide unlösbar miteinander verknüpft:

> Wir besprechen buddhistische Meditationspraktiken und Meditationserfahrungen immer aus einem bestimmten Blickwinkel, den wir immer als gültig und wahr voraussetzen – das kann nicht anders sein. **Richtige Sichtweisen vermögen uns zur Befreiung zu führen,** während falsche Sichtweisen uns in den Täuschungen unseres Geistes bestärken ...
>
> Deshalb brauchen wir eine richtige Orientierung oder richtige Sichtweise, wenn wir uns auf den Weg machen. Die richtige Sichtweise ist tatsächlich unser spirituelles Fahrzeug, das Transportmittel, das wir für die Reise benötigen, die uns aus der Gefangenschaft durch Samsara zur Befreiung durch Nirvana befördert. Umgekehrt gilt, dass falsche Sichtweisen das Potenzial haben, uns vom Weg abzubringen und uns wie ein schlecht gebautes Floß der Strömung aussetzen, die uns ans Ufer des Leidens treibt. *Es gibt keine Trennung zwischen dem Fahrzeug, das uns an unser spirituelles Ziel bringt, und den Sichtweisen, die wir in unserem Geist vertreten.*

Leider wurde der Boomeritis- (»Mir sagt keiner, was ich zu tun habe!«) Buddhismus immer im Geiste der »Dharma Gammler« (Anspielung auf das Buch von Jack Kerouac, *The Dharma Bums.* Deutsch: *Gammler, Zen und hohe Berge*, Reinbek 1971, Anm.d.Ü.) benutzt, die präkonventionelle Freizügigkeit mit postkonventioneller Befreiung verwechselten. Also glaubte man, im Buddhismus gehe es im Grunde immer darum, »keine Sichtweisen« zu kultivieren, was zwar auf der Straßenseite der Leerheit oder des Hinayana gilt, nicht jedoch auf der Seite des Mahayana, das die Einheit von Leerheit und Sichtweisen fordert und nicht, dass man eins davon einfach in den Mülleimer wirft. Aber die Vorstellung, es gäbe im Buddhismus »überhaupt keine Sichtweisen«, passt einmalig gut zu dem Motto: »Mir sagt keiner, was ich zu tun habe!« Traleg kommentiert diesen eigenartig »verwestlichten« Buddhismus:

> Im Buddhismus heißt es, dass unsere normalen Sichtweisen uns behindern und an die Begrenztheiten von Samsara ketten, während uns die richtige Sichtweise zu unserem höchsten spirituellen Bestimmungsort zu bringen vermag. Wir sollten daraus nicht schließen – obwohl moderne westliche Buddhisten das oft tun –, es ginge bei Meditation nur darum, Sichtweisen loszuwerden, oder denken, alle unsere Sichtweisen hinderten uns daran, unser spirituelles Ziel zu erreichen. Diese Annahme beruht auf der legitimen Prämisse, dass buddhistische Lehren mit Nachdruck auf die Notwendigkeit verweisen, einen nicht begrifflichen Weisheitsgeist zu entwickeln, um zu Befreiung und Erleuchtung zu gelangen.
>
> Viele Menschen unterliegen jedoch dem Irrtum zu denken, das hieße, wir würden an nichts glauben (Mir sagt keiner, was ich zu tun habe!) und müssten uns von Anfang an aller Formen der begrifflichen Welt entledigen. Es sind jedoch nur die falschen Sichtweisen, die wir überwinden müssen. **Die richtige und edle Sicht müssen wir mit großer Sorgfalt pflegen.**

Wie sieht diese »richtige und edle Sicht« aus? Sie ist einfach die buddhistische Sicht als solche oder die zentralen Gedanken, Vorstellungen und der theoretische Rahmen, die den Buddhismus, ausgehend von seiner grundlegenden Philosophie und Psychologie, ausmachen. Dazu gehören die Vier Edlen Wahrheiten, der Achtfache Pfad, die Zwölffache Kette des abhängigen Ursprungs, die zentrale Erkenntnis der Leerheit, die Nichtdualität von absoluter Leerheit und relativer Form, die leuchtende Identität von nicht bestimmbarem oder leerem GEIST und all seiner manifesten Formen in einer strahlenden, natürlichen, spontan gegenwärtigen Erscheinungswelt sowie die zentrale Verbindung von: richtiger Moral und richtigen Sichtweisen – die zur richtigen Meditation (*Dhyana*) führen – die zu richtigem Gewahrsein (*Prajna*) führt – das zu richtigem Mitgefühl (*Karuna*) führt – das zu richtigem Handeln und dem Einsatz geschickter Mittel (*Upaya*) zum Wohle aller fühlenden Wesen führt.[12]

Der buddhistische Weg beinhaltet vieles, ist aber vor allem eine *Zustandsschulung*, durch welche sich die Identität des Praktizierenden vom rein grobstofflichen Ego zu subtiler Seele (oder der Wurzel der Kontraktion des Selbst) und schließlich zum nicht-selbst Selbst auflöst. Doch, wie Traleg betont, um einen Sinn zu ergeben, sind diese Erfahrungen an jedem Punkt auf eine richtige Interpretation oder richtige Sicht angewiesen. Schließlich sind viele dieser Erfahrungen vollkommen formlos, und Sie können sie wahlweise als Erfahrung mit Göttlichkeit, Shiva, *Nirguna Bahman*, Ayin, Tao oder dem Heiligen Geist interpretieren.

Darum ging es auch Daniel P. Brown, der damals völlig missverstanden wurde und doch so brillant ins Schwarze traf, was Traleg völlig unabhängig bestätigt. Brown sagte, es gäbe auf dem spirituellen Weg der hoch entwickelten kontemplativen Traditionen die gleichen grundlegenden Stufen, die aber, je nachdem wie sie interpretiert werden, unterschiedlich erlebt werden. Hindus, Buddhisten und Christen halten sich an die gleiche generelle Stufenfolge (von grobstofflich zu subtil zu kausal), aber die einen erfahren diese Stufen als »absolutes Selbst«, die anderen als »Nicht-Selbst« und die dritten als »Göttlichkeit«, was von den unterschiedlichen Schriften, Kulturen und Interpretationen abhängt, in deren Kontext man diese Erfahrungen sieht. Mit anderen Worten: Sie hängen vom jeweiligen Bezugsrahmen ab, von der Sicht.

Wer anderes behauptet, geht einfach von einer prämodernen Erkenntnistheorie aus, nach der nur eine einzige vorgegebene Realität existiert, die ich erfahren kann, und Meditation wird mir diese unabhängig existierende Realität zeigen, die deshalb für jeden, der sie entdeckt, ein und dieselbe sein muss; statt zu erkennen, dass das erkennende Subjekt die Realität, die es erkennt, mit erschafft, und deswegen einige Aspekte der Realität in einem ganz konkreten Sinne vom Subjekt und seiner Interpretation dieser Realität geschaffen werden.[13] (Amerikanische) Buddhisten regten sich damals besonders deshalb über Brown auf, weil seine Arbeit zeigt, dass Christen, Buddhisten und Hindus von ähnlichen Stufen ausgehen (grobstofflich, subtil, kausal und nichtdual) – auch wenn sie diese ziemlich unterschiedlich erleben –, und das ließ den Schluss zu, dass der Buddhismus nicht der einzige wirkliche Weg ist. Doch Zeit und Erfahrung haben Browns außergewöhnliches Werk bestätigt.

Und Browns Arbeit ist ein Beispiel für das, wovon wir hier reden, nämlich dass es keine meditative Erfahrung per se gibt – so etwas existiert einfach nicht. Es gibt meditative Erfahrung plus unsere Interpretation dieser Erfahrung. Und das heißt unter anderem, dass wir unsere Interpretationen, unsere Sicht und unseren theoretischen Rahmen *sehr sorgfältig* wählen sollten. Traleg Rinpoche:

> In Buddhas frühen Lehren über die Vier edlen Wahrheiten beginnt der Edle achtfache Pfad mit der Kultivierung der richtigen Sicht ... Ohne einen begrifflichen Rahmen wären meditative Erfahrungen total unverständlich. Was wir in der Meditation erfahren, muss richtig interpretiert werden, und wir müssen seine Bedeutung – oder Bedeutungslosigkeit – verstehen. Dieser Akt der Interpretation verlangt angemessene begriffliche Kategorien und die richtige Anwendung dieser Kategorien ...
>
> Auch wenn man uns oft sagt, dass es bei Meditation darum gehe, den Geist leer werden zu lassen, das heißt, die diskursiven, erregten Gedanken in unserem Geist, die uns in der Welt der falschen Erscheinungen gefangen halten, loszulassen, sind meditative Erfahrungen tatsächlich ohne Anwendung begrifflicher Formulierungen nicht möglich ...

Wie der Kagyu-Meister Jamgon Kongtrul Thaye sang:

> Wer meditiert, ohne die Sicht zu haben,
> ist wie ein Blinder, der über die Ebene wandert.
> Kein Hinweis zeigt ihm, wo der wahre Pfad verläuft.
> Wer nicht meditiert und nur an der Sicht festhält,
> ist wie ein Reicher, den sein Geiz gefangen hält
> und der weder sich selbst noch anderen
> richtige Erfüllung bringen kann.
> Die heilige Tradition besteht darin,
> die Sicht und Meditation zu vereinen.

Was den typischen, modernen westlichen Buddhisten betrifft, den Traleg kritisiert, und der den Buddhismus so oft als eine Tradition sieht, die »keine gedanklichen Konzepte« und »keinen intellektuellen« Standpunkt hat, so stimmt es leider, dass dieser Anti-Intellektualismus den Buddhismus oft ummünzt zu einem Schultypus, in dem es »nur um Gefühle« geht. **Erkenntnis** (engl.: *cognition* Anm.d.Ü.) ist für diese Individuen das große Schimpfwort. »Das ist zu (erkenntnis)theoretisch«, bedeutet: »Das ist nicht spirituell.« In Wirklichkeit stimmt fast genau das Gegenteil, wie Traleg deutlich macht. Beachten Sie in diesem Zusammenhang, dass das englische Wort »cognition« (bei uns eher geläufig als Adjektiv *kognitiv*, Anm.d.Ü.) von der Wurzel gni (co – gni – tion) stammt, und dieses gni ist das Gleiche wie gno und damit die gleiche Wurzel wie in Gno-sis oder Gnosis (Gotteserkenntnis, Anm.d.Ü.). Somit ist **cognition** in Wirklichkeit **Co-Gnosis** oder das Co-Element von Gnosis und nichtdualem Gewahrsein.

Deshalb sagt Traleg, dass »cognition« oder Co-Gnosis tatsächlich das Fahrzeug unseres spirituellen Weges sind. (Übrigens ist das auch der Grund dafür, dass Entwicklungsforscher, wie bereits erwähnt, wiederholt herausgefunden haben, dass die **kognitive Linie** notwendig, aber nicht hinreichend für ALLE anderen Entwicklungslinien ist, einschließlich Gefühle, Emotionen, Kunst und spirituelle Intelligenz – und damit stimmt genau das Gegenteil von dem, was zu erwarten wäre, wenn die Anti-Intellektualisten und anti-kognitiven Standpunkte richtig lägen.)[14]

Im Sanskrit taucht dieses gno als jna auf, wir finden es sowohl in Prajna als auch in Jnana. Prajna ist höchstes unterscheidendes Gewahrsein, das für das vollständige Erwachen von Gnosis (*Prajna* = Pro-Gnosis) notwendig ist, und Jnana ist reine Gnosis selbst. Und wieder ist hier *cognition* als Co-Gnosis die Wurzel der Entwicklung, die notwendig ist für das vollständige Erwachen von Gnosis, von *Jnana*, von nichtdualem, befreiendem Gewahrsein. Wenn Sie also das nächste Mal das Wort »kognitiv« hören, bezeichnen Sie es vielleicht nicht so schnell als »anti-spirituell«.

Hilfreich ist es hier, wenn wir uns in einem kurzen Abstecher klar machen, dass Entwicklungsforscher Erkenntnis als **die Fähigkeit** betrachten, **Perspektiven einzunehmen**. Rollen oder die Sicht einer *anderen Person können Sie nur mental oder kognitiv einnehmen. Fühlen* können Sie nur Ihre eigenen Gefühle, aber Sie können kognitiv in die Rolle von anderen oder mental in deren Schuhe schlüpfen (und *dann* können Sie *deren* Gefühle fühlen oder sich in *deren* Standpunkt einfühlen). Wir definieren also **kognitive Entwicklung** als **wachsende Anzahl von anderen, mit denen Sie sich identifizieren** und **wachsende Anzahl von Perspektiven, die Sie einnehmen können.**[15]

So bedeutet zum Beispiel die prä-operationale Erkenntnis, dass Sie die Perspektive der ersten Person (egozentrisch) einnehmen können; konkret-operationale Erkenntnis bedeutet, Sie können auch die Perspektive der zweiten Person (ethnozentrisch) einnehmen; formal-operationale Erkenntnis bedeutet, Sie können auch die Perspektive der dritten Person (weltzentrisch) einnehmen; frühe Schau-Logik bedeutet, Sie können auch die Perspektive der vierten Person (frühe kosmozentrische Sicht) einnehmen. Aus diesem Grund weist die Forschung nach, dass Ihre Gefühle, Ihre Kunst, Ihre Moral und Ihre Emotionen alle nach der kognitiven Linie kommen. Denn um etwas zu fühlen, müssen Sie es zuerst sehen können.

Traleg Rinpoche legt abschließend geschickt dar, dass wir nicht einfach irgendeine Sichtweise brauchen, sondern eine wirklich integrale oder umfassende Sicht:

In der Mahamudra-Tradition müssen wir ein korrektes begriffliches Verständnis von Leerheit oder der Natur des Geistes erwerben. Wir können nicht einfach Meditation praktizieren und das Beste hoffen; wir brauchen einen begrifflichen Rahmen, der auf einer richtigen Sicht beruht ...

Wenn wir buddhistische Meditation praktizieren wollen, *brauchen wir eine* **umfassende** *Sicht von unserer menschlichen Natur, unserem Platz in der Ordnung der Dinge, unserer Beziehung zu der Welt, in der wir leben, und zu unseren fühlenden Mitwesen.* Statt zu denken, alle begrifflichen Vorstellungen seien ihrer Natur nach verderblich und müssen deswegen überwunden werden, müssen wir erkennen, dass wir nur zu Einsicht gelangen, wenn wir ein Verständnis für bestimmte Wahrheiten entwickeln. Alle diese Überlegungen müssen berücksichtigt werden, wenn wir meditieren, und unsere Praxis muss davon durchdrungen sein. Sonst wird unsere Sicht der Welt immer zersplitterter und entspricht unserer Erfahrung nicht mehr; wenn wir eine »Nicht-Begrifflichkeit« entwickeln, wird das zur zusätzlichen begrifflichen Last, die unweigerlich Verwirrung stiftet.

Was uns dahin zurückbringt, wo wir begonnen haben: Da ist Leerheit (und der formlose Geist), und da ist die manifeste Welt (und der begriffliche Geist), also lautet die Frage: Welche Form im Geist hilft Leerheit sowohl zu verwirklichen als auch auszudrücken? Irgendeine Form oder Sicht ist da, ob Ihnen das nun gefällt oder nicht, und deswegen wurde immer daran festgehalten, dass **richtige Sicht** für Erleuchtung absolut notwendig ist. Wie Traleg sagt, ist sie das Fahrzeug der Verwirklichung, ohne das selbst Meditation blind ist. Doch er sagt auch, sie sei sogar noch mehr als das. Die tiefsten buddhistischen Lehren – Mahamudra und Dzogchen – behaupten, dass die Natur des Geistes in keiner Weise verschieden ist von den Formen, die in ihr auftauchen. Da ist nicht nur einfach Leerheit und Sicht, sondern Leerheit und Sicht sind nicht-zwei – genauso, wie es das Herz Sutra behauptet, wo Form jetzt Formen im Geist oder Sicht bedeutet: *Was Leerheit ist, ist nichts als Sicht, was Sicht ist, ist nichts als Leerheit.*

Wählen Sie also Ihre Sicht sorgfältig. Gestalten Sie Ihre Sicht oder Ihren Bezugsrahmen so umfassend oder integral wie möglich, denn Ihre Sicht – Ihr kognitives System, Ihre Co-Gnosis, Ihr begriffliches Verständnis, Ihr impliziter oder expliziter theoretischer Rahmen – bestimmen die Form Ihrer Erleuchtung mit.

WAS SOLL ICH TUN, WENN ICH EINEN SPIRITUELLEN WEG GEHE?

Was wird hier also empfohlen? Wie betrifft mich das alles, vor allem, wenn ich einen spirituellen Weg gehe, sei er nun christlich, buddhistisch, jüdisch oder New Age?

Die simple Empfehlung lautet: **Ergänzen!** Ich werde das in drei Teilen erläutern.

1. Da wir Buddhismus diskutiert haben, nehmen wir ihn als Beispiel. Der Buddhismus hat ein hervorragendes Verständnis von Zuständen der Zone 1 (und geschulten Zuständen). Die buddhistische Psychologie und Philosophie ist, was das betrifft, verblüffend differenziert. HIER MUSS NICHTS VERÄNDERT WERDEN. Sie können Buddhismus einfach so weiterpraktizieren wie bislang. Ein paar Dinge können hinzukommen, aber Sie müssen nichts weglassen.

   Vielleicht erinnern Sie sich an unsere Definition von ERLEUCHTUNG aus dem vorigen Kapitel: ERLEUCHTUNG heißt eins werden mit **allen Zuständen** und **Stufen**, die zu einem gegebenen Zeitpunkt existieren. Deshalb ist das Durchlaufen der Haupt*bewusstseinszustände* (grobstofflich, subtil, kausal, nichtdual) ein entscheidender Aspekt von ERLEUCHTUNG, und genau dabei hilft Ihnen buddhistische Meditation. Das Gleiche gilt, wenn Sie einen anderen entwickelten kontemplativen Weg gehen (christlich, jüdisch, Vedanta usw.). Ihr Weg ist, so wie er ist, in Ordnung! Sie können also Ihren Glauben, Ihre Hingabe und Ihre Praxis voll Zuversicht erneuern! Sie alle erfüllen die grundlegenden Erfordernisse in Zone 1 ziemlich gut!

2. Aber wie alle spirituellen und kontemplativen Traditionen ist auch der Buddhismus nicht imstande, die Stufen der Zone 2 wirklich zu verstehen. Wir können von keiner der großen Weisheitstraditionen erwarten, dass sie Zugang zu den Methodologien der Zone 2 hat, so wie wir auch nicht von ihnen erwarten können, dass sie über DNA oder Serotonin Bescheid wissen.

Aber ERLEUCHTUNG heißt nicht nur eins werden mit allen Zuständen, sondern auch mit allen Stufen, und das bedeutet, Sie können Ihre Sicht von Ihrem eigenen inneren Gewahrsein, Ihrem eigenen, oberen linken Quadranten **ergänzen**, indem Sie mit Hilfe der Forschung und der Modelle von Zone 2 herausfinden, wo Sie auf der vertikalen Skala sich entfaltender Stufen und der Fähigkeit, Perspektiven einzunehmen, angesiedelt sind (während Sie fortfahren, Ihren spirituellen Weg in Zone 1 zu praktizieren, und damit auch fortfahren sollten).[16] Wenn Sie sich *eines der Stufenmodelle anschauen, die wir besprochen haben,* sind Sie dann in Ihrer Praxis und in Ihrem Alltag bei Rot, Bernstein, Orange, Grün, Petrol, Türkis, Indigo, Violett oder Ultraviolett?

Wie wir bereits gesehen haben, werden Sie Ihre meditativen *Zustands*erfahrungen entsprechend der jeweiligen Stufe interpretieren, auf der Sie sich gerade befinden. Und so wird auch **die Art und Weise, wie Sie eine Sicht vertreten, weitgehend davon bestimmt sein, auf welcher jeweiligen Stufe Sie sich gerade befinden.** Zum Beispiel haben wir bereits gesehen, wie die Sichtweisen von Indigo in die Terminologie von Grün herunterübersetzt werden! Auf welcher Stufe (oder welchen Stufen in verschiedenen Linien) befinden Sie sich also? Wie sieht Ihr integrales Psychogramm aus?

Wie wir noch sehen werden, hilft uns eine **Integrale Lebenspraxis** nicht nur in Bezug auf Zustände, sondern auch bei diesen Stufen, und *Sie können eine Integrale Lebenspraxis machen und dabei ganz zu Ihrem eigenen spirituellen Weg stehen und ihn praktizieren.* Tatsächlich ist ein spiritueller Weg wesentlicher Bestandteil der Integralen Lebenspraxis, und wenn Sie keinen haben, schlagen wir Ihnen vor, ernsthaft einen in Erwägung zu ziehen. Aber darauf kommen wir in Kapitel 10 zurück.

Der generelle Punkt ist ganz einfach: Die höchsten Stufen, die sich bis zum heutigen Zeitpunkt in irgendeiner substanziellen Form entwickelt haben, liegen direkt im Bereich von Türkis/Indigo. Sie müssen also nicht nur imstande sein, Ihr Gewahrsein durch die Hauptstufen (grobstofflich, subtil, kausal und nichtdual) zu bewegen, sondern **Sie müssen sich auch vertikal etwa bis zur Ebene von Indigo transformieren.**

3. Damit Ihnen das möglich ist, brauchen Sie – unter anderem – eine Sicht oder ein Bezugssystem, die/das sowohl Zustände als auch Stufen mit einbezieht (oder Raum schafft für beide), sonst werden Sie noch nicht einmal ahnen, was hier erforderlich ist. Wenn Sie also einen spirituellen Weg gehen, können Sie ihn im Wesentlichen so lassen, wie er ist, sollten aber anfangen, ihn in einen integralen oder AQAL-Bezugsrahmen zu stellen.

   Das ist relativ einfach. Die großen kontemplativen, spirituellen Traditionen befassen sich primär mit verschiedenen Realitäten der Zone 1. Fahren Sie also mit Ihrer Praxis wie gewohnt fort, aber fangen Sie an, sich mit Hilfe eines der Stufenmodelle, die wir besprochen haben, anzuschauen, wo Ihr Schwerpunkt liegt (Rot, Bernstein, Grün, Indigo, Ultraviolett ...) Nehmen Sie dann zusätzlich zu den Zonen 1 und 2 auch die anderen sechs Zonen wahr und beachten Sie, dass Ihr kontemplativer Weg zu diesen Zonen ebenfalls keinen Zugang hat und auch nicht so angelegt ist. Nichts ist mit Ihrem Weg verkehrt! Sie müssen ihn nur auf der Grundlage der jüngsten Entdeckungen der modernen und postmodernen Wende neu ausrichten.

   Sagen wir so: Ein integraler Weg schafft Raum für alle acht Zonen meines eigenen Seins. Ich brauche eine Praxis der Zone 1, und die kann mir mein eigener spiritueller Weg liefern. Das Zone 2 entsprechende Verständnis kann ich erwerben, indem ich eines der Stufenmodelle studiere, die in diesem Buch erwähnt werden. Die anderen sechs Zonen sind für meine persönliche Praxis nicht genauso unmittelbar wichtig, aber ich muss sie grundlegend verstehen, und zu diesem Punkt werden wir im nächsten Kapitel zurückkehren. Integrale Lebenspraxis heißt, all das praktisch einzubeziehen, aber selbst dann kann mein spiritueller Weg als Praxis der Zone 1 dienen. Also wird mein Weg in keiner Weise beschnitten, aber ein paar Dinge können hinzukommen: **Ergänzen!**

PRAKTISCHE HINWEISE

Wenn Sie Ihren spirituellen Weg so belassen, wie er ist, und ihn einfach an einen AQAL-Bezugsrahmen anschließen, haben Sie ein »integrales Christentum«, »integralen Buddhismus«, »integrale Kabbala« usw. Unter *www.integraltraining.com* finden Sie viele Beispiele dafür und Anleitungen, wie Sie Ihren eigenen spirituellen Weg ergänzen können, wenn Sie das wünschen – dazu gehören auch ein integrales Christentum, mit Father Thomas Keating und integrale Kabbala mit Rabbi Marc Gafni, Rabbi Zalman Schachter-Shalomi und Beratern wie Moshe Idel. Sie können sich in Ihrem Glauben, *so wie er ist*, bestärken, und ihn gleichzeitig unbesorgt wahrhaftig integral gestalten.

Sie können sich auch unter *www.integraluniversity.org* im *Department for Religious Studies* umschauen, wo Sie unter anderem integrales Christentum, integrale Kabbala, integralen Buddhismus und integralen Judaismus finden. Übrigens ist Traleg Rinpoche, der außergewöhnliche Lehrer, den wir in diesem Kapitel zitiert haben, Berater für integralen Buddhismus.

Und schließlich finden Sie unter *www.integralspiritualcenter.org* Lehrerinnen und Lehrer, die genau zu diesem Thema arbeiten (in alphabetischer Reihenfolge): Saniel Bonder, Lama Surya Das, David Deida, Rabbi Marc Gafni, Genpo Roshi, Linda Groves, Diane Hamilton, Father Thomas Keating, Sally Kempton (Swami Durgananda), John Kesler, Fred Kofman, Elizabeth Lesser, Jim Marion, Rabbi Zalman Schachter-Shalomi, Brother David Steindl-Rast, Patrick Sweeney, Frances Vaughan, Vidyuddeva, Roger Walsh und Ken Wilber.

Kurz gesagt, eine ziemlich gut funktionierende integrale Sicht ist AQAL, das Sie als Kontext für Ihren eigenen Weg leicht anwenden können. Aber bitte, finden Sie eine wirklich umfassende Sicht, die

Prämoderne, Moderne und Postmoderne vereint, denn sonst werden Sie Ihre Praktiken und Erfahrungen eng und unvollständig auslegen, und das wiederum kann dazu führen, dass Ihre Praxis tatsächlich Ihren Geist und Ihre Wahrnehmung verengt und Sie gleichzeitig *tiefer* und *enger* werden.

Vielleicht kennen Sie Menschen, die einen bestimmten Weg seit zehn Jahren oder länger praktizieren und deren Geist und Interessen allmählich immer enger werden, während sie sich immer intensiver in spirituelle Zustandserfahrungen vertiefen, ohne dass sie einen integralen Bezugsrahmen haben, der ihren Sprung in die Leerheit, Ayin, Göttlichkeit oder den Heiligen Geist ergänzt. Diese Menschen wenden sich schließlich immer mehr von der Welt ab, was tatsächlich dazu führen kann, dass sie zu Bernstein oder Fundamentalismus oder Absolutismus regredieren. Sie werden zu tiefen Mystikern, die gleichzeitig engstirnige Fundamentalisten sind.

Sie wissen genau, was ich meine, stimmt's?

Und das Mittel dagegen ist so einfach: **Ergänzen!** Erweitern Sie einfach den Bezugsrahmen, erweitern Sie die Sicht – beziehen Sie die prämoderne, moderne und postmoderne Wende des GEISTes mit ein –, sodass beide integral werden.

Das ist nicht so schwierig, vor allem, wenn Sie erkennen, dass die moderne und die postmoderne Wende nichts weiter sind als die sich kontinuierlich weiterentwickelnde Evolution der eigenen Form von GEIST, die kontinuierliche Offenbarung des Wortes, das ein Leib wird, der sich zufällig entfaltet, des Eros, welcher der Logos des wachsenden Kosmos ist, des Dharmakaya, das sich in einem evolutionären Nirmanakaya manifestiert, des Tao der Natur, das sich autopoietisch entfaltet ...

Um was geht es denn bei Moderne und Postmoderne? Glauben Sie, GEIST hätte keine Ahnung gehabt, dass so etwas auftauchen würde? Das den Dharmakaya überrumpelte, als er gerade mal nicht aufgepasst hat? Das den Heiligen Geist überraschte? Das sich außerhalb von Tao abspielte?

Warum sie dann nicht in Ihre integrale Sicht mit einbeziehen?

6

DER SCHATTEN UND DAS VERSTOSSENE SELBST

Es ist erstaunlich, dass ich verleugnen kann. Ich kann Teile meines Selbst, meiner Ich-heit auf die andere Seite der Grenze meines Selbst schieben und versuchen zu verleugnen, dass diese Aspekte meines Selbst zu mir gehören, weil sie vielleicht so negativ oder so positiv sind, dass ich sie nicht akzeptieren kann. Sie wegschieben heißt jedoch nicht, sie wirklich loswerden. Sie verwandeln sich dadurch in schmerzliche, neurotische Symptome; Schatten eines entfremdeten Selbst, die wiederkehren und mich verfolgen, wenn ich in den Spiegel dessen schaue, was mich an der Welt da draußen am meisten stört, und doch nichts weiter sehe als den Schatten meines verstoßenen Selbst ...

In diesem Kapitel geht es um den Schatten – was er ist, wie er entsteht und wie wir ihn zurücknehmen können. Eines aber ist gewiss: In den großen Weisheitstraditionen finden wir trotz all ihrer Weisheit absolut nichts zu diesem Thema. Ich weiß das, ich habe es zusammen mit Studenten und Lehrern 30 Jahre lang überprüft, und wir sind zu einer eindeutigen Schlussfolgerung gelangt: Das Verständnis von psychodynamischer Unterdrückung und ihrer Behandlungsmethoden ist ein ausschließlicher Beitrag der modernen westlichen Psychologie. Viele Meditationslehrer behaupten, Ähnliches zu bieten, aber wenn Sie sich genauer anschauen, was sie damit meinen, stimmt es nicht. Deshalb werden selbst fortgeschrittene Meditierende und spirituelle Lehrerinnen und Lehrer oft von der Psychopathologie verfolgt, während ihre Schatten sie zur Erleuchtung hetzen und wieder zurückholen und überall am Weg Opfer hinterlassen.

Die gute Neuigkeit jedoch ist, dass wir hier leicht Abhilfe schaffen können.

DER SCHATTEN: DYNAMISCH ABGESPALTENE IMPULSE DER ERSTEN PERSON

Eine der größten Entdeckungen der modernen westlichen Psychologie ist die Tatsache, dass wir unter bestimmten Umständen Impulse, Gefühle und Qualitäten der ersten Person unterdrücken, abstoßen oder abspalten können, die dann als Erlebnisse der zweiten oder sogar dritten Person in der Wahrnehmung meiner eigenen ersten Person wieder auftauchen. Das gehört zu dem etwa halben Dutzend wirklich großartiger Entdeckungen aller Zeiten der Psychologie der Zone 1, sei sie östlich oder westlich, uralt oder modern.

SCHATTEN UMARMEN UND SCHATTENBOXEN

Um ein stark vereinfachtes Beispiel zu geben – und erinnern Sie sich für dieses Beispiel daran, dass wir **die erste Person** definieren als die Person, die spricht (d.h., »ich«); **die zweite Person** ist die Person, zu der wir sprechen (d.h. »du«); und **die dritte Person** ist die Person oder Sache, über die gesprochen wird (d.h. »ihn«, »sie«, »es«). Dazu kommt der »Fall«, so wie subjektiv, objektiv oder possessiv, sodass zum Beispiel **erste Person subjektiv** »ich« ist, **erste Person objektiv** »mich«/«mir« und das **Possessiv**pronomen für die **erste Person** ist »mein« oder »meine/s«. Hier also das stark vereinfachte Beispiel dafür, was bei Unterdrückung oder Abspaltung passiert:

Wenn ich ärgerlich auf meinen Chef bin, dieses Gefühl aber mein Selbstbild bedroht (»Ich bin ein netter Mensch, nette Menschen werden nicht ärgerlich«), dann kann es sein, dass ich den Ärger abspalte oder unterdrücke. Wenn ich ihn einfach verleugne, werde ich den

Ärger aber nicht los, sondern erreiche lediglich, dass die ärgerlichen Gefühle in meinem eigenen Bewusstsein als etwas Fremdes auftauchen: Vielleicht empfinde ich Ärger, *aber das ist nicht mein Ärger.* Ich schiebe die Gefühle von Ärger auf die andere Seite der Grenze meines Selbst (auf die andere Seite der Ich-Grenze), und dann erscheinen sie in meinem eigenen Bewusstsein, meinem eigenen Selbst als wesensfremde Elemente.

Ich kann zum Beispiel den Ärger projizieren. Er kommt weiterhin hoch, aber da ich jemand bin, der nie ärgerlich wird, muss das jemand anderes sein. Plötzlich scheint mir die Welt voller Menschen, die offensichtlich sehr ärgerlich sind ... und meistens auf mich! Tatsächlich denke ich, dass mein Chef mich feuern will! Und das macht mich völlig depressiv. Durch die Projektion meines eigenen Ärgers ist »ärgerlich« zu »traurig« geworden. Und ich werde diese Depression nie überwinden, wenn ich mich nicht zuerst einmal zu meinem eigenen Ärger bekenne.

Immer, wenn ich meine eigenen Qualitäten verleugne und projiziere, tauchen sie »da draußen« auf, wo sie mich ängstigen, reizbar machen, deprimieren, nicht mehr loslassen. Und umgekehrt lässt sich in neun von zehn Fällen sagen, dass **die Dinge, die mich in der Welt am meisten stören und die mich an anderen am meisten aufregen, in Wirklichkeit meine eigenen Schatteneigenschaften sind,** die ich jetzt so wahrnehme, als spielten sie sich »da draußen« ab.

Vielleicht haben Sie von den jüngsten Untersuchungen gehört, in denen man Männern, die einen Kreuzzug gegen schwule Pornographie führen und diesem Kampf einen Großteil ihres Lebens widmen, Fotos von sexuellen Szenen mit Schwulen zeigte und dabei ihr sexuelles Begehren gemessen hat. Diese Kreuzritter zeigten eindeutig mehr sexuelles Begehren als andere Männer. Mit anderen Worten, sie fühlten sich selbst zu schwulem Sex hingezogen, fanden das aber für sich nicht akzeptabel, verbrachten ihr Leben damit, das bei anderen zu bekämpfen, während sie behaupteten, selbst nicht solche schmutzigen Wünsche zu haben. Doch in Wirklichkeit taten sie nichts anderes, als ihren eigenen, verächtlich abgetanen Schatten auf andere zu projizieren und diese dann zu Sündenböcken zu machen.

Das ist der Grund dafür, warum uns diese Dinge aufregen, und zwar nur die Dinge, die Widerspiegelungen unserer eigenen Schatten sind. Das heißt jedoch nicht, dass andere die Eigenschaften, die ich zufällig gerade verachte, nicht haben. Mein Nachbar ist wirklich ein Kontrollfreak! Aber warum *stört mich* das? Meine Frau scheint sich darüber nicht groß aufzuregen und meine anderen Nachbarn auch nicht. Ah, aber wenn sie wirklich sehen könnten, was für ein totaler Kontrollfreak dieser Typ ist, würden sie ihn genauso wenig ausstehen können wie ich! Aber es ist mein eigener Schatten, den ich nicht ausstehen kann, mein eigener Schatten, gegen den ich zu Felde ziehe. Ich selbst bin ein etwas größerer Kontrollfreak, als ich gern zugebe, und da ich nicht zugebe, dass ich die Eigenschaft, die ich verachte, selbst habe, verleugne ich sie und projiziere sie auf meinen Nachbarn – oder schiebe sie einem anderen Menschen zu, der sich dafür anbietet. Ich erkenne es, wenn *jemand* ein Kontrollfreak ist, und da ich das nicht sein kann, muss er es sein oder sie oder die oder es.

Hat die Person, die ich verachte, zufällig wirklich die projizierte Eigenschaft oder den projizierten Drang, dann wird sie zum »Aufhänger« für meinen projizierten Schatten, ein einladendes »Gefäß« für meine ähnlichen, projizierten Eigenschaften. Ich sage nicht, dass die anderen diese Eigenschaften nicht haben; ich sage, sowie Sie Ihren eigenen Schatten auf sie projizieren, hassen Sie jetzt zweierlei Dinge.

Diese doppelte Dosis Hass äußert sich in Form von neurotischen Symptomen, den Schatten eines verstoßenen Selbst. Wenn ich die negativen Eigenschaften einer anderen Person einfach zur Kenntnis nehme, ist das eine Sache. Wenn ich aber geradezu besessen davon bin, total in Wut oder Rage darüber gerate oder mich gestört davon fühle, dann ist die Sache wahrscheinlich klipp und klar: Ich bin in einen schweren Fall von Schattenboxen verwickelt, in dem ich der Boxer bin.

Diese Schattenelemente können nicht nur negativ, sondern auch positiv sein. Wir sind nicht nur ein wenig garstiger, sondern auch ein wenig großartiger, als wir uns oft zugestehen, projizieren unsere eigenen positiven Eigenschaften, Potenziale und Fähigkeiten auf andere und hangeln uns so von einer Umarmung unseres Schattens zur anderen durchs Leben. Beides, sowohl Schattenboxen als auch Schatten umarmen, sind klassische Beispiele für Störungen/Krankheiten der Zone 1 ...

Folgendes passiert also, wenn ich mich von meinem eigenen Schatten abspalte und mich ihm entfremde, zum Beispiel meinem eigenen Ärger: In dem Augenblick, in dem ich den Ärger von mir weise, schiebe ich ihn auf die andere Seite meiner Ich-Grenze, und er wird in meiner eigenen ersten Person zur *Angelegenheit der zweiten Person.* Das heißt, während ich dabei bin, den Ärger aktiv von mir zu weisen, nehme ich den Ärger wahr, aber er ist in meinem eigenen Selbst zum »Du« geworden. (Wie wir bereits sagten, bedeutet »zweite Person« die Person, mit der ich spreche, also bedeutet Ärger der zweiten Person *Ärger, mit dem ich immer noch im Gespräch bin,* aber er *ist nicht mehr Ich oder gehört zu mir oder ist meiner,* er ist nicht mehr erste Person). Vielleicht spüre ich, wie ärgerliche Gefühle hochkommen, aber sie kommen in meiner Wahrnehmung so hoch, als ob ein ärgerlicher Nachbar an meine Tür klopfte. Ich fühle den Ärger, aber in Wirklichkeit sage ich zu ihm: »Was willst *du* denn?« – nicht »Ich bin ärgerlich«, sondern »Jemand anderes ist ärgerlich, nicht ich.«

Wenn ich meinen Ärger weiterhin verleugne, kann ich ihn völlig abspalten oder unterdrücken, sodass er zur *Angelegenheit einer dritten Person* wird, was bedeutet, **ich bin nicht länger im Gespräch mit diesem Gefühl:** Mein Ärger ist schließlich zu einem »Es« geworden und damit zu etwas völlig Fremdem in meinem Bewusstsein. Vielleicht kommt er in Form von Depressionen hoch, vielleicht wird er auf andere Menschen geschoben, vielleicht sogar direkt auf meinen Chef projiziert. Mein eigener »Ich«-Ärger ist zu einem weggeschobenen »Es« geworden und geistert durch die Hallen meiner eigenen Innenwelten, der Geist in der Maschinerie meines kontrahierten Selbst.

Kurz gesagt, im Verlauf einer typischen Abspaltung werden meine ärgerlichen Gefühle, sowie sie hochkommen, in meinem eigenen Gewahrsein vom Ärger meiner **ersten Person** in den Ärger der zweiten oder dritten Person und damit in den Ärger von jemand **anderem** umgewandelt: Aspekte meines »Ich« erscheinen jetzt in meinem eigenen »Ich« als »Es«, und ich bin über diese »Es«-Gefühle und Dinge völlig verblüfft: Dieses depressive Gefühl, ES überfällt mich einfach. Dieses Empfinden von Angst, ES macht mich verrückt. Ich weiß nicht, woher ES kommt, dass ich immer wieder Kopfschmerzen habe, aber sie stellen sich ein, sowie mein Chef in der Nähe ist. Alles, nur nicht »Ich bin sehr ärgerlich«, denn dieser Ärger gehört nicht mehr zu mir. Ich bin ein netter Mensch, ich kenne keinen Ärger – aber diese Kopfschmerzen bringen mich um.

Dieses stark vereinfachte Beispiel soll eine **phänomenologische** Ereigniskette verdeutlichen: Bestimmte »Ich-Themen« können in meinem Bewusstsein hochkommen (»Ich bin ärgerlich!«), werden weggeschoben oder verleugnet, und die mir entfremdeten Gefühle, Impulse oder Eigenschaften werden *auf die andere Seite* der Ich-Grenze geschoben: Ich *empfinde* sie jetzt als das *Andere* (»Ich bin ein netter Mensch, ich bin nicht ärgerlich, aber ich weiß, dass *jemand* ärgerlich ist, und weil ich das nicht sein kann, muss er es sein!«) Ist das erst einmal passiert, hört das Gefühl oder die Eigenschaft nicht auf zu existieren, aber das *gehört* nicht mehr zu mir. Diese weggeschobenen Gefühle oder Eigenschaften können dann als schmerzliche und verblüffende, neurotische Symptome auftauchen – als »Schattenelemente« in meinem eigenen Gewahrsein.

In diesem Fall besteht das Ziel von Psychotherapie darin, diese »Es-Gefühle« in »Ich-Gefühle« umzuwandeln und sich damit **den Schatten wieder anzueignen.** Dieser Akt der Wiederaneignung des Schattens (die Umwandlung der dritten Person in die erste Person) beseitigt die Wurzel des schmerzlichen Symptoms. Das Ziel der Psychotherapie ist, wenn Sie so wollen, »Es« in »Ich« zu konvertieren.

WÜRDE DER WIRKLICHE FREUD BITTE MAL AUFSTEHEN?

Die Idee vom psychodynamischen Unbewussten geht im Grunde vollständig auf diesen Typ von *auf Erfahrung beruhendem Beweismaterial* und die entsprechende Forschung zurück – sie ist durch und durch eine Entdeckung der Zone 1. Meistens weiß niemand mehr, dass Freud zum Beispiel ein brillanter Phänomenologe war, der in vielen seiner Werke genau diesen Typ von innerer Phänomenologie und Hermeneutik verfolgte (*Phänomenologie* in meiner eigenen ersten Person, und *Hermeneutik*, wenn die Impulse meiner eigenen ersten Person in meinem eigenen Bewusstsein zu Impulsen und Symbolen der zweiten oder dritten Person werden, die hermeneutische Interpretation erfordern, als spräche ich mit einer anderen Person: *Diese Symptome, was bedeuten sie?*).

Diese Auslegung von Freud ist nicht weit hergeholt, sondern James Strachey hat sie durch seine englische Standardübersetzung von Freud verwischt. Nicht viele Menschen im englischsprachigen Raum wissen, dass Freud niemals – nicht ein einziges Mal – die Begriffe »ego« oder »id« benutzte. Freud verwendete in all seinen Texten die eigentlichen Pronomen »das Ich« und »das Es«. In der deutschen Originalfassung seiner Schriften heißt es wörtlich »das Ich« und »das Es«. Strachey beschloss, die lateinischen Worte »ego« und »id« zu benutzen, damit Freud wissenschaftlicher klang. In der Strachey-Übersetzung kann ein Satz zum Beispiel lauten: »Thus, looking into awareness, I see that the ego has certain id impulses, that distress and upset it.« (»Wenn ich also in das Bewusstsein schaue, sehe ich, dass das Ego gewisse id-Impulse hat, die es quälen und in Aufruhr bringen.« Anm.d.Ü.)

So übersetzt, klingt das wie ein Haufen theoretischer Spekulationen. Aber Freuds Satz lautet in Wirklichkeit: »Wenn ich in mein Bewusstsein schaue, stelle ich fest, dass mein Ich bestimmte Es-Impulse hat, die das Ich quälen und in Aufruhr bringen.« Strachey bewirkte durch seine lateinische Wortwahl aber nichts anderes, als die Brillanz von Freuds Phänomenologie des entfremdeten Selbst zu trüben.

Die populärste Kurzfassung des freudschen Ziels von Psychotherapie in englischer Sprache lautet wahrscheinlich: »Where id was, there ego shall be.« (»Wo id war, da soll ego werden.«, Anm.d.Ü.) Tatsächlich aber sagte Freud: »Wo Es war, soll Ich werden.«

Ist das nicht wunderschön? »Wo Es war, soll Ich werden.« Ich muss die meinem Selbst entfremdeten Teile – die Es-Anteile – aufspüren und mir wieder aneignen. Wir finden selbst bis zum heutigen

Tag wohl schwerlich eine bessere Zusammenfassung des Kerns der psychotherapeutischen Arbeit mit dem Schatten.

Der Ansatz, den wir im Integralen Training benutzen, geht weder speziell auf Freud noch auf Jung zurück – wir benutzen den Begriff »psychodynamisch« nicht so, wie Freud es tat, und den Begriff »Schatten« nicht im Sinne von Jung. Trotzdem möchte ich kurz auf das grundlegende Vorgehen der ursprünglichen, psychodynamischen Forschung zu sprechen kommen, denn diese Methodologie ist heute noch so gültig wie damals; ja sogar noch gültiger, da sie durch den schnellen Griff zur Pille als Ersatz (im oberen rechten Quadranten) so rasch in Vergessenheit gerät, oder Menschen versuchen, den Schatten wegzumeditieren (im oberen linken Quadranten), und keine der beiden Parteien wird ihn auf diese Weise zu fassen bekommen.

Machen wir an diesem Punkt also eine kleine Spritztour, und dann werde ich Ihnen sagen, wie wir diese absolut grundlegende Praxis auf den neuesten Stand gebracht haben, bei der es darum geht, den am meisten gefürchteten Aspekt von uns selbst, gegen den wir die größten Widerstände haben, **zu finden, uns ihm zu stellen** und ihn **uns wieder anzueignen.**

PSYCHODYNAMISCHE PHÄNOMENOLOGIE: DER SCHATTEN, DER IN ZONE 1 LAUERT

Es gibt unzählige interessante Möglichkeiten, diese Diskussion zu führen, aber ich möchte lediglich einige kurze, zusammenfassende Punkte beleuchten.

Die grundlegende Entdeckung von Freud und einer ganzen Linie, die wir als *psychodynamische Phänomenologie* bezeichnen könnten, besteht darin, dass bestimmte, erfahrungsbedingte Ich-Ereignisse *im Raum meines eigenen Ich* zu du, er, sie, sie plural, ihnen, es oder sie (es plural) werden können. Ich kann bestimmte Ich-Impulse als nicht zu mir gehörig betrachten und spürbare Widerstände dagegen haben, mir diese Gefühle wieder anzueignen (»Die gesamte Psychoanalyse gründet auf der Tatsache des Widerstands.«) Mit anderen Worten: Die zentralen Realitäten hier sind *Gefühle* und *Widerstände gegen Gefühle,* und sie alle zeigen sich in Zone 1 – es handelt sich hier um *erfahrungsbedingte Realitäten* der ersten Person von »Ich« und »Es« und nicht um theoretische Spekulationen über *egos* und *ids*, was immer das sein mag.

Die Entdeckung dieses spezifischen Typs von **Widerstand** gegen bestimmte augenblickliche Gefühle meines Ich-Empfindens – ein Widerstand gegen meinen eigenen Schatten in Zone 1 – ist tatsächlich eine der großartigen Entdeckungen des modernen Westens. Wie wir im Folgenden noch weiter sehen werden, gibt es nirgendwo sonst etwas, das diesem Verständnis des Schattens gleich käme.

Diese erfahrungsbedingten Phänomene (Zone 1) können in zahlreichen theoretischen Gerüsten untergebracht werden. Freud hatte natürlich seine eigenen Theorien darüber, warum seine Patienten *gegen ihre eigenen Gefühle Widerstand* leisteten. Heute sind nicht mehr viele seiner theoretischen Spekulationen wirklich stichhaltig, aber seine Theorien der Zone 2 sollten nicht das zentrale Thema in Zone 1 verwischen, das Freud absolut auf den Punkt brachte: Ich kann meine eigenen Gefühle, Impulse, Gedanken und Wünsche verleugnen. Genau dazu gibt es eine Phänomenologie – wie ich gegen meine eigenen Gefühle Widerstand leiste und mein eigenes Selbst verleugne –, eine Phänomenologie, die wir kontinuierlich verfeinern und in jede integrale Psychologie einbeziehen müssen.

GESCHICHTE UND DER SCHATTEN

»Nicht durch Introspektion lernen wir uns kennen, sondern allein durch die Geschichte.« Dieses Zitat von Dilthey ist eine hervorragende Zusammenfassung des zweiten großen Beitrags, den der Westen zur Selbsterkenntnis geleistet hat – nämlich der **Genealogie** (oder des historischen Bewusstseins), oder welcher Begriff auch immer dafür verwendet wird. Auch Freud gehört in diese generelle Linie. Er weist darauf hin, dass wir zwar den Widerstand gegen den Schatten entdecken können, wenn wir uns unserer eigenen, augenblicklichen inneren Erfahrung in einer bestimmten Weise zuwenden, dadurch aber schon bald auf weitere Geheimnisse stoßen, die von der Genealogie aufgedeckt werden.

Freud ist lediglich einer von zahlreichen westlichen Forschern, die nicht nur eine Phänomenologie der *augenblicklichen* Ich-Symptome entwickeln wollten, sondern eine ziemlich außergewöhnliche Phänomenologie der *frühen Stufen* der Ich-Entwicklung – der ersten Wochen, Monate und Jahre des Lebens. Diese Forscher fragten sich, wie diese frühen Stufen der Ich-Entwicklung von außen (Zone 2) begrifflich erfasst und untersucht werden können, *aber auch, wie sie sich von innen anfühlen könnten* (Zone 1): wie in den frühen Stufen des Ich zahlreiche verschiedene Aspekte meines gefühlten Ich tatsächlich weggeschoben und verleugnet werden – mein Ich sich ihnen entfremdet, sie abspaltet, abtrennt und zersplittert – und eine ganze Entwicklungsspur voller Tränen hinterlassen.

Von außen betrachtet, ergibt das die Standardversion der psychodynamischen **Entwicklungshierarchie der Abwehr** (z.B. Vaillant), die mit Sicherheit wichtig ist. Aber *von innen* gesehen, ist es auch die Geschichte der Reise des Selbst – die gefühlte Geschichte der Reise meines Ich –, seiner Hoffnungen, Ängste und Selbstkontraktionen im Verlauf des Wachstums und der Entwicklung meines Ich.[17]

Ein integraler Ansatz muss beide Blickwinkel – von innen und von außen – im Hinterkopf behalten, und auch wenn nur wenige Theoretiker das mit diesen Begriffen formulieren würden (wie sie die AQAL-Perspektive benutzt), umfasst diese Entwicklung die wesentliche *innere Geschichte* des Wachstums – und der Störungen – meines »Ich«. Der wesentliche Punkt hier ist, dass die erste Person besonders in ihren frühen Entwicklungsstufen Schäden erleiden kann, die sich später als Symptome der dritten Person und als Schatten im Wahrnehmungsfeld meiner ersten Person zeigen.

Diese Sichtweise der frühen Stufen der Ich-Bildung – diese **phänomenologische Geschichte des beschädigten Ich** (besonders in den ersten Lebensjahren) – ist ein Teil der gesamten Bewegung, die den Schatten verstehen will; die das Selbst verstehen will, das ich als nicht zu mir gehörig betrachte; und das falsche Bewusstsein in seinen vielen Formen (und in diesem Fall ist es der Schatten, der in der Geschichte der Genealogie meines eigenen Selbst entsteht). Dieses umfassende Verständnis vom Schatten ist tatsächlich einer der großartigsten Beiträge der westlichen Psychologie, ein ganz spezieller Beitrag, den wir nirgendwo anders in der Welt finden.

GESUNDE TRANSZENDENZ: VON ICH ZU MICH/MIR/MEIN

Mit Meditation und Kontemplation kollidiert diese Geschichte auf folgende Weise: Diese westlichen »Schattenforscher« entdeckten, wie wir allmählich sehen können, dass in den frühen Stufen der Entwicklung Teile des Selbst (Teile des »Ich«) abgespalten oder dissoziiert werden können, woraufhin Teile des Selbst als Schatten und Symptome erscheinen, die beide »Es« sind (d.h., Aspekte des Ich tauchen als »Es« auf). Ist es erst einmal zu dieser Unterdrückung gekommen, kann ich den Ärger immer noch erleben, erlebe ihn aber jetzt als etwas, das nicht zu mir *gehört*.

Der Ärger, der als ein »Ich« begann, ist jetzt in meinem Bewusstsein ein »Es«, und ich kann auf diesen Es-Ärger so lange meditieren, wie ich will, in meiner Vipassana-Praxis »reines Gewahrsein« üben und einfach beobachten, »wie Ärger hochkommt, Ärger hochkommt, Ärger hochkommt« – doch erreiche ich damit lediglich, dass ich den Ärger in meinem Gewahrsein verfeinert und verstärkt *als ein Es* erlebe.

Durch meditatives und kontemplatives Bemühen kommen wir einfach nicht an die ursprüngliche Schwierigkeit heran, die ein grundlegendes *Problem mit Zugehörigkeits-Grenzen* ist. Wenn ich diese Grenzen loswerden will, was durch Meditation möglich ist, verleugne und verschiebe ich das Problem in dem Bereich, in dem es real ist. Durch schmerzliche Erfahrung hat sich immer wieder gezeigt, dass **Meditation den ursprünglichen Schatten einfach nicht zu fassen bekommt,** sondern ihn tatsächlich häufig noch verstärkt.

Angesichts all der wunderbaren Wohltaten von Meditation und Kontemplation ist es hart, sich die Tatsache eingestehen zu müssen, dass selbst Menschen, die schon lange meditieren, beträchtliche Schattenelemente haben. Und selbst nach 20 Jahren Meditation haben sie diese Schattenelemente noch. Vielleicht stimmt, was sie behaupten, dass sie einfach noch nicht lange genug meditiert haben. Vielleicht müssen sie noch weitere 20 Jahre praktizieren? Vielleicht ist es aber auch so, dass Meditation dieses Problem einfach nicht zu fassen bekommt ...

Ich werde erläutern, wie sich dieses wichtige Thema für AQAL begrifflich darstellt. Beginnen wir mit normaler oder gesunder Entwicklung. Robert Kegan, in diesem Fall stellvertretend für die Entwicklungsforschung generell, hat darauf hingewiesen, dass wir den grundlegenden Entwicklungsprozess selbst wie folgt formulieren können: *Das Subjekt der einen Stufe wird zum Objekt des Subjekts der nächsten Stufe.*

Nehmen wir zum Beispiel an (um es ganz allgemein zu formulieren), ich befinde mich auf der Entwicklungsstufe von Rot, das heißt, mein Ich – mein Subjekt – identifiziert sich völlig mit Rot und zwar so sehr, dass ich Rot nicht als Objekt sehen kann, sondern als Subjekt benutze, *mit dem* und *durch das* ich die Welt sehe. Aber wenn ich mich zur nächsten Stufe bewege, zur Bernsteinstufe, wird das rote Selbst zum Objekt in meinem Bewusstsein, das jetzt mit Bernstein identifiziert ist – also sieht mein Bernstein-Subjekt jetzt rote Objekte, ohne sich jedoch selbst sehen zu können. Wenn rote Gedanken oder rote Impulse im Raum meines Ich hochkommen, sehe ich sie jetzt als Objekte meines (jetzt bernsteinfarbenen) Selbst. So wird das Subjekt einer Stufe zum Objekt des Subjekts der nächsten Stufe, und so sieht der Entwicklungsprozess tatsächlich grundlegend aus. Bei Gebser heißt es, **das Selbst einer Stufe wird zum Werkzeug der nächsten.**

Auch wenn das generell stimmt, ist es jedoch nicht die ganze Geschichte. Hier formuliert eine dritte Person diesen Prozess begrifflich; aber in direkten Begriffen der ersten Person formuliert ist es nicht einfach so, dass das Subjekt einer Stufe zum Objekt des Subjekts der nächsten Stufe wird, sondern das Ich einer Stufe wird für das Ich der nächsten Stufe zu einem »Mich/Mir/Mein«.

Das heißt, mit jeder Stufe einer gesunden Ich-Entwicklung *wird erste Person subjektiv* im Raum meines Ich *zu erste Person objektiv* (oder *possessiv*): »ich« wird zu »mich« (oder »mein/mir«). Das rote Subjekt wird zum Objekt des Bernstein-Subjekts, das wiederum zum Objekt des orangenen Subjekts, das wiederum zum Objekt des grünen Subjekts wird usw. – aber zu **Objekten, die ich als zu mir gehörig betrachte** – nicht einfach objektiv, sondern **erste Person objektiv oder possessiv.** Nicht einfach »Objekte eines Subjekts«, sondern meine Objekte meines Subjekts (d.h., ich wird zu mich oder mein/mir).

So kann jemand zum Beispiel sagen: »Ich *habe* Gedanken, aber ich bin *nicht* meine Gedanken. Ich *habe* Gefühle, aber ich bin *nicht* meine Gefühle.« Diese Person ist als Subjekt nicht mehr *identifiziert* mit diesen Gedanken und Gefühlen, betrachtet sie aber immer noch als Objekte, die zu ihr gehören – was tatsächlich gesund ist, denn sie betrachtet sie immer noch als »*meine* Gedanken« und damit als ihre *eigenen.* Diese Aneignung ist entscheidend. Sollte ich tatsächlich das Gefühl haben, dass die Gedanken in meinem Kopf *die Gedanken einer anderen Person sind*, ist das nicht Transzendenz, sondern schwer pathologisch. Gesunde Entwicklung ist also die Umwandlung von erster Person subjektiv (»Ich«) zu erster Person objektiv oder possessiv (»Mich/Mir/Mein«) im Strom des Ich. Das genau ist die gesunde Form von Transzendenz und Transformation: Das Ich einer Stufe wird zum Mich/Mir/Mein des Ich der nächsten Stufe.

UNGESUNDE TRANSZENDENZ: ICH WIRD ZU ES

Während eine gesunde Entwicklung das Ich in Mich/Mir/Mein umwandelt, wandelt eine ungesunde Entwicklung das Ich in Es um. Dies ist eine der bedeutendsten Entdeckungen einer AQAL-Perspektive. Wer die Psychologie von Meditation studiert hat, ist sich schon lange über zwei wichtige Faktoren im Klaren, die scheinbar völlig widersprüchlich sind: Der Erste ist, dass das Ziel von Meditation darin besteht, sich von allem, was hochkommt, zu lösen oder sich nicht damit zu identifizieren. Transzendenz wurde lange Zeit definiert als Prozess der Desidentifkation. Und man brachte Meditationsschülerinnen und -schülern tatsächlich bei, die Identifikation mit jedem Ich, Mir oder Mein, die auftauchte, zu lösen.

Die zweite Tatsache aber besteht darin, dass es in der *Pathologie* eine Desidentifizierung oder Dissoziation mit oder von Teilen meines Selbst gibt, also *ist das Nichtidentifizieren das Problem*, nicht die Heilung. Was denn jetzt, soll ich mich nun mit meinem Ärger identifizieren oder nicht? **Beides**, aber der richtige Zeitpunkt ist entscheidend – und das betrifft in diesem Fall den Zeitpunkt, an dem sich die Entwicklung befindet. Taucht mein Ärger im Gewahrsein auf und ich erlebe ihn authentisch als *meinen* Ärger, *dann* besteht das Ziel darin, die Identifizierung damit zu lösen (den Ärger und das Selbst, das ihn erlebt, loszulassen – und so dieses »Ich« in ein »Mich/Mir/Mein« umzuwandeln, was gesund ist).

Aber wenn *mein* Ärger-Gewahrsein auftaucht und ich erlebe ihn als *deinen, seinen* oder *Es*-Ärger – nicht aber als *meinen* Ärger –, dann besteht das Ziel darin, sich zuerst mit dem Ärger zu identifizieren und ihn sich wieder anzueignen (diesen »Es-Ärger«, »seinen Ärger« oder »ihren Ärger« der dritten Person in »meinen Ärger« der ersten Person umzuwandeln – und den gottverdammten Ärger *wirklich* als meinen zu erleben) –, und *dann* können wir unsere Identifikation mit dem Ärger und mit dem Selbst, das ihn erlebt, lösen (das subjektive »Ich« der ersten Person in das »objektive Mich/Mir/Mein« der zweiten Person umwandeln – genau das ist die Definition eines gesunden Verlaufs von »transzendieren und einbeziehen«.)

Doch wenn **ich mir den Schatten nicht zuerst wieder aneigne,** dann *verstärkt* das Meditieren auf den Ärger *die Entfremdung* – Meditation wird zu einem Prozess des »Transzendierens und Verleugnens«, und das ist genau die Definition von pathologischer Entwicklung.

Das ist tatsächlich der Grund dafür, warum selbst fortgeschrittene Meditierende oft viele Schatten haben, die einfach nicht zu verschwinden scheinen. Und jeder kann das sehen, nur sie selbst nicht. Der letzte Dreh in der Oprahisierung Amerikas (spielt auf die populärste Talkshow in den USA an, deren Moderatorin Oprah Winfrey heißt, Anm.d.Ü.) sieht so aus, dass Meditationslehrer sich zusammensetzen und endlos über ihre Schatten palavern, um zu zeigen, dass sie enorm viel Achtsamkeit in diesen Bereich bringen – nur heilen können sie ihre Schatten nicht.

Der Punkt ist, dass wir diese beiden scheinbar so rätselhaften Tatsachen der »Loslösung« oder »Desidentifizierung« in AQAL-Begriffen ziemlich knapp und bündig formulieren können: **Eine gesunde Entwicklung wandelt Ich in Mich/Mir/Mein um; eine pathologische Entwicklung wandelt Ich in Es um.** Das Erste ist gesunde Desidentifizierung, gesunde Loslösung oder gesunde Transzendenz; das Zweite ist ungesunde Desidentifizierung, pathologische Dissoziation, pathologische Transzendenz oder Unterdrückung.

Es scheint also so zu sein – um die Diskussion in dieser Form zusammenzufassen –, dass gesunde Entwicklung und gesunde Transzendenz ein und dasselbe sind, da Entwicklung heißt »transzendieren und einbeziehen«. Das Subjekt der einen Stufe wird zum Objekt des Subjekts der nächsten, das sich dieses Subjekt aneignet, es aber umwandelt, bis – im Idealfall – alle relativen Subjekte und Ichs transzendiert sind und es nur noch den reinen Zeugen oder das reine Selbst gibt, die leere Offenheit, in der GEIST spricht.

Genauer gesagt, wir haben gesehen, dass auf jeder Stufe der Selbstentwicklung das Ich der einen Stufe zu Mich/Mir/Mein der nächsten Stufe wird. Während jedes Ich zu Mich/Mir/Mein wird, tritt ein neues und höheres Ich an seine Stelle, bis es nur noch Ich-Ich gibt oder den reinen Zeugen, reines Selbst, reinen GEIST oder Großen Geist. Wenn alle Ichs in Mich/Mir/Mein umgewandelt sind, bleibt nur noch die Erfahrung von »Ich-Ich« (wie Ramana Maharshi es nannte – das Ich, das sich des Ich bewusst ist), der reine Zeuge, der niemals ein Objekt ist, das gesehen wird, sondern immer der reine Seher, der reine Atman, der nicht-Atman ist, das reine Selbst, das nicht-selbst ist. Ich wird zu Mein/Mir/Mich, bis es nur noch Ich-Ich gibt und die ganze manifeste Welt »mein« ist in Ich-Ich.

Aber wenn an irgendeinem Punkt in dieser **Entwicklung Aspekte des Ich verleugnet und als nicht zu ihm gehörig betrachtet werden, tauchen sie als ein Es auf,** und das ist keine Transzendenz, das ist pathologisch. Zu leugnen, dass etwas zu diesem Ich gehört, ist keine

Desidentifizierung, sondern Verleugnung. **Es ist der Versuch, die Identifikation mit einem Impuls zu lösen, BEVOR er als eigener Impuls anerkannt und gefühlt wurde;** und dieses Wegschieben erzeugt Symptome, keine Befreiung. Ist es zu diesem Leugnen der Zugehörigkeit erst einmal gekommen, wird der Prozess des Desidentifizierens und der Loslösung durch Meditation *es wahrscheinlich verstärken,* in jedem Fall jedoch nicht zu den Wurzeln seiner Ursache vordringen.

HORIZONTALE UND VERTIKALE ERLEUCHTUNG

Lassen Sie uns an diesem Punkt eine Pause machen, um einen sehr wichtigen Punkt einzufügen, auf den wir gleich ausführlicher eingehen, der es aber verdient, schon jetzt erwähnt zu werden. Wir können ERLEUCHTUNG, wie wir gesehen haben, am adäquatesten zusammenfassen, indem wir sagen, ERLEUCHTUNG heißt **eins werden mit allen verfügbaren Zuständen und Stufen.** Diese Definition schließt ein, was wir bezeichnen könnten als **vertikale** ERLEUCHTUNG – oder auch als eins werden mit allen Stufen (zu jedem beliebigen Zeitpunkt der Geschichte) – und **horizontale** ERLEUCHTUNG – oder eins werden mit allen Zuständen (grobstofflich, subtil, kausal, nichtdual).

Nehmen wir einfach zur Kenntnis, dass unsere verfeinerte Definition (oder »Doppeldefinition«) von ERLEUCHTUNG völlig zusammenpasst mit allem, was wir gerade über Entwicklung erfahren haben. Vollkommen ERLEUCHTET sein heißt eins sein mit allen Zuständen und Stufen – sie *transzendieren und einbeziehen* –, und das bedeutet: Alle Zustände und Stufen sind zum Objekt Ihres Subjekts geworden, alle Ichs sind zu Mich/Mir/Mein des nächsten Ich geworden, bis es nur noch Ich-Ich gibt und die ganze Welt als Ihr Objekt locker in Ihrer geöffneten Hand ruht. Sie identifizieren sich mit nichts mehr und sind eins mit allem, transzendieren und beziehen den ganzen Kosmos mit ein.

Wenn Sie eine horizontale ERLEUCHTUNG verwirklicht haben – wenn Sie also alle grobstofflichen, subtilen und kausalen Zustände zu

Objekten Ihres Zeugen gemacht haben –, ist dies sozusagen die halbe ERLEUCHTUNG. Wenn aber Ihre vertikale Entwicklung nur bis, sagen wir, Orange gekommen ist, dann *sind Sie eins mit allen Stufen bis Orange* (und haben bereits Magenta, Rot, Bernstein und Orange transzendiert und mit einbezogen), aber vor Ihnen oder über Ihnen warten die Strukturen von Grün, Petrol, Türkis, Indigo und Violett ...

Das sind *die tatsächlichen Strukturen des Kosmos,* die zu diesem Zeitpunkt der Geschichte existieren, die Sie aber noch nicht durchlaufen haben, mit denen Sie noch *nicht* eins geworden sind (oder die Sie noch nicht transzendiert und mit einbezogen haben); und damit gibt es Aspekte des Universums selbst, mit denen Sie einfach noch nicht eins geworden sind. Diese Strukturen (in diesem Fall von Grün bis Violett) sind mir im wahrsten Sinne des Wortes »zu hoch«, und wenn meine Entwicklung diese kosmischen Strukturen, diese Ebenen des Bewusstseins, diese Schichten der Emanation von GEIST selbst noch nicht umfasst, dann bin ich nicht wahrhaftig eins mit *allen* Manifestationen von GEIST zu diesem Zeitpunkt der Geschichte – die in Wirklichkeit Aspekte meines eigenen tiefsten Selbst sind – und kann deswegen nicht behaupten, ich sei vollkommen selbstverwirklicht ...

Also heißt vollkommene Selbstverwirklichung oder vollkommene ERLEUCHTUNG sowohl ERLEUCHTUNG von vertikalen Stufen als auch von horizontalen Zuständen –, das heißt: alle Zustände und Stufen zu transzendieren (sie werden zu Objekten meines unendlichen Subjekts oder Mich/Mir/Mein des Ich-Ich oder Zeugen) und alle Zustände und Stufen zu umfassen (der ganze Kosmos wird »mein« in nichtdualem Gewahrsein), sodass alle Subjekte und alle Objekte im großen Spiel des Höchsten Selbst auftauchen, das das Ich-Ich dieses und jeden Augenblicks ist.

Wir werden auf diesen wichtigen Punkt noch einmal zurückkommen, wollen aber jetzt unsere Saga vom Schatten zu Ende bringen:

Meditation kann, trotz all ihrer Wunder, den ursprünglichen Schaden, den der Schatten anrichtet und der in einem Problem der Zueignung von Grenzen besteht, nicht zu fassen bekommen. Wird im Verlauf von Entwicklung und Transzendenz – sei es horizontal oder vertikal –, wo das Ich einer Stufe zum Mich/Mir/Mein des Ich der nächsten Stufe wird, an irgendeinem Punkt dieses kontinuierlichen Prozesses die Identifikation mit Aspekten des Ich zu früh gelöst – in Form von abwehrender Verleugnung, Abstoßung und Dissoziation (was im Ich passiert, bevor diese Aspekte zu Mich/Mir/Mein oder wirklich transzendiert werden) –, dann spaltet das Ich sie ab; sie tauchen als »Du« oder sogar als »Es« in meinem Gewahrsein auf (nicht als Mich/Mir/Mein in meinem Gewahrsein), und damit *enthält meine Objektwelt jetzt zwei völlig verschiedene Typen von Objekten:* Objekte, die ich einmal korrekt als zu mir gehörig betrachtet habe, und Objekte, die ich von mir gewiesen habe.

Und diese beiden Objekte sind *phänomenologisch nicht zu unterscheiden.* Aber eines dieser Objekte ist eigentlich ein *verborgenes* Subjekt, ein verborgenes Ich, ein »Sub-Tätigkeitsfeld« (oder, in fortgeschrittenen Fällen, eine Sub-Persönlichkeit), die von meinem Ich abgespalten wurde, und deshalb kann dieses verborgene Ich niemals wirklich transzendiert werden, denn es ist eine unbewusste Identifikation oder eine **unbewusste Anhaftung** (es kann niemals wirklich transzendiert werden, weil es nicht zum Mich/Mir/Mein meines Ich werden kann, weil *mein Ich es nicht mehr als zu sich gehörig betrachtet*).

Wenn ich also diesen Ärger als Zeuge betrachte, ist es dein Ärger oder Es-Ärger oder sein Ärger, aber nicht mein Ärger. Dieser Schattenärger, der als ein Objekt wie jedes andere *Objekt* auch in meinem Gewahrsein auftaucht, ist in Wirklichkeit ein verborgenes *Subjekt*, das abgespalten wurde; und wenn ich es als Zeuge wieder und wieder und wieder einfach als Objekt beobachte, verstärke ich die Dissoziation lediglich.

Deshalb ist dieser Schatten-Ärger eine Fixierung, die ich niemals richtig transzendieren kann. Um Schatten-Ärger zu transzendieren, muss das »Es« zuerst wieder zu einem »Ich« gemacht werden, und *dann* kann das »Ich« zu »Mich/Mir/Mein« oder die Identifikation damit wirklich und wahrhaftig gelöst, losgelassen und transzendiert werden. Diesen Schaden aufzuspüren und sich die Facetten des Selbst, die ich verstoßen habe, wieder anzueignen, das ist die Crux von **therapia** oder Therapie und zentraler Bestandteil jedes psychologischen und spirituellen integralen Ansatzes.[18]

Wir können das sehr knapp und bündig zusammenfassen: Die Desidentifizierung mit einem Selbst, das ich als zu mir gehörig betrachte, ist Transzendenz; die Desidentifizierung mit einem verstoßenen Selbst ist doppelte Abspaltung.

Meditation tut beides.

DIE BEIDEN HAUPTBEITRÄGE DER WESTLICHEN PSYCHOLOGIE ZU SPIRITUELLER UND TRANSFORMATIVER ENTWICKLUNG

Wir haben die Tatsache beleuchtet, dass die westliche Psychologie zwei ganz spezielle, einzigartige und grundlegende Beiträge zu einer integraleren Psychologie geliefert hat. Der Erste besteht in dem **generellen Ansatz der Zone 2** in Bezug auf die Entwicklung und Evolution des Bewusstseins; ein Ansatz, der uns Aspekte der Entwicklung unseres eigenen Bewussteins aufzeigt, an die wir von innen durch unsere eigenen unmittelbaren Gefühle, unsere Erfahrung und unsere Wahrnehmung nicht herankommen, sondern die wir nur in unser Blickfeld rücken können, wenn wir genügend Abstand nehmen. Wenn wir das tun, können wir allmählich die **Genealogie** sehen – oder die gesamte wunderbare Reihe von Entdeckungen auf dem Gebiet der Entwicklung – von Nietzsche zu Baldwin, Piaget, Foucault, Maslow und Graves bis zu Loevinger –, die einer der großartigsten Beiträge des modernen Westens zur Selbstentfaltung und Selbsterkenntnis des GEISTes darstellt.[19] »Nicht durch Introspektion lernen wir uns kennen, sondern allein durch die Geschichte« – und diese Geschichte entfaltet sich zum Teil in Struktur-Stufen oder Wellen. **Diese speziellen Typen von Evolutionsstufen des Bewusstseins finden Sie in keiner der kontemplativen oder meditativen Traditionen irgendwo in der Welt.**

Wir haben außerdem gesehen, dass auf jeder dieser Stufen der Zone 2 etwas schiefgehen kann. Und wir haben gesehen, dass ein klassisches Beispiel für eine Pathologie oder Störung der Zone 2 **Boomeritis** ist. Und der erste Schritt für die Behandlung dieser Entwicklungslinienstörungen (ELS) besteht darin, ein historisches Bewusstsein von der Entstehung meiner eigenen Boomeritis zu entwickeln, also diese Stufen und ihre Störungen, die zu meinem eigenen pathologisch-grünen Standpunkt geführt haben, zu verstehen. »Nicht durch Introspektion lernen wir uns kennen, sondern allein durch die Geschichte.« Und auf der Grundlage dieses Verständnisses kann ich auf ein integraleres Bewusstsein hinarbeiten (wobei AQAL als Bezugsrahmen und eine Integrale Lebenspraxis mit Sicherheit hilfreich sind).

Der zweite einzigartige Beitrag des Westens: Wenn wir mit Hilfe von Introspektion Zone 1 betrachten – unser eigenes unmittelbares Wahrnehmungsfeld und unsere eigenen unmittelbaren Gefühle – und diese als direkte Erfahrung phänomenologisch erforschen, stoßen wir früher oder später auf zahlreiche Gefühle, die uns unangenehm sind. Wenn wir diese nicht einfach nur fühlen, als Zeuge beobachten oder sie uns in der Vipassana-Meditation vergegenwärtigen, sondern ihre eigentlichen Ursprünge erforschen, stellen wir fest, dass einige dieser Gefühle Verschleierungen von versteckten Realitäten im Raum meines Ich sein können, und wenn ich diese wiederum untersuche, mache ich die Entdeckung, dass dieser Prozess der Kontraktion und Abstoßung im Verlauf meines Ich-Stroms bereits früh beginnt.[20] Der Versuch, dieses »Ich« durch Meditation aufzulösen oder zu zerlegen, ist keine Lösung für den Prozess der Abstoßung, sondern verstärkt lediglich *die ursprüngliche Weigerung, Verantwortung für diese Realitäten zu übernehmen.* Deshalb bekommt Meditation den Schatten nicht zu fassen, sondern nur die Symptome.

Das ist der zweite Hauptbeitrag des modernden Westens, nämlich das Verständnis, dass auf den frühen Stufen einer psychologischen Entwicklung, auf denen jedes Ich in Mich/Mir/Mein umgewandelt werden sollte, einige dieser Ichs als Es verstoßen werden – als Schattenelemente in meinem eigenen Gewahrsein, die hier als ein »Objekt« (oder ein »Anderes«) auftauchen, in Wirklichkeit aber **verborgene-Subjekte** sind, *verborgene Gesichter meines eigenen Ich.* Einmal abgespalten, tauchen diese verborgenen-Subjekte oder Schatten-Es in meinem Gewahrsein als ein »Anderes« auf (und als schmerzliche, neurotische Symptome, Störungen und Krankheiten). In diesen Fällen heißt Therapie tatsächlich: Wo Es war, soll Ich werden.

Wo id war, soll ego werden – und *dann, wenn das erst einmal geschehen ist, können Sie das Ego transzendieren.* Aber wenn wir versuchen, das Ego zu transzendieren, bevor wir es uns richtig angeeignet haben, können wir zuschauen, wie der Schatten wächst. Hat diese Identifikation jedoch *zuerst* einmal auf gesunde Weise stattgefunden, *dann* kann die Desidentifizierung passieren; wenn nicht, verstärkt die Desidentifizierung lediglich die Spaltung.

ZUSAMMENFASSUNG

Wenn ich das Gesagte hier zusammenfasse, gehe ich den Prozess der Abstoßung noch einmal durch. Sollte Ihnen bereits alles klar sein, bitte ich die Wiederholung zu entschuldigen.

Wir fingen an mit Ärger als Beispiel für einen Schatten-Impuls. Der Ärger beginnt als Realität der ersten Person (mein Ärger; ich bin ärgerlich, ich habe Ärger in mir). Aus zahlreichen verschiedenen Gründen – Angst, Selbstbeschneidung, Urteile des Über-Ich, frühere Traumen usw. – ziehe ich mich zusammen, sowie mein Ärger hochkommt, schiebe ihn auf die andere Seite meiner Ich-Grenze und hoffe auf diese Weise vermeiden zu können, dass ich für diese schreckliche Emotion bestraft werde. »Mein Ärger« ist jetzt zu »Ärger geworden, den ich mir anschaue, mit dem ich rede oder den ich erfahre, aber er ist nicht mein Ärger!« In dem Augenblick, wo ich den Ärger *weg-*

schiebe – wo ich Widerstand dagegen leiste oder mich zusammenziehe –, wird der Ärger der ersten Person im Ich-Strom meiner eigenen ersten Person zur Präsenz der zweiten Person.

Wenn ich ihn noch weiter wegschiebe, wird der Ärger zur dritten Person: Ich bin noch nicht einmal mehr im Gespräch mit meinem eigenen Ärger. Ich kann diesen Ärger immer noch irgendwie empfinden – ich weiß, *jemand* ist verdammt wütend, aber da ich das einfach nicht sein kann, muss es du, er, sie oder es sein: »Wenn ich es mir richtig überlege, ist John eigentlich ständig wütend auf mich! Was wirklich sehr bedauerlich ist, denn ich selbst bin nie ärgerlich auf ihn oder sonst irgendjemand, wirklich.«

Wenn ich den Ärger auf die andere Seite meiner Ich-Grenze schiebe, taucht er als ein Gefühl der zweiten oder dritten Person *immer noch in meinem Ich-Strom* auf. *Ich kann* »seinen«, »ihren« oder den »Es«-Ärger *immer noch fühlen.* Wenn die Projektion tatsächlich klappte, würde ich ihn niemals wieder fühlen und hätte keine Probleme mehr. Ich würde den Ärger rauswerfen, und das wär's. Ähnlich wie eine Beinamputation – er wäre ganz weg, und das würde wirklich funktionieren –, so schmerzlich das auch sein mag, tatsächlich wäre ich das Bein/den Ärger los.

Aber ich bin mit meiner Projektion *verbunden,* da der Ärger *heimlich zu mir gehört* (er ist nicht wirklich ein Objekt, er ist mein eigenes verborgenes-Subjekt). Ich habe mir das Bein nicht amputiert, ich behaupte nur, es wäre in Wirklichkeit dein Bein. Es ist nicht mein Bein, es ist dein Bein! Es ist nicht mein Ärger, es ist dein Ärger! (Nun, das ist schwer gestörtes Verhalten, stimmt's?)

Die verborgene Anhaftung oder *verborgen-subjektive Identität* der »Gefühle des anderen« bindet die Projektion über eine Reihe schmerzlicher, neurotischer Symptome also immer an die Person, zu der diese Gefühle gehören. Jedes Mal, wenn ich den Ärger auf die andere Seite meiner Ich-Grenze schiebe, bleibt an seiner Stelle *auf dieser Seite* der Ich-Grenze ein schmerzliches *Symptom,* die Vortäuschung, es gäbe das entfremdete Gefühl in mir nicht, an dessen Stelle psychischer Schmerz tritt. **Subjekt** ist **Schatten** ist **Symptom** geworden.

Ich habe also jetzt Ärger in meinem eigenen Ich-Strom abgespalten oder abgestoßen. Diesen Ärger kann ich jetzt tatsächlich auf andere »da draußen« projizieren. Oder ich spalte ihn ab und projiziere ihn auf Teile meiner eigenen Psyche, wo er sich vielleicht als Monster in meinen Träumen zeigt, das mich hasst und umbringen will. Und ich wache aus diesen Alpträumen schweißgebadet auf.

Nehmen wir an, ich praktiziere eine sehr anspruchsvolle Form von Meditation, zum Beispiel aus dem tibetischen Buddhismus (Vajrayana- Buddhismus), und arbeite mit »der Umwandlung von Emotionen«. Das ist eine sehr wirkungsvolle Technik, bei der man Kontakt mit einer gerade präsenten, negativen Emotion macht, sich dann mit immer gegenwärtigem, nichtdualem Gewahrsein und leuchtender Klarheit in diese Emotion einfühlt und schließlich zulässt, dass sie sich in die ihr entsprechende transzendentale Weisheit umwandelt.

Ich fange also mit meinem Alptraum an und nehme wahr, dass ich vor diesem Monster Angst habe. Als es innerlich vor mir steht, habe ich große Angst. Ich wandele diese Emotion also nach der entsprechenden Anweisung um, indem ich mich **in die Angst einfühle** und mich in sie hineinentspanne, sodass sie sich löst und selbst befreit in die ihr entsprechende Weisheit der Durchlässigkeit.

Schön und gut. Nur ist diese Angst eine *nichtauthentische* und *falsche* Emotion (d.h., sie beruht auf Unterdrückung), und die Umwandlung von unechten Emotionen geht nicht nur von der Prämisse aus, dass sie wahr sind und verstärkt sie dadurch, sondern wandelt sie um in etwas, das wir als nichtauthentische Weisheit bezeichnen könnten – eine Weisheit, die auf falschen Grundlagen beruht. Und die Unterdrückung besteht immer noch! Sie haben in der Richtung gar nichts erreicht. Jedes Mal, wenn Sie Ärger verspüren, projizieren Sie ihn also und wecken Monster, die Sie von allen Seiten bedrohen, was in Ihnen Angst auslöst (die tatsächlich Angst vor Ihrem eigenen Ärger ist, nicht vor dem Monster), und Sie nehmen Kontakt mit dieser Angst auf und wandeln sie um – OHNE JEMALS mit der wirklichen und authentischen Emotion in Berührung zu kommen. Sie eignen sich die nichtauthentische Emotion der Angst an, nicht die authentische Emotion des Ärgers.

DER 3-2-1 PROZESS DER (WIEDER-)ANEIGNUNG DES SELBST, BEVOR WIR ES TRANSFORMIEREN

Der therapeutische 3-2-1 Prozess, den das *Integral Institute* entwickelt hat, um hier zu helfen, besteht darin, diese Monster der dritten Person (oder »Es«) zurückzuverwandeln in Dialogstimmen der zweiten Person (»Du«) – was sehr wichtig ist –, und dann sogar noch einen Schritt weiterzugehen und sich mit diesen Stimmen wieder zu identifizieren; auf diese Weise werden sie wieder zu Realitäten der ersten Person, die Sie sich neu aneignen und die Sie innerlich wieder ausfüllen, wobei Sie an diesem Punkt »Ich«-Monologe führen und keine Dialoge. Am Ende dieses Prozesses sagen Sie: »Ich bin ein wütendes Monster und will dich umbringen!«

Jetzt sind Sie in Kontakt mit einer authentischen Emotion, und die besteht in Ärger, nicht in Angst. *Jetzt* können Sie Emotionen umwandeln und zwar authentische Emotionen, keine unechten. Sie gehen von der ersten Person subjektiv über zur ersten Person objektiv/possessiv – und *nicht* zur zweiten oder dritten Person –, und dann können Sie diese Emotionen loslassen, sie umwandeln oder zulassen, dass sie sich selbst befreien. Und das ist *wirkliche* Nichtanhaftung und *gesunde* Desidentifizierung.

Sie haben mit der **Verdrängungsbarriere** gearbeitet, die zunächst Ärger in Angst umwandelt, statt sich das Gefühl von Angst einfach in der Vipassana-Meditation zu vergegenwärtigen, es als Zeuge zu beobachten, Dialoge mit der Angst zu führen, Angst umzuwandeln, die Rolle von Angst einzunehmen, in Kontakt mit Angst zu kommen oder Angst unmittelbar zu spüren – denn all das besiegelt den Schatten und sorgt dafür, dass er sich auf dem ganzen Weg zur Erleuchtung und noch darüber hinaus an Ihre Fersen heftet.

Ohne die Arbeit mit dem eigentlichen Mechanismus der Dissoziation (1 zu 2 zu 3) und der therapeutischen Wiederaneignung des Abgespaltenen (3 zu 2 zu 1) kommen Sie durch Meditation zwar mit Ihrem unendlichen Selbst in Berührung, verstärken aber gleichzeitig die unechten Seiten Ihres alltäglichen, endlichen Selbst; dieses hat sich in Fragmente aufgespalten und projiziert einige dieser Fragmente auf andere, wo sich die abgestoßenen Teile sogar vor den Sonnenstrahlen der Kontemplation verstecken und zu Schattenkeimen im Keller werden, die jeden Ihrer Schritte auf dem Weg von hier bis in die Ewigkeit sabotieren …

MEDITATION: HORIZONTALE UND VERTIKALE AUSWIRKUNGEN

Es war schon immer schwierig, die Frage zu beantworten, was Meditation langfristig eigentlich bewirkt. Eine zentrale Rolle spielen dabei eindeutig *geschulte Zustände,* und das heißt – wie immer wir diesen Prozess nennen –, die eigene Identität bewegt sich vom grobstofflichen Ego zur subtilen Seele, zum kausalen Selbst, zum nichtdualen GEIST – was wir uns als »horizontale« Zustand-Stufen oder **horizontale Entwicklung** denken; »horizontal«, weil das auf jeder der vertikalen Stufen passieren kann (wie in den Abbildungen B und 18 dargestellt). Wir haben gesehen, dass Sie, wenn Sie bei Bernstein sind, Ihre Verwirklichung und Ihre Erfahrungen mit Ego, Seele und Selbst tatsächlich mit bernsteinfarbenen Begriffen interpretieren; wenn Sie bei Grün sind, interpretieren Sie diese Erlebnisse mit grünen Begriffen usw.

Doch langfristig kann Meditation, wie die Forschung nachweist, auch die **vertikale Entwicklung** (die Entfaltung vertikaler Stufen in der Linie des Selbst) fördern. Tatsächlich kann Meditation Ihnen helfen, in vier Jahren *durchschnittlich zwei vertikale Stufen* zu durchlaufen. Das ist ein sehr allgemeines Ergebnis entsprechender Untersuchungen, aber es macht einiges deutlich. Wenn Sie zum Beispiel bei Rot sind, kann Meditation Ihnen helfen, sich zwei Stufen weiter zu Orange zu bewegen; wenn Sie bei Bernstein sind, kann sie Ihnen helfen, sich zu Grün zu bewegen usw.

Sie können tatsächlich ein Wilber-Combs-Raster entwerfen (siehe auch S. 130), in dem Sie grobstoffliches Ego, subtile Seele, kausales Selbst und nichtdualen GEIST oben quer anordnen und Magenta, Rot, Bernstein, Orange, Grün, Petrol, Türkis, Indigo und Violett seitlich von unten nach oben aufsteigen lassen. Sagen wir, Sie fangen als

Ego bei Orange an: Dann würde man davon ausgehen, dass Sie sich **horizontal** durch mehrere Stufen bewegen und vielleicht Ihr erstes *Satori* erleben, bei dem Sie im kausalen nicht-selbst Selbst ruhen (eine Einsicht, die über drei Zustände hinweg verläuft); und dann vertikal durchschnittlich zwei Stufen aufwärts. Im Gitter also **drei Zustände quer, zwei Stufen aufwärts.**

Natürlich verläuft das alles viel chaotischer, als es hier den Anschein hat, aber ganz allgemein gesagt, würden Sie davon ausgehen, dass sich Ihr Schwergewicht, das anfangs bei Orange lag, permanent in Petrol hinein verlagert; und horizontal würden Sie sich nicht mehr nur als grobstoffliches Ego interpretieren, sondern sich als subtile Seele erleben und gelegentlich sogar als kausales selbstloses Selbst – *und das alles würden Sie von der Stufe aus, auf der Sie sich befinden (in diesem Fall ist das jetzt* **Petrol***) und* **innerhalb dieser Stufe** *interpretieren, ganz gleich von welchem Bezugsrahmen Sie ausgehen.*[21]

NOCH EINMAL DER BEZUGSRAHMEN

Das ist wichtig, denn wenn Ihr Bezugsrahmen nicht ausdrücklich Raum für vertikale Transformation hat, kann Ihre Sicht Ihr Wachstum und Ihre Transformation tatsächlich behindern. Ist Ihre Sicht zum Beispiel Grün, und Sie beginnen zu meditieren, richtet sich das Gewahrsein tatsächlich auf grobstoffliche Zustände, was den Weg bahnt zu subtilen Zuständen und weitergehen kann bis zu kausalen und nichtdualen Zuständen. Aber Sie werden all diese Zustände auf dem Hintergrund der grünen Stufe interpretieren.

Ihr Bewusstsein kämpft darum, sich nicht nur horizontal durch Zustände, sondern auch vertikal durch Stufen zu bewegen. In diesem Fall kämpft Ihr Bewusstsein darum, sich von Grün (und einem grün interpretierten Ego, einer grün interpretierten Seele, einem grün interpretierten Selbst) zu Petrol und Türkis (und einem türkis interpretierten Ego, einer türkis interpretierten Seele, einem türkis interpretierten Selbst) zu bewegen. Aber da in diese höheren Ebenen Hierarchien und Holarchien eingebettet sind und Grün sämtlichen Hierarchien misstraut, beschneidet Ihre eigene Sicht Ihre höhere Entwicklung. Deswegen ist es – wie immer – wichtig, Ihre Sicht sorgfältig zu wählen.

DER SCHATTEN WEISS

Zwei lockere, schnelle Abschluss-Statements:

1. Meditation kann Ihnen helfen, in einem bestimmten Zeitraum zwei oder mehr Stufen weiterzukommen, aber *der Schatten begleitet Sie.* Solange Sie sich nicht mit den eigenen Widerständen auseinandersetzen, bleiben die speziellen Verdrängungen des Schattens meistens bestehen.[22]
2. Auch wenn Meditation das vertikale Wachstum unterstützen kann – weil die Traditionen keine expliziten Vorstellungen oder ein Verständnis von vertikalen Struktur-Stufen haben, kann ihr Bezugsrahmen das vertikale Wachstum fördern oder behindern. Diese Hälfte von »doppelter ERLEUCHTUNG« ist in den großen kontemplativen Traditionen ein Zufallstreffer.[23] Eine Integrale Lebenspraxis macht diese vertikale Komponente zur expliziten Angelegenheit, sowohl durch den Bezugsrahmen von AQAL als auch durch konkrete transformative Praktiken. Die Forschung hat bereits Hinweise darauf ergeben, dass sich das vertikale Wachstum durch eine integrale Praxis, die Meditation mit einschließt, schneller beschleunigt als durch Meditation allein. Siehe Kapitel 10.

ALLES ZUSAMMENBRINGEN: SCHATTEN, ZUSTÄNDE UND STUFEN

Wir haben gesehen, dass den kontemplativen und meditativen Traditionen (sowohl östlichen als auch westlichen) im oberen linken Quadranten – der gefühlten Erfahrung meiner augenblicklichen Wahrnehmung – jede klare Darstellung von mindestens zwei wesentlichen

Realitäten fehlt. Erstens haben die kontemplativen Traditionen kein klares Verständnis von **Stufen der Zone 2.** Zweitens, obwohl sie mit Zone 1 arbeiten, haben sie keinerlei klare Vorstellungen von frühen Pathologien dieser Zone und wissen nicht, wie diese gegenwärtige Gefühle und Erfahrungen verzerren – das heißt, sie wissen nichts vom **Schatten in Zone 1.**

Der großartige Beitrag der kontemplativen Traditionen liegt im Bereich der **geschulten Bewusstseinszustände** – in dem orthodoxe und konventionelle Ansätze jämmerlich versagen –, die bis zu den äußersten Grenzen der Realitäten von Zone 1 vordringen ... buchstäblich bis in Zustände von göttlicher Einheit und nichtdualer Verwirklichung. Müssten wir zwischen beiden wählen, würden wir uns eindeutig für die Offenbarungen der kontemplativen Traditionen entscheiden statt für die der konventionellen Ansätze. Aber wenn uns niemand zwingt, warum sollten wir dann überhaupt wählen wollen?

Eine simple Zusammenfassung des gerade Erläuterten könnte lauten: Wenn wir Ost und West (oder besser kontemplative und konventionelle Ansätze) zusammenbringen würden, hätten wir **Schatten, Zustände und Stufen** im oberen linken Quadranten. Das sind vielleicht die drei wichtigsten Facetten des inneren Wahrnehmungsfelds (oder des oberen linken Quadranten).[24]

Konventionelle Forscher haben die **Struktur-Stufen** der Bewusstseinsentwicklung der Zone 2 und die frühen Schattenschäden der Zone 1 entdeckt, während die kontemplativen Traditionen in Ost und West die Tiefen der wichtigsten **geschulten Zustände** des Bewusstseins in Zone 1 ausgelotet und erforscht haben, wie man ihnen von grobstofflich zu kausal zu nichtdual bis zu ihrem offensichtlichen Ursprung folgt. Wenn wir diese Hauptbewusstseinszustände der Zone 1 **horizontal** durchlaufen, kann das auch die **vertikale** Entwicklung oder die Entwicklung von Zone 2 fördern (doch so, dass die Traditionen selbst, blind wie sie im Allgemeinen für Zone 2 sind, es nicht erfassen können).

Der Grund dafür, dass Zustandsmeditation die vertikale Stufenentwicklung fördern kann, ist: Jedes Mal, wenn Sie einen außergewöhnlichen Bewusstseinszustand erleben, den Sie im Rahmen Ihrer augenblicklichen Struktur nicht interpretieren können, agiert dieser wie eine Mikro-Desidentifizierung – hilft Ihnen dabei, dass »Ich« zu »Mich/Mir/Mein« wird (oder das Subjekt einer Zustandsstufe zum Objekt des Subjekts der nächsten Zustandsstufe wird) – und fördert dadurch die vertikale Entwicklung in der Linie des Selbst.

Aber beachten Sie: Die simple Tatsache, dass Sie meditieren, ist keine Garantie für vertikales Wachstum, geschweige denn für Erleuchtung. Ob Individuen oder die Traditionen selbst diese vertikale Entwicklung fördern oder behindern, hängt weitgehend vom Schwerpunkt Ihrer Sichtweise oder Ihres Bezugsrahmens ab – also noch einmal: Wählen Sie Ihren Bezugsrahmen sorgfältig.

ERLEUCHTUNG oder VERWIRKLICHUNG hat mindestens zwei entscheidende Komponenten: ERLEUCHTUNG heißt, eins sein mit allen **Zuständen** und allen **Stufen** – oder diese transzendieren und einbeziehen – zu einem gegebenen Zeitpunkt in der Geschichte (das erste ist »horizontale ERLEUCHTUNG«, das zweite »vertikale ERLEUCHTUNG«). In beiden Fällen wird das Subjekt des einen Zustands oder der einen Stufe zum Objekt des Subjekts des nächsten Zustands oder der nächsten Stufe. Das Ich eines Zustands oder einer Stufe wird zum Mich/Mir/Mein des nächsten Zustands oder der nächsten Stufe – bis alle Zustände und Stufen Objekt Ihres Subjekts sind, alle Ichs zu objektiven Ichs, Mich/Mir und Mein des großen Ich-Ich geworden sind, der offenen Leerheit, in der GEIST spricht, das nichtduale Sosein der Göttlichkeit dieses und jeden Augenblicks, das höchste Selbst, dem der ganze Kosmos gehört als der Eine Geschmack.

Wenn bei dieser Entwicklung (bei der Ich zu Mich/Mir/Mein wird, bis es nur noch Ich-Ich gibt) an irgendeinem Punkt Aspekte des Ich oder des endlichen Selbst verleugnet und unterdrückt werden, tauchen sie nicht als Mich/Mir oder Mein auf, sondern als Schatten-Es. Gesunde Entwicklung wandelt Ich in Mich/Mir und Mein um; ungesunde Entwicklung wandelt Ich in Es um, in ein nicht angenommenes und verstoßenes Subjekt, das sich in meinen schmerzlichen Symptomen verbirgt. Durch Wiederaneignung meiner Es-Anteile wandele ich sie in Mich/Mir und Mein um. Und dann kann ich mich davon lösen, kann sie loslassen, sodass sie sich hineinbefreien können in die immense Weiträumigkeit des großen Ich-Ich, das den ganzen Kosmos in seiner geöffneten Hand hält.

Und so können wir sehen, wie wichtig diese drei sind: **Schatten, Zustände** und **Stufen.** Die Herausforderung einer Integralen Psychologie und einer Integralen Spiritualität besteht darin, alle drei miteinander zu kombinieren.

Und noch einmal, die Grundregel lautet: **Ergänzen**! Das gilt sowohl für Individuen als auch für Traditionen. Sie müssen von Ihrem spirituellen Weg nichts weglassen (außer vielleicht den möglichen Anspruch auf Ausschließlichkeit), sondern ihn lediglich ergänzen, indem Sie die Informationen mit einbeziehen, welche die kontinuierliche Evolution und Entfaltung von GEIST hervorbringt. Wenn Sie sich gerne Menschen anschließen möchten, die helfen, diese integralen Ansätze in die Welt zu tragen, besuchen Sie uns bitte unter *www.integralinstitute.org.* Wir würden uns herzlich freuen, wenn Sie sich mit Ihrer Stimme an diesem integralen Abenteuer beteiligen.

7

EIN WUNDER NAMENS »WIR«

Vielen Menschen fällt es schwer, zu verstehen, wie die Beziehung zwischen einem Individuum und einer Gruppe genau aussieht. Oder zwischen einem Individuum und einem Kollektiv, welcher Art auch immer: einem Stamm, einem Planeten, einer Biosphäre – kurz das, was wir die Beziehung zwischen einem **individuellen Holon** und einem **sozialen Holon** nennen. Es ist leicht verständlich, warum bei dieser Frage so viel Verwirrung herrscht, denn sie gehört zu den etwa ein Dutzend wichtigsten, aber widerspenstigen Themen, mit denen sich Denkerinnen und Denker seit Jahrtausenden herumschlagen. Fangen wir da an.

GAIA UND DAS NETZ DES LEBENS

Das Problem kann auf jede erdenkliche Weise formuliert werden. Die kürzeste Formulierung wäre: »Ist die Gesellschaft selbst ein Individuum?« Oder: »Wenn das Individuum ein Organismus ist, ist die Gesellschaft dann ebenfalls ein Organismus?« Oder noch etwas genauer: »Besteht die Gesellschaft auf gleiche Weise aus individuellen Organismen, wie der individuelle Organismus aus Zellen und Molekülen besteht?« Eine heute populäre Version lautet: »Ist Gaia ein Organismus?« Oder: »Ist Gaia ein einziger riesiger Organismus, bestehend aus sämtlichen Lebewesen?«

Ist die Gesellschaft selbst ein Typ von Superorganismus oder einfach ein Haufen individueller Organismen? Am einen Ende stehen die

Atomisten, die glauben, dass es nur Individuen gibt, Gesellschaften lediglich eine Ansammlung von Individuen sind und als solche keine unabhängige Realität besitzen. Am anderen Ende befinden sich die *Organiker,* die behaupten, die Gesellschaft sei ein Leviathan, ein einziger Superorganismus, der die einzige Wirklichkeit ist, die existiert, und von dem Individuen Teile sind. Eine populäre Version davon ist die Idee von einem Netz des Lebens, von dem alle Organismen Fäden sind.

Die meisten klugen Theoretiker haben sich, wie Sie sich vorstellen können, irgendwo in der Mitte zwischen diesen Extremen angesiedelt und gestehen sowohl individuellen als auch sozialen Holons eine Realität zu. Die wirkliche Frage lautete schon immer: »Nun, wie sieht diese Beziehung genau aus?«

Eine der populärsten Antworten geht noch immer von der Vorstellung aus, das Leben sei ein großes Netz oder eine ganze Reihe von holistischen Netzen; im Wesentlichen also eine Sequenz von ineinander gebetteten Sphären von miteinander zusammenhängendem Sein, wobei jede höhere Sphäre die unteren umhüllt, und so fort, bis wir das ganze Universum vor uns haben. Die Idee von einer Großen Hierarchie oder einem Großen Nest des Seins ist tatsächlich sehr alt, aber sie hat sich, wie ein Klischee, aus einem bestimmten Grund so lange gehalten. Die meisten heutigen Ökologen zum Beispiel arbeiten mit der einen oder anderen Version von einem Großen Nest des Seins, in dem jede höhere Ebene die unteren holistisch subsumiert. Hier eine Version von der Beziehung menschlicher Wesen zum Universum aus einem populären Buch über Öko-Holismus:

Nullpunktfeld
Quantenereignisse
Atome
Moleküle
Zellen
Organismen
Familien
Gemeinden

Nationen
Spezies
Ökosysteme
Biosphäre
Universum

Variationen dieses Schemas finden Sie überall. Alwyn Scotts Buch *Die Kultur der Gene* wird als systemtheoretische Sicht des Bewusstseins hoch geschätzt. Seine holistische Sequenz in Anwendung auf Menschen sieht folgendermaßen aus:

Quantenereignisse
Atome
Moleküle
biochemische Strukturen
Nervenimpulse
Neuronen
Neuronenansammlungen
Gehirn
Bewusstsein
Kultur

Diese holistischen Sequenzen finden wir auf die eine oder andere Art in den meisten Systemtheorien. Sie steht auch im Zentrum von Ervin Laszlos *Theory of Everything* (deutsch: *Zu Hause im Universum: eine neue Version der Wirklichkeit,* Berlin 2005, Anm.d.Ü.), der Deepak Chopra beipflichtet, indem er sie die »brillanteste und umfassendste Theorie von allem« nennt, »die man sich vorstellen kann.« Sie sind zentral für die Tiefenökologie und von entscheidender Bedeutung für alle Denkansätze, die sich mit dem Neuen Paradigma beschäftigen. Praktisch alle Formen von Öko-Holismus und alle Theorien über das Netz des Lebens benutzen sie. Und sie alle sind tief, tief, tief verwirrt.

Je mehr ich mich herumgeschlagen habe mit dem Thema Individuum und Gesellschaft, das so schwer zu fassen ist, desto mehr gelange ich zu der Überzeugung, dass alle diese Ansätze in der gleichen grundlegenden Verwirrung feststecken. Sie stapeln Äpfel auf Orangen (und nennen dann die ganze Sequenz Orangen oder die ganze Sequenz Äpfel). Das ist keine Lösung für das Thema, sondern verschleiert es.

Es ist ein ziemlich subtiles Thema, aber Sie können es in jeder Reihung dieser Lebensnetze sehen, auch in den beiden, die ich Ihnen gerade vorgestellt habe. Und wenn Sie es erst einmal gesehen haben, kann ich mir nicht vorstellen, dass Sie jemals wieder auf diese Sequenzen zurückgreifen werden.

Fangen wir an, indem wir uns ins Gedächtnis rufen, dass in all diesen holistischen Sequenzen jede höhere Ebene auf den unter ihr liegenden Ebenen, die ihre ganz konkreten Bestandteile sind, aufbaut. So enthalten Zellen zum Beispiel Moleküle, die Atome enthalten, die wiederum Quarks enthalten usw. Es kann keine höhere Ebene wie Moleküle geben, ohne dass es zuerst die untere Ebene gibt – ohne Atome gibt es definitiv keine Moleküle –, auf genau dieser Regel beruhen diese holistischen Reihungen. Alles, was auf einer Liste für echte Systeme auftaucht, muss dieser Regel entsprechen. Also kann in jeder holistischen Sequenz oder Liste – wie in den beiden Beispielen, die ich genannt habe – eine höhere Ebene nur auftauchen, *nachdem* die unter ihr liegenden Ebenen aufgetaucht sind (so, wie Sie erst Zellen haben können, wenn Sie Moleküle haben).

Versuchen wir es also. Lesen Sie die erste Liste von oben nach unten durch und schauen Sie, wie lange diese Regel zutrifft. Für Atome, Moleküle, Zellen, Organismen stimmt sie eindeutig ... Aber lesen Sie weiter. Wenn die Liste stimmt, könnten Ökosysteme nicht erst nach Nationen auftauchen.

Und dabei fangen die Probleme hier erst an. In Alwyns Hierarchie zum Beispiel, taucht Kultur wie der Zuckerguss auf einer Schichttorte einfach ganz oben auf, und Bewusstsein und Kultur müssten aus demselben »Stoff« sein wie Moleküle und Atome, da sie in derselben Sequenz auftauchen. Wie bereits erwähnt, sehen all diese Systemsequenzen auf den ersten Blick gut aus, aber je mehr Sie sich in sie vertiefen, desto lächerlicher werden sie, verzeihen Sie meine ungehobelte Art.

Der erste Aspekt, der hier zu beachten ist, kreist tatsächlich um das schwierige Thema individuell und sozial. Ich würde hier eine Sichtweise geltend machen, die – was immer sie sonst noch sein mag – auf jeden Fall einzigartig ist (d.h. die Quadranten); und wenn es um individuell und sozial geht, hat diese Lösung, sollte es denn eine sein, zwei Hauptteile: 1. Individuell und sozial stehen nicht übereinander, sondern *sind äquivalente Dimensionen füreinander,* und 2. Individuell und sozial haben beide *innere und äußere Dimensionen.* Deshalb die vier Quadranten oder die quadratische Sicht, die davon ausgeht, dass jede Begebenheit, während sie entsteht, diese vier grundlegenden Dimensionen aufweist (das Innere und das Äußere des Individuellen und des Kollektiven, oder intentional, verhaltensbezogen, sozial, kulturell; oder subjektiv, objektiv, intersubjektiv, interobjektiv).

Diese Dimensionen sind nicht übereinander gestapelt und auch nicht einzeln nebeneinander gestapelt, noch stehen sie in einer großen Sequenz von Systemen in einer Wechselbeziehung. Sie sind in einem ziemlich konkreten Sinne äquivalente (aber nicht identische) Dimensionen jeder Begebenheit. Jede Begebenheit entsteht in vier Dimensionen und entfaltet sich in vier Dimensionen.

Viele Theoretiker hatten erkannt, dass man sozial nicht einfach oben auf individuell stapeln kann (und das ist der erste Fehler, den die beiden gerade zitierten Listen machen), als würden sich soziale Holons aus individuellen Holons zusammensetzen. Das Beispiel, das ich als Antwort auf die Frage gebe, warum individuelle Holons nicht dasselbe sind wie soziale Holons (oder warum das Große Netz ziemlich verworren ist), ist mein Hund Isaac, der an den meisten Tagen definitiv ein einzelner Organismus ist. Einzelne Organismen haben, was Whitehead eine *dominante Monade* nennt, das heißt, sie haben eine Organisations- oder Steuerungskapazität, der alle ihre Subkomponenten folgen.

Wenn Isaac zum Beispiel aufsteht und durch das Zimmer läuft, stehen alle seine Zellen, Moleküle und Atome ebenfalls auf und laufen mit. Hier herrscht keine Demokratie. Nicht dass die eine Hälfte seiner Zellen in eine Richtung und die andere Hälfte in die andere Richtung läuft. 100 % der Zellen stehen sofort auf und folgen der dominanten Monade. Ganz gleich, ob wir denken, diese dominante Monade sei

Biochemie, Bewusstsein, eine Mini-Seele oder ein materieller Mechanismus – oder dass es den garstigen »dominanten« Teil gar nicht gäbe, wenn wir einfach alle Freunde wären und uns zusammentäten –, was auch immer das sein mag: Die dominante Monade existiert, und 100 % von Isaacs Zellen, Molekülen und Atomen stehen sofort auf und bewegen sich.

Und es gibt auf der ganzen Welt nirgendwo eine Gesellschaft, eine Gruppe oder ein Kollektiv, die sich genauso verhält. Ein soziales Holon hat einfach keine dominante Monade. Wenn Sie und ich miteinander reden, bilden wir ein »Wir« oder ein soziales Holon, aber dieses »Wir« hat kein zentrales »Ich« oder eine dominante Monade, die mir und Ihnen befiehlt, bestimmte Dinge zu tun, sodass Sie und ich ebenso 100-%ig gehorchen wie Isaacs Zellen. Das passiert in keinem sozialen Holon. Sie und Ich stehen zu diesem »Wir« definitiv *nicht* in der gleichen Beziehung, wie Isaacs Zellen zu Isaac.

Whitehead ist nicht der Einzige, dem das aufgefallen ist. Genau diese Kritik übte Niklas Luhmann, der weltweit größte Systemtheoretiker, an Maturana und Varela oder vielmehr an dem Teil ihrer Theorie, der versuchte, aus der Gesellschaft einen erweiterten Organismus zu machen. Wir werden darauf noch zurückkommen und die Gründe für diese Kritik erläutern, aber Luhmann fegte diese Sicht einfach vom Tisch. Sie funktioniert schlichtweg nicht. Sie funktioniert absolut nicht. Gesellschaften bestehen nicht auf *die gleiche Art und Weise* aus Organismen, wie Organismen aus Zellen bestehen.

Kehren wir noch einmal zu der ersten öko-holistischen Liste zurück. Bis zu »Organismen« sind sämtliche Holons individuelle Holons; aber von »Familie« an aufwärts gibt es nur noch soziale Holons. Doch wir sollten soziale Holons nicht oben auf individuelle Holons packen; vielmehr existieren beide als korrelative Realitäten »Seite an Seite«. So haben Zellen zum Beispiel Ökosysteme – Ökosysteme tauchen nicht *nach* Familien, Gemeinschaften und Spezies plötzlich einfach auf. Jedes individuelle Holon hat ein soziales Holon. Aber in beiden Listen entfalten sich alle individuellen Holons, und dann entfalten sich alle sozialen Holons, was in der Tat reichlich verworren ist.

Vielmehr ist es so, dass individuell und sozial in Korrelation zueinander entstehen. Atome bilden Galaxien, Moleküle bilden Planeten, Zellen bilden Ökosysteme, Organismen bilden Familien usw. Wenn wir also individuell und sozial richtig anordnen, haben wir nicht eine einzige lange Liste vor uns, sondern zwei korrelierende Listen, wie die folgende Abbildung zeigt.

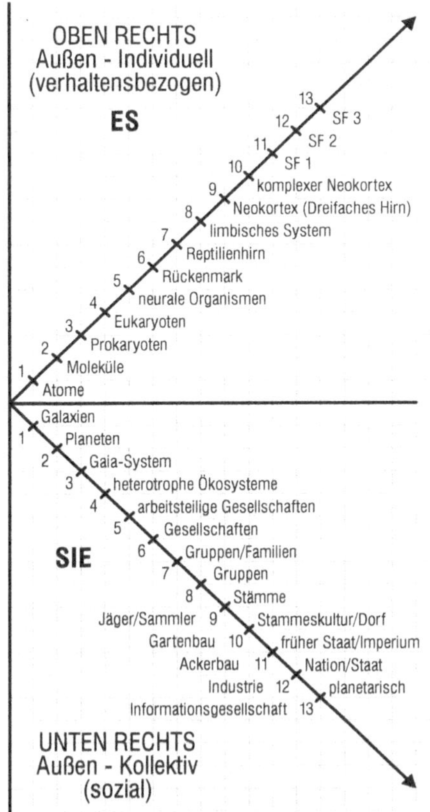

Abbildung 19

Das kommt Ihnen bekannt vor? Richtig, es sind zwei der vier Quadranten. So weit also der erste Teil meines Lösungsvorschlags. AQAL geht davon aus, dass sozial und individuell unterschiedliche Dimensionen ein und *derselben im Entstehen begriffenen Begebenheit* sind. Auf eine Art oder aus einer Perspektive betrachtet, erscheint die Gegebenheit als individuell; auf eine andere Art oder aus einer anderen Perspektive betrachtet, erscheint sie als kollektiv (was wir zusammenfassen, indem wir sagen, dass individuell und sozial die oberen und unteren Quadranten ein und derselben Sache sind.)

Die oberen Quadranten sind **Singular** (individuell), die unteren Quadranten sind **Plural** (sozial, kollektiv), die linken Quadranten sind **innerlich** (Bewusstsein), die rechten Quadranten sind **äußerlich** (materiell). Und alle vier tauchen zusammen auf – es handelt sich hier um co-emergierende Tetra-Entstehungen, um Ihnen einen Zungenbrecher zu servieren. Nicht aufeinander gestapelt in einer einzigen holistischen Reihung und nicht einmal als getrennte Gegebenheiten nebeneinander gestellt, sondern *korrelative Dimensionen ein und derselben Begebenheit.* **Singular ist nicht ohne Plural, außen nicht ohne innen zu haben** – das ergäbe überhaupt keinen Sinn. Vielmehr haben alle Holons vier Quadranten.[25]

Die Aussage »Alle Holons haben vier Quadranten« bringt uns zum zweiten Teil unseres Lösungsvorschlags, nämlich dass Gesellschaften (in diesem Falle wie Individuen) eine **innere** und ein **äußere** Dimension haben (sie haben einen unteren linken Quadranten und einen unteren rechten Quadranten). Fügen Sie diese inneren Dimensionen zusammen, und Sie gelangen von Abbildung 19 zu Abbildung 8. Noch einmal: Diese Dinge sind sehr subtil, aber wenn Sie erst einmal einen Blick dafür entwickelt haben, ergeben sie sehr viel Sinn. Hier Teil zwei, mal sehen, was Sie davon halten:

Wie wir gesehen haben, behaupten die meisten der verworrenen systemtheoretischen Sichtweisen, wie zum Beispiel die von Laszlo, dass – wie er es stolz formuliert – »der Unterschied zwischen einem Bienenschwarm und einem Hund gradueller und nicht grundsätzlicher Art ist.« (Sollen wir sagen, das hat Laszlo gesagt, oder ein Bienenschwarm namens Laszlo brachte es fertig, das zu sagen?) Niklas Luhmann hat darauf hingewiesen, dass Sie, wenn Sie den simplen Ansatz »des Aufeinanderstapelns« hinter sich gelassen haben, mit den wirklich schwierigen Themen konfrontiert sind.

Wie wir im nächsten Kapitel sehen werden, machte Luhmann einen bahnbrechenden genialen Sprung, als er die Unterschiede zwischen den Zonen 7 und 8 entdeckte – oder entdeckte, wie Systeme selbst, wenn wir erst einmal aufhören, sie mit graduell gemessener Individualität zu verwechseln, von innen aussehen. Das war eine außergewöhnliche Leistung, auf die wir später noch zurückkommen werden.

Aber je länger Sie sich diese Themen anschauen, desto klarer wird Ihnen, dass es – um diese Begriffe nun präziser zu benutzen – zwischen *Innenseite* und *innerlich* einen Unterschied gibt, genauso wie es zwischen *Außenseite* und *äußerlich* einen Unterschied gibt. **Im Inneren des Gehirns** befinden sich zum Beispiel ein limbisches System, ein Neokortex, Gewebesysteme, Zellen, Moleküle und Atome –, doch **dem Gehirn innerlich** ist Subjektivität, Bewusstsein und das, was Sie in diesem Augenblick innerlich wahrnehmen, zum Beispiel Empfindungen, Impulse, Ideen, Emotionen, Gedanken usw. Und diese beiden Realitäten – das Innere des Gehirns und dem Gehirn innerlich – sind einfach nicht dasselbe!

Wenn Sie zuerst über Ihr Gehirn nachdenken und dann über Ihre geistigen Kapazitäten, *wissen* Sie, dass dies zwei verschiedene Dinge sind, stimmt's? Ihr Gehirn sieht aus wie eine verschrumpelte rosa Pampelmuse. Ihr Geist sieht aus wie Ihr Erleben in diesem Augenblick ... Zwei unterschiedliche Dimensionen, in der Tat. Der obere rechte Quadrant ist Ihr Gehirn, der obere linke Quadrant ist Ihr Geist. Und Ihre Gefühle, Ihr Bewusstsein und Ihre Erfahrung. Die Materialisten wollen das Bewusstsein loswerden, indem sie behaupten, es sei lediglich etwas *im* Gehirn, aber Bewusstsein ist nicht im Gehirn, es ist dem Gehirn *innerlich* – im Gehirn befinden sich einfach Serotonin, neurale Synapsen, digitale Daten, limbische Systeme, ein Frontalkortex und ähnliches Zeug. Und das ist nichts Innerliches!

Das Gleiche gilt für soziale Systeme oder soziale Holons. Es besteht ein Unterschied zwischen innen und innerlich (darum geht es auch Luhmann), so wie auch zwischen außen und äußerlich ein Unterschied besteht. Ich werde gleich ein paar konkrete Beispiele dafür geben, aber für jetzt bitte ich Sie, einfach zu beachten, dass wir, wenn wir dies alles zusammenbringen, bei einer umfassenden Sichtweise vier Quadranten erhalten – das Innere und das Äußere des Individuellen und des Kollektiven. Und jeder dieser Quadranten hat eine Innenseite und eine Außenseite, das ergibt acht Zonen oder acht grundlegende Perspektiven (Abbildungen 9, 10, 11). Also hat jedes Ich eine Innenseite und eine Außenseite und jedes »Wir«, jedes »Es« usw. haben eine Innenseite und eine Außenseite.[26]

Die Quadranten bieten uns eine Möglichkeit, individuell und sozial zusammenzubringen, ohne dass wir versuchen, sozial auf individuell zu reduzieren oder aus Individuen Fäden eines Netzes oder Speichen eines Rades zu machen; vielmehr betrachten wir sie als Mitglieder eines sozialen Systems, das eine Dimension ihres In-der-Welt-Seins ist. Individuell und sozial als solche sind beide ganz sie selbst *und* sind unlösbar miteinander verbunden: Sie tauchen alle vierfach auf und greifen alle vier ineinander als sich gegenseitig durchdringende Dimensionen jeder Begebenheit, ganz bis nach oben und ganz bis nach unten.

Schauen wir uns das ein wenig genauer an und sehen wir mal, was Sie davon halten. Beginnen wir mit dem unteren linken Quadranten und diesem außergewöhnlichen Phänomen namens »Wir«. Ich habe es oft gesagt, aber ich glaube, es ist wahr: GEIST manifestiert sich mit Sicherheit in allem, was sich zeigt, aber er manifestiert sich besonders in diesem Wunder namens »Wir«. Wenn Sie GEIST unmittelbar erleben möchten, spüren Sie einfach einmal nach, was Sie in diesem Augenblick fühlen, wenn Sie das Wort »Wir« benutzen.

Was um alles in der Welt ist dieses Wunder namens »Wir«?

ZONEN 3 UND 4 BETRETEN: DAS WIR IST KEIN ÜBER-ICH

Wir haben gerade gesehen, dass es zwischen individuell und sozial, obwohl sie miteinander verbunden sind, auch bedeutende Unterschiede gibt. Unter anderem haben Individuen eine dominante Monade, Gesellschaften nicht. Während individuelle Holons eine **dominante Mo-**

nade haben, haben soziale Holons vielmehr einen **dominanten Modus des Diskurses.** Oder, wie AQAL es allgemeiner ausdrückt, während individuelle Holons eine dominante Monade haben, haben soziale Holons einen **vorherrschenden Modus von gegenseitiger Resonanz.**

Ein paar kurze Beispiele: Eine Schar Gänse kommuniziert miteinander unter anderem in der Form, dass alle in der gleichen Tonhöhe schnattern (oder in was auch immer sie schnattern). Schnattert eine Gans in einer völlig anderen Tonlage, welche die anderen nicht verstehen, können sie diese Gans nicht richtig hören oder interpretieren. Die Schar würde diese Gans in all ihrer abenteuerlichen Individualität zurücklassen; auf jeden Fall würde sie nicht besonders gut in V-Formation mitfliegen können, weil sie mit ihren Mitgänsen nicht richtig kommuniziert. Denn um sich in die Gruppe einzufügen, deren Mitglied es ist, muss ein Individuum mit der grundlegenden Kommunikationsform, die diese Gruppe benutzt, in Resonanz treten können.

In manchen Fällen hängt das reine Überleben der Schar – und damit das reine Überleben des Individuums – von diesem gemeinsamen dominanten Resonanzmodus ab, der dafür sorgt, dass jede Gans weiß, was gemeint ist, wenn es unter anderem um Verhaltensweisen geht, die allen überleben helfen. Eine Gans, die nicht bereit oder willens ist, sich auf dieselbe Wellenlänge zu begeben, kann von den anderen Gänsen zurückgelassen oder sogar attackiert werden.

Um in V-Formation (unten rechts oder »sie«) mitfliegen zu können, müssen die Gänse auf derselben Wellenlänge sein. Laut AQAL heißt »auf derselben Wellenlänge sein« nicht nur, dass die Gänse sich mit materiellen *Signifikanten* (»Schnattern«) austauschen, die auf derselben materiellen Wellenlänge wie unten rechts »sie« sind. Sie müssen auch gemeinsame *Signifikate*, eine gemeinsame Bedeutung oder eine innere *gegenseitige Resonanz* für ihre Mitgänse haben – mit anderen Worten, ein entsprechendes »Wir« unten links, wie rudimentär auch immer.

Wenn Sie individuellen Holons irgendeine Art von *inneren Dimensionen* zugestehen, dann passiert mit den kollektiven inneren Dimensionen mit Sicherheit etwas Ähnliches wie das soeben Beschriebene. Das innere »Wir« ist KEIN höheres »Ich« – die Gruppe hat keine dominante Monade oder ein »Ich« – es gibt nicht die eine höhere Wesenheit, die alle Gruppenmitglieder direkt und 100-%ig kontrolliert und dominiert. Vielmehr gibt es eine gemeinsame Kommunikation und Resonanz zwischen den Mitgliedern der Gruppe – einen vorherrschenden Modus von Resonanz –, der es ihnen erlaubt, ihr Verhalten eng aufeinander abzustimmen, ohne es völlig zu kontrollieren. Das ist das Wunder von sozialen Holons.

Sie werden unter anderem dadurch Mitglied einer Gruppe oder eines sozialen Holons, indem Sie die Kunst dieser gegenseitigen Resonanz beherrschen. Wer dazu nicht bereit oder imstande ist, wird tatsächlich oft »marginalisiert«. Doch meistens handelt es sich hier nicht um die »Unterdrückung«, welche die Postmoderne beschreibt, die nur den kleinsten Teil verstanden hat, wenn es um die Frage geht, warum es in Gruppen aus Überlebensgründen Formen von gegenseitiger Resonanz geben muss.[27]

Oft ist der dominante Resonanz-Modus einfach eine Frage der Erwartungen; manchmal geht es um tiefere Bedeutung; manchmal ums Überleben; manchmal um simple Spiele und Freizeitbeschäftigungen. Eine Gruppe von Männern spielt Freitagabends immer Poker. Sagen wir, es sind sechs, und um der Beweisführung willen befinden sie sich in der Wertelinie alle bei Orange. Natürlich wäre dann der dominante Modus des Diskurses der von Orange. Sagen wir, ein Mann steigt aus, und ein neuer Mann, der bei Grün ist, kommt in die Gruppe. Der dominante Modus des Diskurses wäre immer noch orange – fünf sind orange und nur einer ist grün –, und deshalb muss dieses neue Mitglied sich häufig »auf die Zunge beißen«, wenn es nicht aus der Gruppe fliegen will.

Also wird dieser Mann entweder »orange reden« und sich so in die Gruppe einfügen, oder er redet, wie er denkt – nämlich grün – und verwickelt sich in viele, viele Streitereien, und man fordert ihn vielleicht sogar auf, die Gruppe zu verlassen. Er wird eindeutig »marginalisiert«, aber wenn die orangenen Männer wollen, dass sich bei ihrem Pokerspiel und ihrer Plauderrunde, die ihr Freizeitvergnügen sind, alle auf derselben Wellenlänge befinden, ist das sicherlich ihr gutes Recht.

Nehmen wir jetzt an, dass drei weitere Männer die Gruppe verlassen und drei neue Männer – alle grün – dazukommen. Jetzt sind es vier Grüne und zwei Orangene – und der dominante Modus des Diskurses verlagert sich allmählich nach Grün. Jetzt sind die orangenen Männer in der Minderheit und werden es schwer haben, sich in die Gruppe einzufügen. Vielleicht beschließen sie sogar zu gehen oder werden aufgefordert zu gehen.

Es geht bei diesen Beispielen darum, dass der dominante Resonanz-Modus einfach das generelle Agieren von Gruppen ist. Das ist nicht nur schlecht oder überhaupt eine schlechte Sache. Meistens ist es entweder Notwendigkeit – wie wir gesehen haben, hängt das Überleben der Gruppe oft davon ab –, und manchmal eine bevorzugte Wahl; rote Menschen, bernsteinfarbene Menschen, orangene Menschen und grüne Menschen sind meistens mit ihresgleichen zusammen, weil sie es einfach genießen, auf derselben Wellenlänge zu sein.

Kehren wir zu dem Pokerspiel zurück, um einen weiteren Punkt zu beleuchten: Sagen wir, anfangs sind in der Gruppe sechs rote Männer. Dann gehen vier und vier neue Männer – alle grün – kommen dazu. Weil es jetzt vier grüne und zwei rote Männer gibt, verlagert sich der dominante Modus des Diskurses schnell von Rot zu Grün. Nehmen wir an, jetzt gehen zwei grüne Männer sowie die beiden roten Männer und vier türkisene Männer kommen neu dazu. Dann verlagert sich der dominante Modus des Diskurses von Grün nach Türkis. Türkis marginalisiert Menschen mit anderen Werten nicht, und genau weil es zum Beispiel orangene Geschäfte oder gelbe Traditionen nicht marginalisiert, verlassen die beiden grünen Männer die integrale Gruppe wahrscheinlich unter ärgerlichem Protest.

Beachten Sie den Schwerpunkt (oder den dominanten Resonanz-Modus) der Entwicklungsstufen: *Die Gruppe hat sich von Rot zu Grün zu Türkis bewegt.* Mit anderen Worten, sie hat alle möglichen Stufen übersprungen (hat sich direkt von Rot zu Grün und dann von Grün zu Türkis begeben), das ist einem individuellen Holon nicht möglich. Und damit wären wir bei einem weiteren wichtigen Unterschied zwischen individuellen und sozialen Holons angelangt: **Individuelle Holons durchlaufen obligatorische Stufen, soziale Holons nicht.**

Es gibt für Gruppen, Kollektive oder Gesellschaften einfach keine konstanten Struktur-Stufen. Deswegen können Sie die Theorien über individuelle Struktur-Stufen – wie die von Loevinger, Graves, Maslow, Kohlberg usw. – nicht für die Beschreibung von Gruppen oder sozialen Holons benutzen. Mir ist klar, dass einige Anhänger dieser Theoretiker das Gegenteil behaupten, weil es zunächst so scheint, als sei das möglich. Und zwar deswegen, weil die Gruppe einen dominanten Modus des Diskurses hat und die *Struktur dieses Diskurses* im Wesentlichen der *Struktur der dominanten Monade* der Individuen folgt, die den Diskurs im sozialen Holon führen. Sie können also die Pokerrunde locker als »grüne Gruppe« bezeichnen, weil der dominante Modus des Diskurses von seiner Struktur her grün ist. Aber, wie wir gesehen haben, kann die Gruppe diese Stufen überspringen, wenn ihre individuellen Mitglieder wechseln, und deshalb durchlaufen Gruppen nicht notwendigerweise die individuellen Struktur-Stufen. *Die Gruppe selbst* agiert nach allen möglichen, höchst unterschiedlichen Mustern und befolgt alle möglichen, höchst unterschiedlichen Regeln.

Individuelle Holons haben unter anderem vier Quadranten, und die soziale Dimension dieser individuellen Holons entfaltet sich in Form von Stufen, die mit den anderen Quadranten *in diesem Individuum* in Korrelation stehen. Aber Kollektive oder **soziale Holons haben keine vier Quadranten,** deshalb entfalten sie sich nicht zwangsläufig in diesen vertikalen Typstufen. Nur durch die verworrene Vorstellung vom Kollektiv als einem einzigen riesigen Organismus entsteht der Eindruck, dass Gruppen zwangsläufig die gleichen festen Stufen durchlaufen wie Individuen. Das »Ich« durchläuft eine relativ feste Reihe von vertikalen Stufen; das »Wir« nicht.

(Es gibt in der Entwicklung von Kollektiven bestimmte Phasen und Zyklen, jedoch sehr locker und allgemein, und meistens gelten sie für die horizontale Entwicklung. Es hat zum Beispiel Versuche gegeben – die berühmtesten stammen von Oswald Spengler, Arnold Toynbee und Pitikin Sorokin –, aufzuzeigen, dass Gesellschaften feste Zyklen durchlaufen, wie Gründung, Wachstum, Reife und Zerfall; oder sinnlich, idealistisch und ideal. Aber alle diese Stufen/Zyklen gelten für »rote« Gesellschaften, »bernsteinfarbene« Gesellschaften, »orangene« Gesellschaften und »grüne« Gesellschaften gleichermaßen – das heißt, es handelt sich hier um horizontale Phasen, keine vertikalen Stufen. Das Gleiche gilt für Adizes wirtschaftliche Stufen/Zyklen: Das sind horizontale, kollektive Zyklen, nicht individuelle, vertikale Stufen. Wir beziehen viele dieser Zyklen und Phasen in AQAL ein, nur dass wir sie nicht mit individuellen Stufen verwechseln.)[28]

Es gibt viele Möglichkeiten, über diese wichtigen Unterschiede zwischen individuell und sozial zu sprechen, aber am bedeutsamsten (und am leichtesten verständlich) ist die Tatsache, dass **das Wir kein Über-Ich ist.** Wenn Sie und ich zusammenkommen und miteinander reden, in Resonanz treten, uns mitteilen und verstehen, entsteht ein »Wir« – doch dieses Wir ist kein anderes Ich. Es gibt kein Ich, das Sie und mich 100-%ig steuert wie Marionetten, sodass wir uns, wenn es an den Fäden zieht, genauso bewegen, wie es will.

Und doch existiert dieses Wir. Sie und ich kommen zusammen und verstehen uns. Wir können gar nicht anders, als uns zu verstehen, zumindest gelegentlich. Interessant, nicht wahr? Der Reichtum und die Komplexität dieses »Wir« ist einfach umwerfend.

... und doch existiert es. Und wir *können* uns verstehen – *Sie und ich, wir können uns gegenseitig verstehen!* Aber wie um alles in der Welt finden Sie so weit Zugang zu meinem Denken, und ich Zugang zu Ihrem Denken und wie können wir uns so tief **ineinander hineinversetzen,** dass wir beide übereinstimmend sehen können, was der andere sieht? Wie immer das passiert, es ist ein Wunder, ein absolut erstaunliches, umwerfendes Wunder ...

Und doch existiert es tatsächlich. Würden wir Gott als »Nexus eines Wir« definieren, hätten wir auf der Stelle den Beweis für seine Existenz. Aber lassen Sie uns dieses Wunder noch etwas weitererforschen, bevor wir zu einigen integralen Schlussfolgerungen gelangen ...

WIE EIN WIR AUSSIEHT UND SICH ANFÜHLT

Denken Sie an eine Ihrer Beziehungen. Stellen Sie sich dieses Wir vor, denken Sie darüber nach oder fühlen Sie es. Bitte versuchen Sie, dieses »Wir« im Hinterkopf zu behalten, wenn wir jetzt fortfahren ...

Nun, wie jedes Holon überall können wir auch ein »Wir« (oder ein kulturelles Holon) *von innen* und *von außen* betrachten – von der Innenseite und von der Außenseite.

Hier eine wunderbar einfache Möglichkeit, sich den Unterschied zwischen der Innenseite und der Außenseite eines inneren Holons zu denken, sei es ein »Ich« oder ein »Wir«. Der Blick von außen sagt uns, wie es **aussieht**, der Blick von innen sagt uns, wie es **sich anfühlt.**

Der Blick von außen ist der Blick der **dritten Person** – oder wie etwas mit Abstand aussieht –, und der Blick von innen ist ein intimer Blick oder Blick **der ersten Person** – oder wie es sich von innen anfühlt. Der *Strukturalismus* ist ein Beispiel dafür, wie ein inneres Holon von außen aussieht – ein grünes Holon, postkonventionelle Ethik, ein formal-operationaler Gedanke, eine moralische Struktur der Stufe drei, ein blaues Werte-MEM oder ein weltzentrisches Ideal (siehe auch Farbtafel, nach S. 96); und die *Phänomenologie* ist ein Beispiel dafür, wie es sich von innen anfühlt – meine unmittelbaren Erfahrungen und direkten Gefühle, Impulse, Wünsche, Empfindungen, inneren Bilder usw. der ersten Person.

Wir haben bereits einige Zeit damit verbracht, uns anzuschauen, wie ein »Ich« aussieht und sich anfühlt – oder wie einige seiner äußeren (z.B. Spiral Dynamics) und inneren (z.B. Zen) Konturen aussehen und sich anfühlen. **Wie also sieht ein »Wir« 1. von außen aus, und 2. wie fühlt es sich von innen an?**

SEMIOTIK: WIE EIN WIR AUSSIEHT

Von außen begann der *Strukturalismus* sich mit seinem Ansatz kulturellen Holons und linguistischen Systemen zu nähern; er bahnte auf diesem Gebiet den Weg für den *Poststrukturalismus* (Lacan, Derrida,

Lyotard, Baudrillard) und den *Neostrukturalismus* (Foucault) – die allesamt Versuche waren und sind, speziell ein kulturelles Holon zu verstehen. Doch trotz all ihrer wichtigen Unterschiede können wir diese Ansätze zur Erforschung der äußeren Form von kulturellen Holons zusammenfassen als **Zone 4.**

Natürlich überlagern sich die Zonen in vielen Bereichen, und wir wollen die einzelnen Disziplinen hier auf keinen Fall in Schubladen stecken. Doch zu den Ansätzen, die sich vor allem auf Zone 4 konzentrieren, gehören **Semiologie, Genealogie, Archäologie, Grammatologie, kulturelle Studien, Poststrukturalismus, Neostrukturalismus** und, vielleicht am wichtigsten, **Semiotik.** Ein geläufigeres und profaneres Beispiel ist die **Ethnomethodologie.** Sie beschäftigt sich mit den Codes, Konventionen und Regeln, welche sozialen Interaktionen zugrundeliegen und die wir in Abbildung 10 als repräsentativ für Zone 4 aufführen, solange wir von dem Verständnis ausgehen, dass alle fühlenden Wesen – nicht nur Menschen – ethnische oder soziale Gruppen haben.[29]

HERMENEUTIK: WIE SICH EIN WIR ANFÜHLT

Das war ein kurzer Überblick über die Außenseite eines Wir (oder Zone 4). Und die Innenseite eines Wir? Immer wenn Sie mit einem Freund oder einer Freundin zusammen sind, ähnlich empfinden und glauben, dass Sie sich gegenseitig verstehen, dass Sie völlig übereinstimmen oder eine Emotion teilen, ist die eigentliche Textur dieser Erfahrungen, Gedanken, gemeinsamen Einsichten, Emotionen, Gefühle – die *tatsächlich gefühlte Textur* dieses gemeinsamen Raumes – ein Beispiel für die Innenseite eines Wir.

Denken Sie daran, dass ein »Wir« im Allgemeinen dadurch entsteht, dass eine **erste Person Singular** (»ich«) durch Einbeziehung einer **zweiten Person** (»du«) zur **ersten Person Plural** (»wir«) umgewandelt wird. Das heißt: **ich + du = wir.** (Deswegen führt AQAL die zweite Person oft als »du/wir« auf.) Von *außen* betrachtet, hat dieses Wir eine Struktur, einen Code, ein Regelsystem, **Ketten von**

Signifikanten, eine Grammatik, eine Syntax, eine Grammatologie, eine Semiotik. Aber *von innen* ist dieses Wir eine gefühlte Bedeutung, **ein Konglomerat von Signifikaten;** keine Syntax, sondern eine Semantik, keine Struktur, sondern ein Sehnen, keine Grammatik, sondern ein Raum von gemeinsamen Gefühlen, Visionen, Wünschen und Konflikten, ein Strudel aus Liebe und Enttäuschung, Verpflichtungen und nicht eingehaltenen Versprechungen, Verständnis füreinander und verheerenden Betrugsgeschichten. Diese Netze gefühlter Beziehungen sind ein Auf und Ab von fast allem, was Sie im Leben »wichtig« finden.

Willkommen in Zone 3.

Die Disziplin, die sich am meisten um die Frage Gedanken macht, wie ich Sie verstehen kann und Sie und ich ein Wir bilden können, ist die **Hermeneutik,** die Kunst und Wissenschaft der Interpretation. Damit wir beide uns verstehen, müssen wir unter anderem auf der gleichen Wellenlänge sein. Wenn das der Fall ist, bilden wir einen Nexus von Interpretationen und Auffassungen, die wir beide teilen. Dieser **Nexus** (oder gemeinsame Stoff des Wir) hat ein Tätigkeitsfeld (deswegen taucht **Nexus-Agens** in verschiedenen Typen von **Nexus-Gemeinschaften** auf) und damit in gewisser Weise ein Eigenleben (bildet aber kein unabhängiges »Ich« oder eine völlig eigenständige Steuerungskapazität). Dieser Nexus hat eine Grammatik, einen Code, eine Struktur oder ein bestimmtes Muster (Zone 4), und diese Struktur besteht in einigen Fällen aus den gemeinsamen Strukturen der Ichs, die seine Mitglieder sind; und deshalb sind diese Strukturen/Grammatiken, wie wir bereits sagten, den Struktur-Stufen in Zone 2 ähnlich.[30] Aber in vielen anderen Hinsichten ist es ein ganz anderes Geschöpf, dieses zauberhafte »Wir« – und das entsteht, wenn Sie und ich uns verstehen, uns lieben, hassen und auf so vielerlei Weise **fühlen**, dass der andere ein **Teil von uns ist**, was tatsächlich stimmt ...

Die Hermeneutik hat viele verschiedene Formen, ist aber in ihrer Essenz genau das, was Sie tun, wenn Sie in diesem Augenblick versuchen, mich zu verstehen. (Wenn ich bei Ihnen wäre, würden Sie und ich natürlich einen wirklichen Dialog führen. Aber selbst mit diesen gedruckten Worten müssen Sie in Resonanz treten und diese Worte müssen mit Ihnen in Resonanz treten oder von Ihrem Subjekt *empfangen* werden.)

Diese Aktivität der gegenseitigen Resonanz – die zwei »Ichs«, von denen jedes für das andere ein »Du« ist, in ein »Wir« umwandelt – ist Hermeneutik. Natürlich kann dieser Prozess objektiver studiert werden (um einen weiteren 3-p Begriff einzuführen), und genau das tut die Disziplin Hermeneutik oft. Aber ihr Gegenstand ist dieses konkrete Wir des Verstehens. Von ihren eher objektiven Formen, wie bei **Wilhelm Dilthey**, zu ihren eher subjektiven Formen, wie bei **Martin Heidegger**, bis zu ihren eher holistischen Formen, wie bei **Hans-Georg Gadamer**, ist der grundlegende Gegenstand der Hermeneutik die Aktivität des Verstehens, die Aktivität, *Subjekte* zu *Intersubjekten* zusammenzubringen, was eine Welt hervorbringt, die keiner von beiden allein wahrnimmt.

Das ist – ja? – ein Wunder.

Die Welt der Intersubjektivität verändert sowohl das Subjekt als auch das Objekt. Die Textur der Intersubjektivität bringt Welten hervor, die wir weder als rein subjektiv (und damit rein relativ) noch als rein objektiv (und damit rein universell) sehen und empfinden können. Hierin liegt die gesamte Welt des unteren linken Quadranten, eine Intersubjektivität, die eine unauslöschliche oder unausweichliche Kontur meines In-der-Welt-Seins auf jeder Ebene meiner Existenz ist, konstitutiv für ein Viertel der Phänomene auf jeder Ebene, um es ganz deutlich zu sagen. Aber weder verabsolutieren wir diesen Quadranten (wie es die Postmoderne tut), noch fehlt uns (wie der Moderne) das Verständnis für sein konstitutives Wesen –, und so werden wir natürlich von beiden Lagern schräg angesehen oder zumindest missverstanden.

Hier herrscht eine Menge Ignoranz. Die Hermeneutiker (Zone 3) begreifen nicht, wie syntaktische Strukturen (Zone 4) ihre gemeinsamen Gefühle und Bedeutungen tatsächlich steuern (und ihnen Grenzen setzen). Die Phänomenologen (Zone 1) begreifen nicht, wie Struktur-Stufen (Zone 2) die Phänomene steuern, die in jedem innerlich betrachteten Raum auftauchen KÖNNEN (ganz zu schweigen vom konstitutiven Wesen des unteren linken Quadranten selbst, vor allem des kulturellen Hintergrunds). Die Empiriker und Behavioristen ignorieren die linken Quadranten völlig (was eine Art »goldener Standard« für Ignoranz ist). Die Systemtheoretiker ignorieren die inneren Quadranten nicht ganz so hartnäckig, sondern versuchen sie vielmehr auf äußere holistische Systeme zu reduzieren (subtiler Reduktionismus).

Doch von sämtlichen Dimensionen, die uns leicht entgehen können – oder die schwer zu entdecken sind –, steht Intersubjektivität mit Sicherheit ganz oben auf der Liste. Wenn die postmodernen Poststrukturalisten nichts anderes täten, als einfach nur ihren Scheinwerfer auf diese Dimension zu richten, könnte man ihnen allein dafür ihre ansonsten unerträgliche Großspurigkeit verzeihen – und so sei ihnen verziehen, zumindest in meinem Buch.

Die meisten von uns kennen Martin Bubers fruchtbaren Gedanken von **Ich und Du**, der besagt, dass die Beziehung meiner ersten Person »Ich« zu Ihrer zweiten Person »Du« und Ihrer ersten Person »Ich« zu meiner zweiten Person »Du« die bedeutungsvollsten Realitäten enthält – und vor allem meine Beziehung zu Gott als dem Großen Du. Lassen Sie uns diesen Aspekt des unteren linken Quadranten also kurz erforschen.

GEIST IN DER ZWEITEN PERSON

Für AQAL gehen die Quadranten oder die Großen Drei (Ich, Du/Wir, Es) den ganzen Weg bis nach unten und den ganzen Weg bis nach oben. Sobald es zu irgendeiner Art von Manifestation kommt, und sei es kausal, oder sobald GEIST selbst sich in der Existenz zum ersten Mal manifestiert, gibt es GEIST in der ersten Person, GEIST in der zweiten Person und GEIST in der dritten Person.

GEIST in der ersten Person ist das große Ich, das Ich-Ich, das Maha-Atman, der Übergeist – GEIST als der große Zeuge in Ihnen, das Ich-Ich in diesem und jedem Augenblick. Genau der Zeuge, in *dem* diese Seite, dieser Raum und dieses Universum auftauchen, genau dieser Zeuge oder dieses Ich-Ich ist GEIST in der Seinsweise seiner ersten Person.

GEIST in der zweiten Person ist das große Du, das große Ihr, der leuchtende, lebendige, ewig gebende Gott, dem ich mich in Liebe, Andacht, Opfer und Erlösung hingeben muss. Im Angesicht von GEIST in der zweiten Person, im Angesicht Gottes, der reine Liebe ist, kann ich nur eines tun: Um Gott in diesem Augenblick zu finden, muss ich lieben, bis es schmerzt; lieben bis in alle Ewigkeit; lieben, bis es mich nirgendwo mehr gibt; nur dieses leuchtende, lebendige Du, das allem Glanz verleiht, das Quelle alles Guten ist, allen Wissens, aller Gnade und mir meine eigene Manifestation, die anderen unweigerlich Leid zufügt, zutiefst verzeiht; die dieser liebende Gott der Du-heit dieses Augenblicks jedoch erlösen kann und auch erlöst, verzeiht, heilt und ganz macht; aber nur, wenn ich mich im innersten Kern meines Wesens hingeben kann, durch Liebe, Anbetung, Anteilnahme und Bewusstheit mein kleines Ich aufgeben kann; mich hingebe an das große Du, als Gott oder Göttin, doch hier und jetzt, leuchtend und ewig, dieses Etwas-das-immer-größer-ist-als-Ich und das die Tiefen dieses Augenblicks enthüllt, die über ich und mich und mein hinausgehen; hinausgehen auch über das ganze Selbst, und mir gegeben wird durch die Du-heit dieses Augenblicks, doch nur, wenn ich mich zutiefst und radikal in Liebe und Andacht der Großen-Du-Dimension dieses Jetzt hingeben kann.

Dieser Große Gott, diese Große Göttin, die mir in diesem Augenblick ihr Antlitz zeigen, die in diesem Augenblick zu mir sprechen, die sich mir in diesem Augenblick offenbaren als Kommunion mit einem Du im heiligen Wir, ist GEIST in der Seinsform seiner zweiten Person.

GEIST in der dritten Person ist das Große Es oder Große System, das Große Netz des Lebens, die Große Vollkommenheit der Existenz selbst, die Ist-heit, die Das-heit, das reine So-Sein dieses und jedes Augenblickes. GEIST ersteht in der Seinsform seiner dritten Person als weites, unpersönliches evolutionäres System; die große ineinandergreifende Ordnung, die Große Holarchie des Seins, von miteinander verbundenen Bereichen, Ebenen, Sphären und Ordnungen, die vom Staubkorn bis zur Gottheit reichen, von Schmutz zu Göttlichkeit, doch alle aufgehoben in der Großen Vollkommenheit des sich entfaltenden So-Seins dieses Augenblicks, und dieser Augenblick, und dies. All diese Auffassungen sind Auffassungen der dritten Person oder GEIST in der Seinsweise seiner dritten Person.

Vielen Menschen ist eines dieser drei Gesichter von GEIST vertraut, aber sie tun sich schwer damit, die anderen gutzuheißen. Die theistischen Traditionen sind natürlich sehr vertraut mit GEIST in der zweiten Person, doch fällt es ihnen oft schwer, sich in die Dimension dieses Augenblickes einzufühlen, dass der GEIST in der ersten Person oder das große Ich-Ich in ihrem eigenen Gewahrsein ist. Und natürlich, angefangen mit Jesus von Nazareth bis zu Al-Hallaj und Giordano Bruno (um nur einige zu nennen), sobald jemand behauptet, er habe GEIST in der Seinsform der ersten Person verwirklicht, kreuzigt, hängt oder verbrennt man ihn. (»Warum steinigt ihr mich? Habe ich Übel getan?« »Nein, nicht weil du Übel tatest, sondern weil du, der du ein Mensch bist, behauptest, Gott zu sein.«)

Heutzutage und in den neuen religiösen Bewegungen finden wir meistens das entgegengesetzte Problem: *den völligen Verlust von GEIST in der zweiten Person.* Stattdessen gibt es hier ausführliche Beschreibungen von GEIST in der Seinsform seiner dritten Person so wie Gaia, das Netz des Lebens, Systemtheorie, Akasha-Chronik, Chaostheorie usw. Das wird, soweit es eine Praxis gibt, verbunden mit GEIST in Seinsformen der ersten Person: Meditation, Kontemplation, Großer Geist, Großes Selbst, Großes Ich. Aber keinerlei Vorstellungen von einem Großem Du, dem ich nur mit Hingabe und Andacht begegnen kann.

Das läuft auf nichts Geringeres hinaus als die Unterdrückung von GEIST in der zweiten Person. Denken Sie daran, alle drei Gesichter von GEIST sind einfach Gesichter Ihres eigenen tiefsten formlosen Selbst oder die drei Gesichter von ursprünglichem Selbst/GEIST, wie er sich zuerst manifestiert. Die vier Quadranten oder die Großen Drei (Ich, Wir/Du, Es) sind die drei grundlegenden Dimensionen des In-der-Welt-Seins Ihres ursprünglichen, nichtmanifesten Selbst. Kurz gesagt, wenn Sie sich zu Ihrem eigenen GEIST in der zweiten Person nicht bekennen, unterdrücken Sie eine Dimension Ihres grundlegenden In-der-Welt-Seins.

Im heutigen Amerika beispielsweise geht die Unterdrückung des Großen Du oft Hand in Hand mit Boomeritis. Wird die Auffassung von GEIST in der dritten Person als großes Netz des Lebens oder die Auffassung von GEIST in der ersten Person als Großer Geist oder Großes Selbst betont, gibt es nichts, wovor das »Ich« sich verneigen und dem es sich hingeben müsste. Das Ego kann sich hinter den Ansätzen der ersten und dritten Person tatsächlich verstecken. Ich bewege mich einfach von Ich zu Ich-Ich, ohne mich jemals Dir hingeben zu müssen.

GEIST in der zweiten Person ist der große Gleichmacher durch Andacht, der große Zerstörer des Egos, vor dem das Ego sich in Demut auflöst in Leerheit. Durch Vipassana, Zen, *Shikan-Taza,* Vedanta, Transzendentale Meditation usw. wird jedoch mein inneres Erleben einfach nicht konfrontiert mit etwas, das größer ist als ich, sondern begegnet immer nur höheren Ebenen meiner selbst. Wenn ich aber nicht auch mit höheren Ebenen von Du in Berührung komme – die Quadranten gehen ganz bis nach oben! –, bleibe ich auf subtile oder auch gar nicht so subtile Weise auf Variationen von Ich-heit und der ersten Person fixiert.[31] Das ist der Grund dafür, warum Ansätze, die nur die erste Person berücksichtigen, oft durchgängig eine tief sitzende Arroganz zeigen.

Es ist verständlich, dass so viele Individuen sich vom mythischen-bernsteinfarbenen Gott abgewendet haben, meistens in dem Alter, wo sie aufs College wechselten und von orangenen zu grünen Weltsichten übergegangen sind. Den mythischen Gott sollten auch Sie hinter sich lassen, nicht aber GEIST in der zweiten Person! Finden Sie stattdessen den türkisen Gott, den indigo Gott – ganz bis nach oben bis zum ultravioletten Gott, der das Große Du ist, das neben dem ultravioletten Ich-Ich und dem Großen Es des Dharmadhatu (oder Reich der Wirklichkeit) das Gesicht der zweiten Person von GEIST ist. Das sind die drei Dimensionen Ihres eigenen formlosen ursprünglichen GEISTes, wie er sich in der Welt der Form manifestiert, und eine davon unterdrücken heißt: Ihre eigenen tiefsten Wirklichkeiten unterdrücken.

Dass diese Unterdrückung mit Boomeritis einhergeht, können wir vielen Kommentaren entnehmen, wie auch dem folgenden von

Tulku Thondup. Er weist darauf hin, dass andächtige Hingabe im tibetischen Buddhismus tatsächlich einen zentralen Stellenwert hat. Und trotzdem sträuben sich die westlichen Buddhisten dagegen. Sie akzeptieren die Aspekte des Buddhismus, die auf GEIST als Großen Geist (erste Person) und GEIST als Dharma Gaia (dritte Person) verweisen, nicht aber auf GEIST als Andacht und Hingabe. »Wenn westliche Menschen anfangen, sich für den Buddhismus zu interessieren, sind sie manchmal enttäuscht, sobald sie von der Praxis andächtiger Hingabe erfahren. Sie sagen dann Dinge wie: ›Dass ich eine Autorität außerhalb von mir anbete, das wollte ich nun gerade hinter mir lassen.‹ Was für ein Witz, vor Andacht und Hingabe davonzulaufen, wenn Glaube und Gebet schon an der nächsten Ecke warten!«

Das Ganze ist sehr einfach: Es geht bei den drei Gesichtern von GEIST darum, dass sie als Dimensionen genau dieses jetzigen Augenblicks oder GEIST in vier Quadranten – ganz bis nach oben und ganz bis nach unten – alle drei von entscheidender Bedeutung sind.

(Im *Integral Institute* haben wir eine Reihe von angeleiteten Meditationen entwickelt – **Das 1-2-3 Gottes** –, die Menschen helfen sollen, mit allen drei Dimensionen ihres eigenen tiefsten GEISTes in Berührung zu kommen. Wenn Sie daran interessiert sind, schauen Sie bitte nach unter *www.integraltraining.com,* ILP Starter Kit.)

DIE POSTMODERNE REVOLUTION IST IMMER NOCH NICHT IN SICHT ...

Dieses Ignorieren von Intersubjektivität – um zu dem unteren linken Quadranten generell zurückzukehren – finden wir selbst in ansonsten wunderbar aufgeschlossenen Epistemologien, was ihre wichtigen Beiträge schmälert und dazu führt, dass die Postmodernisten sie ziemlich schroff übergehen. Im nächsten Kapitel werden wir viele von diesen näher betrachten, darunter Edward Morin, Michael Murphy, Deepak Chopra, Francisco Varela, Margaret Wheatley, Erwin Laszlo, Rupert Sheldrake ... Leider muss ich sagen, dass diese Liste endlos zu sein scheint. Die Tragödie ist, dass diese Ignoranz gegenüber Intersubjektivität durch einen integralen Bezugsrahmen so leicht aufgehoben werden könnte ...

Was hat es mit Intersubjektivität auf sich, dass sie so schwer zu sehen ist? Das Innere eines Wir können wir fühlen, aber das Äußere eines Wir müssen wir uns aus Abstand und über einen längeren Zeitraum hinweg ansehen, um seine Bedeutung und Struktur ganz erfassen zu können. Zone 2 ist aus dem gleichen Grund so schwer zu verstehen wie Zone 4. Wir können sie durch Introspektion, Kontemplation, Gefühle oder Meditation einfach nicht sehen, ganz gleich, wie lange wir nach innen schauen.

Ohne die Methodologien der Zonen 2 und 4 verschwindet eine ganze Dimension unseres In-der-Welt-Seins auf praktisch allen Ebenen unserer Manifestation still und heimlich in der dunklen Nacht unserer eigenen Ignoranz. Die Entdeckung der Zonen 2 und 4 ist ein umwerfend wichtiger Beitrag des modernen und postmodernen Westens.

Dieses Etwas namens »wir«. Das nicht nur zwischen Ihnen und mir entsteht, sondern zwischen dem höchsten Ich und dem höchsten Du dieses und jedes Augenblickes. Ich erlaube mir, dieses Kapitel mit einer Meditation auf eine Version von GEIST in der zweiten Person zu beschließen, die Teil eines Vorwortes ist, das ich für ein Buch mit dem Titel *Eyes of the Soul* (Janet Bell 2003) geschrieben habe. Das scheint mir für dieses Thema ebenso passend wie alles, was ich sonst noch dazu sagen könnte.

Ich sitze ruhig vor dem Computer und tippe an einem ganz gewöhnlichen Montagmorgen ganz gewöhnliche Worte auf einer ganz gewöhnlichen Tastatur. Allmählich fällt mir auf: Etwas Ungewöhnliches liegt in der Luft, in der Atmosphäre, die mich umgibt, ein sanftes, unglaublich feines Flimmern von Regen, ein funkelnder Goldstaub, ein wehmütig-sehnsüchtiger Dunst, sprühend und leuchtend, überall. Stiller Aufruhr psychedelischer Edelmetalle macht lebendig, was immer ich betrachte. Mit den deutlich vernehmbaren pochenden Seelen jedes einzelnen Regentropfens erwacht die Welt zum Leben, jeder Tropfen eine kleine Öffnung für sich, münden alle in eine leuchtende

Unendlichkeit, die langsam auch meinen Geist, meine Seele durchdringt. Mein Herz füllt sich mit diesem Leuchten, fließt dankbar über in die Welt und nimmt diese wieder in sich auf. Ein ekstatisch schmerzlicher, leuchtender Segen, der jedes und alles staunend berührt, das Sehnen von Liebe und die erschreckenden Tränen zärtlicher Umarmung. Jeder schimmernde Regentropfen eine verborgene Seele, die sich zu mir wendet, mich berührt, und dann, plötzlich, der Chor der Götter und Göttinnen, ein einziger Missklang, sie alle singen, so laut sie können, schauen mich an, rufen mich, drängen mich, lauter und lauter, donnernd und donnernder, rufe auch ich sie, spontan und hemmungslos brüllen, weinen, singen wir vereint. Gott, was für ein Klang, wie gewaltig es donnerte, unser gemeinsames Schluchzen und Brüllen: Ist nicht dieser einfache Augenblick der Gegenwart das reine Gesicht von GEIST selbst? Vollkommene Offenbarung, die niemals und in nichts vollkommener sein könnte?

Und damit, damit dass all das so ganz offensichtlich ist, hört der Regen einfach auf. Ich tippe das nächste gewöhnliche Wort auf einer ganz gewöhnlichen Tastatur an diesem ganz gewöhnlichen Montagmorgen. Und doch, irgendwie, nur ein klein wenig, wird diese Welt nie mehr dieselbe sein.

8

DIE WELT DES SCHRECKLICH OFFENSICHTLICHEN

DIE WELT RECHTER HAND

Wir können unseren allgemeinen integralen Überblick damit abschließen, dass wir die (äußeren) Quadranten rechter Hand und ihre Beziehung zu Spiritualität in der modernen und postmodernen Welt einfach nur erwähnen. Weil sich dieses Buch vor allem auf die inneren oder Quadranten linker Hand konzentriert, werde ich in Bezug auf die rechten Quadranten nicht allzusehr ins Detail gehen, verzeihen Sie mir also, dass diese Zusammenfassungen hoch abstrakt sind.

Wir können mit dem oberen rechten Quadranten oder dem Studium des objektiven Organismus anfangen und dann zum unteren rechten Quadranten oder dem Studium von objektiven Gruppen von Organismen übergehen. Oben rechts können wir den objektiven oder »Es-Organismus« von innen oder von außen betrachten und sprechen hier von Zone 5 bzw. Zone 6. Wir wollen uns diesen Zonen in umgekehrter Reihenfolge zuwenden und beginnen mit einem Blick von außen auf den äußeren Organismus.

ZONE 6: ZUM BEISPIEL BEHAVIORISMUS UND EMPIRISMUS

Der Ansatz, mit dem sich **Zone 6** dem Organismus nähert, ist der üblichste (**3-p x 3-p x 3p**). Er wird im Allgemeinen mit dem abschätzigen Begriff »naiver Empirismus« bezeichnet und zwar von denen, die sich über die Tatsache ärgern, dass eine dreifach abstrahierte Sicht der dritten Person von etwas tatsächlich »naiv« genannt wird, und die den Begriff trotzdem als akademischen Seitenhieb benutzen. Dieser Blick von außen auf ein äußeres Objekt ist »ein Blick von nirgendwo«, wie Thomas Nagel das so wunderbar nannte, und damit einen weiteren halben Seitenhieb verteilte. Aber es handelt sich hier nicht wirklich um den Blick von absolut nirgendwo, sondern einfach um die Sicht der dritten Person, die wieder und wieder und wieder eingenommen wird, sodass die homöopathischen Dosen von Realitäten der ersten Person, die in diesem Ansatz übrig bleiben, den Anschein erwecken, als sei er ein Blick aus dem verdammten Nirgendwo. Weitere halbe Seitenhiebe gelten dem wissenschaftlichen Materialismus, dem geistlosen Behaviorismus und dem monologischen Positivismus. (Wir werden schon bald sehen, warum »monologisch« für jeden Vertreter der Postmoderne ein Seitenhieb ist; mono-logisch bedeutet im Grunde »mono-subjektiv«, d.h., das »Intersubjektive« wird *ignoriert,* und das ist wirklich eine üble Sache – was der Integralismus bestätigt.)

Weil wir uns so lange mit den inneren Realitäten oder Realitäten linker Hand beschäftigt haben, müssen wir uns ins Gedächtnis rufen, dass für die gerade erwähnten Ansätze mit ihrer naiven Veranlagung innere Realitäten gar keine Realitäten sind. Die Weltsicht des »wissenschaftlichen Materialismus« geht davon aus, dass der obere rechte Quadrant der einzige reale Quadrant ist und macht dann den Versuch, das Universum zu erklären, als wären die Objekte oben rechts dessen einzige konstitutive Elemente. Diese merkwürdige homöopathische Verdünnung von menschlichem Bewusstsein und Spiritualität, bei der vom Universum nichts weiter übrig bleibt als munterer Schmutz, mag uns extrem eigenartig vorkommen, was sie sicher auch ist, doch das ist nicht meine Schuld.

Wir können in Bezug auf diesen Quadranten zwei Fehler machen: Der eine besteht darin, ihn zu verabsolutieren, und der andere, ihn zu verleugnen. Die Moderne begeht den ersten, die Postmoderne den zweiten Fehler.

Vom AQAL-Standpunkt aus sind linker Hand und rechter Hand beide gleichermaßen real und wichtig. Wenn sich im oberen linken Quadranten Bewusstseinsvorgänge abspielen, haben sie Korrelate oben rechts. (Sie haben in allen vier Quadranten Korrelate, aber wir konzentrieren uns hier auf das Individuum.) Jedem **Bewusstseinszustand** (und das gilt auch für alle meditativen Zustände) entspricht zum Beispiel ein bestimmter **Gehirnzustand** – beide treten gleichzeitig auf als gleichermaßen reale Dimensionen ein und derselben Begebenheit, die wir nicht aufeinander reduzieren können.

Das Problem ist, dass die meisten konventionellen wissenschaftlichen Ansätze im Absolutismus des oberen rechten Quadranten steckenbleiben und deshalb innere (oben links) Realitäten im besten Falle als »Epiphänomene« oder Abfallprodukte der realen Realität in der materialistischen Welt (d.h. dem Gehirn) abtun. Dieser Ansatz behauptet, dass das Gehirn auf die gleiche Art Gedanken produziert, wie die Augen Tränen. Doch das Gehirn produziert keine Gedanken. Da ist einfach nur eine Gegebenheit, die, wenn sie auf eine Weise betrachtet wird (1-p x 1), wie Gedanken (oder Verstand) aussieht; und aus einer anderen Perspektive betrachtet (3-p x 3p), wie ein Gehirn.

Wir können jedoch weder Gedanken auf das Gehirn (Materialismus) noch das Gehirn auf Gedanken (Idealismus) reduzieren, noch ist dies eine Identitätsthese (sondern vielmehr eine tetra-interaktive These). Aber das heißt natürlich, nach einer weiteren Büchse der Pandora greifen, die wir hier nicht öffnen müssen (deren Inhalt finden Sie in meinem Buch *Integrale Psychologie* in Kapitel 14: »Das 1,2,3 der Bewußtseins-Studien« und dort vor allem in dem Abschnitt mit der Überschrift »Das Geist-Körper-Problem«).

Hier geht es einfach darum, dass die Forschung über Gehirnphysiologie und Gehirnzustände im oberen rechten Quadranten ein sehr wichtiger Punkt auf der integralen Tagesordnung ist, vor allem, wenn es um Kontemplation und meditative Zustände geht. Noch besser ist es, diese Phänomene mit Phänomenen in den anderen Quadranten in Korrelation zu bringen, was wir **simultan verfolgen** nennen. Einer der ersten Forscher, der Phänomene ernsthaft simultan verfolgte (zumindest in den individuellen Quadranten), war Robert Keith Wallace, der 1970 im Wissenschaftsjournal *Science* von seinen Untersuchungen berichtete und nachwies, dass es sich bei Meditation um einen vierten, eigenständigen Bewusstseinszustand mit ganz eigenen physiologischen Mustern handelt. *Diese Forschung im oberen rechten Quadranten über das Bewusstsein im oberen linken* hatte anfangs eine geradezu elektrisierende Wirkung: Meditation ist real! Vielleicht ist sogar GEIST real! Man kann das physiologisch messen!

Richard Davidson und andere Forscher haben diese wichtige allgemeine Linie der Erforschung von Gehirn**zuständen** im oberen rechten Quadranten, die Korrelate der Bewusstseins**zustände** (einschließlich meditativer Zustände) im oberen linken Quadranten haben, weiter verfolgt. **Bewusstseinsstufen** hat diese spezielle Forschungsrichtung bislang noch keine Beachtung geschenkt, vielleicht weil diese Untersuchungen in Verbindung mit dem Buddhismus stehen und hauptsächlich Ansätze der Zone 1 sind, aber in Zukunft wird man diese vernachlässigten Zonen hoffentlich in die Liste der Forschungsvorhaben aufnehmen.

Leider bringt die Art und Weise, wie die wissenschaftliche Kultur diese Forschung zum jetzigen Zeitpunkt interpretiert, uns nur das Fürchten bei. Der wissenschaftliche Materialismus frisst diese Forschung bei lebendigem Leibe. GEIST ist nichts als das Gehirn! *Gott, reduziert auf einen Gehirnzustand* – das ist im Augenblick das übliche, traurige Ergebnis dieser Forschungen.

Es gibt einen Gott-Spot, einen neuen G-Punkt! – im Organismus, diesmal im Gehirn. Kitzele diesen G-Punkt, und du bekommst einen übernatürlichen Orgasmus, weil das Gehirn dann richtig abgeht. Genau das behauptet der wissenschaftliche Materialismus: Meditation bewirkt lediglich, dass bestimmte Bereiche im materiellen Gehirn aktiviert werden. Meditation vermittelt uns keinerlei Einsichten in Realitäten, die sich außerhalb des Organismus befinden, sondern knipst lediglich einen (oder mehrere) Schalter im Gehirn an; mit der Wirkung, dass sich zum Beispiel die Grenzen des Selbst verwischen oder ganz verschwinden und kognitive Fähigkeiten abnehmen oder völlig verloren gehen; und dadurch wird das subjektive Gefühl ausgelöst, mit der Welt »eins zu sein«.

Kurz gesagt, der wissenschaftliche Materialismus sieht in diesen Forschungen keinen Beweis dafür, dass GEIST real ist, sondern im Gegenteil: Er nimmt sie als Bestätigung dafür, dass spirituelle Realitäten nichts anderes sind als Gehirnphysiologie, nichts als der verflixte olle G-Punkt, der aktiviert wird. Göttlichkeit reduziert auf Dopamin, und alle können sich erleichtert zurücklehnen. Und so ginge der Quadrantenabsolutismus wieder von vorn los ...

Ganz anders als die Ansätze, die auf diese Weise im oberen rechten Quadranten Missbrauch und Reduktionismus betreiben, nimmt ein Integraler Ansatz diesen Quadranten und seine Phänomene sehr ernst. Im Zusammenhang mit Bewusstseinsstudien gehören zu den generellen Disziplinen in Zone 6 **Neurophysiologie, Gehirnchemie, Genetik, die Forschung über Gehirnwellen und Gehirnzustände** (EEG [Elektroenzephalogramm], fMRI [funktionale Magnetresonanztomographie], PET [Positronen-Emissions-Tomographie] usw.) und **Evolutionsbiologie**. Diese Phänomene und ihre AQAL-Korrelationen sind von entscheidender Wichtigkeit und verdienen es, dass wir sie ernsthaft erforschen.

GEHIRNZUSTÄNDE (OBEN RECHTS) UND GEISTESZUSTÄNDE (OBEN LINKS)

Ich möchte nicht viel Zeit mit diesem Thema verbringen (weil es, relativ gesagt, so vordergründig ist), aber es ist wichtig zu beachten, dass die Forschung über verschiedene Gehirnzustände (Gehirnwellen, PET-Aufnahmen, fMRI-Muster) langsam, aber sicher bestimmte Gehirnsignaturen (oder materiell-energetische Fingerabdrücke oben rechts) entsprechender Geistes- oder Bewusstseinszustände (oben links) ans Licht bringt – das, was wir in Bezug auf die meditativen oder spirituellen Spielarten dieser Signaturen spaßeshalber als G-Punkt bezeichnet haben. Die ersten Typen von Korrespondenzen haben sich auf Gehirnwellenmuster und Bewusstseinszustände konzentriert. Tabelle 4 gibt einen typischen Überblick über einige dieser Forschungstypen. Jüngere Untersuchungen haben sich vor allem auf die funktionale Magnetresonanztomographie und die Positronen-Emissions-Tomographie (PET) konzentriert.

Tabelle 4 Signaturen von Gehirnzuständen einiger üblicher Geistes- (oder Bewusstseins-) Zustände

Geisteszustand (*oben links*) *(oder Bewusstseinszustand)*	**Gehirnzustand** (*oben rechts*) *(oder physiologischer Zustand)*
Tiefschlaf	*Deltawellen (1-4 Hz)*
Traumzustand	*Thetawellen (4-7 Hz)*
hypnagoges Stadium	*Alphawellen (8-13 Hz)*
typischer Wachzustand	*Betawellen (13-30 Hz)*
Meditation	*langsame Alpha-/Thetawellen*
Kontemplation	*langsame Alpha-/Thetawellen plus Beta- und Deltawellen*

Wie immer die endgültigen Signaturen oder Fingerabdrücke schließlich aussehen mögen (und es kann Dutzende oder sogar Hunderte davon geben): Wir sollten uns klar machen, dass diese Gehirnzustände nicht nur Korrelate genereller Bewusstseinszustände (oben links) sind, sondern auch oben rechts Korrelate zum Beispiel für die im Wilber-Combs-Raster aufgeführten Aspekte und Zustände, wie zum Beispiel Daniel P. Browns geschulte meditative Zustand-Stufen. Wenn diese ersten Forschungen erst einmal generelle Signaturen beleuchtet haben, könnten intensivere Untersuchungen zum Beispiel anhand einer Gruppe Meditierender anfängliche, mittlere und fortgeschrittene Zustand-Stufen von Meditation und Kontemplation verfolgen (über Zeiträume von bis zu 20 Jahren hinweg und länger und parallel zu diesen Vorgängen im oberen linken Quadranten deren Signaturen im oberen rechten Quadranten untersuchen).

Der einzige Punkt, den ich hier wirklich betonen möchte, ist, dass AQAL nicht nur Raum für solche Forschungen schafft und sie fördert, sondern auch einen nichtreduktionistischen Bezugsrahmen und eine entsprechende Theorie für die Berücksichtigung von Gehirnzuständen und Geisteszuständen und deren Beziehung (und ihren intersubjektiven Hintergrund) bereitstellt. Sollte diese Art von Gehirnforschung weiter und vielleicht sogar noch intensiver betrieben werden, sind solche Meta-Theorien und Bezugsrahmen – sei es AQAL oder andere – zunehmend nötig, damit diese Überfülle an Daten einen Sinn ergibt; denn Information als solche ist bedeutungslos.

IST GOTT REAL?

Wenn es um spirituelle Realitäten geht, sagt die Tatsache, dass ein G-Punkt aufleuchtet (oder welche Entsprechung im Gehirn wir auch immer verfolgen), sobald Sie sich in einem meditativen Zustand des Einsseins befinden, absolut *nichts* über den ontologischen Status des **Referenten** in diesem Zustand aus. Jede G-Punkt-Aktivität im Gehirn ist das Korrelat eines meditativen Zustands, nicht dessen *Inhalt.* Wenn ich einen Apfel betrachte, blinkt ein Bereich im Gehirn auf, der mit dieser Wahrnehmung verbunden ist, aber wir nehmen deswegen nicht an, dass der Apfel nur im Gehirn existiert. Warum sollten wir also, weil hier das Gleiche passiert, annehmen, dass Gott nur im Gehirn existiert?

Wird im oberen linken Quadranten ein Zustand oder eine Stufe des Bewusstseins aktiviert, entspricht ihr ein Gehirnzustand, der im oberen rechten Quadranten aktiviert wird. Das Bewusstsein selbst (oben links) hat oft **Zeichen**, die auf **Referenten** verweisen. Der *ontologische Status* dieser Referenten wird mit Hilfe zahlreicher verschiedener Werkzeuge bestimmt, am häufigsten durch eine kollektive Überprüfung der Realität.

Wenn ich zum Beispiel meinen Hund Isaac sehe, blinken in meinem Gehirn bestimmte Bereiche auf. Das heißt, während oben links der Bewusstseinszustand abläuft, läuft oben rechts ein Gehirnzustand ab (jedes Geschehen hat *Korrelate* in allen vier Quadranten). Vielleicht möchte ich jemandem die Tatsache mitteilen, dass mein Hund hier ist, also sage ich: »Komm her und sieh dir meinen Hund Isaac an.« Hier sind vier Dinge beteiligt: Zeichen, Signifikanten, Signifikate und Referent.

Die konkreten Worte »Hund« und »Isaac« sind **Zeichen**, die zwei Komponenten enthalten: Signifikanten und Signifikate. Die **Signifikanten** sind die materiellen Worte oder Klänge: »Hund« und »Isaac«. Wenn Sie ein Wort wie »Hund« hören oder sehen, kommt ihnen das **Signifikat** in den Sinn. Isaac, der Hund selbst, ist der **Referent**. Wenn Sie herkommen und hinschauen, sehen Sie Isaac ebenfalls, deshalb können wir generell davon ausgehen, dass Isaac real ist und nicht nur eine Einbildung oder Halluzination. In diesem Fall hat der Signifikant Isaac also einen realen Referenten.

Was aber, wenn ich mich mit meinem Freund unterhalte und sage: »Glaubst du, Sally liebt mich?« Die hier benutzten Signifikanten scheinen ganz simpel zu sein. Aber tatsächlich setzt ihre Benutzung die Fähigkeit voraus, die Perspektive der dritten Person einzunehmen, um die hier beteiligten Realitäten sehen zu können. Die **Referenten** dieser Zeichen **existieren nur im Weltenraum** von Orange und höher. Sie *können* bis dahin einfach *nicht sehen,* was dieser Satz bedeutet, selbst wenn Sie die entsprechenden sensomotorischen Worte und materiellen Körper sehen können.

Obwohl Sie also die *Signifikanten* in diesem Satz hören und sehen können, können Sie die korrekten *Signifikate* nicht verstehen und deswegen auch den tatsächlichen *Referenten* nicht sehen. Ich kann die Worte sehen, aber ihre Bedeutung »ist mir zu hoch«, und deshalb gehe ich einfach davon aus, dass der Referent überhaupt nicht existiert, denn ganz gleich, wohin ich schaue, ich finde keinerlei Beweise dafür.

Das haben die Entwicklungsforscher schon immer gewusst: Da draußen existiert nicht eine einzige, vorgegebene Welt und wartet darauf, dass Hinz und Kunz vorbeikommt und sie sieht. Mit jeder neuen Ebene der Bewusstseinsentwicklung treten andere phänomenologische Welten – *reale* Welten – ins Sein. Die Systemtheorie zum

Beispiel, die etwa auf der Höhe von Türkis existent wird, kann auf der Bewusstseinsebene von Orange (oder niedrigeren Ebenen) einfach nicht gesehen werden – globale Systeme sind für Orange »einfach zu hoch«. Diese Systeme existieren, doch können sie vor Erreichen der Ebene von Türkis einfach nicht gesehen oder hervorgebracht werden. Der Signifikant »global-mutual interagierende Systeme« scheint also vor Türkis nicht real zu sein, erst ab hier ruft dieser Signifikant das korrekte Signifikat ab, und der tatsächliche Referent wird gesehen und verstanden.

Das ist der Grund dafür, dass der Strukturalismus (und anschließend der Poststrukturalismus) für die gesamte »konstruktivistische« Revolution in der Erkenntnistheorie so zentral war. Die Welt des »naiven Empirismus« liegt nicht einfach so herum und wartet darauf, gesehen zu werden. Der naive Empirismus selbst existiert gar nicht vor der Ebene von Orange! Die Strukturen des Bewusstseins, die wahrnehmen und mit erschaffen, bringen unterschiedliche Welten hervor. In AQAL sind diese »kon-struierenden Strukturen« in allen vier Quadranten verankert (auch in den rechten oder »objektiven« Quadranten), sodass sich die ganze Sache nie zu dem Extrem versteigt, alle Realitäten seien »soziale Konstruktion«. Aber eine zentrale Tatsache bleibt bestehen: **Die Referenten sämtlicher Signifikanten existieren erst auf bestimmten Entwicklungsstufen und in bestimmten Entwicklungszuständen.**

Nehmen wir also die Signifikanten »Gott«, »Leerheit« und »*Nirvikalpa Samadhi*«. Sind ihre Referenten »real«? Existieren sie? Und die einzig mögliche Antwort lautet: *Begeben Sie sich auf die Stufe oder in den Zustand, wo dieser Satz geschrieben wurde, und schauen Sie selbst nach.* Wenn Sie sich nicht im gleichen Zustand/auf der gleichen Stufe befinden wie der Autor der Signifikanten, haben Sie auch nicht das korrekte Signifikat, können folglich auch den tatsächlichen Referenten nicht sehen und sagen deshalb: »Das ist mir zu hoch«.

Andererseits lautet praktisch die einmütige Schlussfolgerung derjenigen, die Gewahrsein zum Beispiel in den kausalen Zustand bringen, dass der Signifikant »Leerheit« einen realen Referenten hat. Diejenigen, die das Gewahrsein stabil im nichtdualen Zustand verankern, gelangen zu der Schlussfolgerung, dass der Signifikant »Göttlichkeit« einen realen Referenten hat. Usw. Wenn hier der G-Punkt blinkt, sehen Sie etwas, das ebenso real ist wie der Apfel, der andere Bereiche des Gehirns anknipst.

Aber ohne eine korrekte Schulung in Zuständen und Stufen bleiben Worte wie »Göttlichkeit«, »Nirvikalpa«, »Buddha-Natur«, »Christusbewusstsein«, »*Nirguna Brahman*« und »Metanoia« für Sie Kauderwelsch, denn sie alle haben für Sie keinen realen Referenten und keine reale Bedeutung. Knipst ein Meditierender den G-Punkt an, können Sie einfach nicht sehen, was er sieht, und werden unweigerlich annehmen, dass es sich hier nur um »Hirngespinste« handelt.

Ein Dummerchen, wer so denkt. Inzwischen baut man diese Forschung über Gehirnzustände schnell in die wissenschaftlich-materialistische Sicht der Dinge ein, mit dem unglücklichen Resultat, dass der Spiritualität dadurch wahrscheinlich mehr geschadet wird, als dass es ihr weiterhilft. Doch ist diese Forschung absolut entscheidend und muss mit Sicherheit weiter vorangetrieben werden.

Eine quadratische Sicht erlaubt uns, diese sehr wichtige Gehirnforschung im oberen rechten Quadranten anzuerkennen und einzubeziehen, aber wir sollten auch die Grundregel für jede Überprüfung der Wirklichkeit kennen: Wenn ich wissen will, ob etwas real ist, *muss* ich mich in den gleichen Zustand oder auf die gleiche Stufe begeben, wo die Behauptung aufgestellt wurde. Tue ich das nicht, sollte ich auch bitte nicht über Dinge sprechen, die mir zu hoch sind ...[32]

ZONE 5 – KOGNITIVE WISSENSCHAFT UND AUTOPOIETISCHE ORGANISMEN

Mehr als die Hälfte dieser Seiten haben wir den inneren Bereichen gewidmet, einschließlich wissenschaftlicher Untersuchungen innerer Erfahrungen. Damit müssten wir die **kognitive Wissenschaft** weitgehend abgehandelt haben, stimmt's? Tatsächlich haben wir fast gar nichts von diesem Gebiet behandelt. Verstehen, warum das so ist, heißt eine der faszinierendsten Perspektiven (und Methodologien) verstehen, die menschlichen Wesen zur Verfügung steht: die Sicht von außen auf das Innere eines objektiven Organismus (**3-p x 1-p x 3p**) – oder die Ansätze der Zone 5 für die Erforschung von Realitäten der rechten Quadranten.

Ich möchte Ihnen diese Sicht kurz vorstellen, indem ich daran erinnere, was Maturana und Varela mit ihrer ziemlich revolutionären *biologischen Phänomenologie* anstellten, die sie ebenfalls als »*Innensicht* des Organismus« bezeichneten. Sie machten deutlich, dass »Phänomenologie« für sie nicht der Versuch war zu verstehen, was der Organismus – sagen wir ein Frosch – subjektiv erlebt. Sie versuchten nicht den »Ich-Raum« eines Frosches zu rekonstruieren (das wäre Phänomenologie oben links), sondern das, was in der subjektiv-kognitiven Welt des Frosches zugänglich war, dachten darüber aber weiterhin in objektiven Begriffen. Es war die »Innensicht« des Frosches, der man sich objektiv näherte – deswegen ein objektiver Bericht (3-p) der inneren oder subjektiven Sicht (1-p) des Frosches, an die man als solche weiterhin mit objektiven oder wissenschaftlichen Begriffen heranging (3p). Deswegen **3-p x 1-p x 3p.** Das »1-p« oder der Begriff »erste Person« in der Mitte war es, der ihre **biologische Phänomenologie** oder »die Sicht aus dem Inneren des Organismus« ausmachte.

Und das reichte, um Biologie und biologische Erkenntnistheorie zu revolutionieren. Zuerst war die biologische Fachwelt schockiert, denn bislang war es üblich gewesen, das Verhalten des Frosches mit Modellen wie der Systemtheorie zu erforschen. Maturana und Varela zeigten jedoch, dass die *Systemtheorie,* wenn es um die tatsächliche Phänomenologie des Frosches geht, *überhaupt keine Rolle spielt,* ja, *dass sie in der Welt des Frosches überhaupt nicht existiert.*

Was absolut richtig ist. Die Systemtheorie hat eine Rolle, aber die ist Teil der äußeren Sicht des Organismus, nicht seiner Innensicht. Ein biologischer Organismus ist vielmehr eine autonome, kohärente, sich selbst erzeugende Entität (**Auto-Poiesis** bedeutet **selbst erzeugen**). Und diese sich selbst erzeugende organische Entität erkennt eine Welt und bringt sie aktiv hervor, sie nimmt nicht lediglich eine Welt wahr, die bereits vorgegeben ist. Kurz gesagt, der biologische Organismus erschafft die Welt mit, die er wahrnimmt. (Das war, in einem sehr positiven Sinne, eine postmoderne Biologie.)

Dieser Ansatz revolutionierte nicht nur die Biologie, sondern auch viele andere wissenschaftliche Ansätze zur Erforschung äußerer Holons. Das ist der grundlegende Unterschied zwischen **klassischem Behaviorismus** und **autopoietischem Behaviorismus**. Der Erste schaut sich objektive Organismen von außen an (Zone 6), der Zweite von innen (Zone 5).

Was auch für die Ansätze der Zone 5 zur Erforschung des Individuums (im oberen rechten Quadranten) gilt. Die kognitive Wissenschaft, der heute am meisten verbreitete Ansatz zur Untersuchung des Bewusstseins (und damit, indirekt, wenn das Thema zugelassen wird, von Spiritualität), ist – wenn es um das Bewusstsein und seine Inhalte geht – die maßgebliche »offizielle« Sicht der modernen Wissenschaft, die bestimmt, was hier real ist und was nicht. Zu den typischen Theoretikern auf diesem Gebiet gehören Daniel Dennett, Ray Jackendoff, Patricia Churchland, Paul Churchland, Alwyn Scott (*Die Kultur der Gene*) und andere ...

Wie Maturana und Varela – und praktisch alle kognitiven Wissenschaftler – machen sie sich im Wesentlichen den gleichen Perspektiven-Raum zunutze. Sie wollen keine Neurophysiologie entwickeln, sondern eine »neurophysiologische Phänomenologie«, die uns zeigt, wie der Organismus und sein Gehirn von innen aussehen, was aber im Wesentlichen immer noch mit objektivistischen Begriffen erfasst wird. Sie schauen sich an, was in einem Es-Gehirn passiert, wenn es Es-Phänomene wahrnimmt und Es-Daten durch seine neuronalen Es-Schaltkreise laufen, haben dabei aber immer ein Auge auf die innere Sicht dieses Gehirns, das nach außen schaut (**3-p x 1-p x 3p**).

Wir müssen das hier nicht weiter ausführen; die Lehrbücher über kognitive Wissenschaft sind ziemlich einfach zu lesen, auch wenn ihr Quadrantenabsolutismus die Lektüre zu einer ziemlich stumpfsinnigen Angelegenheit machen kann.[33] Andere wichtige Ansätze, die zu unserem Verständnis dieser Zone und ihrer Inhalte/Referenten beigetragen haben, sind die **biomedizinische Psychiatrie**, die **Evolutionspsychologie** und bestimmte Aspekte der **Soziobiologie**.

Die Entdeckungen der kognitiven Wissenschaft und verwandter autopoietischer Ansätze sind mit Sicherheit wichtig und Teil einer integralen Theorie des Bewusstseins und der Spiritualität, denn die kognitive Wissenschaft entdeckt einige der Korrelate im oberen rechten Quadranten zu zahlreichen verschiedenen Begebenheiten im oberen linken Quadranten. Und nur wenn wir beide Seiten zusammenbringen, können wir menschliches Bewusstsein und seine Referenten verstehen, ob es sich dabei nun um einen Stein, meinen Hund oder Gott handelt.

NEUROPHÄNOMENOLOGIE: EINE BRÜCKE SCHLAGEN ZWISCHEN DEN ZONEN 5 UND 1

Francisco Varela (Gründungsmitglied des *Integral Institute*) entwickelte im Folgenden, was er *Neurophänomenologie* nannte – ein wichtiger Typ der simultanen Verfolgung verschiedener Daten, die Ansätze der ersten und der dritten Person zur Untersuchung des Bewusstseins zusammengetragen haben. Francisco praktizierte seit langem buddhistische Meditation, und so interessierte ihn natürlich die Frage, wie wir innere Phänomenologie (Zone 1) und autopoietische kognitive Wissenschaft (Zone 5) zusammenbringen können. Diese Kombination der Phänomenologie von Zone 1 mit der kognitiven Wissenschaft von Zone 5 stellt einen ersten ernsthaften Versuch dar, den oberen linken und den oberen rechten Quadranten auf der Grundlage neuester wissenschaftlicher Erkenntnisse und der besten Ergebnisse der Phänomenologie zusammenzubringen.

Meine Hauptkritik an diesem Versuch ist, dass er die Ansätze von Zone 2 im oberen linken und von Zone 4 im unteren linken Quadranten auslässt und somit nichts aufzuweisen hat, was Stufen oder Intersubjektivität vergleichbar wäre, und das ist ein schwerwiegender Mangel. Aber was er ansonsten erreicht, macht ihn zum wichtigen Meilenstein auf dem langen Weg zu einem integraleren Ansatz.

Zu unseren weiteren Lieblingsautoren auf diesem Gebiet gehört David Chalmers, Mitglied des *Integral Institute*, der auf bewundernswerte (und absolut brillante) Weise gegen die weit verbreiteten Versuche ankämpft, Bewusstsein/Geist (Verstand) der ersten Person (oben links) auf Gehirn/Körper der dritten Person (oben rechts) zu reduzieren. Siehe besonders sein Buch *Philosophy of Mind: Classical and Contemporary Readings* (Oxford 2002).

ZONE 7: SOZIALE AUTOPOIESIS ODER GAIA EXISTIERT NICHT

Maturana und Varela haben ihre »Sicht von innen« ursprünglich für individuelle Organismen wie den Frosch (oder das, was wir *individuelle* Holons nennen) entwickelt. Sie nahmen an, dass soziale Systeme (soziale Holons) eine höhere Ebene von Ganzheit darstellen als individuelle Organismen und sie somit aus ihrer Hierarchie der Autopoiesis ein soziales System einfach als nächste Ebene ableiten können. Mit anderen Worten, ihre Entwicklungsholarchie war: Individuelle Komponenten fügen sich autopoietisch zu einzelnen Organismen zusammen, die sich wiederum autopoietisch zu Gesellschaften von Organismen zusammenfügen: Zellen, Organismen, Gesellschaften. Gesellschaften setzen sich ebenso aus Organismen zusammen, wie sich Organismen aus Zellen zusammensetzen.

Niklas Luhmann, der als der weltweit größte Systemtheoretiker gilt, nahm an dieser Sicht zwei wichtige Korrekturen vor (die beide mit der AQAL-Theorie übereinstimmen, ja, tatsächlich von dieser vorausgesagt wurden). Beides sind extrem subtile, schwierige Punkte, aber da sie auch extrem wichtig sind, werde ich sie einfach erwähnen.

Erstens wies Luhmann darauf hin, dass sich Gesellschaften – oder soziale Systeme – nicht aus Organismen zusammensetzen, sondern aus der *Kommunikation zwischen Organismen* bestehen. Einfach ausgedrückt: Die Theorien vom Netz des Lebens waren immer davon ausgegangen, dass »sämtliche Organismen Fäden im Großen Netz« sind, aber Luhmann zeigte auf, dass das *Innere* des Großen Netzes nicht aus Organismen besteht, sondern aus der Kommunikation zwischen ihnen. Das Netz des Lebens, wie es normalerweise dargestellt wird, existiert einfach nicht – ein soziales Holon besteht nicht ebenso aus Organismen, wie Organismen aus Zellen bestehen. Luhmann korrigierte Maturana und Varela in diesem simplen, aber entscheidenden Punkt, und versierte Systemtheoretiker fast aller Richtungen schlossen sich ihm an.

Wir formulieren das wie folgt: Ein soziales (soziokulturelles) Holon setzt sich aus individuellen Holons plus ihren Interaktionen zusammen (ein Beispiel dafür ist der Austausch von Kommunikation). Die individuellen Holons sind **im** sozialen Holon, die zwischen ihnen ausgetauschte Kommunikation macht das **Innere** des sozialen Holons aus. Das hat Dimensionen unten links (kulturell) und unten rechts (sozial), aber ich werde den unteren linken Quadranten als simples Beispiel benutzen:

Sie und ich haben einen Kreis von engen Freunden. Wir wissen genau, wer zu diesem Freundeskreis gehört und wer nicht. James und George, zum Beispiel, sind in diesem Kreis, Bob jedoch nicht. James, George und ich sind also **in** diesem speziellen »Wir«, und Bob ist **draußen** (oder außerhalb der Grenzen dieses »Wir«).

Aber Sie, ich, James und George sind nicht Teile eines Superorganismus namens »Wir«, sondern vielmehr Mitglieder dieses »Wir«. Dieses »Wir« besteht also nicht aus uns (wir sind nicht der **innere** »Stoff«, aus dem es besteht). Vielmehr besteht dieses »Wir« aus unserem kommunikativen Austausch und unseren Interaktionen. Sie, ich, James und George sind also **in** diesem »Wir«, unsere Kommunikation macht sein **Inneres** aus. (Haben Sie das verstanden?)[34]

Der Punkt ist, dass Gaia einfach nicht existiert – nicht als Organismus. Gaia existiert, aber als Club. Das heißt, es gibt ein **Gaia-Kollektiv**, in dem Organismen Mitglieder, nicht aber Teile, Verbindungen oder Fäden sind. Und der innere »Stoff« des Gaia-Kollektivs ist aus *holarchischen kommunikativen Netzwerken* gewebt (d.h. Holarchien von ausgetauschten materiellen Signifikanten im unteren rechten und gegenseitig in Resonanz tretenden Signifikaten im unteren linken Quadranten). Doch so, wie sie im typischen Fall dargestellt werden, existieren Gaia und das Netz des Lebens einfach nicht.

(Die meisten Menschen wissen noch nicht einmal, was James Lovelock meinte, als er »Gaia« als wissenschaftliche Hypothese vorstellte. Wenn Sie glauben, Sie wüssten es, überprüfen Sie das bitte in der Anmerkung.)[35] Aber in ihren typischen Darstellungen sind Gaia und das Netz des Lebens wirklich Mythen eines alten Paradigmas (das sich selbst ironischerweise »neues Paradigma« nennt).

Zweitens zeigte Luhmann dann auf, dass Sie die autopoietische Perspektive einnehmen und auf innere Kommunikationssysteme anwenden können, und dann gelangen Sie zur »Sicht aus dem Inneren« des sozialen Systems. Stimmt genau. Das ist der Ansatz von Zone 7 im unteren rechten Quadranten, im Gegensatz zur klassischen dynamischen Systemtheorie (oder Zone 8), die Mitglieder des Systems weiterhin als Teile des Systems betrachtet.

Zone 8 bleibt eine wichtige Perspektive, die wir beibehalten müssen, doch einige der Dinge, von denen man annahm, sie seien wahr – als das die einzige Perspektive war, die man benutzte –, müssen, um umfassender integriert werden zu können, transzendiert werden. »Transzendieren und einbeziehen« heißt »negieren und erhalten«, und das, was negiert wird, ist immer eine Teilwahrheit, die zur absoluten Wahrheit gemacht wurde.

Aber das alles kann man sich leicht merken. Jedes Holon hat vier Quadranten, und ein Phänomen wie Gaia ist die äußere kollektive (oder untere rechte) Dimension eines individuellen Holons und nicht ein überindividuelles Holon, das oben auf individuelle Holons gepackt wird.

ZONE 8: DYNAMISCHE SYSTEMTHEORIE UND CHAOS-/KOMPLEXITÄTSTHEORIE

Ein soziales (unten rechts) Holon setzt sich zusammen aus seinen Mitgliedern plus deren ausgetauschten Artefakten. Wir können die Netzwerke des Austausches, wie wir gesehen haben, von außen und von innen betrachten. Die Perspektive der klassischen Systemtheorie (Zone 8) besteht darin, sich das soziale Holon von außen anzuschauen, und von hier gelangt sie zu einem Netz des Lebens, das aus ineinandergebetteten Hierarchien besteht. Wie üblich ist diese Sicht nicht falsch, sondern partiell, und wenn man sie für die einzig richtige Sicht hält, verfehlt sie auf üble Weise das Wesen sozialer Systeme und ihrer inneren kommunikativen Netzwerke.

Obwohl die Systemtheorie, so wie die Dinge liegen, nur Zone 8 abdeckt und damit nur ein Achtel der Realität ausmacht, behauptete sie, das ganze Bild darzustellen, was aus integraler Sicht etwas peinlich ist. Aber wir müssen ihr auf ewig hoch anrechnen, dass sie einer der ersten und historisch bedeutendsten Versuche war, in die vorherrschende atomistische Welt des oberen rechten Quadranten, der die Welt des wissenschaftlichen Materialismus dominierte, ein bestimmtes Maß an Holismus einzubringen. Obwohl die Liste ihrer Pioniere lang ist, verdient Ludwig von Bertalanffy hier besonders erwähnt zu werden; er war in vieler Hinsicht ein wahrer Held.

Im besten Falle unternehmen die Ansätze des unteren rechten Quadranten den Versuch, GEIST in der dritten Person oder die Manifestation von GEIST in seiner materiellen, objektiven Seinsweise der dritten Person zu sehen. Gaia, das Netz des Lebens, die ineinandergreifende Ordnung, das *Système de la Nature* (zu dem die Philosophen der Aufklärung es zurechtstutzten), das Große System in Wechselbeziehung stehender Prozesse – ob es Ihnen klar ist oder nicht: All diese Sichtweisen bewegen sich oft auf echte Ehrfurcht und Verehrung von GEIST in der dritten Person zu.

Erst wenn er sich selbst und seinen eigenen Werkzeugen überlassen bleibt, degeneriert dieser Ansatz zu subtilem Reduktionismus und monologischem Imperialismus. Die Gründe dafür verstehen, heißt den Kern der postmodernen Revolution verstehen, einer Revolution, der sich neben vielen anderen auch Maturana und Varela anschlossen, und mit der eine integrale Sicht auf jeden Fall ins Reine kommen muss.

MONOLOGISCHER IMPERIALISMUS UND DER MYTHOS VOM GEGEBENEN

Wenn es in der allgemeinen postmodernen Strömung einen gemeinsamen Strang gibt, dann besteht er in der radikalen Kritik eines monologischen Bewusstseins – das unter wechselnden Bezeichnungen auftaucht wie **der Mythos vom Gegebenen, monologischer Empirismus, die Philosophie des Subjekts und die Philosophie des Bewusstseins,** um nur einige aufzuzählen. Wie ich bereits erwähnte, bedeutet monologisch grundsätzlich »nicht dialogisch« – oder nicht intersubjektiv, nicht kontextbezogen, nicht konstruktivistisch, fehlendes Verständnis für das konstitutive Wesen des kulturellen Hintergrunds –, was heißt: Zone 2 und 4 werden grundsätzlich nicht erkannt.

Der Mythos vom Gegebenen oder monologisches Bewusstsein ist im Grunde ein anderer Name für Phänomenologie und reinen Empirismus in einer von Hunderten von Verkleidungen – sei es regulärer Empirismus, radikaler Empirismus, innerer Empirismus, transpersonaler Empirismus, empirische Phänomenologie, transzendentale Phänomenologie, radikale Phänomenologie usw. So wichtig sie alle sein mögen, sie alle teilen den **Mythos vom Gegebenen** und damit:

- *den Glauben, dass die Realität für mich einfach gegeben ist* oder dass eine einzige vorgegebene Welt existiert, die mir das Bewusstsein mehr oder weniger so präsentiert, wie sie ist, statt einer Welt, die auf zahlreiche verschiedene Weisen kon-struiert wird, bevor sie überhaupt in mein empirisches oder phänomenologisches Wahrnehmungsfeld tritt;
- *den Glauben, dass das Bewusstsein eines Individuums die Wahrheit vermittelt.* Deshalb nennt Habermas den Mythos vom Gegebenen »die Philosophie des Bewusstseins«, und die kritisiert er, weil dieser Mythos, unter anderem, blind für Intersubjektivität ist. Wie wir in diesem Buch immer wieder gesagt haben, kann das Bewusstsein selbst die Zonen 2 und 4 schlichtweg nicht sehen und ist deshalb in sich und als solches unzureichend

(»Nicht durch Introspektion lernen wir uns kennen, sondern allein durch die Geschichte«).

Sie können nach innen schauen, so viel Sie wollen, ohne diese anderen Wahrheiten zu sehen. Das Bewusstsein selbst ist also unzureichend – sei es persönlich oder transpersonal, rein oder nicht rein, essentiell oder relativ, hoch oder niedrig, großer Geist oder kleiner Geist, Vipassana, reines Gewahrsein, Sammlung durch Gebet, kontemplative Achtsamkeit – nichts davon kann diese anderen Wahrheiten sehen. Und aus diesem Grund kritisieren Habermas und die anderen Vertreter der Postmoderne »die Philosophie des Bewusstseins«;

- *das fehlende Verständnis dafür, dass die Wahrheit, die das Subjekt übermittelt, zum Teil von intersubjektiven kulturellen Netzwerken konstruiert ist.* Aus diesem Grund wird der Mythos vom Gegebenen auch »die Philosophie des Subjekts« genannt – wir brauchen aber zusätzlich »die Philosophie des Intersubjektiven oder der Intersubjektivität«;
- *den Glauben, der Spiegel der Natur*, oder das Paradigma der Widerspiegelung, sei eine angemessene Methodologie. Der jüngste Schachzug spiritueller Ansätze besteht darin, das Paradigma der Widerspiegelung (oder Phänomenologie) einfach zu erweitern auf andere Realitäten (wie transpersonale, spirituelle, meta-normale, planetarisches Bewusstsein, Komplexitätsdenken usw.). Dieser Glaube besteht im Wesentlichen darin, dass das Paradigma der Widerspiegelung, oder monologischer Empirismus und monologische Phänomenologie, transpersonale und spirituelle Realitäten erfassen könnten. Aber das Subjekt spiegelt die Realität nicht wider, sondern erschafft sie mit.

Sie alle, darin sind sich die Anhänger der Postmoderne einig, sind durchlöchert vom Mythos des Gegebenen. Mit anderen Worten: Viele Ansätze, die spirituelle Realitäten von der modernen Welt anerkannt wissen möchten, versuchen einfach, die empirische Methodologie zu erweitern und sie Bereichen aufzuzwingen wie Meditation, Gaia, transpersonales Bewusstsein, Gehirnscanning im meditativen Zustand, empirische Tests der kognitiven Fähigkeiten bei Kontemplation, Chaos- und Komplexitätswissenschaft, Hologramme und holographische Informationen, die Akascha-Chronik usw.

Auch wenn sie vielleicht ein Problem überwinden – wie den newtonisch-kartesianischen Mechanismus zum Beispiel –, indem sie so etwas einführen wie »gegenseitig voneinander abhängige Netzwerke dynamisch aufeinander bezogener Prozesse« –, *wendet sich nicht einer dieser Ansätze dem viel grundlegenderen Problem zu,* das die Postmoderne kritisiert: nämlich dass all diese Ansätze immer noch im Mythos vom Gegebenen befangen sind und Intersubjektivität ignorieren. Tatsächlich weist nichts in diesen Ansätzen darauf hin, dass sie überhaupt wissen, was Intersubjektivität bedeutet.[36]

Eines der generellen Ziele dieses Buches besteht darin, einen Integralen Bezugsrahmen zusammenfassend darzustellen und dann auszuführen, wie er spirituellen Ansätzen helfen kann, in der modernen und postmodernen Welt ihren Platz zu finden; deswegen ist es logisch, dass wir sowohl auf die positiven als auch auf die negativen Seiten der zahlreichen verschiedenen heutigen Ansätze zur Erfassung spiritueller Realitäten hinweisen. Nirgendwo ist diese Unzulänglichkeit krasser, erschütternder und offensichtlicher – und doch könnte hier ziemlich leicht Abhilfe geschaffen werden –, als wenn es um die grundlegende postmoderne Botschaft und die Frage geht, wie man ihre Wahrheiten über Kontextualismus, Intersubjektivität, Konstruktivismus und Aperspektivismus in die zahlreichen verschiedenen spirituellen Ansätze einarbeiten könnte.

Die postmoderne Botschaft scheint an diesen Ansätzen völlig vorbeizugehen und sie unberührt zu lassen – verstrickt wie sie sind in ihren manchmal expliziten Prämodernismus und ihren impliziten Modernismus, der ein erweiterter Empirismus ist, in ihr monologisches Gewahrsein und vor allem in ihr mit dem Mythos vom Gegebenen besticktes Gewebe.

Für Interessierte füge ich eine kommentierte Liste von repräsentativen Beispielen für spirituelle Ansätze bei, denen jede postmoderne Strömung fehlt. Auch hier geht es mir weniger um Kritik als vielmehr um den Vorschlag einer Anleitung, wie sie die Postmoderne in ihre prämodernen und/oder modernen Erkenntnistheorien einbeziehen können, um integraler und umfassender zu werden. Bitte schauen Sie unter Anhang III nach, wenn Sie an Kommentaren zu folgenden Werken interessiert sind:

C.P. Snow, *Die zwei Kulturen. Literarische und wissenschaftliche Intelligenz;* Margaret Wheatley, *Quantensprung der Führungskunst;* Edgar Morin, *Heimatland Erde: Versuch einer planetarischen Politik;* A.H. Almaas, *The Inner Journey Home;* Byron Katie, *Leben was ist: Wie vier Fragen Ihr Leben verändern können;* Fritjof Capra, *Lebensnetz: ein neues Verständnis der lebendigen Welt;* David R. Hawkins, *Die Ebenen des Bewusstseins: von der Kraft, die wir ausstrahlen;* William James, *Die Vielfalt religiöser Erfahrungen: Eine Studie über die menschliche Natur;* Daniel Goleman, *The Varieties of Meditative Experience;* Francisco Varela, »Neurophenomenology«, *Journal of Consciousness Studies;* Ervin Laszlo, *Zu Hause im Universum: eine neue Version der Wirklichkeit;* Deepak Chopra, *Das Buch der Geheimnisse;* der Film *What the Bleep Do We Know?!;* Michel de Certeau, *Heterologies. Discourse on the Other;* Michael Lerner, *Jewish Renewal;* Rupert Sheldrake, *Die Wiedergeburt der Natur;* Michael Murphy, *Der Quantenmensch: ein Blick in die Entfaltung des menschlichen Potentials im 21. Jahrhundert* und Thich Nhat Hanh, *Lebendiger Buddha, lebendiger Christus: verbindende Elemente der christlichen und buddhistischen Lehren.*

Aber machen Sie keinen Fehler, denn die Postmoderne ist brutal: Von ihren Tugenden mal abgesehen, übernehmen diese Ansätze alle den Mythos vom Gegebenen. Dies ist monologische Phänomenologie in ihrer übelsten Form, einfach weil sie glaubt, viel mehr zu sein, als sie in Wirklichkeit ist; eine Lüge angesichts der postmodernen Wende von GEIST selbst in seinem kontinuierlichen Erblühen.

Für mich persönlich ist das einfach traurig, denn all das könnte mit wenigen simplen Schritten gerettet werden. Aber ich verfolge dieses Gebiet jetzt seit fast 30 Jahren, und nur wenige seiner Autorinnen und Autoren haben verstanden, was Intersubjektivität überhaupt heißt (was grundsätzlich bedeutet, dass sie den unteren linken Quadranten nicht mit einbeziehen; oder genauer, Zone 2 im oberen linken und Zone 4 im unteren linken Quadranten).

Ein konstruktiver postmoderner Ansatz – aufgegriffen als Teil eines Integralen Ansatzes (der prämodern, modern und postmodern vereint) – kann ihre wichtige Arbeit und Forschung so belassen, wie sie ist, ihre problematischen Erkenntnistheorien jedoch an einen integralen Bezugsrahmen anschließen, der ihnen einen umfassenderen Kontext gibt. Da das fehlt, lebt der Mythos vom Gegebenen, der den Geist an Illusionen kettet, in diesen Werken weiter, die doch laut Selbstbild Befreiung bringen wollen, wo der Mythos vom Gegebenen Kinder der Lüge hervorbringt.

9

DAS FÖRDERBAND

Das letzte Thema, das ich gern erläutern möchte, könnten wir **Förderband** nennen. Es ist, vermute ich, ohne Einschränkungen das größte Problem, mit dem die Welt in den inneren Quadranten konfrontiert ist.

Dieses Problem lösen, wenn es denn gelöst werden kann, würde heißen, dass wir Religion in der modernen und postmodernen Welt eine verblüffend neue Rolle einräumen.

NAZIS REGIEREN

Beginnen wir mit einigen Tatsachen. Je nachdem, welche Skalen Sie benutzen, befinden sich zwischen 50 und 70 % der Weltbevölkerung auf der **ethnozentrischen** Ebene **oder niedrigeren** Entwicklungsebenen. Das bedeutet auf jeder der Linien bei Bernstein oder niedriger. Um es ganz unverblümt zu sagen: Rund 70 % der Weltbevölkerung sind Nazis.

In der großen Entwicklung von egozentrisch zu ethnozentrisch zu weltzentrisch und höher haben 70 % der Weltbevölkerung bislang nicht die weltzentrischen, postkonventionellen Ebenen erreicht und sich hier stabil verankert. Wenn wir von »Nazis« sprechen, ist das einfach eine extreme Formulierung dieser Tatsache. Aber ganz gleich, ob es sich um fundamentalistische Südstaaten-Baptisten in Georgia handelt, um Shin-Buddhisten in Kyoto, Al Qaida-Moslems im Iran oder fundamentalistische Marxisten in China – sie alle repräsentieren in Bezug auf die vertikale Entwicklung die große Mehrheit der Weltbevölkerung. Und bitte hier nun kein politisch korrektes *Tz, tz, tz.* Ich rede von einigen meiner besten Freunde und dem Großteil meiner Familie (mit Sicherheit von sämtlichen Cousins).

Eine zweite Tatsache ist, dass dies nicht etwas ist, was verschwindet oder verschwinden kann. *Jeder wird in Feld eins geboren* und muss bei seinem Wachstum die generellen Entwicklungswellen durchlaufen. Sagen wir so: Jedesmal, wenn zwei irgendwo Sex haben, produzieren sie einen neuen Nachschub an Nazis.

70 % der Weltbevölkerung sind jetzt also ethnozentrisch angesiedelt und niedriger. Das würde reichen, um den durchschnittlichen Betrachter aus der Fassung zu bringen. Aber es kommt noch schlimmer. Von wem stammen die Gedanken und Überzeugungen, denen sich diese 70 % verschreiben?

Im Wesentlichen von den großen Weltreligionen.

Um es anders auszudrücken: Was die großen Entwicklungswellen betrifft, die Menschen zugänglich sind, sind in der Provinz der weltweit größten religiösen und mythischen Systeme die archaischen, magischen und mythischen Wellen vorherrschend. Das ist für sich genommen keine schlimme Sache; tatsächlich liegt darin eine notwendige und absolut entscheidende Funktion der großen Mythologien der Welt.

Jeder Mensch wird in Feld eins geboren und beginnt sich von hier aus zu entfalten, indem er oder sie sich von archaisch zu magisch zu mythisch und möglicherweise höher bewegt. Und wenn die Mythologien der Welt kein Hort für diese Überzeugungen auf den frühen Ebenen wären, müsste jeder Mensch, der geboren wird, sie neu erfinden. Zu der großen, nicht erzählten Geschichte zur Rolle der großen Weltreligionen gehört auch, dass sie ein Vehikel für diese notwendigen (und unvermeidbaren) Stufen der menschlichen Entwicklung sind, zumindest für einige ihrer Aspekte.

Aber in der heutigen Welt stellen diese Überzeugungen – bis hoch zur bernsteinfarbenen Ebene – anders als in den großen Epochen, in denen sich die magisch-mythischen Systeme erstmals entwickelten, gewisse Probleme dar. Das Erste ist, dass sich seit diesen Zeiten mehrere Ebenen des Bewusstseins entwickelt haben, vor allem modernes Orange und bis zu einem gewissen Grad postmodernes Grün. Dadurch kommt es in der AQAL-Matrix zu einem **Zusammenstoß vertikaler Komponenten**, der extrem schwerwiegende Folgen haben kann, vor allem dahingehend, dass die orangene und höhere Ebenen postkonventionell und weltzentrisch sind, während die bernsteinfarbene und niedrigere Ebenen, wie bereits erwähnt, ethnozentrisch, konventionell und (im günstigsten Fall) konformistisch sind.

Dieser Zusammenstoß auf der vertikalen Ebene stellt mit Abstand die größte Quelle von Reibungen in den inneren Quadranten dar, die heute im Psychogramm der Welt existiert. Diese großen tektonischen Platten (Rot, Bernstein, Orange) schieben sich mit grausamer Wucht ineinander, und die dadurch ausgelösten Erdbeben, zu denen es auch in Zukunft kontinuierlich kommen wird, bringen Millionen von Menschen überall auf dem Planeten um.

DAS PSYCHOGRAMM DES TERRORISMUS

Bei den Recherchen zu meinem Buchprojekt *The Many Faces of Terrorism* habe ich mir rund 50 der größten terroristischen Anschläge angesehen: von der protestantischen Bombardierung von Abtreibungskliniken in den amerikanischen Südstaaten, buddhistischen U-Bahn-Angriffen in Tokio und Sikh-Separatisten in Indien bis hin zu muslimischen Terrorakten einschließlich des 11. September.

Das Erstaunliche ist, dass sie alle im Wesentlichen das gleiche Psychogramm zeigten: bernsteinfarbene Überzeugungen, verbunden mit einem roten Selbst. Ihr kognitiver Rahmen war bernsteinfarbene, mythische Zugehörigkeit, konformistisch, traditionell, und in sämtlichen Fällen war dieser traditionelle Bezugsrahmen der einer der großen Weltreligionen oder ihres religiös-mythischen Gedanken- und Glaubenssystems. Ihr Selbst, oder Schwerpunkt, war bei Rot, egozentrisch, angetrieben von Macht. Obwohl sie bernsteinfarbene religiöse Glaubenssysteme, absolutistische Werte und eine traditionell-konformistische Moral vertraten, lag ihr Schwerpunkt eine Stufe niedriger bei Rot, mit dem ganzen fanatischen Machtantrieb und den egozentrischen Impulsen, bereit, selbst mit heiligen religiösen (bernsteinfarbenen) Traditionen zu brechen, wenn es ihren Bedürfnissen entsprach.

Kurz gesagt, ihre Worte waren bernsteinfarben, ihre Taten rot.

Und sie alle antworteten auf die Frage, warum sie Taten begangen haben, die einige Menschen für terroristisch halten, genau das Gleiche. Auch wenn sie diese formalen Begriffe nicht benutzten, behaupteten alle: »Die *moderne* (**orangene**) Welt hat keinen Raum für meinen heiligen (**bernsteinfarbenen**) Glauben, und deshalb werde ich diese Welt in die Luft jagen, wo immer ich dazu Gelegenheit habe, in Gottes Namen und mit Seinem Segen. Die Menschen, die ich töte, haben sich das in jeder Hinsicht selbst zuzuschreiben, deshalb sind meine Taten kein Mord. Ich handele nicht falsch und verdiene keine Strafe. Tatsächlich ist es so, wenn ich für diesen heiligen Zweck getötet werde, komme ich in den Himmel.« (In manchen Fällen, besonders bei den Moslems und Sikhs, gilt Selbstmord als eine Art Beförderung auf der religiösen Karriereleiter.)

DER ORANGENE DAMPFDRUCKTOPF-DECKEL

Wie es im Augenblick aussieht, werden Menschen geboren und beginnen zu wachsen, indem sie die großen Entwicklungswellen durchlaufen – von archaisch zu magisch (rot) zu mythisch (bernstein) zu rational (orange) zu pluralistisch (grün) zu integral (indigo) und darüber hinaus. Das geschieht überall auf der Welt in Kulturen, deren unterer linker Quadrant generell irgendeine Form von religiösem Glaubenssystem unterstützt. Irgendwann im Verlauf ihrer Entwicklung, im Bereich von Bernstein bis Orange, wenn sie sich von der mythisch/ethnozentrischen Geisteshaltung zur weltzentrisch/rationalen Geisteshaltung bewegen könnten, stoßen sie gegen ein »Stahldach«. Der bernsteinfarbene Mythos gehört zur prämodernen Religion, und orangene Vernunft ist die der Wissenschaft und der modernen Welt. Und sie finden, wenn es um ihren religiösen Glauben geht, keinen Weg, von ihren bernsteinfarbenen Überzeugungen zu orangenen Überzeugungen zu gelangen.

Die Linie ihrer spirituellen Intelligenz ist bei Bernstein und damit auf der Ebene der fundamentalistischen, mythischen Zugehörigkeit erstarrt, und der Grund dafür ist eine orangene Welt, die keinen Weg findet, spirituelle Intelligenz orange auszudrücken.

Dieser »Dampfdrucktopf-Deckel« existiert heute überall auf der Welt, wo fundamentalistische Überzeugungen auf weltzentrische Vernunft und postkonventionelle Moral stoßen. Dieser massive **orangene Dampfdrucktopf-Deckel, der Bernstein nach unten drückt,** ist wahrscheinlich das mit Abstand größte Problem, mit dem die Welt heute in den inneren Quadranten konfrontiert ist.

DIE BRUTALE WAHL, VOR DIE HOCHSCHULSTUDENTEN IN ALLER WELT GESTELLT SIND

Hier ein anderer Aspekt desselben Problems: In einer kürzlich von der Universität von Kalifornien durchgeführten Umfrage geben 79 % der amerikanischen College-Studenten im vorletzten Studienjahr an, Spiritualität sei in ihrem Leben wichtig oder sehr wichtig, und drei von vier Studenten beten (!). Trotzdem können sie mit ihren Professoren, die meistens orange bis grün sind und den Glauben ihrer Studenten lächerlich machen, nicht darüber sprechen; trotzdem fühlen sie sich mit den mythischen und ethnozentrischen Versionen ihrer bernsteinfarbenen Überzeugungen und der fundamentalistischen Version von Religion, die viele ihrer Freunde vertreten, nicht mehr wirklich wohl. Einem typischen christlichen Studenten zum Beispiel ist es peinlich, mit seinen Professoren über seine Religion zu sprechen, und seine christlichen Freunde sind ihm sogar noch peinlicher.

(Auf das Psychogramm bezogen, finden wir hier das gleiche Problem vor, mit dem Terroristen konfrontiert sind: Bernsteinfarbene Überzeugungen finden in einer orangenen Welt keinen Raum.)

Die Studenten sind damit vor eine brutale Wahl gestellt: Glaube weiter an die Bernstein-Stufe der spirituellen Entwicklung ODER gib deinen Glauben auf. Genauso sieht ihre schreckliche Option aus – lebe auf der Bernsteinstufe und liebe Christus oder bewege dich auf Orange zu und entsage Christus –, und es ist praktisch die einzige Option, die diese Studenten haben.[37] Die Entwicklung ihrer spirituellen Intelligenz ist auf der Bernstein-Stufe (d.h. Fowlers Stufe drei) steckengeblieben, und sie haben keinerlei Möglichkeiten, die *orangene oder höhere Ebene in der Entwicklung von spiritueller Intelligenz* zu erforschen (speziell die synthetisch-konventionelle Ebene oder Stufe vier und die individuative-reflektive Ebene oder Stufe fünf, die beide in dieser Zeit emergieren können, wenn sie durch nichts unterdrückt werden, was ein typisches Hochschulstudium tut). Sie werden, was ihre Auffassung von GEIST betrifft, tatsächlich infantilisiert.

Die andere Option ist, dass sie ihren Glauben aufgeben und sich auf die orangene und höhere Ebene der Entwicklung begeben, wo sie keinerlei spirituelle Orientierung haben. Da beide Entscheidungen schrecklich sind, beten die meisten Studenten, wie eine Untersuchung zeigt, einfach im Schrank.

Terroristen treffen eine andere Entscheidung.

DIE VERWECHSLUNG VON EBENE UND LINIE

Für beide Probleme gilt dieselbe Lösung, wenn auch in unterschiedlicher Anwendung: *Mache der spirituellen Intelligenz die orangene (und höhere) Ebene der Entwicklung zugänglich und besser bekannt.* Die westliche intellektuelle Tradition, die um die Aufklärung herum begann, hat die höheren Ebenen ihrer eigenen spirituellen Intelligenz aktiv *unterdrückt.* Historisch gesehen, entsagte man dem mythischen Gott mit Aufkommen der Moderne völlig – die gesamte »Gott ist tot«-Bewegung meinte den **Tod des mythischen Gottes** und damit von mythischen Auffassungen, für welche die rationale Moderne kaum Beweise finden konnte.

Und besonders an diesem Punkt beging sie einen Fehler, der die weitere Entwicklung lahm legte: Während sie korrekt darauf hinwies, wie unreif die Vorstellung von einem mythischen Gott – oder die *mythische Ebene* der spirituellen Linie – ist, verwarf sie nicht nur die mythische *Ebene* der spirituellen Intelligenz, sondern die ganze *Linie* der spirituellen Intelligenz. So aufgebracht waren die Anhänger der Moderne über die mythische Ebene, dass sie das Kind der spirituellen Linie mit dem Bade ihrer mythischen Entwicklungsebene ausschütteten. Sie warfen den bernsteinfarbenen Gott über Bord und statt den orangenen Gott, den grünen, den türkisen und den indigo Gott zu finden, gaben sie Gott gänzlich den Laufpass und begannen, das Erhabene und damit *ihre eigenen höheren Ebenen von spiritueller Intelligenz zu unterdrücken*. Der intellektuelle Westen hat sich grundsätzlich nie von dieser kulturellen Katastrophe erholt.

Die westliche intellektuelle Tradition – die jetzt zufällig die moderne (orangene) Welt generell ist – preschte also um sämtliche höheren, postmythischen Formen von spiritueller Intelligenz beraubt mit Volldampf in das moderne Zeitalter. Jede Entwicklungsebene hat, neben anderen Linien, die ihr entsprechende Version von Wissenschaft, Kunst, Spiritualität und Moral. Das sind einfach vier unterschiedliche multiple Intelligenzen: **kognitiv, ästhetisch, spirituell** und **moralisch**.[38] Es gibt zum Beispiel eine rote Wissenschaft und rote Spiritualität, eine bernsteinfarbene Wissenschaft und bernsteinfarbene Spiritualität, eine orangene Wissenschaft und orangene Spiritualität usw.

Aber als die Moderne die mythische Ebene der spirituellen Intelligenz mit spiritueller Intelligenz selbst verwechselte und aus diesem Grund alles lächerlich machte, was nach Spiritualität oder Religion aussah, schuf sie etwas, was wir nur als »groteske Schichttorte« bezeichnen können: *Die gesamte Wissenschaft* identifizierte sich mit der orangenen Ebene (Vernunft) und *die gesamte Spiritualität* wurde mit der Bernstein-Ebene (Mythologie) gleichgesetzt. Statt mythischer Wissenschaft und Religion und rationaler Wissenschaft und Religion gab es jetzt nur noch rationale Wissenschaft und mythische Religion. Die erste war rational, modern und absolut gut; die zweite war prärational, prämodern und absolut böse oder zumindest lächerlich.

Diese katastrophale Verwirrung können wir als einen Fall von **Verwechslung von Ebene und Linie** (ELV) betrachten, um es einmal so zu nennen: *die Verwechslung einer Ebene in einer Linie mit der Linie selbst.*

Wenn es zu dieser Verwirrung erst einmal kommt, passiert im Allgemeinen eins von zwei Dingen. Wird die Ebene verworfen, verwirft man die gesamte Linie, und damit bleibt diese multiple Intelligenz auf der verworfenen Ebene stecken, und jede höhere Entwicklung in dieser Linie wird effektiv verhindert. Das führt im Allgemeinen zur Unterdrückung dieser Intelligenz.

Wird diese Linie aber geliebt, bleibt die Entwicklung auf der Ebene ebenfalls stecken, aber in diesem Fall nicht aufgrund von Unterdrückung, sondern von Fixierung, wobei das Bewusstsein jetzt nicht versucht, die verworfene Ebene wegzuschieben, sondern sie zwanghaft verfolgt und wie besessen daran denkt.

In beiden Fällen *bleibt die betroffene multiple Intelligenz auf der Ebene stecken, auf der die Verwechslung von Ebene und Linie passiert.* Im Fall der **Unterdrückung** wird die gesamte Linie verleugnet und unterdrückt, was zu ihrer Verkümmerung und gestörten Manifestationen führt. Passiert das auf der spirituellen Entwicklungslinie, werden die unterdrückten spirituellen Impulse in vielen Fällen auf andere projiziert, und dann wird die entsprechende Person, wie der Kreuzritter, der gegen schwule Pornographie zu Felde zog und damit seinen eigenen Schatten bekämpfte, zum hyperrationalen Kreuzritter, der sämtliche spirituellen Bestrebungen bekämpft und sie als komplett irrationales Gewäsch abtut (wobei eine Prä/Post-Verwechslung nicht lange auf sich warten lässt). Dann stehen wir vor der Situation, dass die Wissenschaft der Religion den Krieg erklärt.

Im Falle der **Fixierung** wird die spezielle Ebene so glorifiziert, dass sie die multiple Intelligenz, während die Entwicklung wieder auf der Ebene stecken bleibt, auf der es zu der Verwirrung kommt, nicht verleugnet, sondern obsessiv und fanatisch gegen jeden und alle verteidigt. Aber das Einzige, was verteidigt wird, ist diese spezielle Ebene in der Linie, die dann mit der gesamten Linie gleichgesetzt wird und fälschlicherweise als der einzig richtige Typus dieser speziellen Intelligenz gilt, der erlaubt ist. Die Ironie ist, dass diese Individuen, wenn ihre eigenen, höheren Ebenen dieser multiplen Intelligenz emergieren wollen, sie schließlich unterdrücken und damit ihre eigenen emergierenden Potenziale in dieser Linie unterdrücken, weil sie *auf eine bestimmte Ebene* in dieser Linie *fixiert* sind.

Handelt es sich bei dieser Linie um die spirituelle Linie, sind diese Individuen schließlich auf eine niedrigere Ebene von spiritueller Intelligenz (meistens die mythische) fixiert, projizieren ihre eigenen emergierenden, höheren spirituellen Impulse oft ironisch auf andere und halten diese höheren spirituellen Impulse für anti-spirituell. Oft führt das dahin, dass sie sowohl höhere wissenschaftliche Ebenen als auch höhere religiöse Ebenen verleugnen und blind um sich schlagen, wenn sie mit ihren eigenen höheren Potenzialen in Berührung kommen. Dann erleben wir die Situation, dass mythische Religion der Wissenschaft (und damit der liberalen Welt generell) den Krieg erklärt.

Als diese Verwechslung von Ebene und Linie im modernen Westen erst einmal stattgefunden hatte, begannen führende Intellektuelle im Bereich von Orange Religion und Spiritualität aus dem Wahrnehmungsfeld des Erlaubten auszublenden. Jetzt war die orangene Ebene in ihrer eigenen spirituellen Linie verkrüppelt. Mit anderen Worten, *der vorherrschende Modus des Diskurses des sozialen Holons war jetzt verkrüppeltes Orange.* Und das erklärt auf einen Schlag enorm viele historische Themen.

WÜRDE UND DESASTER DER MODERNE

Es ist seit langem bekannt, dass *die* Moderne *die Differenzierung von Wertebereichen* (Max Weber) beinhaltet. Das heißt vor allem, dass man drei der wichtigsten Wertebereiche – Kunst, Moral und Wissenschaft – nicht mehr wie im mythischen Mittelalter miteinander vermischte, sondern sie jetzt differenzierte und zuließ, dass sie ihre eigenen Wahrheiten verfolgten. Wissenschaftliche Wahrheiten unterlagen nicht länger dem Zwang, sich an das mythische Dogma anzupassen (d.h., man würde Galileo nicht mehr verbieten, durch sein Teleskop zu schauen). Diese äußerst positive Errungenschaft – die zu den vielen großen Verdiensten der westlichen liberalen Aufklärung zählt – wird oft als **die Würde der Moderne** bezeichnet.

Und man weiß seit langem, dass diese *Differenzierung* (die eine gute Sache war) zu weit ging und umschlug in eine *Abspaltung* (die eine schlechte Sache war), sodass die Würde der Moderne zum **Desaster der Moderne** wurde. Als die drei Wertebereiche nicht nur getrennt wurden, sondern völlig auseinanderfielen, bahnte das unter anderem den Weg für das Wuchern der technisch-wissenschaftlichen Rationalität auf Kosten der anderen Sphären, und das führte zu einer **Kolonisierung der Lebenswelt** durch die technische Rationalität. Abwandlungen dieses Themas finden Sie in den meisten der klügsten Kritiken der Moderne von Autoren, die selbst »echte« westliche Intellektuelle sind: von Hegel und Heidegger bis hin zu Horkheimer und Habermas.

Dabei hat keiner von ihnen jemals völlig klargestellt, warum es zu dieser Abspaltung überhaupt gekommen ist. Keine der üblichen Erklärungen schien sämtliche Tatsachen zu berücksichtigen. Heute sieht es ganz so aus, dass *der Kern dieses Zusammenbruchs* – zusätzlich zu den anderen Faktoren, die diese Theoretiker heranzogen und beleuchteten – *in einer grundlegenden Verwechslung von Ebene und Linie bestand.* Als man Spiritualität erst einmal gänzlich über Bord geworfen hatte, verbannte der vorherrschende Modus des Diskurses auch rationale und postrationale Spiritualität. Und genau aus dem Grund, weil die spirituelle Linie die Frage beantwortet: »*Was ist das höchste Anliegen?*«, hat der moderne Westen diese Linie verkrüppelt – und damit auch den speziellen Typus von Intelligenz, der sich mit dieser Frage, die uns das Leben stellt, beschäftigt.

Stattdessen zwang man die moralische und die ästhetische Linie, dieses Manko auszubügeln. Moderne, liberale Intellektuelle hatten jetzt keine Religion mehr, sondern nur noch Kunst und Moral.

Mit anderen Worten, als die große Differenzierung der mythischen Struktur durch die Moderne geschah, hätten statt nur drei mindestens vier differenzierte Wertebereiche emergieren *müssen.* Wie wir gerade gesehen haben, sind Kunst, Moral, Wissenschaft und Spiritualität in der mythischen Struktur noch undifferenziert; sie agieren auf der Bernstein-Ebene, sind aber noch keine getrennten, eigenständigen Sphären, die eine eigene Logik (oder Grammatik) haben und eigene Werte vertreten. Stattdessen tauchten in der Moderne als differenzierte Linien nur »die Großen Drei« auf – Kunst, Moral und Wissenschaft. Spiritualität war aufgrund einer Verwechslung von Linie und Ebene auf der mythischen Ebene stecken geblieben, und dann verwechselte man diese mythische Ebene von Spiritualität mit Spiritualität insgesamt.

EINE KURZE GESCHICHTE DER VERWECHSLUNG VON EBENE UND LINIE DURCH DIE MODERNE

Und das geschah aus einem ganz besonderen Grund: Die mythische Ebene von Gott war so grauenerregend – und die Schreckensherrschaft, welche die Kirche im Namen jenes mythischen Gottes über die Menschen verhängte, so gewaltig –, dass die Aufklärung Religion völlig verwarf. »Erinnert die Grausamkeiten!«, ermahnte die Aufklärung, und meinte damit die Millionen von Menschen, welche die Kirche gefoltert und getötet hatte. Und sie erinnerte sich. Der mythische Gott wurde für Gott schlechthin gehalten. Er wurde gleichgesetzt mit den Schrecken der Inquisition und der Liquidation von Millionen (all das passierte wirklich), und mit einem einzigen Aufbegehren und Umschwenken der kulturellen Elite – einem kulturellen Trauma größten Ausmaßes – unterdrückte man voller Wut alles, was nach Religion aussah. Spirituelle Intelligenz erstarrte bei Bernstein, es kam zu einer massiven Verwechslung von Ebene und Linie, und mit diesem Bade schüttete man auch das Kind des höchsten Anliegens aus.

Und genau dieses Erstarren der spirituellen Linie auf der Ebene bernsteinfarbener, mythischer Zugehörigkeit verhinderte, dass sich die spirituelle Linie zusammen mit den anderen Hauptlinien zur modernen liberalen Aufklärung und bis zur Ebene von Orange entwickeln konnte, sodass es tatsächlich orangene Wissenschaft, orangene Ästhetik, orangene Moral und orangene Spiritualität gab. Statt der Großen Vier emergierten nur die Großen Drei und differenzierten sich. Spiritualität wurde infantilisiert, lächerlich gemacht, verleugnet, unterdrückt und aus der Moderne völlig verbannt.

Als die Großen Drei also erst einmal emergierten und sich differenzierten, *war der Schaden bereits angerichtet worden.* Den differenzierten Großen Drei wohnt *bereits* eine Instabilität inne, die praktisch garantierte, dass sie zersplittern und sich spalten würden. Westliche intellektuelle Kritiker konnten nicht genau herausfinden, warum die Großen Drei sich nicht einfach differenzierten und trennten, sondern auseinanderflogen und sich spalteten, was dazu führte, dass die rationale Wissenschaft auf Kosten von Kunst und Moral in ein Hyper-Wachstum verfiel. Aber zu der Zeit, als westliche Intellektuelle anfingen, dieses Problem zu analysieren, war der Schaden insgeheim bereits angerichtet worden. Er war geschehen, *bevor die Großen Drei auftauchten.*

Das ist der Grund dafür, dass Sie ihn niemals wirklich zu fassen bekommen, wenn Sie anfangen, die Großen Drei zu analysieren, um herauszufinden, warum es zu dieser Abspaltung kam. (Und es ist auch der Grund dafür, dass keiner der intellektuellen Kritiker – von Heidegger bis zu Habermas – das frühere Problem festmachen konnte. Darüber hinaus gingen alle diese Kritiker der Moderne, angefangen mit Horkheimer und Adorno, meilenweit an diesem Problem vorbei, weil sie unbewusst bereits selbst an dieser Verwechslung von Ebene und Linie litten. Sie glaubten aufrichtig, Spiritualität sei nichts weiter als ein Haufen alter Mythen.)

Nachdem diese grundlegende Verwechslung von Ebene und Linie zur Tatsache geworden war, setzte das ein, was wir **die große Verschiebung** nennen könnten. Weil die Linie des höchsten Anliegens bei Bernstein unterdrückt worden war und weil sie als multiple Intelligenz immer noch existiert und aktiv ist, verschob man diese innere Urteilsqualität in Bezug auf das höchste Anliegen *von der Religion auf* *die Wissenschaft.* In der modernen Welt ging man jetzt stillschweigend davon aus, dass es die Wissenschaft war, die Antworten auf ultimative Fragen geben könne, und die Wissenschaft war es jetzt auch, der man den höchsten Glauben entgegenbringen und sich mit einem Treueschwur verpflichten musste.

Höchste Realitäten waren, so glaubte man jetzt, Dinge wie Masse und Energie; Masse und Energie konnten niemals erschaffen noch zerstört werden, denn sie waren ewig, sie waren höchste Realität, allgegenwärtig usw. »Masse« und »Energie« – ha! – waren nichts weiter als zwei der Namen für Gott, jetzt aber eines Gottes, den man auf GEIST oder ein Absolutes in der dritten Person reduzierte. Und selbst in der Form verbarg und verschob man ihn, damit er nicht von diesem garstigen, religiösen Virus infiziert wurde.

So verschob man das höchste Anliegen auf die Wissenschaft, ein Anliegen, das diese mit ihren Methoden einfach nicht erfassen konnte. Und die *Wissenschaft selbst* war in Bezug auf ihre Grenzen immer vollkommen aufrichtig: Sie *kann nicht* sagen, ob Gott existiert oder nicht; ob es ein Absolutes gibt oder nicht; warum wir hier sind, was unsere höchste Natur ist usw. Natürlich kann die Wissenschaft keine Beweise für das Absolute finden; noch kann sie das Absolute mit Beweisen widerlegen. Wenn Wissenschaft aufrichtig ist, ist sie durch und durch agnostisch und schweigt sich in Bezug auf diese höchsten Fragen gründlich aus.

Aber das menschliche Herz schweigt nicht. Und die spirituelle Intelligenz, deren Aufgabe es ist, diese Fragen zu beantworten oder sich ihnen zumindest zuzuwenden, lässt sich auch nicht so leicht zum Verstummen bringen. Männer und Frauen brauchen ein Höchstes, denn die Wahrheit ist: Sie spüren intuitiv, dass es ein Höchstes gibt. Und wenn wir ehrlich seien wollen, müssen wir uns dieses Sehnen unseres eigenen Herzens eingestehen.

Doch wenn der mythische Gott tot und die spirituelle Intelligenz in ihren Kinderschuhen stecken geblieben ist, kann scheinbar nur noch die Wissenschaft auf diese Fragen nach dem höchsten Anliegen Antworten geben. Der allgemein bekannte Begriff für das, was aus Wissenschaft wird, wenn wir sie verabsolutieren, lautet: *Wissenschaft-*

lichkeit. Und die liberale Aufklärung hat, bei all ihren enorm guten Errungenschaften und ihrer hervorragenden Intelligenz in anderen Linien, mit Wissenschaft begonnen und mit Wissenschaft aufgehört. Und der Grund dafür ist die vorangehende Verwechslung von Ebene und Linie, durch welche die Aufklärung eine Reihe von Werkzeugen in die Hand bekam, die jeder spirituellen Intelligenz beraubt waren.[39]

Als die Wissenschaft verabsolutiert wurde, existierte sie bereits, diese verborgene Instabilität, die zur Spaltung der Wertebereiche führte, welche wiederum die Kolonisierung der Lebenswelt durch eine wissenschaftliche Rationalität nach sich zog, die jetzt die Last des spirituellen oder höchsten Anliegens trug – eine Last, die sie zwar auf sich nahm, ohne jedoch die damit verbundenen Fragen zufriedenstellend beantworten zu können. Als die technische Rationalität die Lebenswelt kolonisierte, tötete (oder kolonisierte) sie tatsächlich jegliche Form von Spiritualität, die in der Lebenswelt noch übrig geblieben war; während sie, ihrem Wesen entsprechend, zugleich kläglich darin versagen musste, die verborgenen spirituellen Impulse zufrieden zu stellen, die jetzt unbewusst auf sie verschoben wurden.

Das ist geradezu ein Rezept für eine kulturelle Katastrophe. Als die Großen Drei, nicht die Großen Vier, aus den mythischen Strukturen emergierten und sich zur Würde der Moderne differenzierten, war der verborgene Schaden bereits angerichtet worden. *Die Würde der Moderne konnte sich ohne eine orangene spirituelle Intelligenz, die sich Seite an Seite mit der Erkenntnis, Ästhetik und moralischen Intelligenz von Orange entwickelte, niemals wirklich stabilisieren.*

Mit anderen Worten: Die berühmte Würde der Moderne war bereits krank, bevor es zum Desaster der Moderne kam und man dieses erkannte, krank auf eine Art und Weise, die weder weltliche Humanisten noch religiöse Glaubensverteidiger sehen oder überwinden konnten; die ersten nicht, weil sie die spirituelle Linie ganz unterdrückt hatten und nicht zuließen, dass sich eine moderne, orangene Spiritualität entwickelte; letztere nicht, weil auch sie dafür gesorgt hatten, dass die spirituelle Linie auf der mythischen Ebene stecken blieb und sie aufgrund ihrer eigenen Fixierungen die Emergenz einer modernen, orangenen Spiritualität ebenfalls nicht zulassen konnten.

Mit der Reformation und der Gegenreformation verbohrte sich die Kirche auf ihre Weise genauso wie die Wissenschaft.

Als es zu dieser massiven kulturellen Verwechslung von Ebene und Linie kam und beide Lager Spiritualität ausschließlich mit der mythischen Ebene gleichsetzten (und auf diese Weise die mythische Ebene der spirituellen Linie mit der spirituellen Linie selbst verwechselten), wurde jene groteske Schichttorte fertig gebacken: orangene, moderne, rationale, progressive Wissenschaft gegen bernsteinfarbene, prämoderne, prärationale, reaktionäre, mythische Religion – mit Wissenschaft als oberster und Religion als unterster Schicht.

Und so emergierte die Moderne, differenzierte erfolgreich die Großen Drei, gratulierte sich selbst zu ihrer großartigen Würde (die zum Teil auch eine war), ohne jedoch *im Rahmen ihrer eigenen Selbstdefinition* zu erkennen, dass sie ein beschädigtes Psychogramm vor sich hatte; eine Struktur, deren inhärentes Schicksal es war, zu einer Spaltung zu führen, die eine Kolonisierung und Beherrschung der anderen Wertebereiche durch den wissenschaftlichen Materialismus nach sich zog; eine Weltsicht, die ihre Anhänger jetzt in absolutem Glauben übernahmen und der sämtliche Intellektuelle täglich neu ihre Treue schworen.

Fast gleichzeitig mit dieser Spaltung tauchten Intellektuelle auf, die sie völlig übersprangen und zu analysieren versuchten, warum etwas grundlegend falsch lief. Aber sie konnten das Problem nicht ausfindig machen, weil sie das Problem *waren.* Der Schaden war, wie wir gesehen haben, bereits angerichtet worden, und als sie die drei Wertebereiche Kunst, Moral und Wissenschaft durchforschten, sahen sie nicht und konnten auch nicht sehen, dass dieses Problem zum Teil auf dem simplen Fehlen einer multiplen Intelligenz beruhte, die ebenfalls hätte emergieren und differenziert werden müssen.

Da sie nicht sehen konnten, was nicht da war, trafen sie in Bezug auf die grundlegende Störung der Moderne von Anfang an eine Fehldiagnose. Sie erfassten aber durchaus die Phänomenologie dessen, was geschah: Die Großen Drei tauchten auf und differenzierten sich, spalteten sich dann, bis Kunst und Moral unter der Last rationaler Wissenschaft zusammenbrachen; einer Wissenschaft, welche die anderen Wertebereiche kolonisierte, und die, aus irgendwelchen merkwürdigen Gründen, jetzt zur Religion der Intellektuellen der Aufklärung geworden war.

Kunst und Moral waren keine passenden Partner für diese Wissenschaftlichkeit. Kein Geringerer als Gott selbst konnte neben einer Dampfmaschine bestehen, doch *Deus* war bereits *absconditus:* Gott hatte aufgegeben und die Biege gemacht, oder genauer, war auf katastrophale Weise unterdrückt worden. Der tonangebende Diskurs verkündete, orangene Spiritualität sei tabu, weil Spiritualität jetzt per se tabu war.[40]

Mit diesem Schaden, der jetzt eine Tatsache war, und dem verkrüppelten Diskurs von Orange, der als normatives gesundes Orange daherstolzierte, setzte sich die Differenzierung der Großen Drei fort (ca. 1600–1800). Und alle sahen darin irrtümlich eine großartige Würde, was sicher auch stimmte, doch diese großartige Würde war bereits krank und barg die Samen ihrer eigenen Spaltung. Und als diese Spaltung einsetzte (ca. 1800–1900), traten führende westliche Intellektuelle auf den Plan und bejammerten und betrauerten das schreckliche, tragische, katastrophale Schicksal, das eine ganze Kultur erlitten hatte.

Und damit hatten sie sicherlich Recht.

DIE DE-REPRESSION VON SPIRITUELLER INTELLIGENZ

Die Heilung dafür – für das »Stahldach«, den »Dampfdrucktopf-Deckel« überall auf der Welt, unter dem 70 % der Weltbevölkerung kochen, mit terroristischen Explosionen hier und dort, die nur das offensichtlichste Symptom darstellen –, diese Heilung hat zwei Aspekte, wenn ich im Augenblick hier in einfachen, richtungsweisenden Verallgemeinerungen sprechen darf.

Die Verwechslung von Ebene und Linie muss sowohl von der Seite der Unterdrückung als auch von der Seite der Fixierung her »entwirrt« werden. Was die Unterdrückung betrifft, so muss **oran-**

gene Rationalität nachlassen in ihrem Hass auf bernsteinfarbene Spiritualität und damit beginnen, Spiritualität auf ihrer eigenen Ebene wertzuschätzen oder wenigstens anzuerkennen. Sie hat es hier mit nichts Geringerem als der De-Repression ihrer eigenen spirituellen Intelligenz zu tun. Und lassen Sie mich mit Nachdruck darauf hinweisen, dass sowohl *Atheismus* als auch *Agnostizismus* – wenn wir durch formal-operationale Erkenntnis dort hingelangen – beides Formen der spirituellen Intelligenz von Orange sind.

Spirituelle Intelligenz ist ganz einfach die Intelligenzlinie, die sich mit höchsten Anliegen und Dingen, die als absolute gelten, beschäftigt; und wenn eine Person durch Überlegung zu der Schlussfolgerung gelangt, dass wir zum Beispiel nicht entscheiden können, ob es eine höchste Realität gibt oder nicht (Agnostizismus), dann ist das eine Form der spirituellen Intelligenz von Orange. Die Rationalität von Orange tut aber meistens eines der beiden folgenden Dinge: Sie behauptet, die Wissenschaft *beweise,* dass es keine höchste Realität gibt – was sie eindeutig tut, indem sie endlichen Dingen wie Materie und Energie absolute Realität zuschreibt; was nichts anderes ist als ein implizites spirituelles Qualitätsurteil, das sich als Wissenschaft verkleidet –, und damit, offen gesagt, bloße Heuchelei.

Beides geht primär auf die Unterdrückung einer gesunden spirituellen Intelligenz zurück, die nicht zwangsläufig die Existenz einer absoluten Realität annimmt, sondern die sich mit dieser offen und ehrlich auseinandersetzt, selbst dann, wenn sie sagt: »Ich weiß nicht« oder: »Ich glaube an nichts.«

Was die Fixierung betrifft, so muss **bernsteinfarbene Spiritualität** ihr Festhalten an ethnozentrischen Mythen lösen und sich für höhere Ebenen ihrer eigenen spirituellen Intelligenz öffnen – angefangen mit den Ausdrucksformen von GEIST, die sich als weltzentrische Vernunft und postkonventionelle Liebe zeigen. Wir werden uns den Bedingungen für diese Schritte später noch einmal zuwenden.

Sämtliche oben aufgeführten Elemente – die sich sowohl mit Unterdrückung als auch mit Fixierung befassen – sind im Gedanken des Förderbands enthalten. Deshalb wollen wir uns einige ihrer Konturen einmal genauer anschauen.

NATÜRLICHE HILFSQUELLEN, KOSTBAR WIE ÖL UND GAS

Als wir in Kapitel 4 die Tatsache erläuterten, dass wir Bewusstseinszustände (einschließlich spiritueller und religiöser Erfahrungen) entsprechend der Stufe interpretieren, auf der wir uns befinden, haben wir als simples Beispiel die Tatsache angeführt, dass es einen magentaroten Christus, einen roten Christus, einen bernsteinfarbenen Christus, einen orangenen Christus, einen grünen Christus, einen türkisen Christus, einen indigo Christus usw. gibt.

Dieser Punkt ist von entscheidender Wichtigkeit, denn in der modernen und postmodernen Welt hat jede Hauptreligion zumindest einige Vertreter nicht nur von bernsteinfarbenen, sondern auch von orangenen und grünen Versionen ihrer religiösen Botschaft. Aber genau aufgrund der extrem einflussreichen, kulturellen Verwechslung von Ebene und Linie, die bis auf den heutigen Tag existiert und dazu führt, dass Religion auf der mythischen Ebene stehen bleibt, betont man diese höhere Ebenen nicht oder lässt sie noch nicht einmal offiziell zu.

Aber ob diese höheren Ebenen eingebracht werden oder nicht, ändert nichts an der Tatsache, dass es Interpretationen von Christusbewusstsein des ersten, zweiten und dritten Ranges gibt. Und das ist ein Beispiel für die unglaublich wichtige Tatsache, dass von allen menschlichen Bestrebungen nur die Religion allein als großes **Förderband** für die Menschheit und ihre Entwicklungsstufen dienen kann. Und dass das *nur* die Religion vermag, hat mehrere Gründe.

Der erste ist, dass die Weltreligionen ein Verwahrungsort für die großen Mythen sind. Die frühen Entwicklungsstufen sind archaisch, magisch und mythisch geprägt. Und diese großen Mythen, die vor 3000 Jahren entstanden, *könnten niemals heute geschaffen werden.* Nicht weil die Menschheit keine Phantasie hat, sondern weil heute jeder mit einer Videokamera herumläuft. Lassen Sie Moses heute mal die Behauptung riskieren, er habe das Rote Meer geteilt, und schauen Sie, wie weit er damit kommt.

Auch wenn ich hier Scherze mache, meine ich es total ernst. Jedes Kleinkind von heute fängt mit archaischen Instinkten an und bewegt sich weiter zu magischen Überzeugungen und mythischen Weltsichten, und auch künftige Kinder werden dies auf die eine oder andere Weise tun. Wenn Sie sich mit Piagets Werk beschäftigen, können Sie sehen, dass ein fünfjähriges Kind von heute alle großen Mythen der Welt in ihren wesentlichen Zügen von sich gibt. Die mythischen Stufen der religiösen Systeme stoßen bei diesen Entwicklungsstufen auf starke Resonanz und um es noch einmal zu wiederholen: DIESE STUFEN WERDEN NICHT VERSCHWINDEN. Jeder von uns wird in Feld eins geboren.

Und da die heutige Menschheit, bewaffnet mit ihren Videokameras, nicht für einen neuen Nachschub an glaubwürdigen Mythen sorgen wird – von Moses, der die Wasser des Roten Meeres teilte; von Jesus, der von einer biologischen Jungfrau geboren wurde; von Laotse, der bei seiner Geburt 900 Jahre alt war; von der Erde, die auf einem Elefanten ruht, der auf einer Schildkröte ruht und immer so weiter –, sind die großen mythisch-religiösen Systeme eine kostbare Hilfsquelle, die einzige, die jene unvermeidbaren Stufen menschlichen Wachstums anspricht. Sie fingen an auf der archaischen, magischen und mythischen Stufe der Menschheit selbst, deshalb sind sie der Hort für eine kostbare, innere menschliche Hilfsquelle, die knapper ist als Öl und Gas. Und die großen religiösen Systeme der Welt sind da, um diese Stufen in den inneren Bereichen bewältigen zu helfen. Genau aus diesem Grund dominieren die Weltreligionen jene 70 % der Weltbevölkerung.

Aber die großen Weltreligionen sind nicht nur das. Eben weil sie ihren Anfang mit der magentaroten, der roten und der bernsteinfarbenen Stufe der Menschheit selbst nahmen, bestimmen sie auch, welche *Legitimität* man diesen Überzeugungen zugesteht. Deshalb sind sie die *einzige* Quelle der Autorität, welche die orangenen und höheren Stufen von spiritueller Intelligenz *innerhalb ihrer eigenen Traditionen* absegnen kann. Sie sind in der heutigen Welt die einzigen Systeme, die als großes Förderband dienen und Menschen helfen können, sich von Rot zu Bernstein zu Orange zu Grün zu Türkis und höher zu bewegen; weil nur sie all diese Stufen für rein, legitim, heilig, akzeptabel erklären und innerhalb ihrer eigenen Überlieferungen »freigeben« können.

Das ist vielleicht die wichtigste Rolle der Religion in der modernen und postmodernen Welt: als heiliges Förderband für die Menschheit zu dienen. In der heutigen Welt beginnen Sie zum Beispiel Ihr Medizinstudium nicht damit, dass Sie lernen, Ihren Patienten Blutegel anzusetzen, um dann angewandte Schädelkunde zu studieren und im nächsten Semester Antibiotika und moderne Techniken wie Mikrochirurgie auf dem Stundenplan zu haben.

In der göttlichen Schule jedoch fangen Sie entsprechend klein an: Als Kind probieren Sie die magischen und mythischen Versionen Ihrer Religion ernsthaft aus – zum Beispiel an erwachsenen Männern und Frauen! –, um sich dann, wenn Ihre Schule auch nur annähernd progressiv ist, tieferen und höheren Sinnfindungen zuzuwenden, die – wie immer sie heißen mögen – bernsteinfarben, grün, türkis und indigoblau sind. Schon Clement, Origen und Maimonides taten das mit ihrer allegorischen Methode. Religiöse Mythen sind *einfach keine empirischen Realitäten,* und das wussten sie.

Während wir also die Mythen achten, müssen wir uns vom Mythos zu Rationalität und Trans-Rationalität begeben, um spirituelle Realitäten in ihrer ganzen Tiefe auszuloten. Das heißt, wir müssen zulassen, dass die Linie der spirituellen Intelligenz von Bernstein zu höheren Ebenen aufsteigt, und wenn wir in die umgekehrte Richtung gehen und den Mythen Realitätsgehalt aufzwingen wollen, ist das der sicherste Weg, um auf dieser Ebene stehen zu bleiben und einer Verwechslung von Ebene und Linie auf den Leim zu gehen, die großen Schaden anrichtet. Die Mythen der Vergangenheit respektieren, schätzen und feiern – definitiv Ja; sie zu absoluten Realitäten erhöhen – definitiv Nein.

Doch um die höheren Ebenen in der spirituellen Linie erkennen und zulassen zu können, müssen wir die spirituelle Linie selbst erkennen und respektieren. Sowohl Religion als auch Wissenschaft halten weiter an der Verwechslung von Ebene und Linie und damit an der geradezu epidemischen Fixierung auf die mythische Ebene fest. Die beiden müssen endlich erwachsen werden.

Die De-Repression des Erhabenen und **die De-Repression der Entwicklungslinie der spirituellen Intelligenz** stellen viele Anforderungen. Und eine, die wir betonen, besteht darin, einen Orientierungsrahmen zu haben, der sowohl für die Rolle der Wissenschaft als auch für die Rolle von Spiritualität in der modernen und postmodernen Welt eine umfassendere Sicht erlaubt und fördert. Der Versuch einiger Verfechter des Intelligent Design, Wissenschaft zu bewegen, die Poesie der mythischen Ebene zu beweisen, ist absurd. Und der Versuch, die Wissenschaft, die ein Höchstes erklärtermaßen weder beweisen noch widerlegen kann, zu einer Wissenschaftlichkeit zu drängen, die behauptet, selbst alle wichtigen Fragen beantworten zu können, ist einfach pathologisches Orange.

Ein Integraler Bezugsrahmen versucht zumindest damit zu beginnen, dem Kaiser zu geben, was dem Kaiser gebührt, Einstein zu geben, was Einstein gebührt, Picasso, was Picasso gebührt, Kant, was Kant gebührt und Christus, was Christus gebührt.

ENTWICKLUNGSSTUFEN SIND LEBENSSTATIONEN

Menschliche Wesen entwickeln sich, auf Feld eins beginnend, wie weit auch immer; und sie haben ein Recht darauf, stehen zu bleiben, wo immer sie stehen bleiben. Einige Individuen bleiben bei Rot stehen, manche bei Bernstein; wieder andere bewegen sich bis zu Orange und höher. Einige Individuen entwickeln sich bis zu einer bestimmten Stufe, bleiben eine Weile stehen, und fahren dann fort zu wachsen; andere hören irgendwann im frühen Erwachsenenalter auf zu wachsen und wachsen niemals wirklich weiter. Aber das ist ihr gutes Recht; Menschen haben ein Recht darauf, auf welcher Stufe auch immer stehen zu bleiben.

Ich möchte das betonen, indem ich sage, dass jede **Stufe** auch eine Lebens**station** ist. Manche Menschen verbringen ihr ganzes Erwachsenenleben bei Rot oder Bernstein, und *das ist ihr gutes Recht.* Andere gehen weiter. Aber von sämtlichen menschlichen Bestrebungen ist Religion die einzige, die einen **Katechismus von menschlichen Lebensstationen** bereitstellen kann: Hier gibt es eine rote Version von Christus, hier gibt es eine bernsteinfarbene Version von Christus, hier gibt es eine orangene Version von Christus, hier gibt es eine indigoblaue Version von Christus usw.

(Westliche Buddhisten haben oft das Gefühl, da sie nicht begrifflich ausgerichtet sind, sie seien über all das erhaben. Wenn das auch für Sie gilt, lesen Sie doch bitte Kapitel 5 noch einmal. Es gibt ein bernsteinfarbenes *Lankavatara Sutra*, ein orangenes *Lankavatara Sutra*, ein grünes *Lankavatara Sutra*, ein türkises *Lankavatara Sutra*, ein indigoblaues *Lankavatara Sutra* usw. Die meisten westlichen Buddhisten haben jedoch nur das grüne *Lankavatara Sutra* vor Augen. Und das ist ihr gutes Recht, solange sie anderen Interpretationen, wie Türkis und Indigo, die gleiche Freiheit einräumen. Es geht also um einen ganz einfachen Punkt: Es gibt ein ganzes Spektrum an spirituellen Interpretationen, und nur die Religion kann hier als Förderband dienen.)

Manche Menschen bleiben bei Rot stehen. Eine magisch-rote Religion wird sie immer ansprechen, und die Gesellschaft braucht ganz eindeutig irgendeine Version von roter Religion. Manche Menschen bleiben bei Bernstein stehen. Sie werden immer ansprechbar sein für eine mythisch-bernsteinfarbene Religion, und die Gesellschaft braucht ganz eindeutig irgendeine Version von bernsteinfarbener Religion. Manche bleiben bei Orange stehen. Die Religion, die diese Menschen anspricht, vertritt die Vernunft und das universelle Gute von Orange, und die Gesellschaft muss Zugang zu irgendeiner Version von orangener Religion gewähren. Manche bleiben bei Grün stehen, manche bei Petrol und manche bei Türkis ...

Und nur Religion kann dieses Spektrum umfassen und als großes Förderband beim Übergang zwischen diesen vielen Stufen – und Stationen – des Lebens dienen.

Das wäre für jede Institution eine außergewöhnliche Rolle und, um es zu wiederholen, *nur* Spiritualität kann sie übernehmen; denn sie ist die einzige Institution, der es erlaubt ist, die Stufen zu sanktionieren, welche die Menschheit in ihrer Kleinkindzeit und Kindheit durchläuft und die jetzt in den verschiedenen Versionen ihrer Botschaften auf der mythischen Ebene verschlüsselt enthalten sind.

Das ist bei Medizin, Gesetzgebung, Physik, Biochemie, Architektur usw. eindeutig nicht der Fall, denn diese Disziplinen werfen ihre

Kindheitsversionen über Bord und übernehmen nur die neuesten, heutigen Entdeckungen. Wie ich bereits sagte, empfehlen Ärzte heute keine Kur mit Blutegeln, und Astronomen unterrichten keine Astrologie. Aber es gibt Prediger, die auf entsprechenden Ebenen ansetzen. Und es ist eine gute Sache, dass sie Magisches und Mythisches lehren – *solange die großen Religionen auch Zugang bieten zur orangenen und höheren Ebene und Stufen ihrer Spiritualität, als »koscheren« Stufen,* die mit der Entwicklung von GEIST selbst im modernen, postmodernen und integralen Zeitalter Schritt gehalten haben.

...

Und das bedeutet vor allem, dass Religion und nur Religion allein damit beginnen kann, diese Stahldecke, diesen Dampfdrucktopf-Deckel anzuheben, der jetzt die ganze Erde erdrückt und ihr Innenleben zu Tode erstickt. Wenn das nicht geschieht, werden die Terroristen weiter versuchen, diesen Deckel zu sprengen, und Studenten werden in Schränken beten, um nicht dagegenzustoßen.

HÖHERE STUFEN, ABER AUCH HÖHERE ZUSTÄNDE

Und die zweite große Rolle für Religion in der modernen und postmodernen Welt? Nicht nur Zugang zu bieten zur orangenen und höheren **Stufe**, sondern auch kontemplative **Zustände** zum Kern ihrer Schulung zu machen.

Das Schöne an dieser Rolle ist, dass Zustände auf jeder Stufe – und damit jeder Lebensstation – zugänglich sind. Authentische Spiritualität steht uns nicht nur auf den höheren Entwicklungsstufen offen (oder den transpersonalen Stufen des dritten Ranges – das ist die erste der vier Hauptbedeutungen von Spiritualität), sondern bestimmte Aspekte oder Dimensionen von Spiritualität sind als authentische, religiöse Erfahrungen (oder Zustände) auf jeder dieser Stufen oder Stationen zugänglich (das ist die zweite Bedeutung von Spiritualität). *Auf jeder Stufe oder Station im Leben* können Religionen Individuen also ganz konkrete tiefe Erfahrungen vermitteln.

Natürlich werden diese Erfahrungen auf den höheren Stufen zunehmend tiefer interpretiert und umfassender erlebt, aber wir können mit Meditation, Kontemplation, pfingstlichen Erweckungserlebnissen oder Sammlung durch Gebet überall anfangen – sei es bei Rot, Bernstein, Orange oder Grün – und authentische grobstoffliche, subtile, kausale und nichtduale religiöse Zustände erleben. Wenn sie sich das zunutze machen würden, hätten die großen Religionen ein wirklich reichhaltiges Menü der großartigsten Potenziale anzubieten, die der Menschheit zur Verfügung stehen. Und ganz gleich, auf welcher *Stufe* sich Praktizierende befinden: Die Religionen können ihnen von Anfang an authentische spirituelle und kontemplative *Zustände* vermitteln …

(Kann jemand, der, sagen wir, bei Bernstein zu meditieren beginnt, so etwas wie ERLEUCHTUNG erlangen? Die Antwort lautet offensichtlich Ja und Nein zugleich: erleuchtete Zustände, ja; erleuchtete Stufen, nein. Oder was wir horizontale ERLEUCHTUNG nennen, ja; vertikale ERLEUCHTUNG, nein. Doch Genaueres dazu finden Sie in Anhang II.)

Im Augenblick erlaubt die vorherrschende Form des Diskurses vieler orthodoxer Religionen spirituelle Zustandserfahrungen einfach nicht, und diese sind deswegen gezwungen, sich andere Bahnen zu suchen. Für Teenager heißt das oft, dass sie sich zur Raver-Szene und Drogen hingezogen fühlen. (Doch ich halte die Raver-Szene, ehrlich gesagt, für gesünder als Religionen, die veränderte spirituelle Bewusstseinszustände unterdrücken und Jugendliche damit überhaupt erst zwingen, sich scharenweise in diese Szene zu flüchten.)

Wenn im Rahmen der offiziellen Religionen spirituelle Zustände auftreten, werden sie (in manchen Ländern, Anm.d.Ü.) oft zurechtgestutzt zu Wiederauferstehungserlebnissen und inbrünstigen Festtagsversammlungen. Meistens handelt es sich hier um subtile Zustandserfahrungen und veränderte Bewusstseinszustände, die gelegentlich tatsächlich sehr tief gehen – und an Underhills Zustand von Erleuchtung und Gnade heranreichen –, meistens aber auf Rot und manchmal auf beginnendes Bernstein begrenzt und reduziert werden. So werden wir Terroristen nicht los, sondern produzieren sie.

Je früher spirituelle Traditionen anfangen, sowohl höhere Stufen als auch höhere Zustände zugänglich zu machen, desto schneller kann Religion ihre neue Rolle in der modernen und postmodernen Welt übernehmen: Die Rolle des großen Förderbandes für die gesamte Menschheit.

DIE AUSWIRKUNGEN VON ZUSTÄNDEN AUF STUFEN

Es gibt noch einen weiteren Grund dafür, dass Religionen, um als großes Förderband für die Menschheit zu dienen, meditative, kontemplative und außergewöhnliche Zustände (grobstofflich, subtil, kausal, nichtdual) in ihren Lehrplan aufnehmen sollten; und der besteht nicht nur darin zu verhindern, dass Jugendliche zu Ravern werden und erwachsene Menschen zu Missionaren Zuflucht nehmen, sondern dass Zustände auf die Entwicklung der Stufen äußerst positive Auswirkungen haben. Wenn wir das alles als gleich gültig erachten, gilt, wie wir bereits gesehen haben: *Je häufiger Sie verschiedene Zustände erleben, desto schneller durchlaufen Sie bei Ihrer Entwicklung die einzelnen Stufen.*

Uns sind keinerlei Umstände bekannt, unter denen Sie die Stufen in den einzelnen Linien überspringen könnten – *Stufen können nicht übersprungen werden* –, aber die Forschung hat eindringlich belegt, dass Sie die einzelnen Bewusstseinsstufen auf Ihrem Entwicklungsweg desto schneller durchlaufen, je häufiger Sie meditative oder kontemplative Bewusstseinszustände erleben.

Keine andere einzelne Praxis oder Technik – keine Therapie, keine Atemarbeit, kein Workshop für Transformation der Persönlichkeit, kein Rollenspiel, kein Hatha Yoga – kann das bewirken, wie man empirisch nachgewiesen hat. Nur Meditation. Während sich zum Beispiel etwa 2 % der erwachsenen Weltbevölkerung auf dem zweiten Rang befinden, schnellen diese 2 % in der Meditationsgruppe auf 38 % hoch. Das ist ein wirklich verblüffendes Forschungsergebnis.

Wie wir bereits gesehen haben, ist der Grund dafür, dass Meditation das möglich macht, ziemlich einfach. Wenn Sie meditieren, werden Sie tatsächlich zum Zeugen des Geistes (Verstandes) und wandeln so Subjekt in Objekt um – und das ist genau der Kernmechanismus jeder Entwicklung (»Das Subjekt einer Stufe wird zum Objekt des Subjekts der nächsten Stufe«).[41]

Ganz gleich also, auf welcher generellen Stufe (Rot, Bernstein, Orange, Grün usw.) Sie sich befinden, wenn Sie mit Ihrer Praxis beginnen, können Sie sofort Erfahrungen mit meditativen, kontemplativen, ekstatischen oder außergewöhnlichen Zuständen machen (grobstofflich, subtil, kausal, nichtdual). Und diese Zustände sind nicht nur für sich genommen tiefe Erfahrungen, sondern beschleunigen Ihr Wachsen und Ihre Entwicklung durch die Stufen.

Die Kombination dieser Praktiken mit einem spiritualitätsübergreifenden Training ist **Integrale Lebenspraxis**, die wir im nächsten Kapitel erläutern werden.

ZUSAMMENFASSUNG UND ABSCHLUSS

Hier das Gesamtbild, das ich in diesem Kapitel vermitteln wollte:

Jeder Mensch wird in Feld eins geboren. Es wird immer Menschen geben, die sich bei Rot befinden, und das ist völlig in Ordnung. Es wird immer Menschen geben, die sich bei Bernstein befinden, und das ist völlig in Ordnung. Es wird immer Menschen geben, die sich bei Orange befinden, und das ist völlig in Ordnung (usw.). Eine aufgeklärte Gesellschaft wird dafür immer Raum gewähren, da sie erkennt, dass **Entwicklungsstufen** auch **Lebensstationen** sind. Und ein Mensch kann auf jeder dieser Stationen (der Entfaltung von GEIST selbst) stehen bleiben und verdient Achtung und Respekt, ganz gleich, auf welcher Station er sich befindet.

Aber die früheren Stationen – von archaisch zu magisch zu mythisch – enthalten Stufen, welche die Spitze der Menschheit in Kleinkindzeit, Kindheit und Jugendalter durchlaufen hat. Da jedoch die Religion der einzige Hort für die Mythen ist, die in diesen Zeiten geschaffen werden, ist sie auch die einzige Institution in der heutigen Welt, die diese frühen Stufen und Stationen für Männer und Frauen *legitimieren* kann. Und auch die einzige, der jene 70 % der Weltbevölkerung auf diesen Stufen angehören.

Das alles ist gut und schön. Aber genau deswegen, weil die Religion im Alleinbesitz dieses präationalen Erbes der Menschheit (und des präationalen Fundus der großen Mythen) ist, kann nur sie ihren Anhängern helfen, sich von der präationalen, der mythischen Ebene zugehörigen, ethnozentrischen, absolutistischen Version ihrer Botschaft zu rational-perspektivischen, weltzentrischen, postkonventionellen Versionen ihrer Botschaft zu bewegen. *Bei diesem großen Sprung von ethnozentrischem Bernstein zu weltzentrischem Orange können nur die Religionen der Menschheit helfen.*

Nur die großen Religionen können als Förderband dienen, indem sie orangene (und höhere) Versionen ihrer eigenen grundlegenden Geschichte und Spiritualität als *legitim* erklären (sowohl im soziologischen als auch im religiösen Sinne). Das ist ein schwieriger Sprung, wie durch vieles – vom Terrorismus bis zu den Studenten, die im Schrank beten – deutlich wird.

Hauptverantwortlich für diese schwierige Situation ist eine massive Verwechslung von Ebene und Linie, die sowohl die moderne Wissenschaft *als auch* die Religion – weltliche Humanisten *und* Vertreter der Religion – übernommen haben und mit erstaunlicher Härte vertreten; wobei sie die mythische Ebene der spirituellen Linie mit der gesamten spirituellen Linie verwechselt haben, sodass die spirituelle Intelligenz in diesem Kindheitsstadium stecken geblieben ist.

Beide, sowohl Religion als auch Wissenschaft, haben eifrig darum gekämpft, diese absolut groteske Schichttorte zu erhalten, die – um hier abrupt die Metaphern zu wechseln – bewirkt hat, dass die Welt unter einem Dampfdrucktopf-Deckel kocht; wobei rationale Wissenschaft und die moderne Welt alles, was orange ist, für sich in Anspruch nehmen, und die Religion festhält an allem, was bernsteinfarben und damit prämodern, präational und mythisch ist.

Kein Wunder, dass Militaristen (»Terroristen«) alle das Gleiche sagen: »Die moderne (orangene) Welt hat keinen Platz für meine (mythisch-bernsteinfarbenen) religiösen Überzeugungen, und deswegen werde ich sie im Namen meines Gottes in die Luft jagen.«

All das wird auf keinen Fall aufhören, solange die jeweilige Religion in ihrem eigenen Katechismus keinen Raum für orangene, weltzentrische, moderne Interpretationen ihrer eigenen religiösen Botschaft schafft und diese orangenen Interpretationen als »koscher« absegnet wie es z.B. auf dem Zweiten Vatikanischen Konzil geschah).

Die Anzahl brillanter religiöser und spiritueller Autoren, die orangene, weltzentrische Interpretationen beispielsweise des Christentums betonen, ist enorm groß. Am bekanntesten (und empfehlenswertesten) sind die Arbeiten von Bishop John Shelby Spong (z.B. *Rescuing the Bible from Fundamentalism; Why Christianity Must Change or Die; A New Christianity for a New World: Why Traditional Faith is Dying and How a New Faith Is Being Born);* Marcus J. Borg (z.B. *The Heart of Christianity*); Stephen Carter (z.B. *The Culture of Disbelief*); F. Forrester Church (*God and Other Famous Liberals*).

Und es gibt eine wachsende Flut an grünen/postmodernen Interpretationen des Christentums. Dazu gehören, neben anderen, John R. Franke und Stanley J. Grenz, *Beyond Foundationalism: Shaping Theology in a Postmodern Context;* John Milbank, *Theology and Social Theory: Beyond Secular Reason;* Kevin J. Vanhoozer (Hrsg.), *The Cambridge Companion to Postmodern Theology*; Brian McLaren, *A Generous Orthodoxy*; The Bible and Culture Collective, *The Postmodern Bible.*

Man könnte annehmen, dass viele dieser Anhänger Gen X und Y sind, da die grüne Flut weiter anschwillt. Die Zeitschrift *Was ist Erleuchtung* (März/Mai 2006) berichtet: »Eine Studie über religiöse Bücher, durchgeführt von der Zeitschrift *Publishers Weekly*, fand heraus, dass Pomos (Kurzbezeichnung für Vertreter der Postmoderne, Anm.d.Ü.) enorm an Kaufkraft und kulturellem Einfluss gewinnen und dass das Durchschnittsalter der Käufer dieser Bücher bei jugendlichen 38 Jahren liegt, wobei der größte Anteil auf die Gruppe derjenigen Käufer entfällt, die zwischen 25 und 34 Jahre alt sind.«

Und natürlich gehört zu den wirklichen Pionieren, die den Übergang des Christentums in die moderne und postmoderne Welt vorantreiben, Hans Küng mit seinen sämtlichen Werken. Auch die Arbeiten von Raimon Panikkar sind in vieler Hinsicht und auf tiefgründige Weise provokativ.

Aber, um zu den Religionen generell zurückzukehren, ihre primäre und dringlichste Aufgabe besteht darin, praktizierenden gläubigen Individuen vor allem beim Übergang vom bernsteinfarbenen zum orangenen Horizont zu helfen. Diese Schwierigkeit lässt sich am besten mit Hilfe der Quadranten analysieren:

Im *oberen linken Quadranten* muss ein Individuum psychologisch von ethnozentrischen Überzeugungen zu weltzentrischen Überzeugungen übergehen. Diese schwierige Transformation ist verbunden mit dem Wechsel von einer Identität, die auf Rollen beruht, zu einer Identität, die auf der Person beruht. Auf diesem Weg kann das Individuum einen postkonventionellen, weltzentrischen moralischen Standpunkt einnehmen, statt sich überwiegend von der ethnozentrischen Wir-gegen-sie-Mentalität leiten zu lassen. Ist ein Individuum im christlichen Glauben verwurzelt, äußert sich dieser Sprung in der Erkenntnis: Auch wenn Jesus Christus mein persönlicher Erlöser ist, finden andere möglicherweise andere Wege zur Erlösung. Der Heilige Geist spricht zwar mit Männern und Frauen und in verschiedenen Ländern unterschiedliche Sprachen, doch ist er trotzdem immer ganz präsent.

Im *unteren linken Quadranten* muss das Individuum fühlen, dass seine Religion einen wirklich universellen oder vielseitigen Jesus vertritt und nicht lediglich ein ethnozentrisches Glaubensbekenntnis. Das ist immer wieder ein heiß umstrittenes Thema, für das zum Beispiel das Zweite Vatikanische Konzil eine Tür geöffnet hat, welche die Päpste danach wieder schließen wollten. Der tonangebende Diskurs auf diesem Konzil ließ Raum für ein gesundes orangenes (weltzentrisches) Christentum; die Päpste danach haben sich hingegen trotz ihrer Offenheit für mystische Zustände und ihrer öffentlichen Zurschaustellung einer liberalen Frömmigkeit einem vorherrschenden Diskus verschrieben, der von der Tyrannei der Bernsteinstufe zeugt – einer Bernsteinstufe, die auf tragische Weise ihre eigenen, höheren emergierenden Stufen spiritueller Intelligenz unterdrückt.

Wie das (im *unteren rechten Quadranten*) institutionalisiert wird, gibt Aufschluss darüber, welches Verhalten (*oben rechts*) ein gläubiger Mensch in der modernen und postmodernden Welt toleriert. Besonders dringend brauchen wir hier eine Institution, welche die Lebensstationen in ihrem eigenen, konkreten sozialen (und kulturellen) System verkörpert. Gibt es ein Förderband, das Individuen sicher vom prärationalen zum rationalen zum trans-rationalen Stockwerk transportiert, oder bleibt die Religion hauptsächlich ein Zufluchtsort für die Kindheit der Menschheit?

Sollte Religion sich für Letzteres entscheiden, werden sämtliche anderen Disziplinen in ihrem Umfeld (Gesetzgebung, Medizin, Wissenschaft, Erziehung) fortfahren, sich mit Dingen zu befassen, die Erwachsene tun, und für Religion bleibt übrig, was Kindern (und erwachsenen Kindern) vorbehalten ist – zum Beispiel Dinge in die Luft zu jagen.

Wenn aber die Religion ihr Versprechen einlöst, die Bestrebung der Menschheit zu sein, die GEIST erlaubt, durch sie zu sprechen, und GEIST sich in seiner eigenen Manifestation tatsächlich entfaltet, dann wird Religion zum Förderband für die Menschheit, das diese von den kindlichen Schöpfungen des GEISTes zu jugendlichen Schöpfungen des GEISTes zu erwachsenen Schöpfungen des GEISTes bringt ... und weiter bis zum großen Morgen der kontinuierlichen Entfaltung des GEISTes.

So sollte die große Rolle der Religion in der modernen und postmodernen Welt mit Sicherheit aussehen.

10

INTEGRALE LEBENSPRAXIS

AQAL ist ein theoretischer Ansatz zur Erfassung der Wirklichkeit, den wir symbolisch **AQAL-IT** nennen können, was für AQAL-Integrale-Theorie steht. Aber was ist mit dem praktischen Ansatz, der *konkreten Praxis* eines integralen Ansatzes? Was ist mit einer **AQAL-IP**, einer »AQAL-Integralen-Praxis«? Oder wir könnten auch fragen, was ist mit einer **Integralen Lebenspraxis** (ILP), mit der ich sämtliche Aspekte einer Integralen Sicht in meinem Leben ganz konkret praktizieren kann, da diese doch die tatsächlichen Aspekte oder Dimensionen meines In-der-Welt-Seins sind? Wie kann ich mein Ich als ganzes zu meiner Praxis machen?

EINE KURZE GESCHICHTE DER INTEGRALEN LEBENSPRAXIS

Eine Integrale Lebenspraxis in Form von einzelnen Modulen, die auf dem theoretischen Rahmen von AQAL beruhen, den ich in meinem Buch *Eros, Kosmos, Logos* vorstellte, schlug ich zum ersten Mal in meinem Buch *Einfach Das* vor. Mit dem ersten Workshop zur Integralen Lebenspraxis, den das *Integral Institute* anbot, haben wir ihr eine konkrete Gestalt gegeben.[42] Auch wenn dieser Ansatz auf buchstäblich Hunderten der wichtigsten transformativen Praktiken aus Ost und West beruht und wir voll anerkennen, in welch enormer Schuld wir damit stehen, hat er mehrere Wesenszüge, die in der Form einzigartig sind.

Am deutlichsten zeigt sich wahrscheinlich, dass es sich hier um die erste vollständig integrale Praxis handelte, die auf sämtlichen acht

Zonen beruht. Aurobindo kannte vier Methoden, sein Integrales Yoga wandte drei an. Die wichtigsten meditativen und kontemplativen Traditionen von den Zisterziensern bis zu den Hassiden kannten drei Methoden und wandten zwei an. Mike Murphy und George Leonards Integrale transformative Praxis kannte sechs und wandte fünf an. Die typischen Praktiken der »Human Potential«-Bewegung kannten drei und wandten zwei an. Nirgendwo erkannte man alle acht Perspektiven, geschweige denn setzte sie praktisch um.

Eine Integrale Lebenspraxis, die auf allen acht Zonen beruht, zeigte vor allem Praktiken auf, die im oberen linken Quadranten die »**Drei S**« einschlossen, welche für das Verständnis und die Förderung individuellen Wachstums so entscheidend sind: Schatten, Zustände und Stufen (amerik.: shadow, states und stages, deshalb »Drei S«, Anm.d.Ü.). Sobald das *Integral Institute* anfing, Workshops zur Integralen Lebenspraxis anzubieten, zeigte sich, dass der Integrale Ansatz in tiefem Einklang mit den intensiven Wünschen und inneren Dimensionen der Teilnehmenden stand, was dadurch deutlich wurde, dass sie in allen Bereichen ihres In-der-Welt-Seins auflebten. Die Integrale Lebenspraxis war geboren.

KOMPONENTEN EINER INTEGRALEN LEBENSPRAXIS

Die Integrale Lebenspraxis besteht aus vier Kernmodulen, etwa fünf Hilfsmodulen und Dutzenden von frei wählbaren Modulen. Auch wenn jedes Modul Praktiken enthält, die wir mit einem »goldenen Sternchen« versehen würden, geht es bei diesem **Ansatz in Form von Modulen** vor allem darum, dass Sie in den einzelnen Modulen unter Dutzenden von legitimen, altbewährten Praktiken wählen können. (In Abbildung 20 finden Sie eine Zusammenfassung einiger der wichtigsten Module und Praktiken.) Die Grundregel ist einfach: Wählen Sie aus jedem Modul eine Praxis und führen Sie sie alle durch. Dieses *transformativ-übergreifende Training* beschleunigt das Wachstum, erhöht die Wahrscheinlichkeit einer gesunden Entwicklung und fördert die eigene Fähigkeit zu einer transformativen Lebensweise.

Abbildung 20:
Die Matrix der Integralen Lebenspraxis

MODULE

	KERN				ZUSATZ				
	Körper (physisch, subtil, kausal)	**Verstand** (Denkschema, Sichtweise)	**Geist** (Meditation, Gebet)	**Schatten** (Therapie)	**Ethik**	**Sexualität**	**Arbeit**	**Emotionen**	**Beziehungen**
BEISPIEL PRAKTIKEN	Gewichtheben (physisch)	Lesen & Studieren	Zen	Gestalttherapie	Verhaltenskodizes	Tantra	Rechter Lebenserwerb	Emotionen ★ umwandeln	Integrale ★ Beziehungen
	Aerobics (physisch)	Glaubenssystem	Gebet d. Sammlung	Kognitive Therapie	Professionelle Ethik	Integrales ★ sexuelles Yoga	Professionelles Training	Training von emotionaler Intelligenz	Integrale ★ Elternschaft
	F.I.T. ★ (physisch, subtil)	Integrale (AQAL) Landkarte ★	Big-Mind- ★ Meditation	3-2-1 Prozess ★	Soziales & ökologisches Engagement	Kamasutra	Geldmanagement	Bhakti-Yoga (Demutpraxis)	Kommunikationsfähigkeiten
	Diät: Atkins, Ornish, The Zone (physisch)	Mentales Training	Kabbala	Traumarbeit	Selbstdisziplin	Kundalini-Yoga	Arbeit als Form der ILP ★	Praxis der emotionalen Achtsamkeit	Paartherapie
	ILP-Diät ★ (physisch)	Einnehmen unterschiedlicher Perspektiven	Mitfühlender ★ Austausch	Beziehungsarbeit	Integrale Ethik ★	Sexuelle transformative Praxis	Karma-Yoga	Tonglen (Meditation des mitfühlenden Austausches)	Spirituelle Beziehungspraxis
	Tai Chi Chuan (subtil)	Jede Weltanschauung oder Bedeutung, die für einen selbst richtig ist	TM (Transzendentale Meditation)	Psychoanalyse	Fairness		Gemeindearbeit & Ehrenamtliches	Kreativer Ausdruck & Kunst	Richtige Verbindungen (Sangha)
	Qi Gong (subtil)		Integrale ★ Erforschung	Kunst- & Musik-Therapie	Gelübde & Versprechen		Arbeit als Transformation		Bewusste Ehe
	Yoga (physisch, subtil)		Das 1-2-3 Gottes ★						
	3-Body-Work ★ (physisch, subtil, kausal)								

★ = Gold-Star-Übungen

Ein **Modul** ist einfach jeder Aspekt menschlicher Kapazität, den wir schulen können: Quadranten, Linien, Zustände, Typen usw. Die Integrale Lebenspraxis empfiehlt **vier Kernmodule**, die wir als grundlegend betrachten und die sich besonders den *drei großen S* (im oberen linken Quadranten) und den *drei Körpern* (im oberen rechten Quadranten) zuwenden.

1. **Das Modul des Integralen Bezugsrahmens.** Das kognitive Modul oder **Modul der Co-Gnosis** ist einfach der theoretische AQAL-Rahmen. Da das Erkenntnisvermögen primär darin besteht, Perspektiven einzunehmen, hilft das Studium des AQAL-Rahmens, sich sämtliche acht Perspektiven auf bewusste, klärende und erhellende Weise zu erschließen. AQAL ist nicht lediglich ein abstraktes Modell; wie in der Einleitung bereits erläutert, ist es ein Typus von **Integralem Betriebssystem**, das, wenn wir es uns erst einmal angeeignet oder »heruntergeladen« haben, in der Psyche Raum schafft für multiple Perspektiven.

   Da die kognitive Linie notwendig, aber nicht hinreichend für sämtliche anderen Hauptlinien ist, wird Ihr Leben in dem Maße umfassend und erfüllend, wie Ihr kognitiver theoretischer Rahmen integral und umfassend ist. Dieses Modul der Co-Gnosis ist notwendig, aber nicht hinreichend für die gesamte **Entwicklung der Stufen.**

2. **Das spirituelle oder meditative Modul.** »Spirituell« kann natürlich vieles bedeuten; hier ist damit die meditative oder kontemplative **Schulung von Zuständen** gemeint. Wenn Sie sich einmal Abbildung 17 (S. 122) anschauen, bekommen Sie eine Vorstellung von dem gesamten Training, das wir beim meditativen Modul im Hinterkopf haben. Es gibt natürlich viele Ansätze für Meditation und spirituelle Erfahrungen. Die Integrale Lebenspraxis arbeitet mit dem »Big Mind Prozess«, gekoppelt mit einem Achtsamkeitstraining (**Integrale Erkundung**), das ein destilliertes Konzentrat aus mehreren Haupttypen meditativer Schulung, visionären Erfahrungen und Sammlung durch Gebet ist.

3. **Der 3-2-1-Prozess** oder das **Modul der Arbeit mit dem Schatten.** Die Arbeit mit dem eigenen Schatten oder unterdrückten Unbewussten ist eine absolut wesentliche Komponente jeder transformativen Lebenspraxis. Das *Integral Institute* hat ein simples, aber sehr wirkungsvolles Verfahren entwickelt, um zum eigenen persönlichen Schattenmaterial Zugang zu bekommen und es zu integrieren, indem wir den Schatten von Symptomen der dritten Person zur Präsenz der zweiten Person zum Bewusstsein der ersten Person umwandeln.

4. **Das Modul der Arbeit mit den drei Körpern.** Dieses Modul enthält Übungen für alle drei Körper – grobstofflich, subtil und kausal. Während sich das erste Modul speziell an die »Drei S« oben links wendet, geht es bei diesem Modul um die Arbeit mit den drei Körpern oben rechts.

Außer diesen vier Kernmodulen empfiehlt das *Integral Institute* fünf weitere Module als besonders hilfreich oder unterstützend. Diese sind:

5. **Ethik**
6. **Sex** oder **sexuelles Yoga**
7. **Arbeit in der Welt** oder **Karma Yoga**
8. **Emotionen umwandeln**
9. **Beziehungen**

Bei **Ethik** geht es darum, das Verhalten im oberen rechten Quadranten mit postkonventioneller moralischer Achtsamkeit im oberen linken Quadranten zu verbinden. **Sex** (oder **sexuelles Yoga**) konzentriert sich auf die tantrischen Aspekte von Beziehungen, wobei vor allem der obere linke Quadrant und der untere linke Quadrant als Brücke zum Erwachen genutzt werden. **Arbeit in der Welt** (oder Karma Yoga) heißt, dass wir unsere berufliche Arbeit und unser Verhalten in Institutionen als wesentlichen Teil der eigenen Integralen Lebenspraxis nutzen. **Emotionen umwandeln** ist eine fortgeschrittene Technik im oberen linken Quadranten, mit deren Hilfe wir negative Emotionen in die ihr entsprechenden Weisheiten umwandeln, wozu auch **sexuelles Yoga** gehört. Bei **Beziehungen** konzentrieren wir uns auf unsere wichtigsten Beziehungen (unten links) nicht nur als Werkzeuge der Transformation, sondern als Ausdruck integraler Achtsamkeit, mit Übungen zu Elternschaft, Paarbeziehungen und bewusster Ehe.

Das *Integral Institute* bietet für jedes dieser Module Seminare, Workshops, Kurse, Online-Material und Studienmaterial für zu Hause an. Wenn Sie daran interessiert sind, schauen Sie bitte nach unter *www.MyILP.com*.

INTEGRALE PROFESSIONELLE TRAININGS

Zusätzlich zu dem eher persönlich orientierten Training bietet das *Integral Institute* auch ein großes Spektrum an professionellen Seminaren und Workshops an, unter anderem für Themenbereiche wie Integrale Führungskräfte, Integrale Psychotherapie, Integrale Medizin und Integrale Nachhaltigkeit. Sollten Sie an diesen Themen interessiert sein, besuchen Sie uns bitte unter *www.integraltraining.com* (oder einfach *www.MyILP.com*).

INTEGRALE SPIRITUELLE PRAXIS

Das *Integral Institute* hat die Integrale Praxis in Verbindung mit dem *Integral Spiritual Center* (ISC) so gestaltet, dass sie mit den wichtigsten spirituellen Traditionen zusammenarbeiten kann. Hier können Sie Ihrem eigenen, selbst gewählten spirituellen Weg folgen und sich dabei, wie in Kapitel 5 erläutert, an die anderen Komponenten einer Integralen Praxis »anschließen«. Bei uns sind sämtliche Glaubensrichtungen und spirituellen Wege willkommen, sich uns bei diesem Anliegen anzuschließen. Wenn Sie das interessiert, schauen Sie bitte nach unter *www.integralspiritualcenter.org*.

WO IST GEIST?

Hier ein einfaches Denkexperiment. Stellen Sie sich die folgenden Männer vor (oder machen Sie daraus Frauen, wenn Sie möchten) und sagen Sie mir, welche Ihrer Meinung nach am spirituellsten sind:

1. ein Mann im Armani-Anzug;
2. ein Mann, der einen roten Ferrari fährt;
3. ein Fußballspieler aus der 1. Liga, der einen Treffer landet;
4. ein professioneller Komödiant;
5. ein Mathematiker;
6. ein Mann im Trägerhemd, der Gewichte hebt;
7. ein Olympia-Schwimmer;
8. ein Hochschulprofessor;
9. ein Fotomodell;
10. eine Prostituierte.

Was glauben Sie, wer ist am spirituellsten? Und wer hat mit Spiritualität am wenigsten zu tun?

Witzig, nicht wahr, welche Dinge für uns am wenigsten spirituell sind ... Warum stellen wir uns vor, die meisten dieser Leute seien nicht besonders spirituell? Oder umgekehrt, warum fällt es uns so schwer, uns vorzustellen, sie seien spirituell? Bringen wir hier im Grunde nur unsere eigenen Vorurteile zum Ausdruck, wenn es um die Frage geht, wo wir GEIST zu finden glauben und wo nicht? Oder schlimmer: Machen wir in Wirklichkeit nicht nur deutlich, wie veraltet, lückenhaft und NICHT INTEGRAL wir über GEIST denken? Warum ist es nicht spirituell, Witze zu erzählen? Warum sind schöne Dinge – schnelle Autos, elegante Kleidung – nicht spirituell? Warum sind körperliche Höchstleistungen nicht spirituell? Warum ist Sex nicht spirituell? Warum ist ...

Eine neue Welt zeichnet sich am Horizont ab, eine neue Spiritualität, eine neue Zeit, ein neuer Mann, eine neue Frau. Alles oben Aufgeführte ist tief spirituell. Diese Liste zählt vor allem Dinge auf, bei denen wir es mit der Angst zu tun bekommen, wenn wir uns vorstellen, sie könnten mit Spiritualität zu tun haben. Vom Hals an abwärts abgestorben, humorlos, ohne Sex, ohne die geringste ästhetische Sensibilität, siechen wir dahin und verbringen unsere Tage und Nächte verloren im Gebet, ohne die Welt wahrzunehmen ... was für ein merkwürdiger Gott ist das?

Nun, Schluss damit. Taub für das Leben, taub für den Körper, taub für die Natur, für Sex, Schönheit und vortreffliche Dinge: Das war sowieso nie ein realer Gott, sondern vor allem die vertrocknete Essenz der Dinge, mit denen Männer und Frauen schon immer die größten Schwierigkeiten hatten – von Dingen, für die Gott die große Zuflucht wurde, Destillat und Verkettung sämtlicher phobischer und repressiver Impulse, die menschliche Wesen haben können.

Nun, Schluss damit! Eine neue Welt zeichnet sich ab, eine neue Spiritualität, ein neuer Mann, eine neue Frau.

GEIST ist integral, und das gilt auch für menschliche Wesen.

DIE AQAL-MATRIX

Zur AQAL-Matrix (»alle Quadranten, alle Ebenen, alle Linien, alle Zustände, alle Typen«) gelangen wir auf beliebig vielen Wegen. Der direkteste besteht darin, die Existenz der in der Geschichte der Menschheit am meisten verbreiteten Methodologien anzuerkennen. Schaffen Sie einfach Raum für Empirismus und Phänomenologie, Behaviorismus und Kontemplation, Hermeneutik und Systemtheorie ... und bringen Sie das alles zusammen. Haben Sie so viel Anstand, jenen menschlichen Wesen, die diese Methoden benutzen, zuzugestehen, dass sie wissen, was sie tun und ihr Bestes geben – statt sie für komplette Idioten zu halten, die in einem völligen Irrtum befangen sind.

Alle diese Disziplinen und Paradigmen sind imstande, falsche Daten aufzuspüren und auszusondern – sie wissen, was sie tun! Wenn Sie ihnen das zugestehen, wenn Sie die Ergebnisse dieser grundlegenden, altbewährten Methoden akzeptieren und sie alle zu einem allgemeinen, schlüssigen theoretischen Bezugsrahmen zusammenfügen, gelangen Sie zu einer Art AQAL-Matrix von Möglichkeiten, die sich in diesem Augenblick zeigen.

Natürlich ist AQAL nicht der einzige Weg dorthin und vielleicht auch nicht der beste; es ist einfach der einzige Weg, den ich kenne. Aber welche Schlussfolgerung wir über AQAL als eigene Meta-Theorie auch ziehen: Wir sollten nie vergessen, dass dieser Bezugsrahmen auf der Gesamtheit der erwähnten Methodologien beruht – das heißt, es handelt sich hier um eine Meta-Theorie, die auf eine Meta-Praxis zurückgeht. Sie ist das Ergebnis einer *Praxis* der Einbeziehung, keine Theorie über Einbeziehung.

Eine Methodologie ist eine Praxis, eine Richtlinie, ein Beispiel, ein Paradigma – und bringt Phänomene, Erfahrungen und Daten hervor (um »Daten« hier im Sinne von William James zu benutzen, der darin »*Erfahrungen* auf einem beliebigen Gebiet« sah) – und AQAL ist einfach ein Meta-Paradigma der Simultanverfolgung von mindestes acht Methodologien. Die AQAL Matrix ist eine Möglichkeit von vielen, die Beziehung zwischen sämtlichen daraus resultierenden Erfahrungen und phänomenologischen Welten gedanklich zu erfassen. Aber die Praktiken und ihre Daten – die tatsächlichen Erfahrungen, die durch die Richtlinien und Beispiele hervorgebracht werden – stehen an erster Stelle und die Theorie folgt.

AQAL als theoretischer Rahmen ist ein eindringlicher Hinweis darauf, dass wir das multidimensionale Beweismaterial von mindestens acht Perspektiven und Methodologien (die Ihnen acht Zonen Ihres eigenen In-der-Welt-Seins erschließen) *insgesamt berücksichtigen müssen,* um irgendein Bestreben zu verstehen, und das gilt mit Sicherheit für etwas so Wichtiges wie Religion, Spiritualität und Wissenschaft in der prämodernen, modernen und postmodernen Welt.

Ziehen Sie den Kreis so weit Sie können. Gelangen Sie zu einer Sicht aus 15.000 Metern Höhe. Beziehen Sie alles ein und benutzen Sie einen integralen Pluralismus, nicht nur irgendeinen Pluralismus (der schnell zerbricht, zersplittert und dann ganz auseinanderfällt, sodass am Ende nur noch das Ego regiert). Öffnen Sie Ihre mitfühlenden Arme immer weiter für die Männer und Frauen, die auf all diesen

Gebieten und in all diesen Disziplinen wundervolle Arbeit leisten (die von den acht Methodologien abgedeckt wird), wenden Sie sich ihnen zu und nehmen Sie ihre phänomenalen Welten mit hinein in die Landkarte Ihrer eigenen Welt. Erweitern Sie Ihren Geist, bis er die Ewigkeit berührt und mit der Brillanz des Übergeistes zu leuchten beginnt.

Lassen Sie Ihr Herz schneller schlagen, bis es das eigene Sehnen zulässt, jedes einzelne Ding, jede einzelne Person, jedes einzelne Geschehen im gesamten Kosmos zu lieben und Sie den ganzen Weg bis zur Unendlichkeit und wieder zurück lieben und lächeln, wenn Sie *tatsächlich endlich mit Staunen* das leuchtende Gesicht Gottes in der zweiten Person sehen (oder das höchste Du als unendliche Liebe, das sich dann als höchstes Wir zeigt).

Selbst wenn Ihr eigenes ursprüngliches Gesicht Gott in der ersten Person ist (oder das höchste Ich-Ich als reine, nichtduale, *diesen Augenblick* bezeugende Leerheit), wissend, dass das gesamte manifeste Universum – diese Große Holarchie der Wesen auf dem ganzen Weg nach oben und dem ganzen Weg nach unten – Gott in der dritten Person ist (oder das höchste Es als gesamter Kosmos): Ich und Du und Wir und Es, alle zusammenkommend in den leuchtenden Konturen des simplen So-Seins dieses und jedes Augenblicks; während Sie sich einfühlen in den Stoff, aus dem der Kosmos ist, sich selbst in jeder Windung und Wendung eines Universums finden, das jetzt als Leuchten von GEIST ersteht, den sie ebenso wenig jemals verleugnen können, *wie Sie verleugnen können, dass Sie sich dieser Seite gewahr sind.*

Wissend auch, dass GEIST und das Gewahrsein dieser Seite ein und dasselbe sind und gewiss nicht-zwei, sodass Sie – zusammen mit den großen Weisen aus Ost und West, von Laotse und Asanga bis zu Shankara, Paulus, Augustinus, Parmenides, Plotin, Descartes, Schelling, Theresa und Lady Tsogyal – das höchste Geheimnis der spirituellen Welt erkennen: dass nämlich das voll erleuchtete, immer gegenwärtige göttliche Gewahrsein nicht schwer zu erlangen, sondern unmöglich zu vermeiden ist.

Warum schauen Sie sich überall um, wenn es Gott ist, der schaut? Warum suchen Sie ständig etwas, wenn Gott der Suchende ist? Wann planen Sie GEIST zu finden, wenn es immer GEIST ist, der findet? Wie wollen Sie es anstellen, Gott zu zwingen, Ihnen sein oder ihr Gesicht zu zeigen, wenn Gottes Gesicht bereits genau in diesem Augenblick Ihr ursprüngliches Gesicht ist – Zeuge genau der Seite, die Sie gerade lesen? Wie schwer ist es wahrzunehmen, dass Sie sich dieser Seite bereits mühelos gewahr sind? Warum mühen Sie sich so ab, wenn immer gegenwärtiges Gewahrsein spontan und mühelos in diesem Augenblick erscheint, wie im Gewahrsein dieses Buches und seiner Umgebung, Ihres Körpers und des Raumes, in dem Sie sich befinden?

Nehmen Sie all das wahr und nehmen Sie wahr, dass das alles mühelos in Ihrem augenblicklichen Gewahrsein erscheint; das alles erscheint mühelos in Ihrer zeitlosen Wachheit, unmittelbar hier und jetzt – und wie viel Anstrengung müssen Sie unternehmen, damit dieses gegenwärtige Gewahrsein entsteht? Wo planen Sie, Gott zu sehen, wenn Gott der immer gegenwärtige Sehende ist? Mit wie viel Wissen glauben Sie sich den Kopf vollstopfen zu müssen, um von Gott zu wissen, wenn Gott der immer gegenwärtige Wissende ist? Wie viele Seiten dieses Buches – oder eines anderen Buches oder anderer Bücher – glauben Sie lesen zu müssen, um GEIST zu finden, wenn der oder die Lesende dieses Satzes selbst GEIST ist? Wenn der oder die Lesende dieses Satzes selbst eine vollkommene Offenbarung Gottes ist?

Fühlen Sie den Leser oder die Leserin dieses Satzes, fühlen Sie das simple Gefühl des Seins, fühlen Sie den Fühlenden oder die Fühlende in sich in diesem Augenblick – und Sie fühlen den vollkommen offenbarten Gott in seinem oder ihrem strahlenden Glanz, den Einen Geschmack des göttlichen So-Seins des ganzen Kosmos, eine Nicht-Zwei-heit von kleinem und großen Selbst, der Sie in diesem und jedem Augenblick atemlos erleuchtet und vollkommen verwirklicht. Hören Sie die Klänge, die Sie von allen Seiten umgeben? Wer ist nicht erleuchtet?

Lassen Sie das alles zu. Schlucken Sie den Kosmos ganz. Sie *wissen*, dass jede und jeder Recht hat. Hören Sie also auf, darüber Lügen zu verbreiten, und bewegen Sie sich so vom kleinen zum großen Selbst. Im Kosmos ist Raum für alles. Öffnen Sie sich und lassen Sie das alles ein. Dehnen und strecken Sie Ihren Geist, bis er aufbricht, bis Sie keine Landkarten mehr brauchen und AQAL nichts weiter ist als die schwache Erinnerung an eine Landkarte, die Ihnen einmal geholfen hat, *sich selbst* zu finden, die diesem Ich geholfen hat, Ich-Ich zu finden, und lassen Sie dann AQAL im Fotoalbum der Aufnahmen jenes Sommers verschwinden, in dem Sie Gott gefunden haben, als Sie die Suche nach ihm aufgaben.

Wenn Sie die Suche aufgeben und im Suchenden ruhen, brauchen Sie keine Landkarten mehr. Nicht dafür. Das Gelände selbst reicht aus, ganz bestimmt. Im Leuchten des zeitlosen Jetzt, das Ihr Ego blendet mit Ihrem Selbst, alle Schwierigkeiten der spirituellen Suche überwindend, indem Sie die Suche selbst aufgeben, nicken Sie mit dem Kopf, weil Sie erkennen, das große Spiel oder Herumspielen ist vorbei; das Versteckspiel ist vorbei, weil Sie ES waren und SIE das herausgefunden haben.

In der relativen Welt der endlichen Manifestation ist eine AQAL-Landkarte eine nützliche Anleitung für die Dimensionen eines menschlichen Seins-in-acht-Welten. Und wenn wir alle diese Dimensionen und Methodologien in unsere Landkarte der Realität einbeziehen, können wir, wie ich aufrichtig glaube, GEIST in der prämodernen, modernen und postmodernen Welt in seinem vollen Glanz sehen und einen Weg sehen, sie alle zusammenbringen, indem wir sie mit einer Geste mühelos umarmen und dankbar einbeziehen, nicht nur als Vorspeise, sondern wie ein ganzes Menü mit mehreren Gängen, das unser Sein mit unserem SEIN sättigt. Auf diese Weise ist unser Sein in der AQAL-Welt voll tiefer Freude, voll Staunen, Befreiung, Erkenntnis, Hingabe, Humor, Leichtigkeit, Überraschung, Richtigkeit, Gerechtigkeit und Erleichterung – das alles strömt einfach durch, erfüllt uns mit Sein, Bewusstsein, Pflicht und Seligkeit ...

Und explodiert in seinen eigenen immensen Überfluss hinein, entfaltet seinen eigenen evolutionären Reichtum, eine üppige Entwicklung, die eine liebevolle Umhüllung ist, eine Evolution von GEIST, der kosmische Erinnerungen seines eigenen Gestern abwirft, während er kosmische Gewohnheiten als Fundamente für sein eigenes Morgen legt (erinnerst DU dich nicht?), sodass Religion als kosmisches Förderband – ein großer, großartiger und glorreicher spiritueller Lift – in der modernen und postmodernen Welt ihren Platz gefunden hat.

Spiritualität – Ihr eigenes tiefstes Ich-Ich in diesem Wir des gegenseitigen Erwachens – umarmt nicht nur Zustände und Erfahrungen, sondern auch Stufen und Stationen des eigenen Lebenswegs. Und diese Stufen (die nichts anderes sind als die Zonen 2 und 4 der Manifestation von GEIST) – vom archaischen Gott zum magischen Gott zum mythischen Gott zum rationalen Gott zum pluralistischen Gott zum integralen Gott und höher – sind tatsächlich die Stufen und Stationen eines Förderbands, das von egozentrisch zu ethnozentrisch zu weltzentrisch zu kosmozentrisch läuft; wobei Religion von sämtlichen menschlichen Bestrebungen die einzige Institution ist, die als dieses Förderband dienen kann.

... die meine Entfaltung in die Welt hineinbefördern und dort entfalten kann, die, ausgehend von meinem tiefsten Ich-Ich, sehen kann, wie mein Sein sich in mein eigenes konkretes Werden hinein verwirklicht, in eine Unendlichkeit von vierarmiger Liebe, in diesen Quadranten meiner eigenen Begebenheiten. Religion ist ganz einfach institutionalisierte Spiritualität, die ihre guten Nachrichten an die nächste Generation weitergibt; und diese verfährt damit, wie es für sie passt, um sie dann selbst weiterzugeben, und immer so weiter bis ans Ende aller Zeiten.

Die Religion einer Gesellschaft ist das Haus ihrer Spiritualität, unlösbar verbunden mit ihrer evolutionären Entfaltung, ein kosmischer Vermittler vom Tod bis zur Unsterblichkeit, Fessel um der Freiheit willen, Leid um der Erfüllung willen, Illusion um des Erwachens willen, Sünde um der Erlösung willen, Unwissenheit um der Erkenntnis willen, alle im guten Licht der leuchtenden Entfaltung von Zeit.

Dieses Förderband für die Stationen des GEISTes selbst: wie richtig, wie außergewöhnlich, wie offensichtlich – doch da ist es.

Wenn dieser Ansatz Sie interessiert und Sie den Wunsch verspüren, sich uns anzuschließen, um Ihr eigenes, tiefstes Ich zu entfalten inmitten des sinnvollsten Wir, welches das umfassendste Es umarmt – würden wir uns über Ihre Mithilfe bei dieser außergewöhnlichen Aufgabe herzlich freuen. (Bitte informieren Sie sich näher unter *www.integralinstitute.org*)

Ein neuer Tag zeichnet sich ab am Horizont, eine neue Morgendämmerung, ein neuer Mann, eine neue Frau. Der neue Mensch ist integral und das gilt auch für seine Spiritualität.

Wir alle vom *Integral Institute* bedanken uns bei Ihnen.

ANHANG

I

VON DER GROSSEN KETTE DES SEINS ZUR POSTMODERNE IN DREI MÜHELOSEN SCHRITTEN

ÜBERBLICK

Die traditionelle Große Kette des Seins wird meistens wie folgt dargestellt: **Materie, Körper, Geist (Verstand), Seele** und **GEIST.** Im Vedanta-Hinduismus entsprechen dem die fünf Hüllen oder Ebenen von GEIST: *Anna-Maya-Kosha* (die Hülle oder Ebene, die aus physischer Nahrung besteht), *Prana-Maya-Kosha* (die Ebene, die aus schöpferischer Lebenskraft besteht), *Mano-Maya-Kosha* (die Ebene, die aus Geist [Verstand] besteht), *Vijnana-Maya-Kosha* (die Ebene, die aus höherem Geist oder Seele besteht) und *Ananda-Maya-Kosha* (die Ebene, die aus transzendentaler Glückseligkeit oder kausalem Geist besteht). Vedanta fügt natürlich noch *Turiya* oder das transzendentale, immer gegenwärtige Selbst hinzu, und *Turiyatita* oder den nichtdualen, immer gegenwärtigen, nicht qualifizierbaren GEIST-als-solchen, aber für unsere Einführung reicht das einfache Schema mit fünf Ebenen. Auf die »vollständige« Version kommen wir später zurück.[1]

Diese auf fünf Ebenen beruhende Große Kette des Seins kann schematisch wie in Abbildung I.1 dargestellt werden. Auch wenn wir mit kulturübergreifenden Vergleichen vorsichtig sein müssen, finden wir in den meisten Weisheitstraditionen der »prämodernen« Welt Interpretationsschemata, die dieser Großen Kette oder dem »Großen Nest des Seins« ähneln; dies zeigen auch die Diagramme I.2 und I.3, die Huston Smith benutzte, um die Ähnlichkeiten (oder Verwandtschaften) zwischen diesen Traditionen zu verdeutlichen.

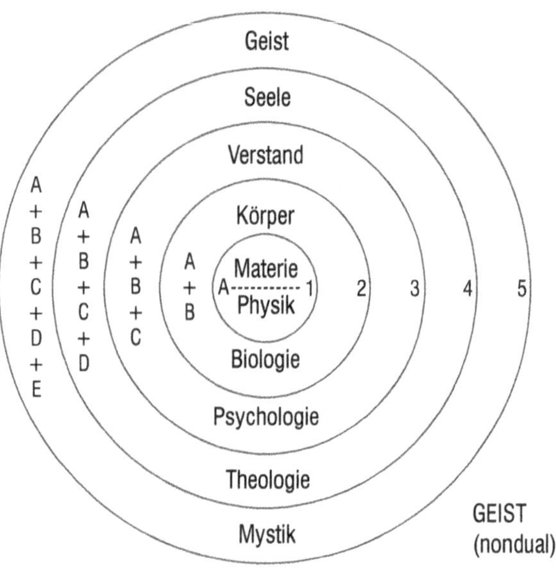

Abbildung I.1: Die traditionelle Große Kette des Seins

Beachten Sie bei dieser Abbildung, dass die Große Kette, wie sie von ihren Vertretern (von Plotin bis zu Aurobindo) aufgefasst wurde, in Wirklichkeit eher ein Großes Nest ist – oder was wir oft als *Holarchie* bezeichnen –, denn jede höhere Ebene geht über ihre unteren Ebenen hinaus, hüllt sie aber ein (oder bildet ein »Nest« für sie) – Plotin sprach hier von einer »Entwicklung, die eine Umhüllung ist.« Jede höhere Ebene transzendiert jedoch auch ihre unteren Ebenen radikal und kann weder auf diese reduziert noch durch sie erklärt werden. Die Abbildung verweist darauf als (A), (A + B), (A + B + C) usw., was bedeutet, dass jede höhere Ebene neue Elemente oder Qualitäten enthält, die aus den unteren Ebenen emergieren und nicht auf sie reduzierbar sind.

Wenn zum Beispiel »aus« Materie (»A«) Körper oder Leben (A + B) emergiert, haben sie bestimmte Qualitäten (wie sexuelle Fortpflanzung, innere Emotionen, Autopoiese, schöpferische Lebenskraft usw. – die alle durch »B« dargestellt werden), weil sie streng genommen mit den materiellen Begriffen von »A« nicht erklärt werden können.

Ähnliches gilt, wenn Geist (Verstand) (A + B + C) aus Leben emergiert; er enthält emergierende charakteristische Züge (»C«), die durch Leben und Materie allein weder erklärt noch auf diese reduziert werden können. Wenn die Seele (A + B + C + D) emergiert, transzendiert sie Geist (Verstand), Leben und Körper.

Evolution ist also diese Entfaltung des GEISTes von Materie zu Körper zu Geist (Verstand) zu Seele zu GEIST selbst oder die Verwirklichung von absolutem GEIST, der Ziel und Urgrund der ganzen Sequenz war. (Das ist nicht unbedingt eine Art Omega- oder Endpunkt, sondern eine endlose Entfaltung von immer höheren Potenzialen, die wir uns heute etwa so gut vorstellen können, wie sich Neandertaler uns und unsere Welt vorstellen konnten.)

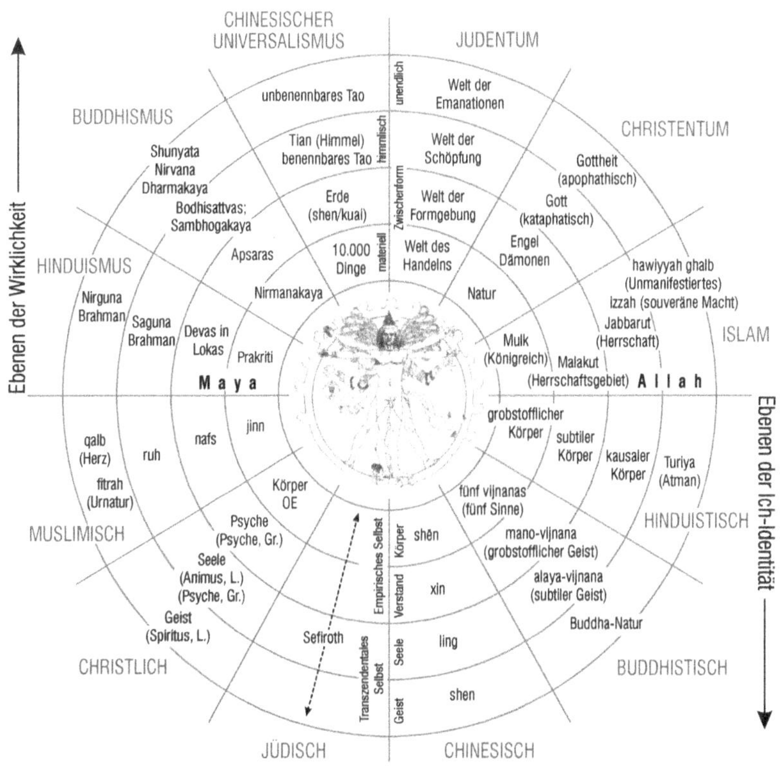

Abbildung I.2: Die Große Kette in verschiedenen Weisheitstraditionen.(Zusammengestellt von Huston Smith. Layout von Brad Reynolds. Abdruck mit Genehmigung.)

Die beste Einführung in dieses traditionelle Gedankensystem ist und bleibt E.F. Schumachers klassisches Werk *Rat für die Ratlosen* (Reinbek 1986), der Titel ist angelehnt an Maimonides' umfassende Darstellung des gleichen Themas. Die generelle Idee ist die von **einer großen Holarchie des Seins und Wissens**, wobei sich die Ebenen der Wirklichkeit in der »äußeren« Welt in den Ebenen des Selbst (oder Ebenen von »innerem« Wissen und Sein) widerspiegeln, wie in Abbildung I.3 dargestellt.

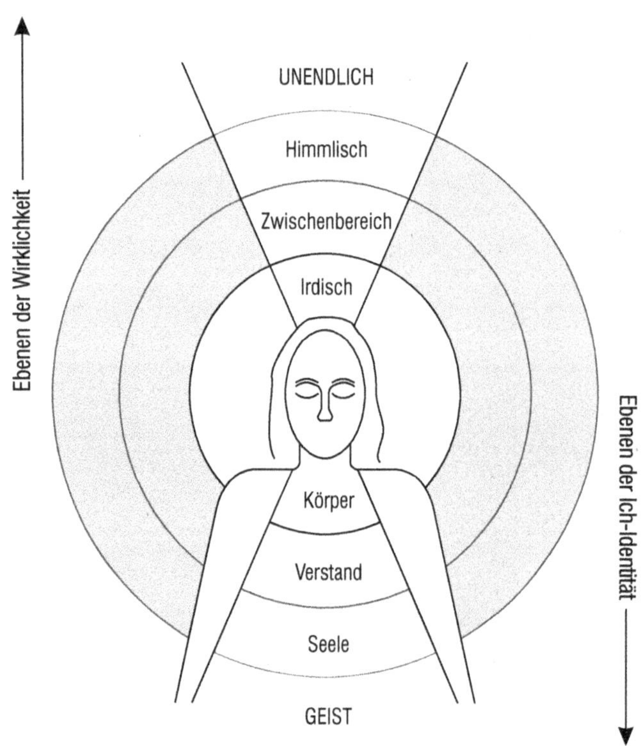

Abbildung I.3: »Wie oben, so unten«.
(Abdruck mit Genehmigung aus Huston Smith, Forgotten Truth: The Common Vision of the World's Religions. HarperSanFrancisco)

Aber die Traditionen gehen davon aus, dass dieser gesamte Prozess der *Evolution* oder »Ent-faltung« niemals stattfinden könnte ohne einen vorangehenden Prozess der *Involution* oder »Ein-faltung«. Nicht nur, dass das Höhere nicht in Begriffen des Niederen erklärt werden kann und das Höhere nicht tatsächlich »aus« dem Niederen emergiert, sondern laut Traditionen stimmt in beiden Fällen das Umgekehrte. Das heißt, die unteren Dimensionen oder Ebenen sind in Wirklichkeit Sedimente oder Ablagerungen der oberen Dimensionen und gelangen aufgrund der oberen Dimensionen, deren absteigende oder verdünnte Versionen sie sind, zu ihrer Bedeutung. Diesen Prozess der Sedimentierung bezeichnen wir als »**Involution**« oder »**Emanation**«.

In den Traditionen heißt es, bevor es zur Evolution oder Entfaltung von GEIST kommen kann, muss eine Involution oder Einfaltung von GEIST stattgefunden haben: Das Höhere steigt Stufe für Stufe hinab in das Niedere. Die höheren Ebenen scheinen im Verlauf der Evolution einzig aus dem Grund »aus« den niederen zu emergieren – Leben zum Beispiel scheint aus Materie zu emergieren –, weil sie, und nur weil sie von der Involution zuerst dort abgelagert wurden. Wir können das Höhere nicht aus dem Niederen gewinnen, ohne dass sich das Höhere bereits dort befindet und als Potenzial – sozusagen im schlafenden Zustand – darauf wartet, sich zu zeigen. Das »Wunder der Emergenz« ist nichts weiter als das kreative Spiel von GEIST in den Bereichen seiner eigenen Manifestation.

Für die Traditionen beginnt das große kosmische Spiel also damit, dass GEIST sich voller Kurzweil und vergnügter Freude nach außen verschwendet (*Leela, Kenosis*), um ein manifestes Universum zu schaffen. GEIST »verliert« sich, »vergisst« sich, hüllt sich in die magische Fassade einer Vielheit (*Maya*), um mit sich selbst das große Versteckspiel zu spielen. Zuerst wirft GEIST sich nach außen, um die Seele zu schaffen, die eine abgestiegene und verdünnte Widerspiegelung von GEIST ist; die Seele steigt dann nach unten in den Geist (Verstand), der ein noch blasseres Spiegelbild vom strahlenden Glanz des GEISTes ist; Geist (Verstand) steigt dann nach unten ins Leben, und Leben steigt nach unten in die Materie, welche die dichteste, unterste, am wenigsten bewusste Form von GEIST ist.

Wir könnten auch sagen: GEIST-als-GEIST steigt nach unten in GEIST-als-Seele, der nach unten steigt in GEIST-als-Geist (Verstand), der nach unten steigt in GEIST-als-Körper, der nach unten steigt in GEIST-als-Materie. Alle diese Ebenen im Großen Nest sind *Formen von GEIST*, aber die Formen werden immer unbewusster, wissen immer weniger um ihre Quelle und ihr So-Sein, sind immer weniger lebendig verbunden mit ihrem stets gegenwärtigen Urgrund, obwohl sie alle nichts weiter sind als spielender-GEIST.

Wenn wir die Hauptstufen, die in der Evolution durch neu auftauchende Qualitäten aus den unteren emergieren, als (A), (A + B), (A + B + C) usw. darstellen – wobei das Plus bedeutet, dass etwas emergiert oder der Manifestation *hinzugefügt* wird –, können wir Involution darstellen als vorangehenden *Subtraktions*prozess: GEIST ist am Anfang vollständig und ganz und birgt in sich als Potenzial die ganze Manifestation, was wir in eckigen Klammern darstellen können: [A + B + C + D + E].

Zuerst steigt GEIST nach unten in die Manifestation – und beginnt sich in die Manifestation zu »verlieren« –, indem er sein reines, spirituelles Wesen ausgießt und eine manifeste, endliche, begrenzte Form annimmt – nämlich die Seele [A + B + C + D]. Die Seele hat jetzt »E« oder ihre radikale Identität mit und als GEIST vergessen, und in der daraus folgenden Verwirrung und Angst flüchtet sie vor diesem Schrecken, indem sie nach unten steigt in den Geist (Verstand) [A + B + C]; der hat »D« vergessen, das Leuchten seiner Seele; und der Geist (Verstand) flüchtet ins Leben, vergisst dabei »C« oder seine Intelligenz; und das Leben schüttelt dann sogar seine vegetative Lebendigkeit »B« ab und erscheint als träge, fühl- und leblose Materie »A«. Und an dem Punkt passiert so etwas wie der Urknall, bei dem Materie in die konkrete Existenz geschleudert wird, und es scheint, als ob in der gesamten manifesten Welt nichts existierte als fühllose, tote, leblose Materie.

Aber diese Materie ist merkwürdig munter, stimmt's? Sie lungert offenbar nicht nur auf dem Sofa vor dem Fernseher herum und lebt von Arbeitslosenunterstützung. Das Erstaunliche ist, diese Materie kommt in Schwung: »Ordnung aus dem Chaos« nennt das die Chaostheorie – oder dissipative Strukturen, Selbstorganisation oder dynamisches Werden. Doch die Traditionalisten formulierten das direkter: »Gott verharrt nicht versteinert und tot; selbst die Steine erheben sich schreiend zum GEIST«, wie es bei Hegel heißt.

Mit anderen Worten: Ist es erst einmal zur Involution gekommen, so die Traditionen, beginnt Evolution oder kann beginnen und bewegt sich von (A) zu (A + B) zu (A + B + C) usw., wobei jede emergierende Hauptstufe eine Entfaltung von oder Erinnerung an die höheren Dimensionen ist, die in den niederen Dimensionen im Verlauf der Involution heimlich eingelagert oder sedimentiert wurden. Das, was im Verlauf von Involution ausgegliedert, zerstückelt und vergessen wurde, wird im Verlauf von Evolution eingegliedert, wieder zusammengefügt, ganz gemacht und verwirklicht. Deswegen die Doktrin der *Anamnesis* oder das platonische und vedantische »Erinnern«, das in den Traditionen so verbreitet ist: Wenn Involution ein Vergessen dessen ist, wer Sie sind, ist Evolution ein Erinnern dessen, wer und was Sie sind: *tat tvam asi:* »Du bist DAS.« *Satori, Metanoia, Moksha* und *Wu* sind einige der klassischen Namen für diese Selbstverwirklichung.

1. DER ERSTE SCHRITT

So schön und brillant dieses Interpretationsschema auch ist, es ist nicht unproblematisch. Nicht dass das Schema selbst unbedingt falsch wäre. Vielmehr müssen die vielen weiteren tiefen Einsichten der modernen und postmodernen Welt hinzugefügt oder eingearbeitet werden, wenn wir zu einer integraleren oder umfassenderen Sicht gelangen wollen. Das ist gemeint, wenn es heißt, »Von der Großen Kette des Seins zur Postmoderne in drei mühelosen Schritten«.

Das Problem

Das Große Nest, Involution und Evolution, Ebenen des Seins und Wissens: Das waren einige der tiefgründigen Beiträge der großen Heiligen und Weisen der prämodernen Welt. Und wir finden sie tatsächlich überall, sowohl in Plotins *Enneaden* als auch im *Lankavatara Sutra* und Aurobindos Hauptwerk *Das göttliche Leben* (Gladenbach 2002), die alle Ausdruck des großartigen metaphysischen Systems sind.

Aber einen Punkt sollten wir Modernen vielleicht im Hinterkopf behalten, wenn wir versuchen, diese Ideen einzuschätzen: Die großen metaphysischen Systeme waren, jüngsten Analysen zufolge, Interpretationsrahmen, in die weise Menschen ihre spirituellen Erfahrungen einordneten. Schemata wie die Große Kette waren *Interpretationen* lebendiger *Erfahrungen* – sie waren kein feststehendes, rigides oder ontologisches Raster, das bis in alle Ewigkeit gültig ist.

Wenn ich im Folgenden die Angemessenheit einiger dieser **Interpretationen** in Frage stelle, zweifele ich nicht an der **Authentizität der Erfahrungen oder Verwirklichungen** dieser großen Weisen. Ich möchte einfach vorschlagen, dass wir diese Erfahrungen, da die Evolution selbst kontinuierlich voranschreitet, auf der Grundlage neuer Horizonte in einen neuen Kontext und einen neuen Bezugsrahmen stellen, welche auf einem Netzwerk von Interpretationen beruhen, und die im Licht der modernen und postmodernen Beiträge angemessener sind; und so kann das Endresultat die besten der prämodernen, modernen und postmodernen Formen der Entfaltung von GEIST selbst vereinen.

Zum Ende hin werde ich drei zentrale Schwierigkeiten mit den Interpretationsrahmen der großen metaphysischen Systeme erläutern und auch drei Lösungsvorschläge machen. Ich gehe davon aus, dass wir von den großen traditionellen Systemen so viel wie möglich bewahren und gleichzeitig ihre überflüssigen metaphysischen Interpretationen über Bord werfen wollen; Interpretationen, die nicht nur *unnötig* für die Erklärung ein und derselben Reihe von Daten geworden sind, sondern auch *garantieren*, dass Spiritualität im Gerichtshof der modernen und postmodernen Gedankenwelt keine faire Anhörung bekommt.

Die erste Schwierigkeit – die wir Problem 1 nennen – wird an folgendem Beispiel deutlich. Wenn Sie sich irgendeine der Darstellungen der traditionellen Metaphysik anschauen (Abbildungen I.1, I.2, I.3), werden Sie bemerken, dass sämtliche Ebenen, die höher sind als Materie, tatsächlich metaphysisch, das heißt jenseits von Physik oder Materie sind. Die **materielle** Ebene (Ebene 1) schließt zum Beispiel das menschliche Gehirn als komplexe materielle Einheit ein. Das bedeutet, so die metaphysischen Systeme, dass die Gefühle eines Wurms (Ebene 2) auf einer höheren Realitätsebene anzusiedeln sind als das menschliche Gehirn (Ebene 1).

Irgendetwas stimmt mit diesem Schema eindeutig nicht. Ein Teil des Problems besteht darin, dass die Beziehung zwischen menschlichem Bewusstsein und menschlicher Neurophysiologie für die Phänomenologie der Introspektion (d.h. für Meditation oder Kontemplation) *nicht einsichtig* (und ihr noch nicht einmal zugänglich) ist. Das heißt, die Alten hatten zu so etwas wie Dopamin, Serotonin, synaptische Verbindungen, Krebs'scher Kreis oder Regulationsfunktion des Hypothalamus generell keinen Zugang.

Das bedeutet nicht, um es noch einmal zu betonen, dass ihre spirituelle Verwirklichung falsch oder unzulänglich war, sondern dass sie einfach nicht das Privileg hatten, einige der endlichen Tatsachen zu kennen, welche die moderne Wissenschaft entdeckt hat. Wenn Plotin heute lebte, würde er – darauf können Sie wetten – mehrere Kapitel seiner *Enneaden* der Gehirnphysiologie und ihrem Verhältnis zum Geist (Verstand) widmen. Würde Shankara heute leben, enthielten seine Kommentare zu den *Brahma Sutras* bestimmt ausführliche Erläuterungen über die Beziehung zwischen *Nadis* und Neurotransmittern.

Lösungsvorschlag

Zu welchen Schlussfolgerungen über die Beziehung zwischen spirituellen Realitäten und materiellen Realitäten wie dem Gehirn wären Plotin oder Shankara gelangt? Ich glaube, sie hätten den folgenden Überlegungen zugestimmt; aber wie auch immer, hier Vorschlag 1:

In der manifesten Welt ist das, was wir als »Materie« bezeichnen, nicht die unterste Sprosse im großen Spektrum der Existenz, sondern die *äußere Form jeder Sprosse* im großen Spektrum. Materie ist nicht niedriger und Bewusstsein höher, sondern Materie und Bewusstsein sind der äußere und der innere Aspekt jeder Gegebenheit.

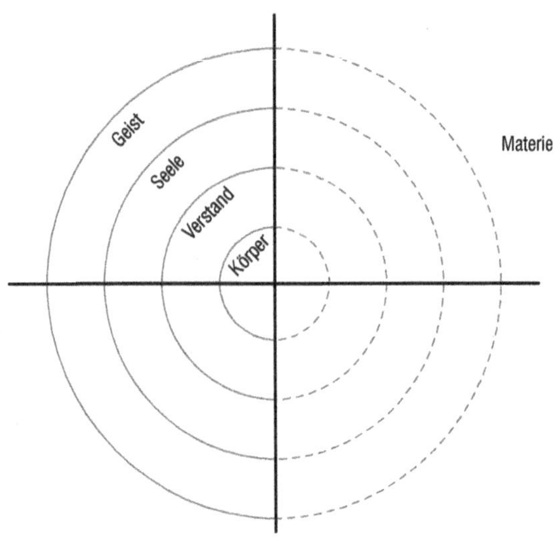

Abbildung I.4: Erster Schritt: Materie ist nicht das »Unterste« aller Ebenen, sondern das »Äußere« aller Ebenen

Das können wir schematisch darstellen wie in Abbildung I.4 und detaillierter in Abbildung I.5. Der grundlegende Schritt besteht hier darin, das, was als »Materie« erscheint, von der untersten Sprosse der Existenz wegzunehmen (wobei dann sämtliche anderen Ebenen höher und »meta«-physisch sind) und stattdessen zur äußeren Form sämtlicher anderen Ebenen zu machen. Nehmen wir also Abbildung I.1, wo sich Materie auf der untersten Ebene befindet, und wandeln sie um in Abbildung I.4, wo Materie die äußere Form sämtlicher Ebenen ist. (Ich werde in Kürze Beispiele für diese Korrelationen geben).

Die Traditionen gingen immer von der Auffassung aus, dass die Ebenen, die »höher« waren als Materie, für die gewöhnlichen Sinne »unsichtbar« waren, und das Gleiche gilt für unsere Neuformulierung: Dass nämlich sämtliche inneren Dimensionen (Gefühle, Mitgefühl, Gewahrsein, Bewusstsein, gegenseitiges Verständnis usw.) für die äußeren Sinne unsichtbar sind; aber wir können zu diesem Verständnis ohne unnötige »metaphysische« Interpretationen gelangen. (Ich weiß, da kommt sofort die Frage auf, und was ist mit Reinkarnation? Gedulden Sie sich noch eine Minute ...)

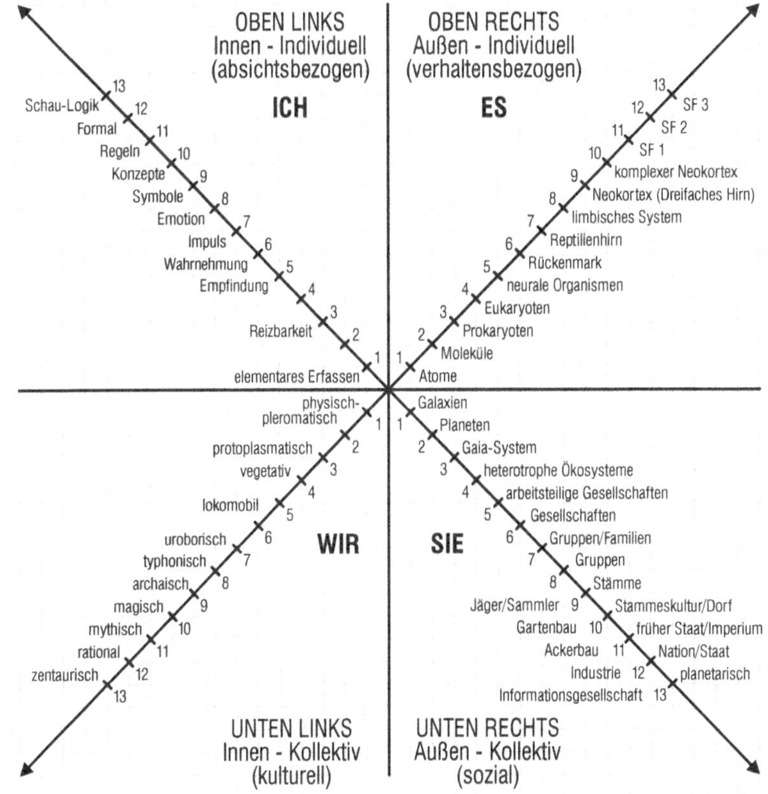

Abbildung I.5: Die vier Quadranten

Im Augenblick richten wir unsere Aufmerksamkeit nur auf die beiden oberen Quadranten. Im oberen rechten Quadranten können wir die Evolution der äußeren, »materiellen« oder »physischen« Formen sehen, wie sie die moderne Wissenschaft aufdeckt. Zu diesen äußeren Formen gehören in der Reihenfolge wachsender evolutionärer Komplexität Dinge wie: Atome, Moleküle, Prokaryonten oder frühe Zellen, Eukaryonten oder eigentliche Zellen, Organismen mit einem Nervensystem, Organismen mit Rückenmark (z.B. Garnelen), mit Reptilienhirnstamm (z.B. Eidechsen), mit einem limbischen System (z.B. Pferde), mit einem Neokortex oder einem dreieinigen Gehirn (z.B. Menschen mit mehreren höheren »Strukturfunktionen«, die ebenfalls aufgeführt sind).

Das alles sind insofern »äußere« oder »materielle« Formen, als Sie sie in der äußeren, sensomotorischen Welt sehen können. Aber jede dieser materiellen Formen *von wachsender Komplexität* hat eine *innere* Entsprechung, eine Ebene *wachsender Bewusstheit.*

Atome also, deren äußere Formen in physikalischen Einheiten wie Neutronen, Protonen und Elektronen bestehen, haben als innere Entsprechungen Auffassungsgabe oder Vorformen von Gefühlen (Vorformen von Bewusstsein); Organismen mit Nervensystem haben innere Empfindungen; Organismen mit Rückenmark haben eine Wahrnehmung; die Emergenz von Tieren mit Reptilienhirnstamm geht einher mit dem Auftauchen innerer Impulse und Instinkte; ein äußeres limbisches System emergiert zusammen mit inneren Emotionen; das dreieinige Gehirn ist die äußere oder materielle Form eines inneren Bewusstseins, das neben vielen anderen Dingen formal-operationale Erkenntnis, postkonventionelle Moral, Schau-Logik, linguistische Fähigkeiten usw. beinhalten kann. (Einige dieser Korrelationen zwischen dem oberen rechten und dem oberen linken Quadranten sehen Sie in Abbildung I.5).

Mit anderen Worten: Materie ist nicht auf dem untersten Rang dieser evolutionären Spirale angesiedelt, sondern vielmehr die *äußere* Form einer Evolution, deren *Inneres* entsprechende Ebenen von Gefühlen, Gewahrsein, Bewusstsein usw. aufweist. Die AQAL-Metatheorie handhabt das, indem sie sagt: Jeder Geist hat einen Körper oder jedem Bewusstseinszustand entspricht ein materiell-energetischer Zustand mit einer bestimmten Signatur, oder jedes innere Erfassen hat eine äußere Form – kurz gesagt, jede Gegebenheit im oberen linken Quadranten hat eine Entsprechung im oberen rechten Quadranten und umgekehrt. Es ist nicht so, dass höhere Ebenen (von Leben, Geist [Verstand] und Seele) Materie lediglich prägen oder Abdrücke in der Materie hinterlassen (die selbst auf der untersten Ebene bleibt); sondern das, was wir als Materie bezeichnen, ist die direkte äußere Form jeder dieser inneren Ebenen (wie die Abbildungen I.4 und I.5 verdeutlichen sollen).

Was die prämodernen Weisen also für META-physische Realitäten hielten, sind in vielen Fällen INTRA-physische Realitäten: Sie stehen nicht über Materie, gehen nicht über die Natur hinaus und sind in diesem Sinne weder metaphysisch noch übernatürlich; sie stehen nicht über der Natur, sondern sind innerhalb der Natur aufzufinden, sind nicht jenseits von Materie, sondern innerhalb der Materie.

Ein prämoderner Heiliger, in tiefer Meditation über das Wesen der Seele versunken, konnte einfach nicht wissen, dass sich seine Gehirnwellenmuster auf Theta-Alpha-Zustände einschwingen; dass sein Serotonin steigt, die neurale Milchsäure abnimmt, der zelluläre Sauerstoffbedarf erheblich herabgesetzt ist und es zu einer Lateralisierung der Hemisphären kommt. Deswegen fühlten sich für ihn sämtliche innere Enthüllungen der Seele an, als seien sie nicht physisch, nicht materiell, in keiner Weise mit der äußeren Natur verbunden und somit kein Teil des Stoffes, aus dem die materielle Manifestation besteht: Sie kamen ihm in jeder Hinsicht metaphysisch vor.

Wie wir noch sehen werden, mögen einige Aspekte der höheren Dimensionen tatsächlich transphysisch sein; aber zuerst sollten wir unser Augenmerk darauf richten, dass sehr vieles von dem, was die Prämoderne für metaphysisch hielt, in Wirklichkeit intraphysisch ist und nicht über der Natur steht, sondern in ihr zu finden ist. Das ist der erste Schritt beim Übergang von der Metaphysik zur Integralen Post-Metaphysik.

2. DER ZWEITE SCHRITT

Das Problem

Bei Schritt 1 geht es darum, die tiefe Weisheit der *prämodernen* Traditionen um die unschätzbaren Beiträge der *modernen* Wissenschaft zu ergänzen. Bei Schritt 2 nehmen wir weitere wichtige Beiträge der postmodernen Wende von GEIST hinzu. Diese Beiträge sind in den beiden unteren Quadranten von Abbildung I.5 zusammengefasst. Die oberen Quadranten stellen ein **individuelles** Wesen dar; die unteren Quadranten stellen eine Gruppe, ein Kollektiv oder **System** von individuellen Wesen dar. Die linken Quadranten stellen das **Innere** eines Individuums oder einer Gruppe dar; und die rechten Quadranten stellen das **Äußere** des Individuums oder des Kollektivs dar.

Der wichtige Punkt in Bezug auf die Postmoderne ist folgender: So wie die metaphysischen Interpretationen, welche die Alten ihren spirituellen Erfahrungen gaben, nicht von modernen wissenschaftlichen Entdeckungen profitieren konnten, konnten sie auch nicht von den tief greifenden Enthüllungen der Postmoderne, der Ethnomethodologie, des kulturellen Kontextualismus, der Soziologie des Wissens usw. profitieren. Das alles zusammen genommen summiert sich zu einer vernichtenden Anklage: Vieles von dem, was die alten Weisen für metaphysische Absolutheiten hielten, ist in Wirklichkeit kulturell geprägt und konditioniert. Nur aufgrund dieser Tatsache konnte die Postmoderne die großen Traditionen als verworrenen Unsinn abtun, und das ist Problem 2.

Lösungsvorschlag

Die unvermeidbare Existenz des kulturellen Kontexts bedeutet nicht, dass es keine kulturübergreifenden oder universellen Wahrheiten gibt. Sie bedeutet lediglich, dass wir beim Benennen dieser Wahrheiten sehr viel sorgfältiger vorgehen müssen, als die Metaphysik sich das vorstellte; und dass wir dabei Forschungsmethoden benutzen müssen, und keine spekulative Metaphysik.

Wir können den postmodernen Beitrag ganz einfach in einen Integralen Ansatz einbeziehen: Jedes Individuum ist eingebettet in Systeme von *kulturellen* und *sozialen* Netzwerken, die einen tiefen Einfluss auf das Wissen und Sein von Individuen haben. Diese Netzwerke sind der untere linke (kulturelle) und der untere rechte (soziale) Quadrant, wie in Abbildung I.5 dargestellt.

Der untere rechte Quadrant stellt **soziale Systeme** dar – die *kollektiven Systeme* oder *kollektiven äußeren Seiten* von individuellen Organismen, die wir in der äußeren oder sensomotorischen Welt sehen können (denken Sie daran, dass sämtliche rechten Quadranten »da draußen« sichtbar sind, weil sie »materiell« oder »äußerlich« sind). Zu diesen äußeren Systemen gehören zum Beispiel Ökosysteme, geopolitische Systeme, technisch-ökonomische Produktionsformen (Jäger-Sammler-, Ackerbau-, Informationsgesellschaften usw.) und sämtliche sichtbaren, äußeren, konkreten Aspekte von Kollektiven oder Systemen.

Beachten Sie auch hier wieder, dass all diese »materiellen Systeme« für die metaphysischen Traditionen auf der untersten Ebene der Existenz angesiedelt waren, während sie für die Integrale Post-Metaphysik einfach die kollektiven äußeren Dimensionen der »höheren« (jetzt *inneren*) Ebenen darstellen. Über-natürlich ist, wie wir gesehen haben, intra-natürlich.

Der untere linke oder kulturelle Quadrant stellt sämtliche *inneren Aspekte von Gruppen* oder Kollektiven dar, die wir (wie alle linken Quadranten) »da draußen« nicht sehen können: Gruppenwerte, Identitäten, Weltanschauungen, kulturelle Überzeugungen, Hintergrundkontexte usw. Die Postmoderne konzentriert sich hauptsächlich auf diesen Quadranten. Die *Systemtheorie* konzentriert sich auf den unteren rechten Quadranten, und der *postmoderne Poststrukturalismus* konzentriert sich auf den unteren linken Quadranten und stellt die äußeren und inneren Aspekte des Kollektivs dar.

Die Systemtheorie in ihren vielen verschiedenen Formen betont die Tatsache, dass jeder individuelle Organismus durch dynamische Netzwerke von Beziehungen und Ökosystemen untrennbar mit seiner Umgebung verbunden ist, *die wir alle »da draußen« sehen können* – was wieder einmal zeigt, dass »Materie« nicht die niedrigste Ebene von Sein ist, sondern einfach die äußere Form sämtlicher innerer Ebenen von Sein (in diesem Fall, die *äußere* Form des kollektiven oder *gemeinschaftlichen Systems*).

Natürlich beschäftigen sich Systemtheorie oder Ökologie überhaupt nicht mit inneren Zuständen von großer Schönheit wie *Satori, Samadhi,* gegenseitiges Verständnis, Werte, Weltanschauungen usw., weil all das tatsächlich innerlich ist (und Ökologie oder Systemtheorie deshalb keinen Zugang dazu haben). Der Versuch, all diese Realitäten auf einen Quadranten zu reduzieren, wie es die Systemtheorie oft tut, ist bekannt als *Quadrantenabsolutismus*, den ein integraler methodologischer Pluralismus zu vermeiden sucht.

Die Postmoderne andererseits ist bekannt dafür, dass sie sich auf die inneren oder kulturellen Aspekte des In-der-Welt-Seins eines Individuums konzentriert und dabei betont, dass vieles von dem, was Gesellschaften für »gegeben«, »wahr« und »absolut« halten, in Wirklichkeit *kulturell geprägt, konditioniert* und oft *relativ* ist. Dass sich die Postmoderne oft selbst in ihren eigenen Quadrantenabsolutismus verwickelt (indem sie versucht, alles auf die kulturellen Konstrukte im unteren linken Quadranten zu reduzieren), sollte nicht ablenken von den wichtigen Wahrheiten, die sie beigesteuert hat und die wir zusammenfassen, indem wir sagen, dass jede Begebenheit einen unteren linken Quadranten oder eine untere linke Dimension hat.

Die vier Quadranten stellen also vier untrennbare Dimensionen des In-der-Welt-Seins jedes Individuums dar. Diese Dimensionen sind so grundlegend, dass sie in jeder der Hauptumgangssprachen in Form der Pronomen für die erste, zweite und dritte Person enthalten sind, die als ich, du/wir, es und sie zusammengefasst werden können.

Der **obere linke Quadrant** ist »Ich« oder die inneren Gefühle oder das innere Gewahrsein jedes individuellen fühlenden Wesens (von Atomen zu Ameisen zu Affen). Der **obere rechte Quadrant** ist »Es« oder die äußere Form eines fühlenden Wesens (d.h., seine Materie und Energie, was seine grobstofflichen äußeren Formen – von Atomen bis zum Gehirn – mit einschließt und auch, wie wir gleich sehen werden, feinstoffliche Energie). Der **untere rechte Quadrant** ist die äußere Form einer Gruppe, eines Kollektivs oder Systems von fühlenden Wesen oder Individuen. Und der **untere linke Quadrant** ist das innere oder kollektive Bewusstsein, die kollektiven Werte, die intersubjektiven Hintergründe, kulturellen Kontexte usw. Und noch einmal: das Innere und das Äußere des Individuums und des Kollektivs.

Ich füge im Folgenden ein weiteres Diagramm ein, das die vier Quadranten verkürzt auf einige der Formen, wie sie in Menschen in Erscheinung treten.

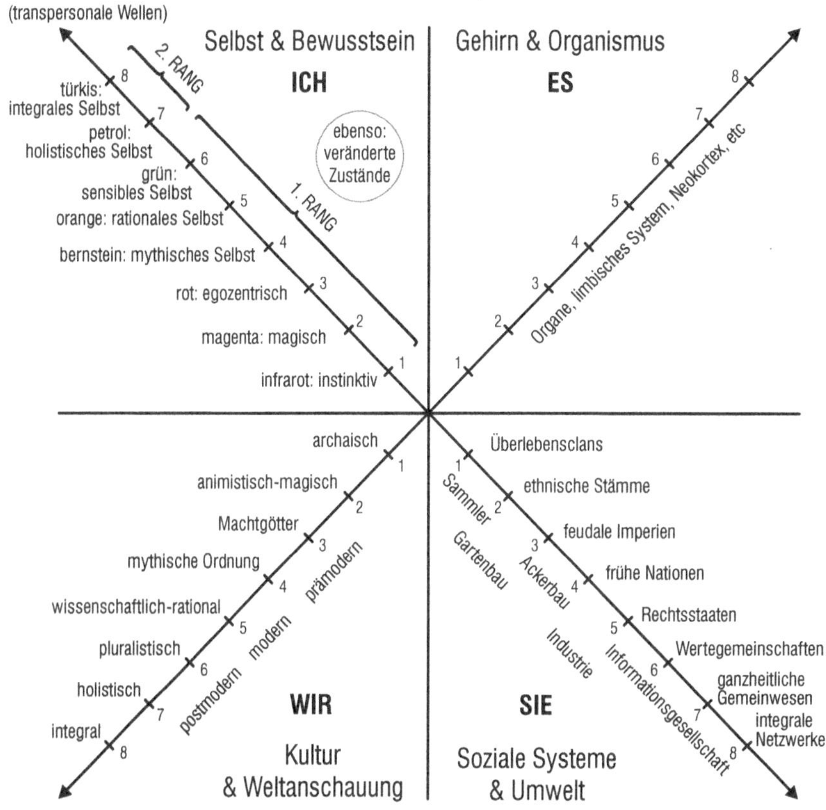

Abbildung I.6: Einige Aspekte der vier Quadranten, wie sie sich in Menschen zeigen

Ich werde meine Argumente für diese Sache hier nicht ausführlich darlegen, sondern einfach meine eigene Meinung mit Nachdruck formulieren: Eine prämoderne Spiritualität, die mit Moderne und Postmoderne nicht ins Reine kommt, hat keine Chance, in der Welt von Morgen zu überleben. Eine Möglichkeit dieser Integration ist die Anwendung von AQAL (»alle Quadranten, alle Ebenen«), weil hier die nach wie vor gültigen Beiträge von Prämoderne, Moderne und Postmoderne miteinander kombiniert werden. »**Alle Ebenen**« verweist auf das große Spektrum des Seins und Wissens, das die großen prämodernen Heiligen als Erste so scharfsinnig interpretiert haben – von Materie zu Körper zu Geist (Verstand) zu Seele zu GEIST (wir werden gleich auf diese Ebenen zurückkommen).

»**Alle Quadranten**« verweist auf die Differenzierungen, die Moderne (Materie ist nicht die unterste Sprosse, sondern das Äußere der Sprossen) und Postmoderne (jedes Individuum ist in einem kulturellen und sozialen Kontext angesiedelt) eingebracht haben.

Wenn wir AQAL anwenden, können wir die großen und bleibenden Wahrheiten der Traditionen achten und mit einbeziehen; aber wir stellen sie dadurch in einen Interpretationsrahmen, der ihnen einen sehr viel adäquateren Platz und Kontext zuweist, sodass wir ihre Wahrheiten sehen und hören können. Jeder, der sich die Quadranten anschaut, kann sehen, dass sich die moderne Wissenschaft auf den oberen rechten Quadranten konzentriert, die Systemtheorie auf den unteren rechten und die Postmoderne auf den unteren linken, aber niemand arbeitet wirklich mit dem oberen linken – ausgenommen Phänomenologie, Introspektion und Meditation –, und hier leisten die Traditionen Hervorragendes! Tatsächlich fügt sich praktisch die gesamte Große Kette in den oberen linken Quadranten ein! Das ist die große Stärke der Traditionen.

Mit anderen Worten: Dass sie diesen Quadranten verstehen und Wege finden, ihn zu praktizieren und wach zu werden für seine höchsten Dimensionen – das ist die große Stärke der Traditionen, darin besteht ihr nach wie vor gültiger Beitrag, der heute ebenso nützlich ist und den wir ebenso sehr brauchen wie vor tausend Jahren.

Aber da die großen Traditionen die anderen drei Quadranten ignorierten, haben Moderne (vor allem oben rechts) und Postmoderne (vor allem unten links) die Traditionen wegen dieser Ignoranz völlig verrissen. Damit haben Moderne und Postmoderne jedoch das Kind mit dem Bade ausgeschüttet, um es milde auszudrücken, und sich damit schließlich ihre eigene Grube gegraben. Mit AQAL hingegen können wir die besten Beiträge von Prämoderne, Moderne und Postmoderne anerkennen und einbeziehen. Der zweite wichtige Schritt von der Metaphysik zur Integralen Post-Metaphysik besteht darin, einen AQAL Bezugsrahmen zu übernehmen.

3. DER DRITTE SCHRITT

Das Problem

Hier wenden wir uns der Rolle und dem Wesen von Energie zu – grobstofflicher Energie, subtiler Energie und kausaler Energie. Ich habe bereits darauf hingewiesen, dass Masse und Energie Aspekte der oberen rechten Dimensionen jedes individuellen Wesens sind –, das heißt, sie stellen einige der *äußeren Formen* jedes Individuums dar (und jedes Systems, wie wir noch sehen werden).

Das Problem hier können wir folgendermaßen formulieren: Auf dem Hintergrund der Tatsache, (1.) dass die Prämoderne keine Klarheit über die Rolle der Materie besitzt und (2.) die Alten sich feinstoffliche Energie deshalb grundsätzlich als metaphysisch oder übernatürlich vorstellten; (3.) aber ausgehend von der modernen Auffassung von Materie, die diese nicht als unterste Sprosse, sondern als Äußeres begreift, – stellt sich die Frage, wie können wir (4.) zu einer angemessenen Neuinterpretation der Beziehung zwischen feinstofflichen Energien und grobstofflichen materiellen Formen gelangen?

Einfach ausgedrückt: Wenn Materie nicht die Grundlage aller Ebenen, sondern das Äußere aller Ebenen ist, wie passt dann feinstoffliche Energie in dieses Schema? Die prämodernen Traditionen hatten tatsächlich ein Spektrum von feinstofflicher Energie, das von der dichtesten bis zur ganz subtilen (oder kausalen) Energie reichte, wobei jede höher war und »weiter« über Materie hinausging. Aber wenn Materie selbst neu interpretiert wird, wie kann dann auch feinstoffliche Energie neu interpretiert werden, um mit den modernen und postmodernen Offenbarungen der Entfaltung von GEIST selbst Schritt zu halten?

Lösungsvorschlag

Der Lösungsvorschlag besteht in diesem Fall aus drei Hypothesen. Zwei davon kennen wir bereits, und die dritte beschäftigt sich direkt mit diesem Thema.

1. *Das Fortschreiten der Evolution geht einher mit einer zunehmenden Komplexität grobstofflicher Form.* Im oberen rechten Quadranten zum Beispiel verläuft die Entwicklung von Quarks zu Atomen zu Molekülen zu Zellen zu komplexen Organismen. Die Evolutionsbiologen haben diese wachsende Komplexität der Form (durch Prozesse wie Differenzierung und Integration) schon lange bemerkt. Laszlo: »Während also eine neue Organisationsebene eine Vereinfachung der Systemfunktion und der entsprechenden Systemstruktur bedeutet, wird dadurch zugleich der Prozess einer wachsenden strukturellen und funktionalen Komplexität in Gang gebracht.« Ich denke, diese »wachsende Komplexität« ist ziemlich offensichtlich und muss uns hier nicht länger aufhalten.
2. *Die wachsende Komplexität der Form (im oberen rechten Quadranten) korreliert mit wachsendem innerem Bewusstsein (im oberen linken Quadranten).* Das besagt Teilhard de Chardins »Gesetz von Komplexität und Bewusstsein« – je mehr vom ersten, desto mehr vom zweiten. Präziser ausgedrückt: Je höher der Grad an äußerer Komplexität der materiellen Form, desto höher der Grad an innerem Bewusstsein, das sich innerhalb dieser Form umsetzen kann (das ist die Korrelation von oben rechts und oben links).
3. Außerdem – und das ist die verbindende Hypothese – *korreliert die wachsende Komplexität grobstofflicher Form mit einer wachsenden Subtilität von Energien.* Während die Evolution zu immer komplexeren grobstofflichen Formen fortschreitet, geht dieser zunehmende Grad an grobstofflicher Komplexität einher mit immer subtileren entsprechenden energetischen Mustern (oder Signaturen). Da wir uns an diesem Punkt auf individuelle Wesen konzentrieren, gilt Folgendes: Fortschreitende Evolution führt zu fortschreitender *Komplexität von grobstofflicher Form* (oben rechts), die mit einem *Fortschreiten des Grads an Bewusstsein* (oben links) und – im oberen rechten Quadranten selbst – mit *entsprechend immer subtiler werdenden Energien* korreliert.

Statt also die höheren Ebenen dahingehend zu interpretieren, dass sie im Wesentlichen von grobstofflicher Materie oder grobstofflicher Form getrennt sind, ist vielmehr die wachsende Komplexität grobstofflicher Form das Vehikel sowohl für subtilere Energien als auch für größeres Bewusstsein.

Wenn diese Verbindungsstücke halten, wäre das der dritte wichtige Schritt auf dem Weg von prämoderner Metaphysik zu Integraler Post-Metaphysik – ein Schritt, der, wie ich glaube, die bleibenden Wahrheiten der großen metaphysischen Traditionen bewahrt, jedoch ohne diejenigen ihrer Interpretationsrahmen, die heute veraltet scheinen. Eine umfassende Erläuterung dieses Themas finden Sie in Exzerpt G (*www.kenwilber.com*). Es handelt sich hier um eine lange akademische Abhandlung, welche die prämodernen Hauptversionen sämtlicher Typen von feinstofflicher Energie – wie astral, ätherisch, Biofelder, psychisch und kausal – sorgfältig in Korrelation bringt mit der Ebene von Komplexität der grobstofflichen Form oben rechts.[2] Ein Rezensent nannte sie »die erste glaubwürdige und funktionierende Synthese der Hauptschulen von feinstofflicher Energie.« Das folgende Diagramm ist eines von vielen, welches die grundlegende Idee vermittelt.

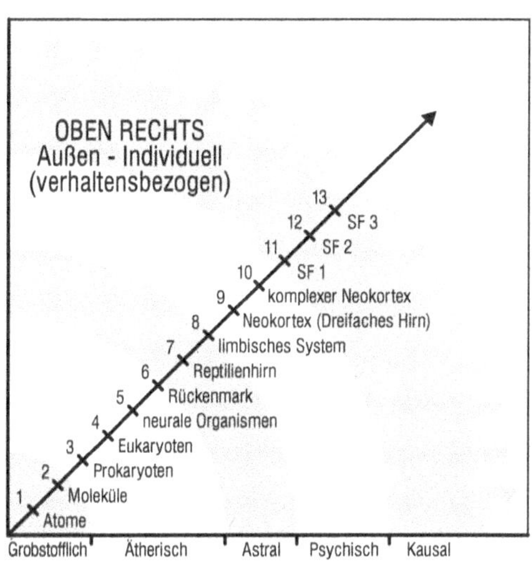

Abbildung I.7: Die wachsende Komplexität grobstofflicher Form korreliert mit einer wachsenden Subtilität von Energien

Diese Korrelationen – und natürlich die Existenz von feinstofflichen Energien selbst – werden hier als Hypothesen präsentiert. Doch ob diese sich als gültig erweisen oder nicht: Der Punkt ist, dass feinstoffliche Energien voll und ganz im oberen rechten Quadranten – grobstoffliche Materie-Form, feinstoffliche Materie-Form, kausale Materie-Form – angesiedelt werden *können.*

Das ermöglicht uns also in jedem Fall, die grundlegenden Schritte für einen gangbaren Weg von der Metaphysik zur Integralen Post-Metaphysik zumindest in generellen Umrissen zu vervollständigen, was, wie ich hoffe, als Hinweis auf einige der damit verbundenen wesentlichen Vorstellungen ausreichend ist …

II

INTEGRALE POST-METAPHYSIK

WAS IST POST-METAPHYSIK?

Was ist »Post-Metaphysik«? Fangen wir an mit der Frage: Was ist Metaphysik?

Als Metaphysik bezeichnen wir generell die philosophische Richtung, die sich mit Fragen der Ontologie (Was ist Sein oder Realität?) und der Erkenntnistheorie (Wie können wir das erkennen?) beschäftigt. Aristoteles' Schüler waren die Ersten, die diesen Begriff benutzten und zwar für ein Buch, dass sie einfach deswegen *Metaphysik* nannten, weil er es nach seinem Buch über *Physik* geschrieben hatte. Das ist ein ebenso guter Grund wie jeder andere auch, würde ich sagen.

Wenn die Metaphysik mit Aristoteles begann, endete sie mit Kant. Oder nahm auf jeden Fall mit Kant eine Wende, die seitdem das Denken aller hervorragenden Philosophen über Realität bestimmt. Kants *Kritische Philosophie* ersetzte ontologische Objekte durch Strukturen des Subjekts. Das bedeutet im Wesentlichen, dass wir empirische Objekte nicht auf völlig realistische, vorgegebene Art und Weise wahrnehmen, sondern dass vielmehr Strukturen des erkennenden Subjekts das erkannte Objekt mit prägen und ihm zahlreiche verschiedene Charakteristiken verleihen; diese scheinen dann zum Objekt zu gehören – was in Wirklichkeit nicht der Fall ist; vielmehr handelt es sich hier um Mitschöpfungen des erkennenden Subjekts.

Zahlreiche verschiedene *a priori*-Kategorien des erkennenden Subjekts tragen dazu bei, die Realität, wie wir sie kennen, zu gestalten oder zu konstruieren. Die Realität ist keine Wahrnehmung, sondern eine Vorstellung; zumindest teilweise. Ontologie per se existiert einfach nicht. Auf diesem Hintergrund wird Metaphysik zum weit gefassten Begriff für den Denktypus, der das nicht »kapiert«. Oder, Metaphysik ist ein Denken, das dem Mythos vom Gegebenen zum Opfer gefallen ist.

Das bedeutet für Spiritualität generell, dass wir Metaphysik über Bord werfen oder zumindest völlig neu überdenken müssen. Sämtliche traditionellen Kategorien von Metaphysik – darunter auch Gott, Unsterblichkeit, die Seele, Geist, Körper und Erkenntnis – können dem gründlichen Blick kritischen Denkens nicht standhalten, jedenfalls nicht in ihren grundlegenden präkritischen, ontologischen Formen. In der modernen und postmodernen Welt sind das lediglich überholte Vorstellungen, die für Religion ebenso peinlich sind wie, sagen wir, Phlogiston, der Veitstanz und Schädelkunde für die Medizin.

Nehmen wir zum Beispiel die Große Kette des Seins. Die Kritik, die Theoretiker des grünen MEME an der Großen Kette geübt haben, ist offen gesagt ziemlich dürftig und dumm und dringt zu den wichtigsten Themen gar nicht vor. Beginnen wir also stattdessen mit den simplen Tatsachen, die Arthur Lovejoy in seiner klassischen Untersuchung zu diesem Thema, *Die große Kette der Wesen* (Frankfurt 2005), erläutert hat.

Die zahlreichen Theoretiker der Großen Kette haben zunächst einmal drei wesentliche Dinge behauptet: 1. Alle Phänomene – alle Dinge und Ereignisse, Menschen, Tiere, Mineralien, Pflanzen – sind Manifestationen des verschwenderischen Überflusses und der Fülle von GEIST. GEIST ist also mit jedem und allem untrennbar verwoben, und sogar die ganze Welt der Materie und der Natur ist »ein sichtbarer, fühlbarer Gott«, wie es bei Platon heißt (**die Fülle von GEIST**); 2. gibt es deswegen in der Natur »keine Lücken«, keine fehlenden Verbindungsstücke, keine unüberbrückbaren Dualismen, weil jeder und alles mit jedem und allem verwoben ist (**das Kontinuum des Seins**); und 3. weist das Kontinuum des Seins trotzdem Abstufungen auf, weil in manchen Dimensionen zahlreiche verschiedene *Emergenzen* auftauchen, die in anderen nicht auftauchen; so können Wölfe zum Beispiel laufen, Steine jedoch nicht, sodass bei Emergenzen im speziellen Sinne »Lücken« existieren (**die Hierarchie des Seins**).

Was immer wir Modernen oder Postmodernen von der Großen Kette als Theorie halten mögen, sie war *»für den überwiegenden Teil der zivilisierten Menschheit während der meisten Zeit ihrer Geschichte die offizielle Philosophie.«* Außerdem war sie die Weltanschauung, »mit der sich, in ihren zahlreichen verschiedenen Spielarten, die meisten der scharfsinnigeren spekulativen Geister und spirituellen Lehrer (in Ost und West) beschäftigten.«

Von der Großen Kette des Seins selbst hieß es generell, dass sie aus vielen Ebenen bestehe, die mit drei bis vier Ebenen beginnend (z.B. Körper, Verstand, Seele und Geist) bis zu einem Dutzend und mehr Ebenen aufsteigen. Diese Ebenen waren sowohl Ebenen des Seins (Ontologie) als auch Ebenen des Wissens (Erkenntnistheorie). Sie seien, so hieß es, ewig oder zeitlos gegeben (oder »vorgegeben«) oder existierten objektiv oder ontologisch, so wie ein platonischer Archetyp, eine kollektive Erinnerung oder *Vasana* (Asanga, Vasubandhu), eine Hegelsche Idee, ein Husserlsches *Eidos*, um ein paar der bekannteren zu nennen. Aber Lovejoy hat absolut Recht: Die überwiegende Mehrheit der größten Philosophen und spirituellen Lehrer der Menschheit hat sich irgendeiner Version der Großen Holarchie des Seins und Wissens verschrieben. Generell gesagt: Bevor Sie diese Theorie in der Luft zerreißen und in den Müll werfen, sollten Sie einen Ersatz parat haben, der mindestens genauso gut ist.

Metaphysik, als generelle Regel, ging einfach davon aus, dass diese Realitätsebenen existieren und machte sich dann daran, mit ihrer Hilfe die Welt, Gott, die Seele, Befreiung (Nirvana, Umkehr, Buße, Erlösung) und Leid (Sünde, Illusion, *Maya*, Verdammnis, *Samsara*) zu erklären. Aber als es zu der kritischen Wende in der postmodernen Philosophie kam, erforderten diese Strukturen selbst eine Erklärung (und Verteidigung). Und die einfachste Schlussfolgerung, die wir aus dieser ziemlich komplizierten Geschichte ziehen können, lautet, dass wir sie nicht verteidigen können. Sie halten dem modernen oder postmodernen Denken oder kritischen Methodologien einfach nicht Stand.

Das allein heißt noch nicht, dass wir sie über Bord werfen müssen (Moderne und Postmoderne können sich in diesem Fall irren). Aber die Integrale Post-Metaphysik behauptet, dass Sie alle Elemente, die für Metaphysik oder eine spirituelle Philosophie wirklich notwendig sind, auch ohne metaphysische Strukturen erklären können. Die metaphysischen Annahmen sind unnötiger und lästiger Ballast, der Spiritualität mehr schadet als nutzt, so einfach ist das. Eine Spiritualität, die sowohl in der heutigen als auch in der zukünftigen Welt bestehen können soll, ist postmetaphysisch und muss es auch sein.

Behalten Sie dabei einen Punkt im Hinterkopf, der meiner Meinung nach zentral ist für dies alles. Theorien wie die Große Holarchie des Seins und Wissens – und praktisch alles, was wir als »Metaphysik« bezeichnen könnten – waren für zahlreiche Philosophen und Weise einfache Wege, ihre Erfahrungen zu interpretieren.

Plotin ging nicht eines Tages aus dem Haus und stolperte über ein Gebäude mit zehn Stockwerken, in dem jedes Stockwerk beschildert war mit Begriffen wie »physisch«, »emotional«, »logischer Geist«, »höherer Geist«, »*Nous*« und »das Eine«. Seine Idee, dass die Realität aus zehn Hauptebenen von Sein und Wissen besteht, war einfach die beste ihm bekannte Möglichkeit, bestimmte Einsichten und Erfahrungen, die er gemacht hatte, zu interpretieren (vor allem zahlreiche mystische Erfahrungen mit der *Unio mystica*). Aber es war keinesfalls so, dass da draußen bereits ein Gebäude existierte, auf dem »Die Große Kette« stand, das zehn verschiedene Strukturen oder Stockwerke hatte und das jeder erblicken konnte, der denselben physischen Ort aufsuchte wie Plotin bei seinem Gang durch die Wälder.

Die Große Holarchie – und Metaphysik generell – ist einfach eine hervorragende Möglichkeit, die Realität zu interpretieren, wenn Sie versuchen, Gott, die Seele, mystische Einheit und die Manifestationen einer materiellen Welt zu erklären, zumal Letzteres eine Illusion zu sein scheint, verglichen mit den Realitäten, die im Zustand der *Unio mystica* erfahren werden. Sie ist immer noch eine hervorragende Möglichkeit, Realität zu interpretieren. Aber viele ihrer Aspekte verlangen zutiefst, verzweifelt und geradezu schmerzlich danach, auf den neuesten Stand gebracht und überprüft zu werden.

Der allererste Schritt dorthin: Die etwa zehn Ebenen der Realität sind keine präexistierenden Strukturen, die herumliegen und darauf warten, dass Hinz und Kunz über sie stolpern wie über Äpfel, Steine und Büroklammern. Selbst WENN wir einräumen, dass es so etwas wie zehn Realitätsebenen gibt, dürfen wir diese Ebenen nicht als unabhängig existierende Strukturen begreifen, sondern müssen sehen, dass sie zum Teil *Kon-Strukte des erkennenden Subjekts* sind – das heißt **Strukturen des menschlichen Bewusstseins** (deshalb der Konstruktivismus, der untrennbar mit der postmodernen Wende von GEIST verbunden ist).

Zweitens, die Methoden zur Verifizierung der Existenz dieser Bewusstseinsstrukturen können nicht länger darin bestehen, ihre Existenz einfach zu behaupten, weil die Traditionen gesagt haben, es gäbe sie; noch kann ihre Existenz lediglich auf Introspektion oder Meditation gründen (oder auf anderen Aussagen und Behauptungen, die angeblich die Kultur transzendieren). Sie müssen zumindest in irgendeiner Form der Forderung der *Moderne* **nach objektiven Beweisen** und der Forderung der *Postmoderne* **nach einer intersubjektiven Grundlage** entsprechen – weil Sie sonst in erster Linie *einen gegebenen Mythos* vertreten (oder eine gegebene Mythologie; Mythen sind Wahrheiten, die ohne angemessene Beweise behauptet werden – und stellen damit die Typen von Behauptungen dar, welche die Moderne kühn bekämpfte, um sie zu überwinden, weil es sich hier nur allzu oft um empirische Unwahrheiten handelt, die imperialistische Macht bemänteln); oder, im zweiten Fall, *den Mythos vom Gegebenen* postulieren (Behauptungen aufstellen, die vorgeben, sie seien frei vom kulturellen Kontext und die damit die Typen von Behauptungen darstellen, welche die Moderne kühn bekämpfte, um sie zu überwinden, weil sie nur allzu oft Formen von falschem Bewusstsein sind, die Marginalisierung und Unterdrückung verdecken).

Drittens können wir diese Bewusstseinsstrukturen nicht als ewig oder zeitlos gegeben annehmen – es handelt sich hier nicht um Archetypen, nicht um ewige Ideen im Geist Gottes, nicht um kollektive Formen außerhalb der Geschichte, unvergängliche eidetische Bilder usw. Wir müssen diese postmetaphysischen Ebenen des Seins und Wissens hauptsächlich betrachten als **Formen, die sich im Verlauf der Zeit, Evolution und Geschichte entwickelt haben.** Das soll nicht heißen, dass eine spirituelle Philosophie völlig ohne *a priori*-Formen auskommen kann (das kann keine Philosophie); aber je weniger, desto besser. Und die *a priori-Formen*, die postuliert werden, sollten zumindest mit einigen Verweisen auf die modernen und postmodernen Formen der Rechtfertigung (und Gültigkeitserklärung) verteidigt werden können. Wenn wir einfach behaupten, dass sie existieren, reicht das eindeutig nicht aus. Und die Behauptung, dass Sie Gott persönlich kennen, hilft hier auch nicht weiter.

Ich möchte in diesem Anhang drei Dinge tun. Erstens, die Existenz von Ebenen oder Strukturen des Bewusstseins, die sich nicht auf metaphysisches Denken verlassen, erklären. Dann möchte ich gern zwei Beispiele für postmetaphysisches Denken geben; beim ersten geht es um die »Adresse« eines Holons im Kosmos (d.h. was Sie spezifizieren müssen, um tatsächlich etwas im Universum zu lokalisieren), und beim zweiten geht es um eine neue Art und Weise, von spirituellen Realitäten zu sprechen, die wir tatsächlich als postmetaphysisch bezeichnen können.

DIE GLEITENDE SKALA DER ERLEUCHTUNG

In Kapitel 4 haben wir die Idee von »einer gleitenden Skala der ERLEUCHTUNG« vorgestellt. Das heißt: Wenn sich die Evolution in der Welt der Form abspielt und wenn es bei ERLEUCHTUNG darum geht, sich mit der Welt der sich entwickelnden Formen eins zu fühlen, wie können Sie dann ERLEUCHTUNG so definieren, dass Sie diese sich entfaltende Welt voll anerkennen, ohne ERLEUCHTUNG ihrer zeitlosen Natur zu berauben? Dieses Thema ist eine unglaubliche Herausforderung ...

Ich werde die ersten Absätze des Abschnitts »Die gleitende Skala der ERLEUCHTUNG« aus dem vierten Kapitel wiederholen, damit wir dann voll durchstarten können. Wenn wir auf diesem Gebiet auch nur die geringsten Fortschritte machen, haben wir, wie ich glaube, auf dem Weg zur Entwicklung einer Post-Metaphysik eine lange Strecke zurückgelegt. Fangen wir also an und schauen, wie gut wir vorankommen. Zuerst noch einmal die ersten Absätze aus Kapitel 4.

Wir können das Problem auf verschiedene Weise formulieren:

- Wenn es eine Evolution gibt, wie kann ERLEUCHTUNG dann einen Sinn haben? Wir gehen doch davon aus, dass ERLEUCHTUNG bedeutet, mit allem eins zu sein, aber wenn sich alles ständig weiterentwickelt und ich heute erleuchtet werde, ist meine ERLEUCHTUNG dann nicht unvollständig, sobald der morgige Tag anbricht? Bin ich bei Sonnenuntergang wieder unerleuchtet?
- Eine typische Antwort könnte lauten: ERLEUCHTUNG heißt eins sein mit allem, was Zeitlos, Ewig und Ungeboren ist, sodass ich eins sein kann mit dem Zeitlosen, ohne dass dieses Einssein durch die Welt der Zeit (und der sich entwickelnden Form) beeinträchtigt wird. Damit wäre das Problem erledigt. Doch das erzeugt im GEIST lediglich eine tiefe Dualität – das Zeitlose und Ewige gegen das Temporäre, sich Entfaltende. In Wirklichkeit sage ich damit also, ERLEUCHTUNG besteht darin, eins zu sein mit der einen Hälfte des GEISTes.
- Wir haben gesehen, dass »nichtdualer Mystizismus« eine »Vereinigung mit allem ist, was in den grobstofflichen, subtilen und kausalen Bereichen existiert.« Aber einen nichtdualen Zustand können Sie praktisch auf jeder Stufe erfahren, einschließlich der magischen und der mythischen; und das heißt, die mythische Welt enthält KEINES der Phänomene, die wir auf den höheren Stufen vorfinden. Sie können also in diesem Augenblick eine Verwirklichung von nichtdualem, immer gegenwärtigem Gewahrsein erleben und eine Erfahrung von reinem EINSSEIN machen, doch diese Erfahrung lässt vom Universum eine ganze Menge aus. Also kann ein Satori in Wirklichkeit Einssein mit einer Teilwelt sein. Das wäre, mal generell gesagt, nicht so gut.

Das alles sind Variationen ein und derselben Schwierigkeit, aber noch schlimmer wird die Sache dadurch, dass das Problem, das wir wie folgt zusammenfassen können, hier erst anfängt (nennen wir es Teil A): Das Universum – oder das manifeste Universum, wie auch immer – entwickelt sich.[3] Selbst wenn wir GEIST definieren als Einheit von Leerheit und Form (wobei *Leerheit* zeitlos, nicht geboren, nicht manifest ist und sich nicht entwickelt, und *Form* manifest und zeitlich ist und sich entwickelt), setzt der »zeitliche« oder »Welt-der-Form« Teil die Bedeutung von ERLEUCHTUNG einem Druck aus, den wir nicht einfach abstreifen können. Die manifeste Welt der Form entwickelt sich und wird komplexer – sie wird mit der Zeit immer vollständiger und vollständiger ...

Wie erleuchtet ich also heute auch sein mag, meine ERLEUCHTUNG ist nicht so UMFASSEND wie die ERLEUCHTUNG, zu der ich in zehn, hundert oder tausend Jahren gelangen könnte. Sollte ich etwas anderes behaupten, falle ich zurück auf eine ERLEUCHTUNG, die sich lediglich durch die Verwirklichung des Zeitlosen, Nichtgeborenen definiert. Ich muss also leugnen, dass auch die Welt der manifesten Form GEIST ist und habe es folglich mit einem höchst dualistischen GEIST zu tun.

Mehrere Theoretiker, wie zum Beispiel David Deida, nehmen eine wundervolle Unterscheidung vor, die uns hilft, diesen Teil des Problems zu formulieren. Leerheit ist **Freiheit** und Form ist **Fülle**. ERLEUCHTUNG ist eine Vereinigung von Leerheit und Fülle oder von Freiheit und Fülle. Unendliche Leerheit verwirklichen heißt **frei** sein von allen endlichen Dingen, frei von allem Schmerz, allem Leid, allen Begrenzungen, allen Eigenschaften – die *Via negativa,* die aufsteigt zu einer transzendentalen Freiheit vom Bekannten; ein *Nirvikalpa Samadhi* jenseits von Begehren und Tod, von Schmerz und Zeit, Sehnsucht und Reue, Angst und Hoffnung; ein zeitloses Dharmakaya des Ungeborenen, das große Ayin oder die große Unergründlichkeit, die frei ist von allen endlichen Eigenschaften (das alles einbeziehend).

Andererseits gilt, wenn Einssein mit Leerheit höchste Freiheit ist, bedeutet Einssein mit der Welt der Form höchste Fülle – eins mit dem gesamten manifesten Reich, eins mit dem Rupakaya (Formkörper) in all seinem Glanz, in dem Wissen, dass die Ewigkeit verliebt ist in die Schöpfungen der Zeit. ERLEUCHTUNG als Vereinigung von Leerheit und Fülle ist also auch ERLEUCHTUNG als Vereinigung von Freiheit und Fülle.

Ich glaube, das ist unbedingt wahr. Teil A des Problems ist, dass sich Form oder Fülle entwickelt – und, wenn Sie so wollen, immer vollkommener wird, und deswegen ist Ihre ERLEUCHTUNG heute im Vergleich zu Ihrer morgigen ERLEUCHTUNG weniger vollkommen. Das können Sie nicht wegdiskutieren mit dem Argument, das zähle nicht wirklich, ohne damit Nichtdualität grundlegend Gewalt anzutun (denn Sie sagen damit indirekt, dass nur die Hälfte der Gleichung zählt). Für die großen Weisheitstraditionen war das kein Problem, *weil sie nicht wussten,* dass sich die Welt der Form entfaltet, und so tauchte dieses Problem für sie gar nicht auf.

Die Welt der Form hielt für sie still; doch heute wissen wir, dass sie sich in Wirklichkeit entfaltet, sich wirklich weiterentwickelt ... Die Vereinigung von Leerheit und Form ist also in gewisser Weise die Vereinigung von Ungeborenem und Evolution, und die Evolution beraubt ERLEUCHTUNG an jedem gegebenen Punkt um ihre vollkommene Fülle, denn selbst wenn das Morgen möglicherweise nicht freier ist, wird seine Welt der Form auf jeden Fall vollkommener sein.

Man könnte meinen, dieser Teil des Problems ließe sich einfach dadurch lösen, dass wir sagen, ERLEUCHTUNG heißt zu einem beliebigen Zeitpunkt der Evolution eins sein mit Leerheit und der Welt der Form *zu dieser Zeit.* Mit allem eins sein heißt einfach, zu diesem speziellen Zeitpunkt eins sein mit allem. So könnte zum Beispiel ein Schamane in der Tundra eine Erfahrung von nichtdualem Einssein machen und eins sein mit Leerheit und der Welt aller Formen, die zu dem Zeitpunkt in der Geschichte existieren. Es gab einfach nichts weiter, womit er hätte eins sein können. Also ist zu diesem Zeitpunkt alles mit einbezogen, und darüber hinaus müssen wir uns keine Gedanken machen. Es gab zu der Zeit nichts Vollkommeneres und damit auch keine höhere Einheit als diese.

Nachfolgende Zeitalter mögen vollkommener sein, und dann würde das Einssein mit allem das eben mit einbeziehen. Man kann die

»Einheit« zu einem Zeitpunkt nicht mit der »Einheit« zu einem späteren Zeitpunkt vergleichen, denn das sind Äpfel und Orangen, selbst wenn es sich beide Male um wirkliche »Einheits-Erlebnisse« handelt.

Und damit ist das Problem tatsächlich gelöst – bis die Stufen eingebracht werden, die westliche Forscher entdeckt haben.

Und das bringt uns zu Teil B des Problems. Wenn wir Teil A mit dem gerade Gesagten lösen können, gilt das jedoch nicht für Teil B. Hier handelt es sich um ein Problem, das selbst dann offensichtlich wird, wenn wir die metaphysischen Landkarten der Weisheitstraditionen benutzen. Wenn Sie das eben Gesagte hier anwenden, funktioniert das zwar – aber nur um den Preis, dass Sie die Große Kette vollständig zerstören. Sobald Sie sich ernsthaft mit Teil B auseinandersetzen, räumt diese Argumentation mit allen metaphysischen Interpretationen von spirituellen Realitäten auf, und das ziemlich gründlich – nicht mit den spirituellen Realitäten als solchen, sondern mit ihren Interpretationen als *metaphysisch*. (Und das bringt uns, glaube ich, unweigerlich zu »Post-Metaphysik« als einzigem Weg, spirituelle Realitäten in der postmodernen Welt unwiderlegbar zu verteidigen, wobei der Begriff *postmodern* für Dinge steht, die sowohl die Moderne als auch die Postmoderne akzeptiert).

Wie wir bereits gesehen haben, enthalten die metaphysischen Systeme der großen Weisheitstraditionen im typischen Fall so etwas wie eine Große Kette des Seins – die Vorstellung, dass es tatsächlich **Ebenen des Seins und Wissens** gibt –, so wie die Ebenen Plotins (die überall im Westen von Dionysius bis zu Meister Eckhart zu den Standardebenen des Neoplatonismus wurden), die **Sefirot** der Kabbala und die **acht Vijnanas** (acht Bewusstseinsstufen) des Mahayana- und Vajrayana- Buddhismus.

Die Traditionen nun glaubten, die Große Kette sei als ganze gegeben und existiere also unmittelbar jetzt in ihrem Ganzheitsanspruch, selbst wenn wir Teile davon nicht erkennen oder nicht wach dafür sind. Und genau diese Auffassung löst sich in Luft auf, wenn wir begreifen, dass sich die Große Kette in Wirklichkeit über lange Strecken astronomischer und geologischer Zeit hinweg entwickelt hat. Die unteren vier oder fünf Ebenen der Großen Kette sind meistens gegeben als Materie, Empfindung, Wahrnehmung, Impuls, Emotionen, Symbole, Begriffe ... (wie wir sie z.B. in den *Skandhas* finden). Aber diese Ebenen haben sich *in Wirklichkeit im Verlauf von über 14 Milliarden Jahren Evolution entfaltet:* Materie tauchte auf mit dem Urknall, Empfindung mit den ersten Lebensformen, Impulse mit den ersten Reptilien, Emotionen mit den ersten Säugetieren, Symbole mit den ersten Primaten, Begriffe mit den ersten Menschen ...

Erstaunlich ist, als wie zutreffend sich sowohl diese Ebenen als auch ihre chronologische Reihenfolge erwiesen haben; nur dass sie sich im Verlauf von Jahrmilliarden entwickelten. Am leichtesten lässt sich die Große Kette der Weisheitstraditionen – wird sie mit dieser 14 Milliarden alten Geschichte konfrontiert – also retten, wenn wir wie Arthur Lovejoy einfach sagen: Gut, die Ebenen in der Großen Kette waren nicht alle auf einmal gegeben; vielmehr haben sie sich in Wirklichkeit über lange Zeiträume hinweg entwickelt. Aber wenn das so ist und ERLEUCHTUNG die Einheit von Leerheit und Form ist, dann besteht der einzige Weg, erleuchtet zu werden, darin, zu warten, bis sich die Zeit ganz entfaltet hat.

Das ist Teil B des Problems. Das Wesen von ERLEUCHTUNG selbst – und sämtlicher sich abzeichnenden spirituellen Realitäten – verändert sich dramatisch, wenn Sie die Seite der Evolution berücksichtigen müssen, auf der die Fülle der Dinge ständig zunimmt. Sie können immer noch Leerheit verwirklichen und absolute Freiheit erlangen, aber auf der Seite der Fülle birgt diese Verwirklichung ebenso fatale Fehler wie sämtliche metaphysischen Systeme, die dieses Problem nicht erkennen (die nicht erkannten, dass ERLEUCHTUNG durch die Evolution jede feste Bedeutung verliert). Moderne und Postmoderne erkannten das Problem, warfen jedoch die spirituellen Realitäten über Bord, wo sie lediglich den metaphysischen Interpretationen dieser Realitäten den Laufpass hätten geben sollen.

Wenn wir die metaphysischen Interpretationen verwerfen, müssen wir als Erstes die **Ebenen des Wissens und Seins** (ob die zehn *Sefirot*, die acht *Vijnanas* oder die sieben *Chakren*) von präexistierenden, ontologischen Ebenen oder Bereichen der Realität in Ebenen umwandeln, die sich entwickelt haben. Charles Peirce sagte, natürliche Gesetze entsprächen eher *natürlichen Gewohnheiten*, und ich stimme ihm zu: Wir nennen sie **kosmische Gewohnheiten** oder **kosmische Erinnerungen** und können damit die Ebenen der Realität (des Seins und Wissens) neu interpretieren. Als sie emergierten, hatten sie eine relativ offene und kreative Form, aber wenn bestimmte Reaktionen erst einmal wiederholt aufgetreten waren, wurden daraus kosmische Gewohnheiten, an denen immer schwerer zu rütteln war.

Wenn wir also die Ebenen der Wertestrukturen als Beispiel nehmen, war vor etwa 50.000 Jahren die Wertestruktur von **Magenta** (magisch-animistisch) die höchste, welche die Menschheit zu der Zeit entwickelt hatte. Doch einige hoch entwickelte Individuen drängten voran zu neuen, kreativeren Formen des Seins und Wissens und begannen sich von einer höheren Ebene der Komplexität und des Bewusstseins aus auf ihre Umwelt zu beziehen. In dem Maße, wie immer mehr Individuen diese Umgangsformen teilten, begann sich die Wertestruktur von **Rot** (egozentrisch, Macht) als kosmische Gewohnheit zu verankern. Und je fester sie sich verankerte, desto mehr wurde sie zur festen Gewohnheit.

Etwa 10.000 vor Christi, als die Wertestruktur von Rot für das menschliche Verhalten vorherrschend war, begannen einige wenige heldenhafte Individuen auf Seinsweisen zu drängen, die bewusster, wacher, komplexer waren – und die Wertestruktur von **Bernstein** (absolutistisch, ethnozentrisch) begann sich zum ersten Mal abzuzeichnen und verankerte sich allmählich.

Was die Weltanschauungen betrifft, so ging dieser Schritt von rot-magisch zu bernsteinfarben-mythisch einher mit der Entstehung umfassender mythischer Systeme, die, was immer sie sonst noch bewirkten, den Weg zur Entstehung viel komplexerer sozialer Systeme bahnten. Auf der magischen Ebene konnten Menschen nur auf der Grundlage von Blutsbanden oder verwandtschaftlichen Beziehungen zusammenfinden oder sich sozial zusammenschließen. Wenn sie nicht blutsverwandt mit jemandem waren, gab es keine Möglichkeit für sie, ein »Wir« zu bilden, deshalb konnten sich Stämme auf dieser Ebene nicht sozial oder kulturell zusammenschließen.

Aber eine der Funktionen des Mythos war, dass er, indem er behauptete, nicht von einem Gott des Blutes und der Genetik, sondern von einem Gott der Werte und des Glaubens abzustammen, *eine große Anzahl von Menschen und nicht verwandten Stämmen vereinen konnte,* wenn diese alle den Glauben an ein und denselben mythischen Gott annahmen: Alle Menschen können an diesen Gott glauben, selbst wenn sie nicht blutsverwandt sind. So konnten sich die zwölf Stämme von Israel unter Jahwe zusammenschließen, und die Propheten (oder bestimmte Propheten) brachten den roten heidnischen Kulturen, von denen sie umgeben waren, das Recht und den wahren Glauben der Bernsteinstufe. Auf diese Weise führten sie die Menschen zusammen und schufen ein Volk unter einem einzigen mythischen Gott.

An diesem Punkt der Evolution – vor etwa 6000 Jahren – war (um es sehr vereinfacht auszudrücken) Folgendes möglich: Was die Ebenen des Bewusstseins betrifft (Ebenen des Seins und Wissens, von denen die Theoretiker der Großen Kette fälschlicherweise annahmen, sie seien fest vorgegeben), hatten die Menschen sich vom **archaischen** Affen zur Magie von **Magenta** zur Macht von **Rot** zur mythischen Zugehörigkeit von **Bernstein** entwickelt.

Zu diesen vier Bewusstseinsebenen hatten Menschen jetzt in zahlreichen Linien Zugang. Jeder wird in Feld eins geboren und muss bei seiner Entwicklung diese »festen« Ebenen durchlaufen, die jetzt nur deswegen vorgegeben waren, weil sie sich zu kosmischen Gewohnheiten à la Pierce verfestigt hatten; und für die Erklärung der *Erschaffung* noch höherer Ebenen des Seins und Wissens war jetzt nichts weiter erforderlich als eine autopoetische Tendenz zu dissipativen Strukturen im Universum – oder »Eros«, um es poetischer auszudrücken. An »Metaphysik« brauchen wir nicht viel mehr als das, was Whitehead »das kreative Fortschreiten zum Neuen« nannte. Und doch kann diese minimalistische Metaphysik eine Große Kette mit all ihren wesentlichen Elementen hervorbringen, ohne präexistierende, unabhängige ontologische Strukturen welcher Art auch immer postulieren zu müssen.[4]

In der gleichen Zeit drängten einige wenige kreative und heldenhafte Seelen vorwärts zu **Orange** und noch etwas darüber hinaus.

Aber diese Ebenen sind keine platonischen Gegebenheiten. Es handelt sich hier nicht um präexistierende ontologische Strukturen einer für immer und ewig feststehenden Großen Kette, sondern diese Ebenen haben sich entwickelt. Und während sie sich im Lauf der Zeit entwickelten (oder tetra-evolvierten), waren sie in allen vier Quadranten verankert und wurden zu kosmischen Gewohnheiten der Menschheit – Gewohnheiten, die allen zukünftigen Menschen zugänglich waren; die tatsächlich an alle zukünftigen Menschen als tief verwurzelte Gewohnheiten weitergegeben wurden und sich dann aus praktischen Gründen verfestigten (als kosmische Gewohnheiten, nicht als platonische Archetypen).

Deshalb *schienen* sie den Theoretikern der Großen Kette, die vor etwa 2000 Jahren darüber schrieben, ewig gegeben zu sein (obwohl sie sich in Wirklichkeit entwickelt hatten). Kein metaphysischer Ballast – keine Archetypen, keine ontologischen Bereiche von Wirklichkeit, keine unabhängigen Ebenen des Seins, die herumliegen und darauf warten, dass Menschen sie sehen –, nichts von alledem ist nötig, um zu den gleichen Resultaten zu kommen und die Existenz dieser »festen« Ebenen zu erklären. Außerdem sind diese Ebenen vor diesem Hintergrund *nicht abhängig* von einem *bestimmten* Menschen, der geboren wird, und wir können sie deswegen nicht auf Psychologie reduzieren. Wir können alles Erforderliche postmetaphysisch ableiten.

In der gleichen Zeitspanne (vor etwa 6000 Jahren) erlebten Menschen auch Bewusstseinszustände wie Wachen, Träumen und Tiefschlaf, mit denen sie in zahlreichen verschiedenen Formen von Mystizismus – Natur, Gottheiten, formlos und nichtdual – Gipfelerfahrungen machen konnten. Auch wenn diese Zustände immer gegenwärtig sind, hat die Menschheit als ganze sie sich offensichtlich in etwa der gleichen Reihenfolge angeeignet wie Menschen, die heute meditieren: von grobstofflicher äußerer Versunkenheit (Heidentum) zu einem Mystizismus der Gottheiten (aufsteigend und transzendental) zu formloser Unendlichkeit (die große Achsenzeit) zu immer gegenwärtiger Nichtdualität. Anders als Bewusstseinsstrukturen jedoch sind diese Sequenzen von geschulten Zuständen sehr fließend, und

Individuen können in jedem dieser Zustände Gipfelerfahrungen in unterschiedlichen Abstufungen machen.

Aber im großen mythischen (Bernstein-)Zeitalter erforschte die ganze Menschheit überall auf der Welt die himmlischen Reiche der Welt des subtilen Traumes: Sie bewegte sich nicht nur *strukturell* von Stämmen, die durch rote Macht geprägt waren, zu Gesellschaften von mythisch-bernsteinfarbener Zugehörigkeit, sondern erlebte jetzt, dass sich ihre am höchsten entwickelten religiösen Vorbilder von *Zuständen* des heidnischen Naturmystizismus weiterentwickelten zum Mystizismus der inneren Gottheiten und prophetischen Visionen, zur Begegnung mit einem Leuchten und einer schöpferischen Quelle, die nicht von dieser Welt zu sein schienen (auch wenn manchmal sogar höhere Zustände zugänglich waren).

Machen wir hier also eine Pause und vergegenwärtigen uns die ursprüngliche Frage: Wie können wir ERLEUCHTUNG so definieren, dass sie in dieser Zeit einen Sinn ergibt? Existierte sie selbst in der Periode, als die Menschheit strukturell durch und durch ethnozentrisch (Bernsteinstufe) war? Wenn ja, worin hat ERLEUCHTUNG dann bestanden? Und wenn wir eine Definition von ERLEUCHTUNG finden, die für diese Zeitspanne gültig ist, können wir sie dann auch heute noch glaubwürdig anwenden?

Erinnern Sie sich: Die generelle Definition von ERLEUCHTUNG lautet, dass sie eine vollständige Verwirklichung von oder ein vollständiges Einssein mit Leerheit und aller Form ist. Viele weniger umfassende Arten von spiritueller Erfahrung und Verwirklichung sind möglich, aber wir gehen hier davon aus, dass ERLEUCHTUNG – groß geschrieben – der Endpunkt der umfassendsten und höchsten spirituellen Verwirklichung ist (deswegen habe ich diesen Begriff in diesem Buch fast immer mit Großbuchstaben geschrieben).

Wenn wir das im Hinterkopf behalten, wie können wir ERLEUCHTUNG dann definieren? Die Antwort, die wir in diesem Buch immer wieder vorschlagen, lautet: **ERLEUCHTUNG ist die Verwirklichung von Einssein mit allen Zuständen und Strukturen, die zu einem gegebenen Zeitpunkt existieren.**

Die stabile Verankerung in kausaler Leerheit ermöglicht die Freiheit zu jedem beliebigen Zeitpunkt. Die Welt der Form jedoch entwickelt sich, nicht nach einem vorbestimmten Plan, sondern als ein evolutionärer schöpferischer Prozess. Wir können diesen Prozess, wenn wir wollen, als kreativen Zeitvertreib und Spiel von GEIST betrachten (was, wie ich glaube, stimmt, womit wir uns von vielen Spielarten des wissenschaftlichen Materialismus entfernen),[5] doch die »Ebenen in der Großen Kette« präexistieren einfach nicht mehr oder sind als feste Formen gegeben. Da sich die Welt der Form entwickelt, müssen sich Individuen, um mit dieser Welt eins zu sein, selbst bis zu *den höchsten Ebenen, die zu diesem Zeitpunkt existieren,* entfalten und entwickeln. Höher als das gibt es, ontologisch gesehen, nicht.

Und deswegen betrachten wir den Rupakaya des GEISTes oder die Welt der Form nicht länger als präexistierende Große Kette, sondern als Totalität der Form zu jedem beliebigen Zeitpunkt. Und die Seite der Fülle ist das Einssein mit dieser Totalität.

Aber ein Individuum kann vollkommenes Einssein nur verwirklichen, wenn es nicht nur alle Strukturen, sondern auch alle Zustände durchläuft, die verfügbar sind. Also ist ein erleuchteter Mensch jemand, der sich bis zu den höchsten Strukturen im Kosmos entwickelt hat, die zu der Zeit zugänglich sind, und der auch die Zustände durchlaufen hat, die verfügbar sind (d.h., er hat die Zustände wach durchdrungen, was generell heißt, von grobstofflich zu subtil zu kausal zu nichtdual).[6]

Mit dem generellen Umreißen dieser Definition von ERLEUCHTUNG lässt sich die »gleitende Skala« evolutionärer ERLEUCHTUNG sehr gut erklären: Die Leerheit bleibt dieselbe – zeitlos, ungeboren, nicht manifest, nicht sterbend –, aber die Form entwickelt sich weiter, und ERLEUCHTUNG heißt eins sein mit beiden – sowohl mit Leerheit als auch mit Form –; ein Einssein, das auf der Seite der Form, wo immer mehr Vollkommenheit entsteht, Ebenen im Kosmos umfasst, die sich jetzt nicht als platonische Archetypen, sondern als sich entwickelnde Formen verankern; Formen, die, wenn sie sich erst einmal verankert haben, tatsächlich den Anschein erwecken, sie seien als präexistierende, ontologische Strukturen ewig gegeben, obwohl sie in Wirklichkeit kosmische Gewohnheiten sind.

Um also zu der mythischen (Bernstein-)Ära in unserem vereinfachten Beispiel zurückzukehren: Womit genau muss ein Individuum eins sein, um mit der Welt der Form (der Seite der Fülle) vollkommen eins sein zu können – was beinhaltet »eins sein mit der Totalität der Form« zu dieser (Bernstein-)Zeit? In der gesamten Welt der Form existieren jetzt vier »feste« Ebenen des Seins und Wissens, die gegeben sind – nicht als Archetypen, sondern als kosmische Gewohnheiten (Magenta/Purpur, Rot, Bernstein und beginnendes Orange).

Diese Ebenen sind jetzt **tatsächliche Strukturen** im Kosmos; und damit eine Person eins mit aller Form ist, muss sie in ihrer eigenen Entwicklung *diese vier Ebenen alle transzendiert und einbezogen haben:* Sie muss sich von archaisch zu magisch-animistisch zu roter Macht zu bernsteinfarbenen-mythischen Strukturen bewegt haben (und die entsprechenden *Subjekte in Objekte umgewandelt haben*, die sie bewusst *transzendiert und einbezogen* hat). Auf diese Weise hätte sie tatsächlich die gesamte Welt der Form in ihrem eigenen Sein transzendiert und einbezogen – **es gibt nirgendwo irgendwelche höheren Ebenen**, die darauf warten, aus dem platonischen Himmelreich auf die Erde zu fallen; also **ist ein vollkommenes Einssein tatsächlich möglich**, zumindest in dieser Variablen.

Und was ist mit der Variablen der Zustände? Wenn sich ein Individuum mit Wachheit von grobstofflichen zu subtilen, kausalen und nichtdualen Zuständen bewegt hat, sodass es diese Zustände bis zu einem gewissen Grad beherrscht (indem es Subjekte in Objekte umwandelt, die dann in das eigene Wahrnehmungsfeld oder Bewusstsein einbezogen sind), dann wäre es imstande, auch ein Einssein mit all diesen generellen Zuständen zu verwirklichen.

Wenn es erst einmal beide Schritte vollzogen hat (alle Zustände und Stufen, die zu der Zeit existieren, transzendiert und einbezogen hat), dann wären im gesamten Kosmos keine höheren Zustände oder Stufen zugänglich. Diese Person hätte dann in einer ganz konkreten und in jeder Hinsicht sinnvollen Weise ein Einssein mit dem gesamten Kosmos verwirklicht – sowohl mit Leerheit als auch mit Form auf all deren Ebenen, sowohl mit Dharmakaya (oder zeitlosem GEIST) als auch mit Rupakaya (oder zeitlichem GEIST). Diese Person wäre vor etwa 6000 Jahren so tief erleuchtet, wie ERLEUCHTUNG nur sein kann. (Oder, wie wir es auch formulieren, diese Person wäre zu diesem Zeitpunkt in der Geschichte sowohl horizontal als auch vertikal erleuchtet.)[7]

Und beachten Sie, dieses Individuum wäre durch und durch ethnozentrisch. Er oder sie hätte keine Wahl; denn nirgendwo im Kosmos haben sich bereits weltzentrische Stufen entwickelt. Ganz gleich, wie tief verwirklicht diese Person ist (und wie umfassend sie sämtliche verfügbaren Zustände und Stufen meistern würde), sie müsste zwangsläufig glauben, dass Erlösung nur für ein auserwähltes Volk, eine Klasse, ein Geschlecht oder einen Weg existiert.

Irgendwann im ersten Jahrtausend vor Beginn des christlichen Zeitalters begann die nächste Hauptebene des Bewusstseins als kreative Antwort auf Probleme, die Bernstein nicht lösen konnte, zu emergieren: Orange. (Wir können diese neue evolutionäre Emergenz, wie auch Evolution generell, begreifen als Kreativität von GEIST-in-Aktion, der sich durch seine eigene AQAL-Manifestation zum Ausdruck bringt. Oder Sie können den dummen Glauben an zufällige Mutation und natürliche Auslese übernehmen; in diesem Fall ist das wirklich egal. Der Punkt ist, dass neue Dinge emergieren – selektiert und vorangetrieben, von welchem Mechanismus auch immer. Ich bezeichne diese Stufen einfach, wie schon erwähnt, als kosmische Gewohnheiten, und wie die genau aussehen, darüber könnten wir tagelang debattieren. Aber wo auch immer diese neuen Dinge herstammen, es gibt sie.)

Während sich Orange verankerte als kosmische Gewohnheit oder Ablagerung kreativer Entscheidungen der Menschheit, die diese angesichts neuer Herausforderungen entwickelte, drängte die Menschheit als ganze auch in Bezug auf die Meisterung der Zustände voran von subtil/Traum zu kausal/formlos (siehe z.B. *Halbzeit der Evolution*). Die Kombination von weltzentrischen Strukturen und der Zugänglichkeit kausaler Zustände verursachte eine weltweite Wachstumsexplosion im Bewusstsein, die allgemein als die große Achsenzeit bekannt ist.

Wir finden zu der Zeit (etwa 6. Jahrhundert vor Beginn des christlichen Zeitalters) überall auf der Welt Individuen, die nicht nur zum ersten Mal eine weltzentrische oder universelle Moral vertreten, sondern auch Weise, die zum ersten Mal von einer unendlichen kausalen Unergründlichkeit oder einem Nirvana sprechen, das völlig frei ist vom Leid dieser samsarischen Welt. Oder wir stoßen auf die Behauptung, die individuelle Seele und Gott seien eins in Göttlichkeit (»Ich und der Vater wir sind Eins«). Das alles waren in der kreativen Evolution der Menschheit verblüffend neue Erkenntnisse.

Von der Achsenzeit bis heute wurden drei oder vier neue, universale Hauptstrukturen gelegt (in etwa sind das Orange, Grün, Petrol und Türkis). In der heutigen (westlichen) Kultur sind etwa 40 % der Bevölkerung bei Bernstein, etwa 50 % bei Orange, 20 % bei Grün und 2 % bei Türkis.[8] Sind heute noch höhere Ebenen zugänglich? Keine Zustände, sondern Strukturen/Stufen? Die Antwort muss offensichtlich lauten: Ja. Es scheint mindestes drei oder vier Strukturen/Stufen/Ebenen zu geben, die höher angesiedelt sind als Türkis. Auch diese Ebenen sind keine präexistierenden, ontologischen oder metaphysischen Strukturen, die es bereits irgendwo gibt, sondern erste zögernde Strukturen, gelegt von hoch entwickelten Seelen, die in neues Gelände vordringen – und diese Strukturen dabei mit erschaffen (d.h., tetra-kreieren).

Die Anfänge zu diesen höheren post-türkisen Strukturen wurden gelegt, als die ersten Pioniere in dieses neue und bislang ungestaltete Gelände vordrangen, einige bereits vor etwa 1000 Jahren, und es mit erschufen, während sie es erforschten. Aber bis auf den heutigen Tag beläuft sich die Gesamtzahl der Menschen, die sich in diesen höheren Strukturen fest verankert haben, wenn überhaupt, auf lediglich einige tausend oder weniger als 1/100 von 1 % der Menschheit. In Abbildung A auf der vorderen Umschlagklappe habe ich einige dieser höheren Ebenen in der kognitiven Linie aufgeführt und berufe mich dabei auf Aurobindo: Über Schau-Logik oder höherem Geist haben wir den erleuchteten Geist, den intuitiven Geist, den Übergeist, den Supergeist; wobei noch höhere Ebenen im Entstehen begriffen sind, daran kann kein Zweifel bestehen. In derselben Linie hat Susanne Cook-Greuter die beiden ersten dieser höheren Ebenen erforscht, die in Abbildung A »Transpersonal«

und »Ich-Bewusstheit« heißen. Es handelt sich hier um permanente strukturelle Kompetenzen, nicht um Zustände.

Wenn Sie sich diese Strukturen/Ebenen als kosmische Gewohnheiten denken, dann gilt: Je älter die Ebene, desto tiefere Furchen zieht sie im Kosmos. Ich benutze als Analogie gern den Grand Canyon: Er ist so alt, dass er kilometertiefe Furchen bildet. Damit ähnelt er der roten Ebene, die vor etwa 50.000 Jahren beginnt und sich sehr tief in den Kosmos gräbt. Bernstein wäre, vor etwa 10.000 Jahren beginnend, ein kosmischer Canyon von, sagen wir, 500 Metern Tiefe. Orange, das sich etwa in der Achsenzeit (800–200 v.Chr., Anm.d.Ü.) abzuzeichnen begann, aber erst mit der westlichen Aufklärung wirklich aufblühte, ist vielleicht 100 Meter tief. Grün, das einen bedeutenden Prozentsatz der heutigen Weltbevölkerung ausmacht und in den sechziger Jahren des letzten Jahrhunderts begann, ist erst etwa zehn Meter tief. Petrol und Türkis, die noch ganz in den Anfängen sind, reichen vielleicht einen Meter tief.

Strukturen, die höher sind als Türkis, gleichen den Spuren, die Menschen hinterlassen, wenn sie einen Stock hinter sich herziehen. Sie fangen gerade erst an, kosmische Gewohnheiten in das Universum zu ritzen, die, wie alle anderen auch, als Rinnsale beginnen, die zu kleinen Bächen zusammenfließen und schließlich zu wilden Flüssen anschwellen; die wie Canyons Furchen im Kosmos ziehen und schließlich tatsächliche Strukturen im Kosmos sind (und ontologisch gegeben und präexistent zu sein scheinen). Aber heute ähneln die Strukturen, die höher sind als Türkis, tatsächlich den schwachen Spuren, die Menschen hinterlassen, wenn sie einen Stock über den Boden ziehen. Indigo ist vielleicht drei oder vier Zentimeter tief, und Ultraviolett ist lediglich ein dünner Kratzer auf der Haut unseres eigenen, ursprünglichen Gesichts ...

Wenn immer mehr Menschen in die posttürkisen Entwicklungsebenen vorandrängen, werden diese Ebenen/Strukturen geschaffen oder umgesetzt und gelegt; jene Strukturen, die in dieser Höhe mit der Realität von AQAL vierfach ineinandergreifen, werden selektiert und vorangetrieben und lagern sich als immer festere, kosmische Gewohnheiten ab; diese sind dann tatsächlich gegebene Bewusstseinsstrukturen, deren Tiefenstrukturen zwischen Individuen nicht mehr zur Diskussion stehen.

Anders gesagt, wir können alle wesentlichen Grundlagen der großen metaphysischen Systeme hervorbringen, ohne dafür auch nur ein Stück von ihrem metaphysischen Gepäck zu benötigen.

Worauf also gründet ERLEUCHTUNG in der heutigen Welt? Welches sind die höchsten Zustände und Stufen, die heute im Kosmos zugänglich sind? Das Allermindeste wäre die Höhe von Indigo in der kognitiven Linie und der Linie des Selbst sowie die Meisterung der etwa vier Hauptzustände (was den Zugang zu grobstofflich, subtil, kausal und nichtdual mit einschließt). Es gibt noch weitere mögliche Verwirklichungen, von denen einige sehr tief gehen. Aber »totale Verwirklichung« oder »vollkommene ERLEUCHTUNG« würde heißen, eins sein mit den Hauptzuständen (»horizontale ERLEUCHTUNG«) und den Hauptstufen (»vertikale ERLEUCHTUNG«), die zu einem gegebenen Zeitpunkt existieren, und das heißt heute: mindestens die Höhe von Indigo und nichtduale Zustände.

(Und wenn Sie dort erst einmal angekommen sind, was dann? Wenn Sie sich erst einmal mit allen Zuständen und Stufen identifiziert haben, dann stehen Sie ganz da oben, eins mit Eros selbst, und drängen voran in neues und höheres Gelände, das Sie tetra-kreieren, während Sie weitergehen ...)

Beachten Sie, dass ein Mensch von heute mit mythischer Zugehörigkeit auf der Höhe von Bernstein *nicht vollkommen erleuchtet wird und sein kann,* selbst wenn er grobstoffliche, subtile, kausale und nichtduale Zustände (einschließlich Anu- und Ati-Yoga) vollkommen meistert. Horizontal: Ja; vertikal: Nein. Die Welt hat sich weitergedreht; GEIST hat sein eigenes Sein weiter entfaltet; es gibt mehr Struktur-Stufen, mit denen Sie in der heutigen Welt eins sein müssen, um eins mit dem Kosmos zu sein ...

Mit anderen Worten, dieselbe Struktur, die wir vor 6000 Jahren vollkommen erleuchtet nennen konnten, ist es heute nicht mehr. Ein Mensch mit mythischer Zugehörigkeit ist heute nicht mehr eins mit der Totalität aller Form, denn es gibt jetzt auch die Strukturen von Orange,

Grün, Petrol und Türkis, die für Bernstein im wahrsten Sinne des Wortes »zu hoch« sind. Das sind jetzt reale, »ontologische«, *tatsächlich existierende* Strukturen im Kosmos – so real, als wären sie platonische ewige Gegebenheiten (nur dass sie es nicht sind). Und wenn eine Person diese Ebenen in ihrer eigenen Entwicklung nicht transzendiert und mit einbezogen hat, ist sie (als Individuum auf der Bernsteinstufe) mit diesen jetzt existierenden Hauptebenen von Realität nicht eins.

Selbst wenn sie nichtduale Zustände einer vollkommenen Einheit von Leerheit und Form meistert, selbst wenn sie Ati-Yoga, die *Thögal*-Visionen und die fünf Ränge von Tozan meistert, selbst wenn sie Sammlung durch Gebet und die tiefsten kontemplativen Zustände beherrscht und permanent in Ayin ruht, ist sie nicht vollständig erleuchtet: Es gibt Aspekte der Form, die niemals Eingang finden in die Welt dieser Person, und deswegen müssen wir das *Satori* dieser Person auf dem Hintergrund unserer Erklärungen als Einssein mit einer Teilwelt bezeichnen.

Und doch war die gleiche Verwirklichung in der mythischen Bernstein-Ära tatsächlich ein Einssein mit dem gesamten Kosmos und zählte deshalb als vollkommene ERLEUCHTUNG. Denn diese Definition von ERLEUCHTUNG erfüllt sämtliche Anforderungen, die wir anfangs formulierten: Sie kann ERLEUCHTUNG heute ebenso gut erklären wie ERLEUCHTUNG gestern; sie lässt eine zeitlose Komponente zu; aber sie schließt auch eine zeitliche, sich entwickelnde, historische Komponente mit ein.

Wir haben angefangen mit einer Reihe von extrem subtilen Problemen, die durch die Evolution in der Welt der Form entstehen. Wir haben festgestellt, dass nur ein postmetaphysischer Ansatz diese Probleme lösen kann (denn die Postulierung von feststehenden, ewigen, unabhängig existierenden Archetypen, platonisch oder sonstwie, fällt nicht nur durch den Test, dem sie moderne und postmoderne Erkenntnistheorien unterziehen, sondern macht sich tatsächlich selbst zunichte, wenn sie versucht, auch nur irgendetwas in der Welt der sich entwickelnden Form zu erklären.)

Wir haben außerdem gesehen, dass es eine gleitende Definition von ERLEUCHTUNG gibt, die sinnvoll ist, weil sie sowohl die zeitlose, unveränderbare, immer gegenwärtige Leerheit des großen Ungeborenen (Göttlichkeit, Dharmakaya, Ayin) achtet als auch die zeitliche Evolution der ständig wachsenden Vollkommenheit der Welt der Form (oder Rupakaya). Die Verwirklichung eines Menschen heute bedeutet nicht mehr Freiheit als Buddhas ERLEUCHTUNG vor 2000 Jahren (Leerheit ist Leerheit), aber sie ist vollkommener als die des Buddha (und wird zukünftig noch vollkommener sein) – und doch sind beide, sowohl die Buddhas von damals als auch die Buddhas von heute, laut einer *sinn*vollen Definition von ERLEUCHTUNG *gleich* erleuchtet.

(Das heißt auch, dass ein 1000 Jahre alter Weg für sich genommen heute nicht mehr zu vollkommener ERLEUCHTUNG führen kann.)

Mit all diesen Punkten im Hinterkopf haben wir deshalb ERLEUCHTUNG definiert **als die Verwirklichung des Einsseins mit allen Hauptstufen und Hauptstrukturen, die zu einem beliebigen Zeitpunkt in der Geschichte existieren.**

Und dafür brauchen wir keinerlei metaphysisches Gepäck. Diese Definition ist kein Resultat von metaphysischem Denken, sondern eines methodologischen Pluralismus, der die bleibenden Aspekte der prämodernen, modernen und postmodernen Methodologien achtet und einbezieht. Er braucht keine metaphysischen Gültigkeitserklärungen, die auf einer Kombination von *Shruti* und *Smriti* beruhen – das heißt, auf den bloßen Behauptungen einer Tradition oder den Einsichten durch innere Sammlung in Achtsamkeit. Denn nichts davon ist integral genug, um die Erfordernisse von Moderne und Postmoderne zu erfüllen.

Anders ausgedrückt: Sämtliche *ontologisch präexistierenden* Ebenen des Seins und Wissens – von den acht *Vijnanas* von Yogachara bis zu den Sefirot der Kabbala –, die sowohl die Moderne als auch die Postmoderne in Grund und Boden gestampft hat, brauchen wir einfach nicht mehr, weil wir die wesentlichen Grundlagen jeder dieser Ebenen rein postmetaphysisch schaffen können. Kant hat deren ontologische Referenten mit einer Beweisführung, die sowohl die Moderne als auch die Postmoderne in zahlreichen verschiedenen Formen akzeptiert hat, – zu Recht – zerstört und die Forderung nach dem Beweis für die Existenz eines Weltenraumes gestellt, der auf der erkenntnistheoretischen Begründung dieses Raumes beruht; eine Forderung, die eine AQAL-Post-Metaphysik voll erfüllt. Diese »post-kantsche«

»Post-Metaphysik« – oder etwas in der Richtung – ist der einzige Weg, der in der modernen und postmodernen Welt für eine spirituelle Philosophie offen ist.

WELCHE ADRESSE HAT EIN OBJEKT IM KOSMOS?

Um zu zeigen, wie weit sich das spirituelle Denken heute von der Metaphysik entfernen muss, mache ich mit Ihnen das folgende gedankliche Experiment: Nehmen wir vier Referenten, die mit den Signifikanten *Hund, Weihnachtsmann, die mathematische Wurzel aus minus Eins* und *Leerheit* bezeichnet werden.

Wo existieren die Referenten dieser Signifikanten? Oder, wenn sie existieren, wo können wir sie finden? Wenn es den Weihnachtsmann gibt, dann wo? Existiert die Wurzel aus minus Eins und wenn ja, wo finden wir sie? Usw. ...

In Kapitel 2 haben wir kurz den Gedanken erwähnt: **Kosmische Adresse = Höhe + Perspektive.** Diesen Gedanken würde ich gern etwas vertiefen, sowohl um zu zeigen, wie postmetaphysisches Denken aussieht als auch, wie spirituelle Realitäten – oder welche Realitäten auch immer – in einer postmodernen Welt begrifflich dargestellt werden müssen (wobei das Wort »postmodern« auf die Dinge verweist, die sowohl die Moderne als auch die Postmoderne akzeptiert).

Beginnen wir mit der Standardabbildung der vier Quadranten, die wir in diesem Buch schon mehrmals gesehen haben und die wir hier der Einfachheit halber als Abbildung II.1 wiederholen.

Nehmen wir für einen Augenblick an, dieses Diagramm sei richtig. Es sieht aus wie eine ziemlich einfache Darstellung einiger allgemein akzeptierter Realitäten – Dinge wie Atome, Moleküle, Symbole, Begriffe, ökologische Systeme usw. Denken Sie aber daran, dass wir Dinge wie zum Beispiel holarchische, planetare Systeme erst etwa auf der Höhe von Türkis zu sehen und begreifen beginnen. Wenn wir also nach dem »Ort« von so etwas wie globalen Ökosystemen Ausschau halten, lautet die erste einfache Regel: Ökosysteme existieren nur in einem Weltenraum von Türkis oder höher.

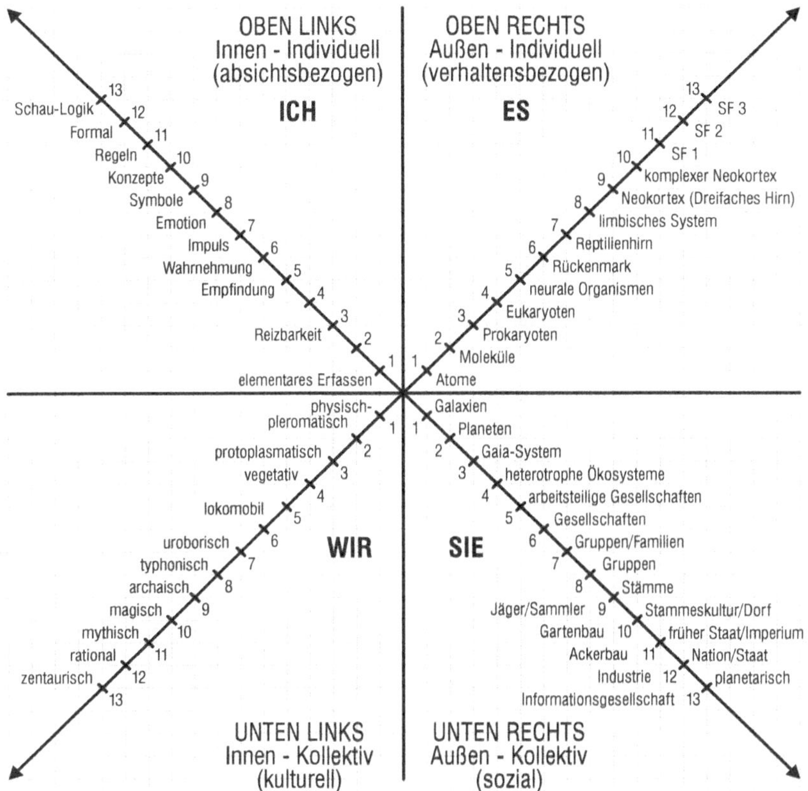

Abbildung II.1: Die vier Quadranten

Ach, sagen wir, aber Ökosysteme hat es in der realen Welt mit Sicherheit auch schon vor 100.000 Jahren gegeben, selbst wenn Menschen damals erst, sagen wir, bei Purpur waren und sie weder sehen noch begreifen konnten. Aber genau das dürfen wir im Rahmen vieler moderner und sämtlicher postmoderner Erkenntnistheorien NICHT tun. Wir können nicht eine einzelne vorgegebene, ahistorische Welt postulieren, die »einfach da« ist, und zu der begriffliche Methoden uns in unterschiedlichem Maße Zugang verschaffen. Wenn das der

Fall wäre, dann würden Menschen das, was wir uns heute als »Ökosysteme« denken, in tausend Jahren wahrscheinlich für Energiepfuhle voll dunkler Materie halten, die den Zugang zu einem elfdimensionalen Hyperraum kontrollieren ... nun, ich denke, Sie haben verstanden, was hier der Punkt ist.

Wenn wir behaupten, unsere Erkenntnistheorien seien im Wesentlichen begriffliche Landkarten (oder Spiegel der Natur), dann werden die Menschen von Morgen unser Wissen von Heute ebenso für ungültig erklären, wie wir heute für ungültig erklären, was vor 1000 Jahren als Wissen galt. *Niemand ist also jemals im Besitz einer Wahrheit,* sondern lediglich von graduellen Unwahrheiten. Das ist der Mythos vom Gegebenen; das ist genau das, was die Postmoderne in Grund und Boden stampfte; und genau darauf können wir uns nicht glaubwürdig berufen.

Aber der Punkt ist folgender: Was immer Ökosysteme sein mögen, Menschen haben sie vor 100.000 Jahren NICHT gesehen oder verstanden. (Wie Clare Graves zu erläutern pflegte, hatte das Bewusstsein im Zeitalter der Stämme »einen Namen für jede Biegung des Flusses, aber nicht für den Fluss selbst.«) Ökosysteme treten erst auf der Ebene von Türkis oder höheren Ebenen ins Bewusstsein. Und da »ins Bewusstsein treten« und »existieren« in der modernen/postmodernen Welt im Wesentlichen identisch sind, können wir mit Sicherheit sagen, dass wir Ökosysteme, was immer das sein mag, erst in einer türkisen Welt *finden* können.[9]

Bei der Gleichung **Adresse = Höhe + Perspektive** bedeutet also das Glied »Höhe« in der kosmischen Adresse genau das. Referenten (oder »reale Objekte«) ex-ist-ieren nur (oder sind nur auffindbar) in speziellen Weltenräumen, die unter anderem auf einer bestimmten Entwicklungsordnung beruhen oder auf einer bestimmten »Höhe« angesiedelt sind. Im restlichen Anhang benutze ich einfach zehn der postmetaphysischen Hauptebenen des Seins und Wissens, bei denen es sich um die ersten zehn Ebenen handelt, die in den Abbildungen A und B dargestellt sind und die ich hier der Einfachheit halber noch einmal wiederhole:

1. **Infrarot** – archaisch, sensomotorisch
2. **Magenta** – magisch-animistisch
3. **Rot** – egozentrisch, Macht, magisch-mythisch
4. **Bernstein** – mythisch, ethnozentrisch, traditionell
5. **Orange** – rational, weltzentrisch, pragmatisch, modern
6. **Grün** – pluralistisch, multikulturell, postmodern
7. **Petrol** – beginnendes integrales Denken, niedere Schau-Logik, systemisch
8. **Türkis** – globales Denken, hohe Schau-Logik, höherer Geist (Verstand)
9. **Indigo** – luzides Denken, transglobal, erleuchteter Geist
10. **Violett** – Meta-Geist und Übergeist.

Ich werde auf diese Ebenen auch durch Zahlen verweisen, wohl wissend, dass diese ziemlich willkürlich sind. Und lassen Sie uns um der Argumentation willen wieder einfach annehmen, dass diese Ebenen als postmetaphysische Bewusstseinsstrukturen existieren, die von Methodologien wie denen in Zone 2 bestätigt werden.

Kehren wir also zu der Idee einer kosmischen Adresse zurück. Ökosysteme **existieren** nur in türkisen oder höheren Weltenräumen. Und **»existieren«** bedeutet hier **»ex-ist«**: in Erscheinung treten, erkannt sein, entdeckt sein, vierfach-umgesetzt sein – alles, außer Teil einer vorgegebenen Welt sein, die einfach herumliegt und darauf wartet, dass jemand sie wahrnimmt. Zur kosmischen Adresse eines Objekts gehört auch die Tatsache, dass Objekte nur auf zahlreichen verschiedenen Entwicklungsebenen ins Dasein treten oder umgesetzt werden. Ob sie auch in irgendeiner anderen Hinsicht existieren KANN AUF KEINEN FALL GEWUSST WERDEN. Und die Annahme, sie existierten völlig unabhängig von einem erkennenden Geist, ist nichts weiter als der Mythos vom Gegebenen und vom abbildenden Paradigma – das heißt, sie ist lediglich ein weiterer Typ von metaphysischem Denken und deshalb nicht adäquat begründet. Auf jeden Fall verlässt sich das postmetaphysische Denken nicht auf die Existenz einer vorgegebenen Welt und den Mythos von dieser Gegebenheit.[10]

Kehren wir zurück zu Abbildung II.1 und fragen noch einmal: *Wo existieren die Objekte, die in diesem Diagramm dargestellt werden?* Antwort: Die meisten von ihnen existieren in einem türkisen oder höheren Weltenraum. All das hier Genannte, von Ökosystemen bis zu Atomen, können wir bei Infrarot, Purpur, Rot oder Bernstein einfach *nicht finden.* Diese Dinge werden erst von Orange bis Türkis allmählich aufgedeckt oder fangen an zu existieren, und deswegen existieren die **Referenten** (oder real existierenden Objekte), die von den **Signifikanten** in Abbildung II.1 (wie »Ökosysteme« und »Struktur-Funktionen SF1, SF2«) dargestellt werden, insgesamt gesehen, nur auf der **Höhe** von Türkis oder höher.

So viel zur Höhe in der Gleichung der kosmischen Adresse; was ist mit der Perspektive? Sie ist einfach der Quadrant, in dem der Referent ex-ist-iert. Das metaphysische Denken geht von einem perspektiv-freien Universum aus und stellt dann Behauptungen über Dinge auf, die existieren, als seien sie generell frei von Perspektiven und Kontexten. Das ist nicht nur der Mythos vom Gegebenen, sondern eine äußerst egozentrische Version dieses Mythos. Sämtliche reale Objekte sind an erster Stelle und vor allem Perspektiven – sie werden NICHT »aus Perspektiven gesehen«, sondern »SIND Perspektiven«. Auch hier gilt, dass die Annahme von der Präexistenz der Dinge, die in einer ahistorischen Welt darauf warten, gesehen zu werden, nichts weiter ist als Metaphysik (und der Mythos vom Gegebenen).

Alle Begebenheiten haben vier Dimensionen/Perspektiven/Quadranten. Das sind vier Dimensionen dessen, was sie sind, und nichts von ihnen Getrenntes – denn es gibt nichts »Getrenntes« davon, wie die Dinge in Erscheinung treten; es gibt nur, wie sie in Erscheinung treten, und sie treten IMMER BEREITS als Perspektiven in Erscheinung.

Wir müssen also zumindest den Quadranten spezifizieren, der umgesetzt wird, wenn wir auf den Referenten verweisen.[11] Ein Ökosystem zum Beispiel ist ein »Sie (es plural)« oder ein Gebilde/eine Begebenheit unten rechts. Wo also existiert ein Ökosystem, oder *wie lautet seine kosmische Adresse?*

Ökosystem = Türkis + unten rechts

Nun ist diese kosmische Adresse nur die generelle Postanschrift, wenn Sie so wollen. Mit ihrer Hilfe gelangen Sie einfach in den richtigen Stadtteil – oder höchstens zum Hauptgebäude in der Straße –, aber nicht weiter. Sie verrät Ihnen nichts über dessen Bewohner, dessen tatsächliche Bauweise, spezielle Elemente usw. **Aber diese generelle kosmische Adresse fordert uns eindringlich auf, uns daran zu erinnern, dass »Dinge« nicht in einer vorgegebenen Welt existieren und da draußen einfach herumliegen.** Sie treten – neben vielen weiteren Wegen, die sie nehmen – auf zahlreichen verschiedenen Ebenen von Entwicklungskomplexität und Bewusstsein in die Existenz und werden immer bereits als bestimmte Perspektiven aufgedeckt, einschließlich (aber nicht begrenzt auf) jener des subjektiven Ich, des objektiven Es, des intersubjektiven Du/Ihr/Wir und des interobjektiven Sie/(= es plural).

(Eine genauere kosmische Adresse würde sämtliche AQAL-Aspekte einer Begebenheit mit einbeziehen, aber der Punkt ist, dass Sie wenigstens Quadranten und Ebenen oder Perspektiven und Höhe brauchen.)

So weit, so gut – aber warten Sie! Wir haben tatsächlich gerade erst angefangen. In einer postmetaphysischen Welt, in der es keine absoluten Grundlagen gibt und alle Dinge, bevor sie irgendetwas anderes sind, Perspektiven sind, müssen wir jetzt den nächsten und sogar noch bedeutsameren Schritt tun. Wir haben gerade die kosmische Adresse des Referenten oder des wahrgenommenen Phänomens (in diesem Fall, des Ökosystems) angegeben. Aber was ist mit der Adresse des Wahrnehmenden? Wir haben die Adresse eines Objekts angegeben; aber was ist mit der Adresse des Subjekts? Denken Sie daran, in einer postmetaphysischen Welt können wir beide nicht radikal voneinander trennen. **Also müssen wir, um die Existenz von auch nur irgendetwas im Universum lokalisieren zu können, sowohl die kosmische Adresse des Wahrnehmenden als auch die des Wahrgenommenen angeben.**

Jetzt wird es wirklich interessant, denn genau wie bei Einsteins spezieller Relativitätstheorie wird das Verhältnis der Dinge zueinander absolut relativ. Nicht bloß relativ, sondern absolut relativ. (Wie jeder weiß, wurde Einsteins Theorie bedauerlicherweise falsch bezeichnet;

er selbst hatte dafür Namen wie »absolute Theorie« oder »Invarianztheorie« im Kopf. Die Idee ist, dass es nirgendwo im Universum einen festen Punkt gibt, den wir als Zentrum betrachten können; wir können die Dinge nur in Relation zueinander lokalisieren; das schafft trotzdem Absolutheiten und Universalien, aber in einem gleitenden System der Referenz zueinander und zum gesamten System zu jeder beliebigen Zeit, wobei Zeit selbst bestimmt ist durch die invariante Geschwindigkeit des Lichts.)

Hier brauchen wir die Idee der Quadranten und des Quadriviums. Ein **Quadrant** ist die Perspektive eines *Subjekts;* ein **Quadrivium** ist die Perspektive, aus der das *Objekt* betrachtet wird. Nur individuelle Holons haben oder *besitzen* vier Quadranten; aber *durch* diese vier Quadranten oder *von* diesen vier Quadranten aus (die dann Quadrivia sind) kann alles betrachtet werden.

Zum Beispiel besitze ich als individuelles Holon mindestens vier Quadranten-Perspektiven: Mein Sein *umfasst* eine Ich-Perspektive, eine Wir-Perspektive, eine Es-Perspektive und eine Sie(= es plural)-Perspektive. Aber eine Colaflasche hat keine vier Quadranten, da sie kein fühlendes Wesen ist. Sie kann jedoch von jedem/aus jeder meiner vier Quadranten/Perspektiven betrachtet werden. Ich kann mir die Flasche aus einer Ich-Perspektive anschauen und Ihnen sagen, was ich persönlich von der Colaflasche halte oder bei ihrem Anblick fühle. Sie und ich können über die Flasche aus einer Wir-Perspektive diskutieren. Und ich kann mir die Flasche mit einer wissenschaftlichen Haltung (es und sie = es plural) anschauen und vielleicht ihre molekulare Struktur erläutern.

Ich besitze also vier Quadranten; die Flasche kann durch die vier Quadranten betrachtet werden (die dann ein Quadrivium bilden). Oder, allgemein gesagt: Das wahrnehmende Subjekt hat Quadranten, die als Bestandteil seiner kosmischen Adresse spezifiziert werden müssen; und das wahrgenommene Objekt, der Referent oder das Phänomen hat ein Quadrivium, das als Bestandteil seiner kosmischen Adresse spezifiziert werden muss.

Anders – lockerer – ausgedrückt: Weil ein Objekt durch einen bestimmten Quadranten oder von einem bestimmten Quadranten aus betrachtet wird, betrachtet das *Subjekt* das Objekt *durch* einen Quadranten, und das *Objekt* selbst existiert »in« einem Quadranten. In beiden Fällen muss der Quadrant der wahrnehmenden Person und der Quadrant (Quadrivium) des Wahrgenommenen spezifiziert werden, um die kosmische Adresse des Referenten zu wissen.[12]

Und dadurch wird alles **absolut relativ** zu allem anderen. Es gibt keinen Urgrund, keine Metaphysik, keinen Mythos vom Gegebenen; alles Feste löst sich in Luft auf, alles Grundlegende verpufft – und doch können wir immer noch alle wesentlichen Bestandteile der großen metaphysischen Systeme hervorbringen, jedoch ohne deren völlig in Misskredit geratenen metaphysischen Ballast, den sie ohnehin nicht brauchen ...

Gehen wir das Ganze noch einmal durch. Hier unsere zusammenfassenden Punkte zu der Frage, wie wir in einem postmetaphysischen Universum etwas lokalisieren können:

1. Da es kein festes Zentrum des Universums gibt und noch nicht einmal eine grundlegende Ebene (es sind ganz bis nach unten »Schildkröten«), kann die Lokalisierung eines Phänomens, Dings, Ereignisses, Prozesses oder Holons nur in Relation zueinander spezifiziert werden.
2. Außerdem gibt es keine vorgegebene Welt, die unabhängig und losgelöst von jeder Wahrnehmung dieser Welt existiert. Noch sind sämtliche Dinge lediglich Wahrnehmungen. Stattdessen gibt es die totale Summe sich gegenseitig enthüllender Dinge und Ereignisse, die sich relativ zueinander (d.h. relativ zu ihrer gegenseitigen Perspektive) enthüllen. In Wirklichkeit bedeutet das, dass jedes Ding, bevor es irgendetwas anderes ist, eine Perspektive *ist.* Und das heißt, es gibt in der manifesten Welt keine Wahrnehmungen, sondern nur Perspektiven.

   Um es unverblümt zu sagen: Wahrnehmung, Erfassen, Gewahrsein, Bewusstsein usw. sind alles monologische Abstraktionen der dritten Person, die keinerlei Realität besitzen. Soweit wir wissen oder wissen können, besteht die manifeste Welt aus fühlenden Wesen mit Perspektiven und weder aus Dingen mit Eigenschaften, noch aus Subjekten mit Wahrnehmung, noch Vakuumpotenzialen, *Dharmas*, Strings, Hologrammen, Biofeldern usw. Das alles sind Perspektiven, die in Bezug auf ein fühlendes Wesen relativ sind.

3. Um also den »Ort« einer Begebenheit zu spezifizieren – um zu spezifizieren, wo wir sie finden können –, müssen wir sowohl den Ort des Wahrnehmenden als auch den des Wahrgenommenen relativ zueinander spezifizieren. Dieser Ort hat mindestens zwei Komponenten: eine vertikale, die Entwicklung betreffende und evolutionäre Komponente (**Höhe**) und die Perspektive, aus welcher (**Quadrivium**) oder durch welche (**Quadrant**) Zugang zu einer Gegebenheit gewonnen wird. Wir können noch weitere Komponenten bestimmen, die uns helfen, ein Phänomen zu lokalisieren, aber diese beiden (Ebenen und Quadranten) sind das minimal Erforderliche. *Wir brauchen also die Höhe und die Perspektive sowohl des Wahrnehmenden als auch des Wahrgenommenen.* Das können wir vereinfacht darstellen wie folgt:

Kosmische Adresse = Höhe + Perspektive

Und wir müssen beides sowohl für den Wahrnehmenden/das Subjekt als auch für das Wahrgenommene/Objekt spezifizieren:

Kosmische Adresse = (Höhe + Perspektive) s x (Höhe + Perspektive)

Weil die Perspektive des Subjekts ein Quadrant ist (oder die Perspektive, durch die etwas gesehen wird), und die Perspektive des Objekts ein Quadrivium (oder die Perspektive, aus der etwas betrachtet wird), können wir das auch folgendermaßen darstellen:

Kosmische Adresse = (Höhe + Quadrant) x (Höhe + Quadrivium)

Natürlich können wir auch jede der anderen Komponenten des Ortes einer Begebenheit in der AQAL-Matrix genauer spezifizieren. Wir können den Quadranten, die Ebene, die Linie, den Zustand oder den Typ spezifizieren, *durch welche* ich die Welt betrachte, wenn ich behaupte, das Objekt wahrzunehmen. Und wir können das Quadrivium, die Ebene, die Linie, den Zustand oder den Typ spezifizieren, *»in der/dem«* das Objekt existiert (oder laut Behauptung existiert). Aber die Höhe (**Ebene**) und die Quadranten (**Perspektiven**) sind das Mindeste, was wir brauchen, um uns in einem Kosmos zu orientieren, der sowohl Tiefe als auch Spannweite besitzt.

Also ist die scheinbar harmlose und einsichtige Landkarte, die in Abbildung II.1 dargestellt wird, wie bereits gesagt, doch nicht ganz so harmlos. Sie ist mit Sicherheit keine Landkarte einer vorgegebenen Welt, allein deswegen nicht, weil nicht jeder die hier aufgeführten Objekte sehen kann. Die Darstellungen und Signifikanten dieser Karte implizieren Folgendes:

Wenn ich mich auf einer Entwicklungshöhe von Türkis oder höher befinde, mir die kognitive Linie der Intelligenz zunutze mache und die Gesamtsumme genereller Schlussfolgerungen der zahlreichen verschiedenen menschlichen Disziplinen nehme, die ebenfalls mindestens Türkis erreicht haben, kann ich sie alle in einem Raster der dritten Person anordnen, das in etwa so aussieht wie Abbildung II.1.

Und so sind auch die Realitäten, die in jener Abbildung dargestellt werden, keine Realitäten, die in irgendeiner vorgegebenen Welt auf die Wahrnehmung irgendeines fühlenden Wesens warten, das zufällig über sie stolpert. Die Realitäten, die in Abbildung II.1 dargestellt werden, sind nur im Weltenraum von Türkis (oder höher) zu finden. Ökosysteme ex-ist-ieren in der Welt von Rot, Blau oder Orange nicht. Schau-Logik ex-ist-iert in der Welt von Rot, Blau oder Orange nicht. Atome ex-ist-ieren nicht in der Welt von Rot oder Blau. Das Vakuumpotenzial ex-ist-iert nicht in der Welt von Rot, Blau, Orange oder Grün. Nein, die Realitäten, die in der Abbildung dargestellt werden, ex-ist-ieren überwiegend nur in der Welt von Türkis (oder in einem türkisen Weltenraum). Abbildung II.1 ist keine Landkarte »der wirklichen Welt«, weil es so etwas wie »die wirkliche Welt« nicht gibt – es gibt keine vorgegebene Welt, die darauf wartet, wahrgenommen zu werden, nur sich gegenseitig enthüllende Perspektiven, die auf ihre Umsetzung warten.

Und so können die in der Abbildung dargestellten Realitäten auch nicht von jedem Subjekt gesehen werden. Nur ein Subjekt auf der Entwicklungshöhe der türkisen Ebene in der kognitiven Linie kann sie sehen. Systemholarchien ex-ist-ieren nicht für rote, blaue, orangene oder grüne Subjekte und können von diesen nicht gesehen werden. Sie können nur von türkisen (oder höheren) Subjekten umgesetzt werden.

Also ex-ist-ieren die **Referenten** (oder realen Objekte) der **Signifikanten** in Abbildung II.1 in einem türkisen Weltenraum in einer Dimension/Perspektive der dritten Person. Und sie können nur von Subjekten auf der Höhe von Türkis in der Perspektive der dritten Person gesehen (hervorgebracht oder umgesetzt) werden – will heißen, nur Subjekte mit dieser kosmischen Adresse sind imstande, die für die genannten Signifikanten korrekten **Signifikate** hervorzubringen und können deswegen auch die realen **Referenten** dieser **Signifikanten** sehen und verstehen. (Das heißt, sie sind imstande, sich Wissensgemeinschaften anzuschließen, die zusammenarbeiten, um die Konturen der Realität festzulegen, die unter diesen kosmischen Adressen umgesetzt wird; und um festzulegen, ob etwas unter diesen Adressen tatsächlich existiert oder nicht existiert).

Ohne Angabe der kosmischen Adresse sowohl des Wahrnehmenden als auch des Wahrgenommenen ist jede Äußerung über die Welt oder über Realität schlichtweg absolut bedeutungslos. Am **Mythos vom Gegebenen** wird das am schnellsten deutlich, aber wir können jetzt sehen, dass dieser Mythos nur die Spitze des Eisbergs war: Es gibt keine vorgegebene Welt, und das *nicht nur deswegen,* weil Intersubjektivität ein konstituierender Bestandteil von objektiven und subjektiven Realitäten ist, *sondern auch,* weil selbst die Spezifizierung von Intersubjektivität nicht annähernd ausreicht, um diesen Mythos in all seinen Dimensionen zu überwinden: Sie müssen den kosmischen Standort sowohl des Wahrnehmenden als auch des Wahrgenommenen spezifizieren, um ganz aus der Metaphysik auszusteigen. Denn wir können jetzt sehen, dass aus der Perspektive von AQAL alles Metaphysik ist, was den Quadranten, die Ebene, die Linie, den Zustand und den Typ einer Begebenheit nicht spezifiziert (oder spezifizieren kann).

Wenn ein Autor oder eine Autorin diese Komponenten nicht bewusst spezifiziert – das heißt, die entsprechende kosmische Adresse nicht präzise angibt –, liegt der Grund dafür praktisch immer darin, dass der Autor oder die Autorin unbewusst annimmt, diese Komponenten seien vorgegeben und müssten deshalb nicht spezifiziert werden. Sie spezifizieren sie nicht, weil sie nicht wissen, dass es sie gibt und sie variabel sind. Die meisten Autoren verweisen zum Beispiel auf Landkarten der Realität, die in etwa den großen Systemholarchien oder dem Netz des Lebens gleichen, die in Kapitel 7 erläutert wurden, oder sie stellen eine Reihe von Behauptungen über Quantenvakuum-Potenziale, die Sefirot, die *Vijnanas* usw. auf, und kommen nicht auf die Idee, dass diese Realitäten, wenn überhaupt, nur in bestimmen Weltenräumen mit bestimmten Perspektiven existieren. Also stellen sie ihre Landkarten der Realität vor, als handele es sich hier um eine vorgegebene Realität und ihre Darstellung dieser Realität sei korrekt. Das ist, selbst gemessen an einer postmodernen Definition von Metaphysik, grauenhaft metaphysisch!

Aber ich gehe noch einen Schritt weiter und behaupte, dass selbst die Vertreter der Postmoderne, die behaupten, die Metaphysik zu überwinden, in Wirklichkeit in subtileren Versionen von Metaphysik befangen sind, denn Metaphysik ist alles, was nicht sämtliche AQAL-Komponenten einer Gegebenheit selbst-bewusst aufdeckt. Wenn ein Autor oder eine Autorin diese Komponenten nicht aufdeckt, dann fast immer deshalb, weil er oder sie nicht weiß, dass es sie gibt; und diese Unwissenheit kann nicht verhindern, dass sich diese Realitäten unbewusst in erweiterte Versionen des Mythos vom Gegebenen einschleichen. Wenn Laszlo zum Beispiel nicht aufdeckt, dass Quanten-Potenziale nur auf der Höhe von Türkis ex-istieren, dann deswegen, weil er annimmt, sie seien für immer gegeben. Damit wird Höhe für Laszlo zum impliziten Bestandteil des Mythos vom Gegebenen: Er denkt, man müsse Höhe nicht spezifizieren, weil er nicht weiß, dass in verschiedenen Weltenräumen verschiedene Referenten existieren, und deswegen ist er schlichtweg in einer weiteren Version des Mythos vom Gegebenen oder von Metaphysik befangen.

Die logische Bedeutung von Metaphysik ist natürlich, dass es sich hier um »Behauptungen ohne Beweise« handelt. Und das ist richtig. Sämtliche Ansätze, welche die kosmische Adresse der Referenten der Signifikanten ihrer Behauptungen nicht spezifizieren, verfangen sich in sinnlosen Behauptungen und Abstraktionen.

Und das führt uns zu dem sicher interessantesten Anspruch jeder Integralen Post-Metaphysik: **Die Bedeutung einer Aussage ist der Weg zu ihrer Umsetzung.** Wenn wir das erst einmal verstanden haben, werden wir, wie ich glaube, feststellen, dass es einen völlig neuen Weg gibt, spirituelle Realitäten zu diskutieren, einen Weg, der Möglichkeiten und Mittel enthält, die Existenz dieser spirituellen Realitäten zu beweisen.

WO IST DER WEIHNACHTSMANN?

Lassen Sie mich als Einführung in diesen Abschnitt noch einmal auf unsere simple Höhenlandkarte der zehn Ebenen verweisen (die eine allgemeine Karte von bestimmten Aspekten des Kosmos ist, wie sie im Weltenraum von Violett in der Perspektive der dritten Person erscheinen). Und denken wir daran, dass wir, um über irgendetwas eine sinnvolle Behauptung aufstellen zu können, generell imstande sein müssen, die kosmische Adresse (Höhe + Perspektive) sowohl des Wahrnehmenden als auch des Wahrgenommenen zu spezifizieren. **Denn sonst gehen Sie implizit davon aus, dass beides einfach gegeben ist** und verstricken sich damit in Metaphysik oder Behauptungen, die keine Bedeutung haben.

Beginnen wir also diesen Abschnitt mit einem kurzen Überblick über einige Arten von Phänomenen, die wir in den zehn Weltenräumen unserer einfachen Landkarte vorfinden; und zwar laut derjenigen, die sich genau an die Paradigmen und Richtlinien halten, welche diese Weltenräume umsetzen und wie sie von den zahlreichen Wissensgemeinschaften in diesen Weltenräumen bestimmt werden. Die folgende Liste ist extrem schematisch und verallgemeinernd und soll lediglich auf ein paar Punkte hinweisen, ohne in allen Details präzise zu sein. Ich gebe hier acht der zehn Ebenen an, um zu zeigen, um was es geht:

Magenta – magisch-animistisch
Dämonen, Drachen, Zauberer, Wut, Lust, Steine, Flüsse, Bäume, Flüche, Voodoo, Ahnen, Clans, Hütten, Dörfer, Pferde, Lanzenspitzen.

Rot – egozentrisch, Macht, magisch-mythisch
Kriegsherren, Stämme, Fünf Elemente (Erde, Luft, Wasser, Feuer, Äther), Ärger, Neid, Macht, Titanen, Herrschaft, Unterdrückung, Sklaverei, Völkermord, GEIST als Götter, Göttinnen und Elementargewalten.

Bernstein – mythisch, ethnozentrisch, traditionell
Kathedralen, der rechtschaffene Mensch, Ritterlichkeit, Erlösung, Wohltätigkeit, Perspektive der zweiten Person, GEIST als allwissender, allmächtiger, allgegenwärtiger Großer Anderer.

Orange – rational, weltzentrisch, pragmatisch, modern
Atome, Elektronen, Protonen, chemisches Periodensystem, Wolkenkratzer, Raketen, weltzentrisches Mitgefühl, universelle moralische Ideale, Fernsehen, Radio, Perspektive der dritten Person, Wurzel aus minus Eins, Flugzeuge, Autos, GEIST als Großer Designer und/oder Urgrund des Seins.

Grün – pluralistisch, multikulturell, postmodern
Pluralistische Systeme, das Internet und das World Wide Web, Perspektive der vierten Person, Wertegemeinschaften, imaginäre Zahlen, Hypercars, GEIST als Tiefenökologie und menschliche Harmonie.

Türkis – planetarisches Denken, späte Schau-Logik, systemisch
Gaianisches Kollektiv, Strings, Differential-/Integralrechnung, n-dimensionaler Hyperraum, Perspektive der fünften Person, Quanten-Potenzial Energiequellen, GEIST als planetarische Holarchie.

Indigo – querdenken, transglobaler, erleuchteter Geist
Luzide Klarheit und Mitgefühl der Perspektive der sechsten Person, trans-planetarische soziale Ideale, Mega-Stämme, das Wahre/Gute/Schöne als Selbst-Sicht in globalen Gestalten, GEIST als unendliches Licht/unendliche Liebe.

Violett – Meta-Geist und Übergeist

Brillante Klarheit des Übergeistes, unendliche Liebe und Mitgefühl der Perspektiven der siebten Person und darüber hinaus, alle fühlenden Wesen aus ihren Perspektiven umfassend, transdimensionale soziale Ideale, GEIST als radikale Innerlichkeit und unendliche Holarchie.

Wie wir bereits gesehen haben, können wir nicht sagen, dass von alledem das eine richtig und das andere falsch ist; außerdem entwickeln sich zahlreiche Elemente ALL dieser Ebenen weiter. Auch bei der Holarchie von Atomen zu Molekülen zu Zellen zu Organismen würden wir nicht sagen: »Ich möchte die Organismen behalten und Atome, Moleküle und Zellen loswerden.«

Und selbst wenn wir uns eine Weltsicht aus möglichst großer Höhe wünschen, passiert das nicht einfach dadurch, dass wir an Violett festhalten und alles andere über Bord werfen. In einem ganz realen Sinne existieren bei Violett zehn konkrete Ebenen des Seins und Wissens, die kosmische Gewohnheiten sind – und damit Stufen in der menschlichen Entwicklung und Ebenen in der Komposition des Seins von Individuen. (Auch wenn wir bestimmen können, welche Elemente auf einer der Ebenen bleibend und welche vorübergehend, illusorisch oder fehlinformiert sind – der Punkt ist, wir müssten trotzdem spezifizieren, auf welcher Ebene/in welchem Weltenraum diese spezifischen Elemente laut Behauptung existieren.)

Worauf es ankommt ist, wenn wir einen Typ von »Mega-Phänomenologie« sämtlicher Phänomene betreiben, von denen bekannt ist, dass sie in den Hauptebenen und Weltenräumen auftauchen (von denen unsere kurze Liste nur ein stark verallgemeinertes Beispiel ist), legen wir einen Typ von Superwörterbuch (oder *Giga-Glossar*) der Standorte der **Referenten** der meisten der wichtigsten **Signifikanten** an, die Menschen äußern und die Menschen, die das adäquate Bewusstsein besitzen, um die entsprechenden **Signifikate** hervorzubringen, verstehen können.

Wenn wir also unsere simple Liste als exemplarisches Giga-Glossar benutzen, können wir einige ansonsten völlig exotische und unmögliche Fragen leicht beantworten:

Die Wurzel aus minus Eins ist ein *Signifikant,* dessen *Referenten* im Weltenraum von Orange ausgebildete Mathematiker, die sich mit Hilfe von zahlreichen verschiedenen mathematischen Richtlinien die richtigen *Signifikate* auf dieser Höhe und in der Perspektive der dritten Person vergegenwärtigen, präzise erkennen oder sehen können.

Ein **globales Ökosystem** ist ein *Signifikant,* dessen *Referent* eine hoch komplexe multidimensionale Holarchie ist, die im Weltenraum von Türkis existiert; diesen tatsächlichen Referenten können Subjekte auf der Höhe von Türkis, die Ökologie studieren, in der Perspektive der dritten Person direkt erkennen und sehen.

Der Weihnachtsmann ist ein *Signifikant,* dessen *Referent* im Weltenraum von Purpur existiert und den Subjekte auf der Höhe von Purpur sehen und erkennen können (vorausgesetzt natürlich, ihr unterer linker Quadrant liefert ihrem intersubjektiven Hintergrund die notwendigen Oberflächenstrukturen; das gilt für all diese Beispiele, deswegen erwähne ich es nur gelegentlich).

Was »rein physische Objekte« (oder »sensomotorische Objekte«) betrifft, so existieren diese nicht. Die »physische Welt« ist keine Wahrnehmung, sondern eine Interpretation (oder wir könnten auch sagen, die physische Welt ist keine Wahrnehmung, sondern eine konzeptuelle Wahrnehmung oder »Kon-Wahrnehmung«, die natürlich auch Perspektiven beinhaltet). Eine vorgegebene Welt existiert nicht, sondern lediglich eine Reihe von Welten, die mit verschiedenen Rangordnungen von Bewusstsein (oder durch Co-Emergenz oder Tetra-Umsetzung) ins Sein treten. Deshalb:

Ein Hund als lebendiger Tiergeist existiert im Weltenraum von Purpur. Ein Hund als biologischer Organismus existiert im Weltenraum von Bernstein. Ein Hund als biologischer Organismus, der ein Produkt der Evolution ist, existiert im Weltenraum von Orange. Ein Hund als molekular-biologisches System, das Ausdruck einer DNA/RNA-Sequenz ist, die durch sich entwickelnde planetarische Ökosysteme gesteuert wird, existiert im Weltenraum von Türkis. *So etwas wie »den Hund«* als den einen, wahren, vorgegebenen Hund, der sich durch unsere Wahrnehmungen auf zahlreiche verschiedene Weisen darstellt, *gibt es einfach nicht,* sondern vielmehr *verschiedene Hunde,* die mit unseren sich entwickelnden Begriffen und unserem sich entwickelnden Bewusstsein ins Dasein treten oder sich umsetzen. Materie ist nicht der Urgrund vom Spektrum des Seins, sondern *das Äußere jeder Ebene* dieses Spektrums, und mit jedem neuen Rang gibt es neue Materie, und die gesamte Welt verändert sich aufs Neue.

Der Punkt ist, dass unterschiedliche Weltenräume unterschiedliche Phänomene enthalten. Es geht nicht um die Frage, welcher Weltenraum der »wirkliche« ist, denn jedes Zeitalter hat das Gefühl – und wird immer das Gefühl haben –, dass seine Sicht die wirkliche Sicht ist. Aber es gibt keine »reale« oder »vorgegebene« Welt, nur diese zahlreichen verschiedenen Weltenräume, die sich ständig neu und kreativ entwickeln und entfalten, sich dann zu kosmischen Gewohnheiten verfestigen, die alle nachfolgenden Menschen als Stufen in ihrer eigenen Entwicklung und Ebenen in der Komposition ihrer eigenen Individualität abhandeln müssen. Jeder Weltenraum enthält Milliarden von Phänomenen, die als seine Inhalte in Erscheinung treten und sich gegenseitig in Relation zu ihrer eigenen Gesamtheit definieren, einer Gesamtheit von Beziehungen, die Höhen und Perspektiven beinhaltet.

Menschliche Wesen können Sprachen schaffen – Systeme, die aus Zeichen und Symbolen bestehen –, die zahlreiche verschiedene Realitäten darstellen. In den meisten Fällen existiert der *Referent* dieser *Signifikanten* in einer oder mehreren dieser Weltenräume, und Subjekte können diese Referenten wahrnehmen, wenn sie das entsprechende Entwicklungs-*Signifikat* besitzen. Doch wenn philosophische Behauptungen eine wirkliche Bedeutung haben sollen, müssen wir die kosmische Adresse des Referenten angeben und spezifizieren, auf welcher Ebene des Weltenraumes er existiert und durch welche Perspektive er gesehen wird. Fehlt diese Angabe, dann realisiert ein Sprecher nicht, dass es verschiedene Weltenräume gibt, sondern geht einfach davon aus, dass sein Weltenraum die eine und einzige vorgegebene Welt ist. Und damit landet das Individuum beim Mythos vom Gegebenen und zahlreichen Spielarten von (bedeutungsloser) Metaphysik.

Wir werden noch sehen, wo diese Mega-Phänomenologie und das Giga-Glossar uns hinführen, aber zunächst noch eine abschließende Information, und dann können wir unsere Schlussfolgerungen ziehen.

WIE GOTT IST, WAS GOTT NICHT IST UND WAS GOTT IST

Generell haben wir drei Möglichkeiten, aus der Perspektive der dritten Person über etwas zu sprechen. Wir können sagen, **wie ein Ding ist** (metaphorisch, analogisch, kataphatisch); was es **nicht ist** (Negation, apophatisch); und was **es ist** (Behauptung, ontisch).

Ich denke, das ist klar genug. Lassen Sie mich noch ergänzen, dass wir diese sprachlichen Modalitäten in entsprechender Reihenfolge mit den Symbolen (*), (-) und (+) darstellen können. Spreche ich also metaphorisch von GEIST, kann ich schreiben: GEIST(*) ist in der dunklen Nacht des Engelsflugs eine leuchtende Zitadelle. Oder, wenn ich von GEIST apophatisch spreche, kann ich schreiben: GEIST(-) ist weder Licht noch Dunkelheit, ist weder dies noch das. Und wenn ich von GEIST ontisch spreche, kann ich schreiben: GEIST(+) ist unendliche Liebe.

Aber lassen Sie mich gleich darauf hinweisen, dass die ersten beiden Modi, wenn es um spirituelle Realitäten geht, von Kritikern nie hinterfragt worden sind. Poetisch oder negativ können Sie über GEIST reden, was und so viel Sie wollen. Stellen Sie aber positive, ontologische Behauptungen auf, schreien die Kritiker auf. Doch im Rahmen einer AQAL-Post-Metaphysik bekommen spirituelle Realitäten ebenso ein Fundament wie jeder andere Referent auch. Das Problem existiert als Problem einfach nicht mehr.

Denken Sie daran, für jede Begebenheit, über die wir sprechen, müssen wir die kosmische Adresse angeben – oder, genauer gesagt, sowohl die kosmische Adresse des Wahrnehmenden als auch die des Wahrgenommenen. Denn jetzt wird der entscheidende Punkt ganz klar. Zurückgreifend auf unser simples Giga-Glossar, müssen wir immer, wenn wir sagen wollen, was etwas (spirituell oder in anderer Hinsicht) ist oder den ontischen Modus (+) benutzen wollen, *dessen kosmische Adresse in Klammern angeben* können, um überhaupt imstande zu sein, etwas darüber zu behaupten. Sonst verheddern wir uns in Unsinniges; wir stellen ontologische Behauptungen über Objekte auf und sind gleichzeitig nicht imstande, deren tatsächliche Standorte aufzuzeigen oder auch nur zu finden. Und damit landen wir bei einer unfruchtbaren Metaphysik und unsinnigen Behauptungen von der übelsten Sorte.

Wir können, um ein paar einfache Beispiele zu geben, für die kosmische Adresse Ebenen benutzen und zwar:

- Der Weihnachtsmann(2) ist eine Erfahrung, die viele Kinder machen.
- Unsere globalen Ökosysteme(8) werden durch giftige Müllhalden langsam zerstört.
- Unendliche Strings(8) gelten jetzt als n-dimensionale Grundlagen von allem, was materiell existiert.
- Als Susan 15 wurde, hatte sie ihr erstes Erlebnis mit überwältigender universeller Liebe(6), einer Liebe, die in jeder ihrer Zellen zu pulsieren schien und die für sie innerlich zutiefst präsent war.
- Die Unterdrückung rassischer Minderheiten ist eine Erfahrung, die tief in den ethnozentrischen Elementen(4) unserer eigenen Gesellschaft wurzelt.
- Ich mache in meiner Meditation jetzt seit drei Jahren zuverlässig immer wieder die Erfahrung, dass GEIST unendliche Liebe(9) ist.
- Ich liebe(2) meinen Hund Isaac, obwohl ich weiß, dass er ein kleiner Scheißer und eine total materialistische Maschine(5) ist, auch wenn ich gestern eine unglaublich tiefe Erfahrung mit ihm machte und ihn als Teil eines planetarischen Bewusstseins(8) erlebte.

Bei diesen Beispielen benutzen wir die Höhe als vereinfachte kosmische Adresse, damit deutlich wird, um was es hier geht. Wir können die Adresse der Phänomene, die in speziellen Bewusstseinszuständen auftauchen, auch einfach angeben, indem wir zum Beispiel (Z/g) für grobstofflichen Zustand, (Z/s) für subtilen Zustand, (Z/k) für kausalen Zustand und (Z/nd) für nichtdualen Zustand benutzen. Wenn wir dann Zustände statt Ebenen für eine vereinfachte Adresse benutzen, können wir sagen: GEIST als Leerheit$^{(Z/k)}$ ist für die meisten Menschen, die schon lange meditieren, eine Realität. Oder: Meister Eckhart hat präzise Anleitungen für das Erleben von immer gegenwärtigem GEIST$^{(Z/nd)}$ gegeben.

Ich hoffe, das ist klar geworden? Lassen Sie mich ein weiteres Beispiel geben, bei dem ich die Adresse erweitere, indem ich der Ebene die Perspektive hinzufüge – die minimalen Komponenten, die Sie sowieso für eine Adresse brauchen, aber wiederum sehr vereinfacht, nur um deutlich zu machen, um was es geht. Lassen Sie uns erste, zweite und dritte Person darstellen als 1-p, 2-p und 3-p, Zustände wie oben mit »Z/« und für die Ebene »E/« (z.B. E/3, E/7) hinzufügen. Wir können dann, um einige der oben angeführten Beispiele noch einmal aufzugreifen, sagen:

- Unsere globalen Ökosysteme $^{(3\text{-p, E/8})}$ werden durch giftige Müllhalden langsam zerstört. Wenn ich daran denke, empfinde ich das als tiefe Verletzung meines Gaia-Bewusstseins $^{(1\text{-p, E/8})}$.[13]
- Unendliche Strings $^{(3\text{-p, E/8})}$ gelten jetzt als n-dimensionale Grundlagen von allem, was materiell existiert.
- Als Susan 15 wurde, hatte sie ihr erstes Erlebnis mit überwältigender universeller Liebe $^{(1\text{-p, E/6})}$, einer Liebe, die in jeder ihrer Zellen zu pulsieren schien und die für sie innerlich zutiefst präsent war. Diese Wahrnehmung war so intensiv, dass sie eine Verwirklichung von Einssein mit allem $^{(1\text{-p, Z/nd})}$ auslöste.

Nehmen wir ein weiteres der eben angeführten Beispiele: »Ich mache in meiner Meditation jetzt seit drei Jahren zuverlässig immer wieder die Erfahrung, das GEIST unendliche Liebe$^{(9)}$ ist.« Beachten Sie aber, dass ich »unendliche Liebe« aus mindestens drei Perspektiven erleben kann: als eine Kraft der dritten Person, die nach meinem Gefühl das ganze Universum erfüllt; als ein Du der zweiten Person, mit dem ich verbunden bin; als allgegenwärtige Präsenz der ersten Person, mit der ich mich identifiziere. Wenn wir diese Adressen spezifizieren oder spezifizieren können, ist das der erste Schritt auf dem Weg, sie Dingen wie den »drei Strängen gültiger Erkenntnis« zuzuordnen, um ihren Wirklichkeitsgehalt zu bestimmen.[14] Zum Beispiel: »Ich verneige mich vor dem lebendigen GEIST als unendlicher Liebe (2-p, E/9)«, oder »Liebe ist eine universelle und unendliche Kraft von sich selbst organisierender Selbst-Transzendenz (3-p, E/9), die auf die Evolution einwirkt«, oder »Unendliche Liebe ist das Selbst des Kosmos, das ich bin (1-p, E/9)« – usw.

Der Punkt ist, dass jeder ontische oder behauptende Modus (+) imstande sein muss, die kosmische Adresse für den Referenten des Signifikanten anzugeben, ganz gleich, ob es sich um materielle, emotionale, mentale oder spirituelle Referenten handelt. Spirituelle Realitäten beruhen auf genau der gleichen Grundlage wie Elektronen, Gaia, Steine und die Wurzel aus minus Eins.[15]

Das Problem für viele spirituelle Realitäten (wie z.B. den patriarchalischen Jehova) ist nicht, dass sie nicht existieren, sondern dass sie lediglich auf einigen der unteren Ebenen des Seins und Wissens existieren und deswegen auf den höheren Ebenen als Realitäten in Frage gestellt werden, was völlig verständlich ist. Aber spirituelle Realitäten per se existieren nicht nur auf den unteren Ebenen; sie sind Aspekte *jeder* Ebene des Bewusstseins, die uns gegenwärtig ist.

Das Problem ist nicht, dass spirituelle Realitäten nicht existieren oder schwer zu beweisen sind, sondern dass ihre früheren Formen auf den unteren Ebenen existieren und deshalb nicht so real sind wie einige der späteren Ebenen. Aber diese höheren Ebenen selbst haben ihre eigenen spirituellen Realitäten, wie das Giga-Glossar eindeutig zeigt. *Das Problem, die Existenz Gottes zu beweisen, löst sich einfach in Luft auf.* Die Existenz von GEIST ist nicht schwerer zu beweisen als die Existenz von Steinen, Elektronen, minus Eins oder Gaia. Schlagen Sie einfach im Giga-Glossar nach.

Als Erstes stoßen Sie hier unter anderem darauf, dass es, grob gesagt, Ebenen von Gott gibt. Das heißt, Ebenen von Antworten, welche die spirituelle Intelligenz auf die Frage gibt: »Was ist von höchstem Anliegen, was ist die höchste Realität, oder was ist der Urgrund des Seins?« Es gibt einen magischen Urgrund, einen mythischen Urgrund, einen rationalen Urgrund, einen pluralistischen Urgrund, einen Urgrund zweiten Ranges, einen Urgrund dritten Ranges usw. Und auch eine grobstoffliche, subtile, kausale und nichtduale Version von all diesen Urgründen. **Aber all diese Signifikanten haben einen realen Referenten an dem einzigen Ort, an dem sämtliche Referenten welcher Art auch immer sowieso existieren: in einem Zustand oder einer Struktur des Bewusstseins.**

All diese Referenten existieren, wenn überhaupt, in einem Weltenraum, für dessen Adresse wir mindestens den Quadranten (die eingenommene Perspektive) und die Höhe/Ebene (Struktur des umgesetzten Bewusstseins) angeben müssen.

Löst sich das Problem, Gottes Existenz zu beweisen, in Luft auf, tritt an seine Stelle das Problem, die Ebene oder den Zustand (oder die kosmische Adresse) der in Frage stehenden spirituellen Realitäten zu spezifizieren, und das impliziert – was für alle kosmischen Adressen gilt –, dass wir die Richtlinien spezifizieren müssen, die einen bestimmten Weltenraum hervorbringen oder umsetzen. Was uns zu unserem letzten Punkt bringt: Die Bedeutung einer Behauptung ist der Weg zu ihrer Umsetzung.

DIE BEDEUTUNG IST DIE RICHTLINIE

Wie ich an anderer Stelle[16] detailliert erläutert habe, besteht jede »gültige Erkenntnis« aus mindestens drei Hauptsträngen:

1. **Einer Richtlinie** (einem Paradigma, einem exemplarischen Beispiel, einem Experiment, einer Umsetzung), immer in der Form: »Wenn du dies wissen willst, tue das.«
2. **Einer Erfahrung** (einem Bezugspunkt, einem Einleuchten, einem

Erfassen, einem Gewahrsein), die das Phänomen, das durch die Richtlinie hervorgebracht oder umgesetzt wird, erhellt.

3. **Einer gemeinschaftlichen Bestätigung/Widerlegung** und damit einer Überprüfung zusammen mit anderen, welche die ersten beiden Anforderungen erfüllen.

All das stimmt überein mit dem, was wir gerade gesehen haben. Wollen Sie über eine Sache eine positive Behauptung aufstellen, müssen Sie, vor allem wenn Ihre Behauptung die Existenz dieser Sache impliziert, imstande sein, die kosmische Adresse dieser Sache (d.h. die kosmische Adresse des Referenten des Signifikanten) zu spezifizieren – die auf die kosmische Adresse des Wahrgenommenen verweist –; und Sie müssen die kosmische Adresse des Wahrnehmenden spezifizieren können. Das heißt, Sie müssen spezifizieren können, welche **Richtlinien** (Paradigmen, exemplarische Beispiele, Umsetzungen) **ein wahrnehmendes Subjekt erfüllen muss,** um sich bei einer kosmischen Adresse zu befinden, die das Objekt wahrnehmen KANN.

Deswegen können wir keine ontische Aussage machen und keine Behauptung aufstellen – sei sie wissenschaftlich, spirituell, ökologisch, medizinisch usw. –, ohne die kosmische Adresse des Objekts und die kosmische Adresse des Subjekts spezifizieren zu können, was gleichbedeutend ist mit den **Richtlinien**, die das Subjekt erfüllen muss, um den Weltenraum des Objekts umzusetzen und zu erschließen.

Wenn wir diesen richtungweisenden Sprachmodus mit einem (!) darstellen, könnten wir zum Beispiel sagen: Eine Form von GEIST(!) ist das, was in einem formlosen Bewusstseinszustand wahrgenommen wird. Der richtungweisende Modus kündigt lediglich die tatsächlichen Richtlinien oder konkreten Schritte an, die erfüllt sein müssen, damit das in Frage kommende Objekt oder Phänomen gesehen werden kann.

Und das bringt uns zu der Aussage: Die Bedeutung einer Behauptung oder einer ontischen Aussage ist gleichbedeutend mit dem Weg oder den Richtlinien zu ihrer Umsetzung. Wenn ich zum Beispiel wissen will, ob es draußen regnet, muss ich zum Fenster gehen, die Vorhänge aufziehen und nachsehen. Will ich wissen, wie Susan sich bei ihrer ersten Erfahrung mit allumfassender Liebe gefühlt hat, muss ich als wahrnehmendes Subjekt mich sowohl in der kognitiven als auch in der moralischen Linie zumindest bis zur Höhe von Orange entwickelt haben. Wenn ich wissen will, warum die Wellengleichung von Schrödinger scheitert, wenn ein Photon auf ein Neutron stößt, muss ich mich in der kognitiven Linie mindestens bis zur Ebene von Türkis entwickelt haben, ein, zwei Jahrzehnte Quantenphysik und Mathematik studieren und mir dann diese Sache mal genau anschauen.

Ähnliches gilt, wenn ich wissen will, ob es für den Signifikanten Ayin oder Göttlichkeit einen Referenten gibt. Dann sieht einer der notwendigen Schritte so aus, dass ich mich ganz konzentriert der Meditation zuwende und lerne, meinen Geist mindestens 30 Minuten stetig auf ein Objekt auszurichten. (Der durchschnittliche Erwachsene kann sich keine Minute ununterbrochen auf ein Objekt konzentrieren.) Wenn mir das erst einmal gelingt, was meistens etwa drei Jahre täglicher Praxis erfordert, muss ich mich mit ungeteilter Aufmerksamkeit auf die Natur der Welt der Erscheinungen ausrichten, wie sie von Augenblick zu Augenblick auftaucht, und schauen, ob ich in meinem eigenen Bewusstsein direkt etwas sehen oder erkennen kann, das der leere Urgrund all dieser Phänomene zu sein scheint. Und dann muss ich diese Realität mit meinem gewöhnlichen Bewusstseinszustand vergleichen und entscheiden, was realer zu sein scheint.

Auch wenn es schwer ist, dafür exakte Zahlen zu finden – die deutliche Mehrheit der Menschen, die dieses Experiment gemacht haben, berichtet, dass der Signifikant Ayin oder Leerheit einen realen Referenten hat, der durch ein richtungweisendes Paradigma aufgedeckt wird. Das heißt, Menschen, die qualifiziert sind, das zu beurteilen, stimmen darin überein, dass man, unter anderem, sagen kann: GEIST(!) ist eine weite, unendliche Unergründlichkeit oder Leerheit $^{(1\text{-p, Z/k})}$, aus der alle Dinge entstehen.

Wenn wir die kosmische Adresse des Wahrnehmenden und des Wahrgenommenen nicht spezifizieren können, haben wir es, wie wir bereits sahen, mit unbewiesenen Behauptungen oder Metaphysik zu tun. Das bedeutet auch, wie wir jetzt sehen können, *wir müssen die Richtlinien spezifizieren können, die das Subjekt braucht, um die kosmische Adresse des Objekts umsetzen zu können.* Deshalb besteht die

Bedeutung einer Behauptung, unter anderem, in den Richtlinien, Wegen oder exemplarischen Beispielen für die Umsetzung des Weltenraumes, in dem der Referent existiert oder seine Existenz behauptet wird (und wo seine Existenz tatsächlich von einer Gemeinschaft gleich Qualifizierter bestätigt oder widerlegt werden kann). Deshalb kann es, kurz gesagt, heißen: **Die Bedeutung einer Aussage ist die Richtlinie für ihre Umsetzung.** Keine Richtlinie, keine Umsetzung, keine Bedeutung – also: reine Metaphysik.

Wir können das alles ganz simpel formulieren. **Jede andere Sprache als die richtungweisende ist Metaphysik.** Das gilt für sämtliche Denkbereiche. Aber für das spirituelle Denken heißt das, *jede GEIST*$^{(+)}$-Sprache muss ersetzt werden können durch *GEIST*$^{(!)}$-Sprache, um zu einer referentiellen oder tatsächlichen Bedeutung zu gelangen, und das heißt, *wir müssen die Richtlinien spezifizieren können, die notwendig sind, um das Phänomen mit der kosmischen Adresse, die für den Referenten geltend gemacht wird, hervorzubringen.*

Wenn also »kA« kosmische Adresse bedeutet, können wir sagen, um Metaphysik zu entkommen: Jede GEIST$^{(+)}$-Sprache muss ersetzt werden können durch GEIST$^{(!)}$- und GEIST$^{(kA)}$-Sprache, wobei GEIST$^{(!)}$-Sprache einfach die instruktive und richtungweisende Sprache (d.h. Beispiele, Richtlinien, Paradigmen) ist, die das Subjekt braucht, um die kosmische Adresse des spirituellen Objekts, Referenten oder Bezugspunkts umsetzen zu können, welche die GEIST$^{(kA)}$-Sprache vorgibt (wie Ayin $^{(1\text{-p, Z/k})}$, Großer Geist $^{(1\text{-p, Z/nd})}$ oder Gaia $^{(1\text{-p, E/8})}$), und die selbst festgelegt wird durch zahlreiche verschiedene Typen von Giga-Glossarien, die im Integralen methodologischen Pluralismus begründet sind.

Alles, was nicht GEIST$^{(!)}$ und GEIST$^{(kA)}$-Aussage ist, ist nichts anderes als ein metaphysisches Machtspiel. Vielleicht ist es Poesie, großartig; oder metaphorisch, was auch schön ist; oder negativ, was in Ordnung ist. Aber ohne die Spezifizierung der Richtlinien, die die Weltenräume umsetzen, in denen sie ex-ist-ieren oder ihre Ex-ist-enz behauptet wird, handelt es sich nicht um positive Realitäten.[17] Keine Richtlinie, keine Bedeutung, keine Realität. Einfach nur metaphysisches Gebabbel in einem Zeitalter, das sich davon nicht mehr beeindrucken lassen kann ...

EINE EINFACHE ZUSAMMENFASSUNG

Alles Vorangehende habe ich in diesem Buch, wie oft erwähnt (beginnend mit »Hinweis für die Leserinnen und Leser«), in Form von höchst generellen, verallgemeinernden Orientierungen formuliert. Was ich vermitteln möchte, ist eine Reihe von Möglichkeiten – Möglichkeiten, die uns aufzeigen, wie wir von Metaphysik (die sowieso tot ist: Nicht Gott ist tot, sondern der metaphysische Gott) wegkommen und zu Integraler Post-Metaphysik gelangen können – oder einfach von Metaphysik zu Integralismus. Und wie bei jeder Gestalt, können die Teile erst begriffen werden, wenn das Ganze begriffen wird. Aber das Ganze kann nicht begriffen werden, wenn die Teile nicht begriffen werden. Und so bin ich atemlos durch ein Dutzend Teile von Integraler Post-Metaphysik gehetzt in der Hoffnung, zumindest so viel davon zu vermitteln, dass die Gestalt einer Post-Metaphysik im eigenen Wahrnehmungsfeld Form anzunehmen beginnt – zumindest als eine Reihe von Möglichkeiten.

Diese Zusammenfassung werde ich also, diesen aggressiv vereinfachenden Tonfall beibehaltend, noch simpler gestalten als meine bisherigen Darlegungen. Das wird entweder hilfreich sein oder totale Verwirrung stiften. Schauen wir mal ...

Wenn Sie sich Huston Smiths Diagramm »Wie oben, so unten« in Abbildung I.3 (S. 296) anschauen, sehen Sie, dass oben auf der linken Seite »Ebenen der Wirklichkeit« steht und unten auf der rechten Seite »Ebenen der Ich-Identität«. Das ist in der einen oder anderen Form das metaphysische Schema der großen Weisheitstraditionen der Welt. Es vermittelt eine Reihe von tiefen und bleibenden Wahrheiten: dass die Wirklichkeit (Realität) multidimensional ist oder organisch strukturiert in Holarchien des Seins (»Ebenen der Wirklichkeit«) und Holarchien der Erkenntnis (»Ebenen der Ich-Identität«); das, was erkannt wird, hängt sowohl von der Ebene der Realität ab, die erkannt wird oder zugänglich ist, als auch von der Ebene des Selbst, das erkennt; und dass es Ebenen von Sein und Erkenntnis gibt, die über den gewöhnlichen, empirischen, irdischen, physischen Bereich der Existenz hinausgehen (diese Ebenen hielt man natürlich in einem ganz konkreten Sinn für meta-physisch oder trans-physisch).

So verbreitet diese Schlussfolgerungen auch waren, sie stellten trotzdem lediglich Interpretationen von Erfahrungen dar. Die Erfahrungen waren authentisch; die Interpretationen sind überholt.

Vor allem der Gedanke, es gäbe Ebenen von Sein und Erkenntnis jenseits der physischen (d.h. Ebenen, die in einem ganz konkreten Sinne meta-physisch sind), bedarf dringend einer Rekonstruktion. Das soll nicht heißen, es gibt überhaupt keine trans-physischen Realitäten; sondern lediglich, dass die meisten Dinge, welche die Alten für trans- oder meta-physisch hielten (z.B. Gefühle, Gedanken, Ideen), in Wirklichkeit zumindest physische Korrelate haben. Als die Moderne diese Tatsache entdeckte, lehnte sie die großen Weisheitstraditionen nahezu vollständig ab. Natürlich hat die Moderne (und auch die Postmoderne) ihre eigene versteckte Metaphysik, aber als die großen bernsteinfarbenen mythisch-metaphysischen Systeme stürzten, bekam Spiritualität einen Schlag versetzt, von dem sie sich nie wieder ganz erholt hat. Wir müssen die bleibenden Wahrheiten der großen Weisheitstraditionen rekonstruieren, doch ohne ihre Metaphysik.

Für die Traditionen, wie sie in Hustons Diagramm zusammenfassend schematisch dargestellt sind, existierten Realitätsebenen, die oft als tatsächliche Reiche oder transphysische Orte begriffen wurden (Himmelreiche, *Lokas, Dhatus*); die Anzahl und die Typen von Objekten auf diesen Ebenen begründeten die **Ontologie.** Das Wissen von diesen unabhängig existierenden Objekten begründete die **Erkenntnistheorie.** Da es Ebenen der Realität gab, existierten auch entsprechende Ebenen der Erkenntnis (oder Ebenen des Selbst). Wie in Abbildung I.3 dargestellt, konnte der **Körper** diese Objekte im physischen oder *irdischen Reich* erkennen oder wahrnehmen; der **Verstand** konnte Objekte im *Zwischenreich* sehen; die **Seele** konnte Objekte im *himmlischen Reich* sehen; und der **Geist** konnte Objekte im *unendlichen Reich* sehen.

Das Problem ist, dass die Moderne (oder die Postmoderne) diese Reiche oder Ebenen von metaphysischer Realität (höher als der Körper) einfach nicht finden konnte, und so hat sie den Gesamtkomplex der großen Weisheitstraditionen aufgegeben. Und das ist verständlich: Es gibt einfach keine unabhängig existierenden Strukturen oder Realitätsebenen, die herumliegen und darauf warten, dass Hinz und Kunz sie sehen. Also stutzte die Moderne die Ebenen der Realität (Ontologie) so zusammen, dass *nur* noch Ebenen der Erkenntnis oder des Selbst übrig blieben: Was die Prämoderne für Ebenen metaphysischer Realität gehalten hatte (wie die Reiche der hungrigen Geister, *Asuras*, Titanen, *Pretas* und Halbgötter), sei – so hieß es jetzt – einfach eine psychische Emotion oder ein Archetyp.

Und dann knüpfte sich die Moderne die Ebenen des Selbst (Körper, Verstand, Seele, Geist) vor und reduzierte sie auf ihre unterste Ebene – die des Körpers oder rein physischer Realitäten. An dem Punkt blieb von den großen spirituellen Traditionen kaum noch ein Fingerhut voll übrig, ein materialistischer Fingerhut natürlich.

Moderne (und Postmoderne) hatten überzeugende Gründe für ihre anti-metaphysischen Kreuzzüge (Gründe, die wir anerkennen müssen), aber im Verlauf dieses Prozesses wurden so viele Kinder mit dem Bade ausgeschüttet, dass das Endresultat ein genereller Nihilismus und ein aperspektivischer Wahn waren, die schließlich den postmodernen Westen bestimmten. Wir hingegen wollen ein, zwei Schritte zurückgehen, Anti-Metaphysik in Post-Metaphysik umwandeln und den Versuch unternehmen, mit den bleibenden Wahrheiten der prämodernen *und* modernen *und* postmodernen Wende ins Reine zu kommen, und der erste Schritt in diese Richtung besteht darin, die großen Weisheitstraditionen und ihr essentielles Gedankengut zu rekonstruieren.

Eine der ersten Rekonstruktionen beschäftigt sich direkt mit der Idee von »Ebenen der Realität«. Sie existieren nämlich nicht. Jedenfalls nicht so, wie viele Anhänger der Traditionen dachten, als ontologische Ebenen prä-existierenden Seins. Vielmehr werden diese »objektiven« Ebenen vom erkennenden Subjekt mit geschaffen oder kon-struiert. Die kritische (kantsche) Philosophie ersetzte Metaphysik (oder ontologische Objekte) durch Erkenntnistheorie (oder Strukturen im Subjekt), und dieser generelle Schritt ist in der postmodernden Welt unvermeidbar.

Die Realitätsebenen sind also in Wirklichkeit Konstruktionen der Ebenen des Selbst (und der Erkenntnis).[18] In Abbildung I.3 sind alle

Ebenen »über« dem Kopf der Figur in Wirklichkeit (in vielerlei wichtiger Hinsicht) Ebenen des Selbst »in« ihr. Es gibt kein Himmelreich, kein Zwischenreich usw. – nicht als Ebenen da oben, da draußen oder darüber. Vielmehr sind diese Ebenen der Wirklichkeit in gewisser Weise eng verbunden mit den Ebenen des Selbst (oder Ebenen des Bewusstseins, Ebenen der Erkenntnis).

Wir fügen zwei weitere wichtige Qualifikationen hinzu: Diese Ebenen des Selbst (Rot, Bernstein, Grün, Türkis, Indigo usw.) sind keine prä-existierenden Ebenen, sondern Ebenen, die sich entwickelt haben. Doch weil sie sich für die Spezies entwickelt haben, sind sie nicht einfach Ebenen der Psychologie (oder in diesem Sinne Ebenen des Selbst), denn wenn sich eine Ebene erst einmal entwickelt hat, existiert sie als eine ganz reale Struktur im Universum. (Statt endlos über die Details ihres Status zu debattieren, was lediglich von der Tatsache ablenkt, dass es sie gibt, nennen wir diese Strukturen einfach Beispiele für **kosmische Gewohnheiten** oder **kosmische Erinnerungen.**)

Hat sich eine Struktur erst einmal entwickelt, *existiert sie unabhängig von bestimmten realen Menschen* und wird zu etwas, womit sich alle Menschen konfrontieren (d.h. was sie bei ihrer Entwicklung durchlaufen) müssen. An dem Punkt nimmt sie genau den »ontologischen« Status an, der für jede spirituelle Philosophie erforderlich ist. Also sind diese »Ebenen des Selbst« auch nicht nur »in« der abgebildeten Figur – es macht gar keinen Sinn, sie in der Form zu lokalisieren. Vielmehr sind diese Ebenen vierfach-umgesetzte Strukturen des Kosmos, sodass Bezeichnungen wie »da oben« und »da drinnen« zu überholten Metaphern geworden und als solche eher hinderlich (und gewiss nicht als Metaphysik zu begrüßen) sind.

Damit bleibt von dem metaphysischen Bezugsrahmen in Abbildung I.3 nicht viel übrig. Es gibt keine Ebenen der Realität da oben und keine Ebenen des Selbst da drinnen. Und dennoch können wir alle konkreten Erfahrungen und Phänomene der konzentrischen Sphären und spirituellen Realitäten, die in Abbildung I.3 dargestellt sind, weiterhin hervorbringen – und zwar ohne eine unabhängige Ontologie und Erkenntnistheorie und auch ohne sie auf Psychologie zu reduzieren.

In den metaphysischen Traditionen existierte ein Objekt (oder das, was erkannt wird) in einem Bereich oder auf einer Ebene von Realität, sodass der Referent einer spirituellen Aussage eine Realität war, die in einem dieser Bereiche oder Reiche existierte. Das Subjekt oder der Erkennende existierte auf einer entsprechenden Ebene des Selbst und nahm das prä-existierende Objekt einfach wahr. Aber in der Post-Metaphysik existieren Objekte in Weltenräumen, die zum Teil vom erkennenden Subjekt umgesetzt werden, und beide – sowohl das Subjekt als auch das Objekt einer Varietät – definieren sich durch die evolutionäre *Höhe* oder Entwicklungshöhe (nicht durch Ebenen einer prä-existierenden *Ontologie*) und die *Perspektive*, welche die Umsetzung vornehmen (nicht durch eine *Wahrnehmung* der Erkenntnistheorie).

Diese Strukturen sind auch nicht rein subjektiv, denn wenn sie sich einmal herausgebildet haben, sind sie trans-individuelle oder kollektive kosmische Gewohnheiten, die jede menschliche Psyche antreiben und ihr Wachstum steuern. »Da oben« und »da drinnen« verschwinden in vierfach-umgesetzten Strukturen des Kosmos. Ist das erst einmal geschehen, kann die kosmische Adresse (Höhe + Perspektive) jedes Referenten für jeden Signifikanten, den ein menschliches Wesen äußert, potenziell spezifiziert werden.

Denn alle Referenten existieren in einem Weltenraum, und weil alle Weltenräume umgesetzt werden (oder alle Phänomene durch Richtlinien/Paradigmen hervorgebracht werden), ist der Standort eines Referenten eng gebunden an die Richtlinien, die erforderlich sind, um diesen Weltenraum im Subjekt und im Objekt hervorzubringen. (Deshalb ist die Bedeutung jeder positiven Behauptung gleichzusetzen mit der Richtlinie oder den Richtlinien, die daran beteiligt sind, den Weltenraum, in dem der Referent existiert oder laut Aussage existiert, hervorzubringen, umzusetzen oder aufzudecken. Keine Richtlinien, keine Bedeutung, keine Realität.)

An dem Punkt hat sich Abbildung I.3 tatsächlich weiterentwickelt zu den Abbildungen I.4 und I.5, und wir sind »mit drei Schritten mühelos von der Großen Kette des Seins zur Postmoderne gelangt«. Metaphysik wurde ersetzt durch kritische Philosophie; Ontologie wurde ersetzt durch Weltenraum; Erkenntnistheorie wurde ersetzt durch Richtlinien. Natürlich muss der größte Teil an Kleinarbeit noch geleistet werden. Aber eins ist offensichtlich: Wenn das nicht geschieht, sind die prämodernen Traditionen für alle klugen und gebildeten Kreise der modernen und postmodernen Welt gestorben.

DER BEGINN DES POST-METAPHYSISCHEN (ODER INTEGRALEN) ZEITALTERS

Problemen wie dem, die Existenz Gottes zu beweisen, muss Metaphysik sich stellen, Post-Metaphysik aber nicht. Nicht dass Probleme dieser Art gelöst wären, vielmehr treten sie gar nicht auf. Eine authentische Post-Metaphysik ist stattdessen konfrontiert mit den Themen des Integralen methodologischen Pluralismus und muss sich fragen, wie sie mit diesen am besten verfährt, um unter anderem zahlreiche verschiedene Arten von Giga-Glossarien anzulegen, sodass an die Stelle von Problemen der Beweisführung Probleme treten wie die, kosmische Adressen und Richtlinien zu spezifizieren, um sie umzusetzen. Aber das sind bloß äußerst schwierige Themen; die Themen, mit denen Metaphysik konfrontiert ist, sind äußerst unmögliche Themen.

Durch das, was eine AQAL-Post-Metaphysik aufdeckt, wird deutlich, wie wohlmeinend und dennoch bedeutungslos praktisch alles ist, was über Spiritualität geschrieben wurde und wird. Spirituelle Abhandlungen bestehen meistens aus einer endlosen Reihe von ontischen Behauptungen über spirituelle Realitäten – Behauptungen ohne Richtlinien, ohne Umsetzungen, ohne Höhe, ohne Perspektiven, ohne Angabe der kosmischen Adresse des Wahrnehmenden und des Wahrgenommenen. Sie sind in jeder Hinsicht bedeutungslose Metaphysik, die nicht nur an sorgfältig ausgearbeiteten Mythen vom Gegebenen krankt, sondern auch an verblüffend vielen ontischen Aussagen und Behauptungen, die ohne jede Rechtfertigung daherkommen.

Und doch kann hier, wie ich mich ebenfalls bemüht habe zu zeigen, leicht Abhilfe geschaffen werden. Viele der spirituellen Realitäten, auf die sich diese Autorinnen und Autoren beziehen, erfüllen tatsächlich alle notwendigen Voraussetzungen, um sie von bedeutungsloser Metaphysik in bedeutungsvolle Post-Metaphysik zu konvertieren. Sie können wieder eingegliedert werden in eine AQAL-Matrix, die ihre kosmischen Adressen und ihre Richtlinien spezifiziert. Im *Integral Institute* arbeiten wir an umfassenden »Wiedereingliederungsjobs« für viele dieser »Realitäten«. Doch solange diese integralen »Updates« nicht erstellt sind, bleiben Religion und Spiritualität Metaphysik, von intelligenten Männern und Frauen geringschätzig abgetan oder reduziert auf ihre Manifestationen auf der mythischen Ebene, wo sie von – offen gesagt – weniger intelligenten Männern und Frauen begrüßt werden.

Das verheißungsvolle Versprechen von Spiritualität als Kernintelligenz des höchsten Anliegens bleibt auf der mythischen Kindheitsebene eingesperrt, oder bleibt, selbst wenn es ihr gelingt, bis zu Petrol oder Türkis vorzudringen, nichts als metaphysische Behauptungen, ohne Adressen und ohne Richtlinien (und deswegen ohne die geringste Bedeutung); oder verankert sich in Bewusstseinszuständen, die eine tiefe Realität besitzen, doch abgetrennt sind vom restlichen Kosmos (der Quadranten, Ebenen, Linien, Zustände und Typen), und endet deswegen schließlich dabei, genau die, die sie praktizieren, zu teilen und zu spalten. Überall wird das verheißungsvolle Versprechen von spiritueller Intelligenz verkrüppelt, gekappt und gekreuzigt. Abgeschoben in die blinden Gassen scheußlicher Vernachlässigung, überfallen auf den Parkplätzen der Vernunft, erstickt mit Wolken von Materialismus, untergebracht in mythischem und metaphysischem Unsinn, regrediert dieses verheißungsvolle Versprechen, das mein eigenes höchstes Anliegen ist, zum New-Age-Infantilismus.

Wann hört das auf? Wann fängt die eigene, tiefste Zukunft an?

Eine neue Zeit ist angebrochen, ein neuer Tag dämmert herauf, ein neuer Mann, eine neue Frau zeigen sich am Horizont. Wollen Sie, Arm in Arm mit Eros selbst, auf dem höchsten Gipfel stehen, in neues Gelände Ihrer eigenen tiefsten und höchsten Möglichkeiten vordringen und dabei die Welt verändern, dann schließen Sie sich uns bitte unter *www.integralinstitue.org* an.

III

DER MYTHOS VOM GEGEBENEN LEBT WEITER …

Hier stelle ich in loser Reihenfolge einige (prämoderne und moderne) Ansätze vor, die von einer konstruktiven postmodernen Wende profitieren könnten. Diese Ansätze steuern einige wirklich wunderbare Beiträge bei, doch mangelt es ihnen eindeutig an einem gründlichen Verständnis und der Einbeziehung der postmodernen Revolution, welche die Wahrnehmung durch Perspektive, den Mythos vom Gegebenen durch Intersubjektivität und das abbildende Paradigma durch das konstruktivistische/genealogische Paradigma ersetzt hat. Die folgenden Ansätze sind repräsentativ für viele weitere, die in den Mythos vom Gegebenen und die Illusionen, die er erzeugt, eingebettet sind. Und die Tragödie ist, wie ich mehrmals wiederholen werde, dass hier leicht Abhilfe geschaffen werden könnte.

Lassen Sie mich beginnen mit einem Beispiel, das deutlich macht, warum ich das für so wichtig halte, speziell wenn es um spirituelle Studien geht, welcher Art auch immer.

DIE BEIDEN KULTUREN

Im Westen sind die Intellektuellen und die Wissensbranche immer noch gespalten in *Die zwei Kulturen* (Stuttgart 1988), wie C.P. Snow es vor etwa 50 Jahre nannte, nämlich Naturwissenschaften und Geisteswissenschaften (*Literarische und naturwissenschaftliche Intelligenz*, so der Untertitel der Abhandlung von Snow, Anm.d.Ü.). (Beachten Sie gleich, dass mit diesen beiden Kulturen die Welt der Geisteswissenschaften der linken Quadranten und die Welt der Naturwissenschaften der rechten Quadranten gemeint sind.) Dass diese Wissenschaften nicht miteinander reden, ist schlimm genug, doch spirituelle Studien lehnen heute beide ab. Selbst extrem intelligente, rationale, nicht-mythische, auf Erfahrung beruhende, hoch differenzierte Systeme spirituellen Denkens und spiritueller Praxis – zum Beispiel die buddhistische Phänomenologie, die Philosophie des Vedanta oder kabbalistische Hermeneutik – werden vom Mainstream der höher Gebildeten und Gelehrten einfach nicht ernst genommen.

Oft heißt es, dass die Intelligenzija tief greifende Dinge wie zum Beispiel die buddhistische Philosophie ablehnt, gehe auf eine materialistisch orientierte Wissenschaft oder Wissenschaftlichkeit zurück, die Introspektion, Achtsamkeit, Innerlichkeit völlig von sich weise und damit dieses »*Taboo of Subjectivity*«, wie Alan Wallace es in seinem gleichnamigen wundervollen Buch (Oxford 2004) nennt, geschaffen habe. Dahinter steckt der Gedanke, der wissenschaftliche Materialismus sei in allen Formen höheren Denkens so mächtig und dominant, dass er jegliche Chance, differenzierte spirituelle Studien auch nur im Entferntesten ernst zu nehmen, verbaut habe. Deshalb würden sich auch die Geisteswissenschaften nicht an spirituelle Studien herantrauen. Böse materialistische Wissenschaft (und vor allem – Schluck – die newtonsche-kartesianische Wissenschaft) hat gute spirituelle Studien gekillt.

Doch das ist nicht der Grund; das kommt der Sache noch nicht einmal nahe. Die Wissenschaft hat Spiritualität nicht umgebracht – das haben die Geisteswissenschaften selbst erledigt. Das Problem ist, dass die Geisteswissenschaften Introspektion, Innerlichkeit und Subjektivität selbst abgelehnt haben und zwar so aggressiv und gründlich, dass noch nicht einmal der wissenschaftliche Materialismus eine Chance hatte, mit Hand anzulegen. (Oh, er hätte das alles auch abgelehnt, aber er hatte einfach keine Gelegenheit dazu.) Tatsache ist, dass beide Kulturen der Spiritualität (und Innerlichkeit und Subjektivität) gesagt haben, sie solle verschwinden. In einer Periode, die sich, grob gerechnet, über die letzte Hälfte des 20. Jahrhunderts erstreckt (1950–2000), hat nicht nur die Naturwissenschaft, sondern auch die Geisteswissenschaft Innerlichkeit abgelehnt. Wenn wir die Gründe dafür verstehen, gelangen wir direkt zum Kern des Problems von Spiritualität in der modernen und postmodernen Welt.

Es überrascht nicht, dass die Naturwissenschaften Spiritualität abgelehnt haben, aber warum um alles in der Welt haben die Geisteswissenschaften Spiritualität, Introspektion, Bewusstsein und Subjektivität so aggressiv missbilligt? Dilthey fasste das mit den Worten zusammen: »Nicht durch Introspektion lernen wir uns kennen, sondern allein durch die Geschichte.« Das Subjekt des Gewahrseins stellt sich meistens vor, dass es sein eigenes Gewahrsein von innen betrachten und sich kennen und verstehen lernen kann; und doch machten die gerade im Entstehen begriffenen Geisteswissenschaften (von der Genealogie bis zur Linguistik) ziemlich klar, dass das keineswegs der Fall ist.

Subjektivität, so folgerten sie, ignoriert völlig die Tatsache, dass praktisch alles, was sich in ihrem Wahrnehmungsfeld zeigt, ein Produkt weitläufiger intersubjektiver Netzwerke ist, die selbst nicht sichtbar sind. Diese Netzwerke, die zum Teil, wie Dilthey anmerkt, ein Produkt der Geschichte sind, bestehen aus weitläufigen kulturellen Hintergründen, welche die Räume, in denen Subjektivität und Bewusstsein agieren, tatsächlich schaffen. Und Subjektivität verharrt in seliger Unwissenheit, was diese formativen Netzwerke betrifft, verplempert ihre Zeit mit Innenschau und bildet sich ein, sich selbst zu kennen. Als solche aber ist sie befangen in einem raffinierten Netzwerk aus Lügen und Selbsttäuschungen.

Hier ein einfaches Beispiel anhand von Spiral Dynamics. Spiral Dynamics selbst ist ein als solches kaum erkennbares Überbleibsel aus der Zeit des frühen, bahnbrechenden Entwicklungsstrukturalismus und in dieser Hinsicht durchaus hilfreich, denn genau diese Art Entdeckungen trieben damals, an der Wende zum 20. Jahrhundert, die postmoderne Revolution voran, die ihre Blütezeit in dem Zeitraum erlebte, um den es hier geht (1950–2000).

Wenn Sie ein Entwicklungsschema wie zum Beispiel Spiral Dynamics erst einmal kennengelernt haben, zeichnet sich eine merkwürdige Tatsache ab. Sagen wir, Sie sprechen mit jemanden, der von der **multiplistischen Ebene** (Höhe von Orange) kommt, und es ist offensichtlich, dass diese Person ihre Gedanken nicht selbst entwickelt; fast alles, was sie sagt, ist völlig voraussagbar. Sie hat nie Clare Graves oder andere Entwicklungstheorien studiert, und doch passiert es: Sie vertritt einen voraussagbaren Wert nach dem anderen. Sie hat keine Vorstellung davon, dass sie das Sprachrohr dieser Struktur ist, einer Struktur, von der sie noch nicht einmal weiß, dass sie existiert. Es scheint fast, als würde nicht sie sprechen, sondern **die Struktur von Orange spricht durch diese Person** – dieses weitläufige intersubjektive Netzwerk äußert sich durch diesen Menschen.

Und noch schlimmer, er kann so viel Innenschau betreiben, wie er will, ohne dass ihm das klar wird. Er ist einfach Sprachrohr für eine Struktur, die durch ihn spricht. Er denkt, er sei originell; er denkt, er bestimme die Inhalte seines Denkens; er denkt, er könne nach innen schauen und sich selbst verstehen; er denkt, er habe einen freien Willen – und doch ist er nur ein Sprachrohr. Er spricht nicht – durch ihn wird gesprochen.

Das Gleiche gilt für viele weitere Aspekte von Subjektivität und Gewahrsein: Sie sind Produkte von unpersönlichen Strukturen und intersubjektiven Netzwerken und schlimmer noch, von Strukturen und Netzwerken, die von Subjektivität und Gewahrsein selbst nicht gesehen werden können (jedenfalls nicht direkt). Bis zur Mitte des Jahrhunderts hatte man ein enormes Verständnis von diesen unpersönlichen Strukturen und intersubjektiven Netzwerken erworben, vor allem in Linguistik, Grammatik, Bewusstseinsstrukturen und grundsätzlichen Entwicklungsstrukturen. Und das alles wies in dieselbe Richtung: Das Subjekt der Wahrnehmung ist ein Produkt von intersubjektiven Netzwerken, deren Existenz es kaum vermutet und über die es noch weniger weiß.

Damit war die Bühne bereitet für den Großen Krieg der linken Quadranten, der in den Geisteswissenschaften zwischen Moderne und Postmoderne toben würde. Folgendes geschah: Wir haben die *Zwei Kulturen* – die Kultur der Geisteswissenschaften der linken Quadranten und die Kultur der Naturwissenschaften der rechten Quadranten. Der ständige Kampf in der Welt der rechten Quadranten war und ist immer der zwischen der einen oder anderen Form von Atomismus und der einen oder anderen Form des Systemdenkens; und die Atomisten gewinnen meistens, wenn auch nie eindeutig. Aber beide waren und sind physikalisch oder materialistisch ausgerichtet. Seit Demokrit hat es immer wieder intelligente Männer und Frauen gegeben, die dachten, nur einfacher Dreck sei real. Ob es sich dabei nun um System-Dreck oder newtonischen Dreck handelt, hat absolut nichts mit dem zu tun, was für diese Geschichte von Bedeutung ist.

Richtig zur Sache ging es dann in der inneren Kultur oder Kultur der linken Quadranten, denn hier zeichnete sich bereits die Spaltung in zwei vorherrschende Lager ab, die für die Geisteswissenschaften in der zweiten Hälfte des 20. Jahrhunderts prägend sein sollte. Der Sieger in diesem Großen Krieg der linken Quadranten würde die zweite Kultur, die der Geisteswissenschaften, in unmittelbarer Zukunft bestimmen.

DER GROSSE KRIEG DER LINKEN QUADRANTEN: SUBJEKTIVISTEN GEGEN INTERSUBJEKTIVISTEN

Das erste Lager vertraten die Subjektivisten, das zweite Lager die Intersubjektivisten. Die **Subjektivisten** bezogen alle geisteswissenschaftlichen Ansätze mit ein, die sich tatsächlich auf Introspektion, Subjektivität, Bewusstsein, Gewahrsein und Innerlichkeit stützten. Der berühmteste und mit Sicherheit zentralste dieser Ansätze in dieser herannahenden Auseinandersetzung war die *Phänomenologie* und ihr brillantester Vertreter Edmund Husserl.

Das zweite Lager bestand aus den **Intersubjektivisten.** Wie immer sich ihre einzelnen Ansätze unterschieden, einig waren sich alle darin, dass zu dem Zeitpunkt, zu dem das Bewusstsein der Wahrnehmung ein Objekt präsentiert, dieses Bewusstsein bereits von einem weitläufigen Netzwerk unpersönlicher Systeme und Strukturen geformt, geprägt, geschaffen und konstruiert worden ist, darunter an erster Stelle von linguistischen Systemen, kulturellen Hintergründen und Bewusstseinsstrukturen. Das Bewusstsein selbst kann nichts von alledem sehen; Subjektivität kann ebenfalls nichts davon sehen; und genau diese *Subjektivität muss in Frage gestellt* – und letzten Endes de-konstruiert *werden.* Die Phänomene, die das Gewahrsein liefert, sind nicht, was sie zu sein behaupten, sondern vielmehr ein Produkt untergründiger Konstruktionen von gewaltigen intersubjektiven Antriebskräften. Deswegen lernen wir uns nicht durch subjektive Introspektion kennen, sondern indem wir diese intersubjektiven Strukturen verstehen.

Wir haben gesehen, dass ein Individuum den ganzen Tag lang nach innen schauen kann, ohne jemals etwas zu sehen, das sagt: »Dies ist die orangene Struktur« oder, »Dies ist die grüne Struktur« usw. Die Phänomene, die in seinem Wahrnehmungsfeld auftauchen, sind bereits geschaffen worden von Strukturen, die es nicht sehen kann und noch nicht einmal erwartet; trotzdem präsentieren diese Phänomene sich, als seien sie in sich und als solche real – als handele es sich hier tatsächlich um eigene Gedanken, eigene Wünsche, eigene Werte –, obwohl das eindeutig nicht stimmt. Und deshalb *sind genau die Objekte, die sich im eigenen augenblicklichen Gewahrsein zeigen, zutiefst irreführend.* Die Phänomenologie, die sich auf Introspektion verlässt, weiß das nicht, und deswegen ist sie, als solche und für sich genommen, das Studium jener Lügen, die irrtümlicherweise für Wahrheiten gehalten werden.

In diesen grundlegenden Punkten waren sich die Intersubjektivisten einig. Es gab in diesem Lager mehrere Unterabteilungen, aber zu den wichtigsten gehören die *Semiotik* (Ferdinand de Saussure), das Studium der *kulturellen Hintergründe* (Martin Heidegger), die frühen *Strukturalisten* (Roman Jakobson, Claude Lévi-Strauss), die *Entwicklungsstrukturalisten* (James Mark Baldwin) und Friedrich Nietzsche, der nominelle Pate der Lügen, die das Bewusstsein präsentiert, und der Notwendigkeit einer *Genealogie*, um diese Lügen aufzuspüren.

Mit anderen Worten, im Großen Krieg der inneren Kulturen oder der Kulturen der linken Quadranten stützten sich die Subjektivisten als Geisteswissenschaft auf das Innere innerer Holons – Zone 1 für das Individuum und Zone 3 für das Kollektiv –, und die Intersubjektivisten stützten sich auf das *Äußere* innerer Holons – Zone 2 für das

Individuum und Zone 4 für das Kollektiv. (Siehe Abbildungen 9, 10 und 11.)

Von zentralem Interesse war in diesem herannahenden großen Krieg ein junger, brillanter Außenseiter, der französische Intellektuelle Michel Foucault. Bis zur Mitte des Jahrhunderts war klar: Welche Richtung jemand wie Foucault auch immer einschlug, die Welt der Kultur der linken Quadranten würde ihm folgen.

Foucault geht es nicht um die Naturwissenschaften oder wissenschaftlichen Materialismus; wer wirklich im Bilde ist, den interessiert das einfach nicht, denn der wissenschaftliche Materialismus tut einfach, was er immer tut; und außerdem ist Wissenschaft per se völlig in Ordnung. Foucault hat es nicht auf die Wissenschaft abgesehen, sondern auf Husserl.

Husserl ist der Denker, der Foucault in Rage bringt; wie auch Jean-Paul Sartre, denn beide sind Verfechter der Introspektion und damit des Glaubens, dass das Bewusstsein seinem Wesen nach nicht lügt, sondern dass es meinem Gewahrsein die Wahrheit präsentiert. Phänomenologie, Existenzialismus, Humanismus (alle Hauptlager der Subjektivisten) – das sind die Dinge, die Foucault rachsüchtig verfolgt. Vor allem fällt er über die Geisteswissenschaften her, die sich als Naturwissenschaften verkleiden, als ob sie ihre Lügen mit Reduktionismus kombinieren könnten, ohne dass das verheerende Folgen nach sich zieht.

Es ist durchaus nicht nebensächlich, dass Foucault schwul war, und das in einer Zeit, als Homosexualität extremes Außenseitertum bedeutete und von der Gesellschaft verteufelt wurde. Denn die Intersubjektivisten gelangten immer mehr zu der Überzeugung, dass sich in diesen weitläufigen Systemen von intersubjektiven Strukturen zahlreiche Formen von gesellschaftlicher Unterdrückung verbargen; und wenn man noch nicht einmal diese Strukturen sehen kann, wie kann man dann auf deren Überwindung hinarbeiten? Da er schwul war, klingelten bei Foucault sämtliche Alarmglocken, wenn er phänomenologische Texte las, die vorgaben, »die wahre Essenz« und »unwandelbare Bedeutung« einer Sache darzustellen, indem man sie einfach im Kopf bewegte. Was aber, wenn der Schaden bereits angerichtet worden war, bevor das Phänomen überhaupt im Bewusstsein auftauchte?

Foucaults Homosexualität, so wurde behauptet, sei angeblich eine Krankheit, und Phänomenologie und Existenzialismus brachten gegen dieses Urteil nicht nur keine Einwände vor, sondern besaßen noch nicht einmal Werkzeuge, um herauszufinden, dass das Unterdrückung war. Mit seinen Mitteln, die schon bald zu weltweitem Ruhm und Einfluss gelangen sollten, fand Foucault heraus, dass sein eigener Diskurs marginalisiert wurde – und das Ergebnis war die ein oder andere Form von Brutalität, die als »das Sosein der Dinge« daherstolzierte. (Die Liste von marginalisierenden Kräften, welche die vorherrschenden Formen des Diskurses steuerten, wuchs enorm an: Androzentrismus, Speziesimus, Sexismus, Rassismus, Altersdiskriminierung – wenn das Subjektive intersubjektiv ist, dann ist, wie schon bald offensichtlich wurde, das Persönliche das Politische.)

Als sich der Große Krieg der linken Quadranten immer mehr zuspitzte, wurde deutlich, dass Phänomenologie, Existenzialismus und Humanismus noch nicht einmal mit so grundlegenden Themen wie Sprache und Linguistik zurechtkamen. Foucault wies darauf immer wieder hin. »Das Problem der Sprache tauchte also auf, und es war klar, dass die Phänomenologie für die strukturelle Analyse der Begründung der Effekte von Bedeutung, die eine Struktur des linguistischen Typs hervorbringen kann, keine passende Partnerin war. Und da die phänomenologische Gefährtin feststellen musste, dass ihre Unfähigkeit, sich der Sprache zu widmen, sie disqualifizierte, war es nur natürlich, dass der Strukturalismus zur neuen Braut wurde.«

Foucault bezieht sich hier auf die Tatsache, dass ein Wort nur aufgrund seines Kontexts eine Bedeutung hat (z.B.: »Was du da sagst, ist Quark«, und: »Ein Quark ist ein hypothetisches Elementarteilchen« – das Wort »Quark« empfängt hier seine Bedeutung durch die anderen Worte, die es umgeben); und diese Worte haben nur aufgrund anderer Worte eine Bedeutung. Und so muss schließlich das ganze Netzwerk oder System der Zeichen studiert werden, damit ich die Bedeutung eines Zeichens, Objekts oder Phänomens, das in meinem Wahrnehmungsfeld auftaucht, verstehen kann. Die Subjektivisten untersuchten die individuellen Phänomene, die auftauchten, und versuchten auf diesem Weg die Bedeutung abzuleiten; die Intersubjektivisten untersuchten die weitläufigen *Systeme* und *Netzwerke* von Phänomenen, in denen, wie bald deutlich wurde, die tatsächliche Bedeutung gefunden werden konnte.

Es war ganz offensichtlich, dass die Phänomenologie, wie Foucault sagte, keine geeignete Partnerin für den Strukturalismus war. Das Subjekt schafft keine Bedeutung (ebenso wenig wie jemand auf der Höhe von Orange wirklich seine eigenen Werte ersinnt), sondern vielmehr entstehen diese durch die weitläufigen Systeme und intersubjektiven Netzwerke. Das Subjekt war »kaputt« (deutsch im Original, Anm.d.Ü.).

Schlagworte wie »**Der Tod des Subjekts**« und »**Was kommt nach dem Subjekt?**« brachten einige der grundlegenden Unterschiede der beiden Lager schließlich auf den Punkt. Die Subjektivisten waren in jeder Hinsicht Vertreter der **Moderne**; sie glaubten an Introspektion, Empirismus, Subjektivität – an all das, was dann unter (spöttisch gemeinten) Namen wie »der Mythos vom Gegebenen«, »die Philosophie des Bewusstseins«, »die Philosophie des Subjektes«, »das Paradigma der Reflektion« und »der monologische Spiegel der Natur« bekannt werden sollte.

Die Intersubjektivisten wurden zu Vertretern der **Postmoderne**, zuerst unter dem Einfluss von Strukturalismus, Semiotik und Linguistik; dann unter dem Einfluss von Post-Strukturalismus, Neo-Strukturalismus, Dekonstruktivismus, Grammatologie und Genealogie.

Aber eines war klar: Von welcher Seite auch immer betrachtet, die Tatsache bleibt, dass weitläufige Netzwerke von intersubjektiven Systemen – von linguistischen Strukturen bis zu Graves' Wertesystemen – die eigene Wahrnehmung und das eigene Bewusstsein steuern. Sie können so viel nach innen schauen und meditieren, wie Sie wollen, ohne diese Netzwerke zu sehen – und ohne dass sie verschwinden. Wir wissen jetzt sogar, dass Sie wiederholt tiefe *Satoris* erleben und trotzdem bei Rot, Bernstein, Orange oder Grün sein können – und *diese Strukturen werden sich weiterhin durch Sie äußern* und Sie werden weiter an deren Fäden tanzen. Und werden weiter denken, Sie seien frei ...

DER GEWINNER DES GROSSEN KRIEGES DER LINKEN QUADRANTEN

Paris, Mai 1968, der Krieg erreichte einen entscheidenden Wendepunkt: Die Subjektivisten empfingen einen verheerenden Schlag, von dem sie sich nie wieder grundlegend erholen würden (ohne dass und bis das integrale Zeitalter ihre unglaublich wichtigen Teilwahrheiten rehabilitieren und mit einbeziehen würde). Humanismus, Existenzialismus, Phänomenologie, Subjektivität, Bewusstsein – all das verschwand aus jedem ernsthaften akademischen Diskurs, und triumphierend zogen hier Intersubjektivisten, Poststrukturalismus, Postmoderne, Semiologie, Grammatologie, Archäologie und Genealogie ein.

1979 schließlich war Derrida der am meisten zitierte Autor sämtlicher Geisteswissenschaften an den amerikanischen Universitäten. Der Große Krieg war vorbei, die Intersubjektivisten hatten gesiegt, und sie waren es auch, die kategorisch, gründlich und absolut jede Form von Spiritualität, introspektiver Meditation, kontemplativem Bewusstsein und Innerlichkeit ablehnten.[19] Der einfachste Grund dafür lautete, das alles sei befangen im Mythos vom Gegebenen.

MODERNE UND POSTMODERNE LEHNTEN BEIDE SPIRITUALITÄT AB

Wir haben gesehen, dass es sich bei Snows *Zwei Kulturen* einerseits um die Kultur der Geisteswissenschaften der linken Quadranten und andererseits um die Kultur der Naturwissenschaften der rechten Quadranten handelt.

Wir haben auch gesehen, dass diese beiden Kulturen nicht nur im Krieg miteinander liegen. Beide fechten ihre eigenen internen Kämpfe aus. Der Hauptkrieg in der Welt der Naturwissenschaften der rechten Quadranten war immer der zwischen atomistischen und systemischen Ansätzen. In der Welt der linken Quadranten spielte sich der große und absolut zentrale Krieg im letzten Jahrhundert zwischen modernen Subjektivisten (Zonen 1 und 3) und postmodernen Intersubjektivisten (Zonen 2 und 4) ab.

(Man würde meinen, es ginge darum, alle vier Hauptlager miteinander zu verbinden, was auch stimmt, doch diese Tatsache zeichnete sich erst in den letzten Jahrzehnten des 20. Jahrhunderts und der Morgendämmerung des integralen Zeitalters ab. Damit das möglich ist, müssen wir jedoch die Wahrheiten all dieser vier Ansätze zunächst einmal würdigen und mit einbeziehen, und bislang sind wir weit davon entfernt, dass alle Seiten das tun, wie an den Büchern, die ich im nächsten Abschnitt dieses Anhangs diskutiere, deutlich wird.)

Hier der Punkt: Die Bücher in diesem Anhang sind repräsentativ für unglaublich differenzierte spirituelle Ansätze, und doch ist keines von ihnen mit den wichtigen Wahrheiten der postmodernen Intersubjektivisten ins Reine gekommen. Genau und vor allem dadurch sind Meditation, Kontemplation und spirituelle Studien in den Geisteswissenschaften entstellt worden. Nicht die Naturwissenschaft oder der wissenschaftliche Materialismus hat das getan, denn das war nie das primäre Thema. Der Große Krieg tobte innerhalb der Geisteswissenschaften selbst, und hier haben die spirituellen Autorinnen und Autoren und praktisch sämtliche Autorinnen und Autoren des **»neuen Paradigmas«** die Situation völlig falsch beurteilt, was verheerende Folgen hatte.

Von Capra bis Chopra gehen diese spirituellen Autoren davon aus, sie könnten der spirituellen Weltsicht in den Geisteswissenschaften zu Akzeptanz verhelfen, wenn sie nachweisen, dass der *Mystizismus eine moderne wissenschaftliche Grundlage hat.* Das war in jeder Hinsicht GENAU DER FALSCHE SCHRITT. Die Naturwissenschaften, die sowieso nicht zuhören, waren nie der Feind. Der Feind, das waren die Intersubjektivisten. Und durch den Nachweis oder versuchten Nachweis, dass Spiritualität in Quantenphysik, dynamischer Systemtheorie, Chaostheorie oder Autopoiese begründet werden kann, spielten sie den Intersubjektivisten direkt in die Hände.

Der Grund dafür ist, dass die postmodernen Intersubjektivisten den gesamten Strang der Moderne angriffen, was die modernen Naturwissenschaften sicherlich mit einschloss, aber auch die modernen Ansätze für die inneren Bereiche – sie attackierten, wie wir gesehen haben, Dinge wie Phänomenologie, monologische Methodologie und den Mythos vom Gegebenen. Und die modernen Wissenschaften – von der Quantenphysik bis zur Systemtheorie – sind ebenfalls Opfer genau dieser Probleme, was mit dem Mythos vom Gegebenen anfängt.

Der Versuch, aufzuzeigen, dass Meditation, Buddhismus, Spiritualität und das neue Paradigma in den »neuen Wissenschaften« gründen, stellt GENAU das dar, was die Intersubjektivisten schon immer vermuteten – dass nämlich die kontemplative Spiritualität hauptsächlich ein monologischer Ansatz ist, befangen im Mythos vom Gegebenen. Was sie in der Tat ist. Aber weil das jetzt tatsächlich ausgesprochen wurde und sie endlose Behauptungen wie die in Capras Buch *Das Tao der Physik* (München 2006) vor Augen hatten, konnten die Intersubjektivisten den monologischen Taoismus mit der monologischen Physik zusammen sogar noch gründlicher ablehnen. Was sie auch taten.

Nach dem Großen Krieg der linken Quadranten war Folgendes passiert: Die beiden Kulturen hatten sich verlagert. Es handelt sich hier immer noch um Naturwissenschaften und Geisteswissenschaften, aber die Gewinner auf Seiten der Geisteswissenschaften – nämlich die postmodernen Intersubjektivisten – betrachteten sämtliche modernen Geisteswissenschaften (Phänomenologie, Existenzialismus und Introspektion), als seien sie aus ein und demselben Holz geschnitzt wie die modernen Wissenschaften (von Systemtheorie bis zu Chaos- und Komplexitätstheorie), denn was sie alle tatsächlich gemeinsam haben, ist der **Mythos vom Gegebenen, die Philosophie des Subjekts** und eine **zutiefst monologische Methodologie.** In diesen speziellen Bereichen sind Subjektivisten und wissenschaftliche Materialisten aus ein und demselben methodologischen Holz geschnitzt.

Was ja auch tatsächlich der Fall ist. Und weil alle Subjektivisten (von spirituellen Studien bis zum Buddhismus, dem neuen Paradigma, Meditation und kontemplativen Studien) Ansätze vertreten, die jämmerlich versagen, wenn es darum geht, mit den Intersubjektivisten ins Reine zu kommen; und weil die Intersubjektivisten die zweite Kultur der Geisteswissenschaften beherrschen, hat man spirituelle Studien aus jeder ernsthaften akademischen Studie ganz und gar verbannt. Abgelehnt von der modernen Naturwissenschaft, weil sie innerlich sind, und abgelehnt von den postmodernen Geisteswissenschaften, weil sie mit der Naturwissenschaft in vieler Hinsicht eine monologische Methodologie gemeinsam haben, sind spirituelle Studien für die westliche akademische Kultur so gut wie gestorben.[20]

Die folgenden Bücher gehören zu denen, die diesen Tod ungewollt mit bewirkt haben, denn sie verraten mit keinem Wort, dass sie den Großen Krieg, den die Intersubjektivisten ausgefochten und gewonnen haben, verstehen oder überhaupt zur Kenntnis nehmen. Diese Bücher gehen davon aus, dass der große Kampf zwischen, sagen wir, William James und dem wissenschaftlichen Materialismus stattfand, obwohl *beide in diesem Krieg tatsächlich auf derselben Seite standen.* Die Tatsache, dass diese Bücher Ihnen noch nicht einmal sagen können, warum das der Fall ist, zeigt, wie entsetzlich ignorant diese Texte über »das neue Paradigma« und den »neuen Mystizismus« sind, gesegnet seien sie.

EINIGE WILLKÜRLICH ZUSAMMENGESTELLTE BÜCHER

Quantensprung der Führungskunst: Leadership and the New Science, von Margaret Wheatley (Reinbek 1997). Anwendung der (monologischen) Komplexitäts-Systemtheorie auf die Wirtschaft. Chaostheorie und Komplexitätstheorie sind »die neuen Wissenschaften«, das stimmt sicher; sie sind ziemlich neu, doch immer noch durch und durch monologisch. Wenn wir monologische Systeme erweitern, bleiben sie monologisch; das Einzige, was sich ändert, ist, dass sie noch monologischer werden. Dabei übersieht man so leicht: Wenn wir die Systemtheorie anwenden, weil sie so einschließlich oder holistisch zu sein scheint, bekommen wir im besten Falle nur die Hälfte der erforderlichen Geschichte zu hören. Die Systemtheorie erweitert unsere Modelle in der Form, dass sie die ganze Welt der rechten Quadranten abdeckt, ohne jedoch die Einsichten aus der Welt der linken Quadranten einzubeziehen. Deswegen ist der Rückgriff auf die Systemtheorie ein subtiler Reduktionismus – eine Tatsache, welche die Systemtheoretiker in endlose Verwirrung stürzt.

Den gleichen Fehler begehen Organisationen wie das *Shambhala Institute*, wenn sie diesen erweiterten systemischen Ansatz mit dem Dharmakaya (oder nichtdualem Geist) gleichsetzen, nur weil er erweitert ist – aber auch der Mythos vom Gegebenen wird in diesem Ansatz erweitert. Und eine Lehre, die erweiterte Mythen vermittelt, gilt nicht unbedingt als Weg zur ERLEUCHTUNG.

Heimatland Erde: Versuch einer planetarischen Politik, von Edgar Morin (Wien 1999). Morin ist in vieler Hinsicht ein wunderbarer Autor, aber die grundlegende integrale Botschaft ist an ihm vorbeigegangen. Methodologisch versucht er eine *unitas multiplex* auf der Ebene von Petrol/Türkis, ist aber ein Vertreter der Moderne, der ganz im Sinne von Grün alles mit einbeziehen möchte. *La Méthode,* sein Hauptwerk, entstand vor der postmodernen Revolution und ist im Wesentlichen eine Erweiterung der monologischen wissenschaftlichen Methodologie in Meta-Form, um sich neuen, umfassenderen (immer noch monologischen) Bereichen zu nähern. Das heißt, ein wirkliches Verständnis von Intersubjektivität fehlt in seinem Werk fast völlig. Er begreift auch nicht die richtungweisende Natur der Erkenntnis von erster, zweiter und dritter Person, und deshalb ist sein »integrales« Denken in Wirklichkeit nur oder höchstens **3-p x 1-p x 3p.** (Aus genau diesem Grund lieben die Theoretiker des 415-Paradigmas Morin.) (Mit 415-Paradigma bezeichnet Wilber die populären Versionen des New-Age-Ansatzes, wobei 415 die Vorwahl von San Francisco ist, Anm.d.Ü.)

Er vertritt also ausführlich und leidenschaftlich, dass wir Dinge wie Kunst, Moral und Wissenschaft oder das Gute, Wahre und Schöne mit einbeziehen müssen – was absolut wunderbar ist –, doch das Wesen der Richtlinien, die notwendig sind, um diese Gebiete hervorzubringen, entgeht ihm völlig, und ohne dies haben Sie es hier mit einem grauenhaft imperialistischen und subtilen Reduktionismus zu tun. Man könnte auch sagen, dass Morin grundlegend **3-p(1-p + 2-p + 3-p)** ist –, das heißt, er bezieht Dinge wie Kunst und Moral ein, aber nur mit einer 3-p oder meta-monologischen Umarmung, das heißt, ohne *ihre eigenen konkreten Richtlinien* in seine *unitas* einzubeziehen. Das ist in der Tat imperialistisch-subtiler Reduktionismus.

The Inner Journey Home: The Soul's Realization of the Unity of Reality, von A.H. Almaas (Pseudonym für A. Hameed Ali, Boston 2004).

Hameed ist der beste Metapsychologe unter den zeitgenössischen Autorinnen und Autoren zu diesem Thema. Ich bin ein großer Fan von ihm und liebe seine Arbeit. Aber sie ließe sich so leicht verbessern, wenn er die postmodernen Strömungen besser im Blickfeld hätte. Auf die Stützen, die er in Archetypen, Metaphysik, Essenz, Aspekten und Husserlscher Phänomenologie immer noch sucht – alle monologisch und selbst als transpersonale Gegebenheit noch vom Mythos des Gegebenen verziert –, könnte er leicht verzichten, ohne dass seine Arbeit darunter auch nur im Geringsten leiden würde.

Lieben, was ist: Wie vier Fragen Ihr Leben verändern können, von Byron Katie (München 2002). Ich erwähne dieses Buch hier, weil es ein gutes Beispiel ist für eine ganze Reihe von wundervollen neuen Werkzeugen für spirituelle Intelligenz und kurze Einblicke in kausale Leerheit – das alles jedoch ohne jedes Verständnis vom Mythos des Gegebenen (was heißt, dass die Autorin ihn implizit akzeptiert). So kann die Postmoderne »The Work« geringschätzig abtun, was sehr schade ist – denn Byron Katies Arbeit könnte ihren Vertretern durchaus gut tun, ganz zu schweigen von Hameed und den anderen Autorinnen und Autoren, die ich hier kritisiere.

Lebensnetz. Ein neues Verständnis der lebendigen Welt, von Fritjof Capra. Capra (München 1999) glaubt, das grundlegende Problem der Welt bestünde darin, dass sie dynamische Systeme und die Komplexitätstheorie nicht versteht. (Wenn Saddam Hussein doch nur die dynamische Komplexitätstheorie kennengelernt hätte, statt so viel Zeit auf das Studium des newtonischen-kartesianischen Paradigmas zu verwenden, dann sähe die Welt heute ganz anders aus.)

Aber das innere Hauptproblem der Welt ist, dass sich 70 % ihrer Bevölkerung auf der ethnozentrischen Ebene oder noch weiter unten befindet, also noch nicht einmal da ist, wo sie das newtonische-kartesianische Paradigma erfassen *könnte.* Und haben es dann etwa 10 % der Weltbevölkerung bis zur Ebene von Grün geschafft, wo es Menschen möglich wird, das newtonische-kartesianische Paradigma zu begreifen, wäre es Capra lieb, wenn sich diese 10 % die monologische Systemtheorie aneignen würden, welche (nach ihrem eigenen Verständnis) die inneren Quadranten und vor allem die Zonen 2 und 4, die er mit seinen wissenschaftlichen Methoden nicht sehen kann, völlig ausblendet. Das ist klassischer subtiler Flachlandreduktionismus, der mit dem Mythos vom Gegebenen auch Unwahrheiten in ein neues und größeres Gelände trägt.

Die Ebenen des Bewusstseins: Von der Kraft, die wir ausstrahlen, von David R. Hawkins (Kirchzarten 2002). Phantastisch interessante Ideen, aber befangen in einem subtilen Reduktionismus und dem Mythos vom Gegebenen. Sämtliche »hidden determinants (verborgene Determinanten)«, die er im (englischen, Anm.d.Ü.) Titel erwähnt, sind monologisch statt tetra-logisch.

Die Vielfalt religiöser Erfahrungen: Eine Studie über die menschliche Natur, von William James (Frankfurt 2003). Dieses Buch erwähne ich hier, weil es ein gutes Beispiel ist für das, was für alle in diesem Anhang erwähnten Bücher gilt: dass sie zugleich gute und schlechte Nachrichten enthalten. Die guten Nachrichten sind, dass sie ihre Untersuchungen und Forschungen ausdehnen auf transpersonale, religiöse und spirituelle Erfahrungen, die ein Großteil der akademischen Welt bislang geringschätzig verworfen hat. Die schlechte Nachricht ist, dass sie dafür als Methode den monologischen Empirismus (und monologische Phänomenologie) benutzen – und damit tragen sie die entstellte Philosophie des Bewusstseins in neue und größere Bereiche.

James war in vieler Hinsicht ein Genie und ein Pionier, und die Tatsache, dass er Bewusstseinszustände so ernst nahm, wie er es tat, ist ungewöhnlich. Doch monologisch bleibt monologisch. Und in diesem Fall führte das vor allem dazu, dass James den Imperialismus der Philosophie des Subjekts verbreitete. Glücklicherweise drängte ihn sein eigener Genius, die Grenzen zu überschreiten, die er sich selbst gesetzt hatte. Sein Empirismus ist immer offen für Hermeneutik, das abbildende Paradigma wird ergänzt durch piercsche Pragmatik und – vor allem – ist er eine Seele, in der das Wahre, Gute und Schöne immer noch eine heile und unlösbare Dreieinigkeit bilden.

Aber radikaler Empirismus ist trotzdem Empirismus. Das heißt, radikaler Empirismus ist radikaler Monologismus. Die Stufen in Zone 2 und das konstitutive Wesen von Zone 4 sind ihm fremd. Wie anders hätte seine Arbeit aussehen können, wenn er sich das Werk seines Zeitgenossen James Mark Baldwin zunutze gemacht hätte. Dieser imperialistische Empirismus ist der Wurm im Kern dieses ansonsten hervorragenden Werkes.

Charles Peirce hat interessanterweise James genau wegen dieses zentralen Problems kritisiert. James und Peirce verband eine lebenslange Freundschaft, der auch ihr kleiner Streit nichts anhaben konnte, welcher darauf beruhte, dass James sich den von Pierce geprägten Begriff »Pragmatismus« zu eigen machte. (Daraufhin änderte Peirce den Namen seiner Philosophie in »Pragmatizismus« um, »ein Begriff«, der, wie er selbst sagte, »so hässlich (sei), dass das jeden Dieb abschreckt.«) Trotz ihrer Freundschaft hatte Peirce das Gefühl, dass James' Ansatz eines »reinen Empirismus« schwer wiegende Fehler enthielt. Peirce – der, wie bereits erwähnt, generell als Amerikas größtes philosophisches Genie gilt – trieb James mit einem einzigen simplen Satz in die Enge: *Wahrnehmung ist semiotisch.*

Mit anderen Worten: Wahrnehmung ist immer bereits eine Interpretation. Zumindest teilweise. Dafür keinen Blick zu haben, ist ein üblicher Fehler von naiver Phänomenologie und naivem Empirismus in ihren sämtlichen Formen. Da Peirce das begriff, konnte er noch auf zwei weitere Probleme hinweisen, die Menschen nicht verstehen, wenn sie das erste Problem, das der monologische Empirismus selbst darstellt, nicht verstanden haben. Das ließ Peirce über James sagen: »Natürlich ist er durch und durch materialistisch.« Und: »Er neigt zu kartesianischem Dualismus.« Wenn ich das vor Fans von James erwähne, sind sie meistens schockiert, was mir sagt, dass sie die postmoderne Revolution nicht verstanden haben, denn sonst sind diese Aussagen total sinnvoll.

Doch wer das nicht begreift, hält James sogar für einen Denker, der Materialismus und Dualismus überwunden hat, obwohl er hauptsächlich deren subtilere monologische Formen verkörpert. Peirce spöttelte weiter über James' impliziten Materialismus, er gelte »in einem methodologischen Sinne, aber nicht in religiöser Hinsicht, da James weder eine eigenständige Seele noch ein zukünftiges Leben leugnet; denn der Materialismus ist die Form von Philosophie, in deren Blickfeld das Universum ebenso unverständlich bleibt, wie er es vorfand.« Peirce will damit sagen, dass monologisch Erschlossenes unverständlich ist; Wahrnehmung als solche ist in Wirklichkeit semiotisch.

Wir können darüber hinaus auch sehen, warum James – wie praktisch Meditation und Phänomenologie insgesamt – in seiner Essenz ein Vertreter der Moderne ist und warum Peirce, seiner Zeit um hundert Jahre voraus, bereits ein großartiger Vertreter der Postmoderne war (wer sonst konnte natürliche Gesetze als natürliche Gewohnheiten betrachten, ohne auf die magische Ebene von Magenta zurückzufallen?). Peirce behauptete, jede Wahrnehmung sei bereits eine Interpretation, und eine Interpretation hat eine triadische Struktur: Sie erfordert ein Zeichen, ein Objekt (Referenten) und einen Interpretanten. Hier fällt die Ähnlichkeit mit Ferdinand de Saussure auf, der behauptete, dass sich das Zeichen zusammensetzt aus Signifikant und Signifikat in einem System von interpretierten Unterschieden. Peirce prägte den Begriff »Semiotik«; Saussure nannte seine Wissenschaft »Semiologie«. AQAL greift auf beide zurück: Es gibt ein Zeichen (Signifikant plus Signifikat), einen Referenten, Semantik, Syntax und Pragmatik.[21]

Was James betrifft, so hat er Semiotik (oder den unteren linken Quadranten und dessen grundlegend konstitutive Natur) in klassischer Weise nicht verstanden. Peirce tat das sehr wohl; deswegen konnte er James so energisch und richtig kritisieren. Und die heutigen Vertreter von reiner Aufmerksamkeit, reinem Gewahrsein und reiner Erfahrung täten gut daran, sich ihm anzuschließen.[22]

Ein letztes Wort. Ich habe diese Kritik einem bekannten östlichen Lehrer vorgelegt. Seine ersten Worte dazu waren: »Die Ablehnung der Philosophie des Bewusstseins ist Ausdruck der typisch westlichen Verleugnung von Bewusstsein, Geist und Innerlichkeit. Das ist einfach eine weitere Spielart von wissenschaftlichem Materialismus.«

Das geht natürlich – und das ist sehr traurig – am wesentlichen Punkt vorbei. Ich leugne nicht reine Leerheit oder nicht qualifizierbares Bewusstsein als solches, sondern sage, dass diese Dinge nur in das Reich reiner Nichtmanifestation gehören, während die Welt der Manifestation die Welt der Perspektiven und damit Semiotik ist. Mit anderen Worten: Die »Philosophie des Bewusstseins« ist keine Kritik von absolutem, nicht qualifizierbarem Bewusstsein, *Shunyata* oder *Nirvana*, sondern kritisiert *im manifesten Reich,* dass der obere linke vom unteren linken Quadranten getrennt wird.

Wenn Sie sich das Diagramm der vier Quadranten vorstellen, ist nichtduale oder höchste Realität das Papier, auf dem das Diagramm gedruckt steht; die »Philosophie des Bewusstseins« oder die »Philosophie des Subjekts« verweist auf den oberen linken Quadranten; die *Kritik* lautet, wir können uns den oberen linken nicht getrennt vom unteren linken Quadranten denken. Es stimmt, dass viele westliche Denkerinnen und Denker das nichtduale Papier leugnen; aber östliche Denkerinnen und Denker leugnen (oder ignorieren) den unteren linken Quadranten im manifesten Reich und sind deshalb befangen im Mythos vom Gegebenen und der Philosophie des Subjekts – und beide liegen falsch. Solange östliche Lehrer diesen elementaren Punkt nicht begreifen, werden sie in der modernen und postmodernen Welt keine faire Anhörung bekommen.

The Varieties of Meditative Experience von Daniel Goleman (New York 1999). Das ist in vieler Hinsicht ein hervorragendes Buch. Der Titel schließt bewusst an William James' außergewöhnliche Arbeit an (der englische Titel von James' Buch lautet: *The Varieties of Religious Experience,* Anm.d.Ü.). Vielen Menschen fällt es jedoch schwer zu verstehen, dass Meditation eine Form von monologischem Gewahrsein ist, geschult und erweitert. Wenn nichtduale Realität die Einheit von Leerheit und Form ist, erfasst Meditation die Leerheit richtig, nicht aber die Form. Sie erfasst Leerheit richtig, weil es hier keine Teile gibt, die falsch verstanden werden können; aber sie geht am Wesen von Form vorbei, zumindest teilweise, weil meditatives Gewahrsein (oder die Philosophie des Bewusstseins) die Zonen 2 und 4 einfach nicht sehen kann.

Meditation kann Ihnen also zu grenzenloser Freiheit, nicht aber zu vollkommener Fülle verhelfen. Sie verwirklicht Freiheit/Leerheit, nicht aber Fülle/Form (sie gelangt nicht zu Tetra-Fülle). Deshalb beziehen meditative/kontemplative Praktiken sowohl östlicher als auch westlicher Spielart weder Struktur-Stufen noch die Perspektive des unteren linken Quadranten mit ein, was ihre Einschließlichkeit verstümmelt und sie anfällig macht für bösartige Attacken von Vertretern der Postmoderne, leider. (Wie wir gesehen haben, hatte Foucault es auf Husserl abgesehen ...)

Man könnte auch sagen, dass Meditation die vom Persönlichen zum Transpersonalen erweiterte Philosophie des Bewusstseins ist und deren Mängel und Illusionen mitschleppt. Meditation wird noch immer vom Mythos des Gegebenen behindert, weil sie immer noch monologisch ist; die meisten Meditierenden gehen weiterhin davon aus, dass das, was sie in der Meditation oder im kontemplativen Gebet sehen, tatsächlich real ist, statt teilweise kon-struiert von kulturellen Hintergründen (syntaktischen und semantischen). Wie viele kontemplative Christen sehen, wenn sie meditieren, »innere Gottheiten« mit 10.000 Armen (im Osten eine verbreitete Erscheinungsform von Avalokiteshvara)?

Der Punkt ist, dass selbst höhere, transpersonale, spirituelle Realitäten immer mitgeprägt und mitkonstruiert sind durch ausgedehnte Netzwerke impliziter kultureller Hintergründe. Meditative und kontemplative Realitäten sind niemals einfach gegeben[23], sondern vielmehr kon-struiert oder »tetra-struiert« (in diesem Fall vor allem von Zone 4), *was Meditation Ihnen nie erzählen wird und erzählen kann.* Wie bereits erläutert, kann Introspektion die Zonen 2 und 4 nicht sehen. Meditation ist die Erweiterung des Mythos vom Gegebenen auf höhere Realitäten und stellt auf diese Weise sicher, dass Sie den tiefen Illusionen von Meditation noch nicht einmal in der ERLEUCHTUNG entkommen (solange Sie diese Netzwerke nicht mit Hilfe eines integralen Bezugsrahmens in den Vordergrund rücken und zum Gegenstand Ihrer Meditation machen ...).

Noch einmal: Meditation ist nicht falsch, sondern partiell; und solange wir uns ihrem partiellen Wesen nicht zuwenden, birgt sie einfach diese impliziten Lügen und stellt sicher, dass Befreiung niemals wirklich vollkommen ist und selbst ein *Satori* den Mythos vom Gegebenen verschleiert und fortsetzt ...

»Neurophenomenology«, *Journal of Consciousness Studies*, von Francisco Varela. Wie zu erwarten, bezieht Francisco Varela in seine ansonsten tief durchdachte Neurophänomenologie die *einträchtige Hermeneutik-Phänomenologie* von Zone 3 mit ein (genau deswegen, weil er Phänomenologie oder Zone 1 einbezieht). Leider ist er aber blind für Zone 2 und die ihr korrelierenden Aspekte in Zone 4 – und damit für das Wesen von Intersubjektivität insgesamt, deren tiefe Bedeutung in der Neurophänomenologie fehlt.

Francisco war, bevor er zu früh starb, Mitbegründer des *Mind and Life Institute*, das dem Dalai Lama verbunden ist; dies ist eine Organisation, die sich der wunderbaren Aufgabe widmet, Phänomenologie im oberen linken Quadranten (mit Hilfe von Meditation) von präpersonalen zu persönlichen zu transpersonalen Formen zu erweitern und diese Veränderungen gleichzeitig im oberen rechten Quadranten am Monitor im Gehirn zu verfolgen. Aber da seine Arbeit eine poststrukturelle Intersubjektivität vermissen lässt, hatten Anhänger der Postmoderne leichtes Spiel, sie ernsthaft zu kritisieren (und zu verwerfen).

Aus demselben Grund konnte die buddhistische Phänomenologie in der akademischen Welt bislang keinen bedeutenden Einfluss ausüben. Die buddhistische Erkenntnistheorie (einschließlich Zen, *Vipassana* und Vajrayana) ist durchtränkt vom Mythos des Gegebenen; und weil sich niemand effektiv damit auseinandersetzt, ist sie im Westen mehr oder weniger gestorben, was äußerst bedauernswert, ja, ich würde sagen, geradezu eine kulturelle Katastrophe ist. Es ist noch nicht ganz zu spät, hier mit Hilfe eines integralen Bezugsrahmens Abhilfe zu schaffen, aber wir werden sehen ...

Zu Hause im Universum: eine neue Version der Wirklichkeit, von Ervin Laszlo (Berlin 2005). Ervin Laszlo ignoriert nicht nur Intersubjektivität, sondern präsentiert in den seltenen Fällen, wo er das nicht tut, meiner Meinung nach üble Fehlinterpretationen und ist befangen in einem erweiterten und imperialistischen subtilen Reduktionismus (möglicherweise von der schlimmsten Sorte, die mir je begegnet ist, wenn man davon ausgeht, wie Laszlo sich damit brüstet, alles einzubeziehen). Wie wir in Anhang II gesehen haben, kann jemand von seiner angeblich integralen Realität einfach keine Beschreibung in der dritten Person liefern, ohne zuerst die Richtlinien der ersten Person anzugeben, die das Bewusstsein auf die Ebenen transformieren, wo diese Realität sichtbar wird. Wenn jemand einfach eine Reihe von Behauptungen in der dritten Person aufstellt, ist das wieder einmal subtiler Reduktionismus und monologischer Imperialismus.

Deswegen betreten wir mit Laszlos Welt eine Welt, in der alles monologisch ist, was er harsch und ohne auch nur einmal Luft zu holen bis in sämtliche Ecken und Winkel des Kosmos verbreitet. Die Heftigkeit dieses Reduktionismus und des aggressiven methodologischen Imperialismus nimmt einem wirklich den Atem; und das alles zusammen nennt Laszlo *An Integral Theory of Everything* (amerikanischer Titel des Buches, Anm.d.Ü.). Das ist schlichtweg peinlich.

Laszlo ist in der Tat ein klassischer **3-p x 3-p x 3p**, der, wenn es um Innerliches geht, überwechselt zu einem **3-p x 1-p x 3p**. Das heißt, er wendet sich inneren Phänomenen nie *als* inneren Phänomenen zu; er geht nie hermeneutisch vor, sondern benutzt immer einen kognitiven wissenschaftlichen Ansatz: Er behauptet, Bewusstsein sei grundlegend und das Innere aller Materie, *behauptet* das aber einfach mit objektivistischer Inbrunst, ohne jemals wirklich die inneren Bereiche als solche zu erforschen, noch gibt er zu verstehen, dass er die Methodologien 1 bis 4 überhaupt zur Kenntnis nimmt. Und bei den seltenen Gelegenheiten, wo er das tut, behauptet er einfach erneut, dass es sie gibt, ohne die Richtlinien für ihre Umsetzung anzugeben. Er ist und war fast sein Leben lang im Wesentlichen ein Theoretiker der Zone 8.

Vor vielen Jahren habe ich einmal im Shambhala Verlag eine Schriftenreihe herausgegeben – *The New Science Library* (ich lud Francisco Varela und Jeremy Hayward als Mitherausgeber ein, und sie sagten zu). Für diese Reihe nahm ich ein Buch von Laszlo an – *Evolution: Die neue Synthese* (Wien 1987) –, obwohl Francisco Varela strikt gegen diese Veröffentlichung war (sein scharf formulierter Einwand lautete, Laszlo sei oberflächlich.) Meiner Meinung nach gab das Buch einen wunderbaren Überblick über die Evolution und verdiente es aus diesem Grund, veröffentlicht zu werden. Schließlich brachten wir es auch heraus, selbst wenn Laszlo schon damals in imperialistischer Manier praktisch jede andere Methodologie seiner subtilen Wissenschaftlichkeit unterordnete. (Wir ließen das zu jener Zeit durchgehen, weil das Buch in einer wissenschaftlichen Reihe erschien, aber trotzdem ...).

Damals gab ich auch *Das holographische Weltbild* heraus. Witzigerweise war ich die einzige ablehnende Stimme in dieser Anthologie, während alle anderen das holographische Paradigma als »das neue Paradigma« bejubelten. Ich hatte damals – vor fast 30 Jahren – das Gefühl, dass das »holographische Paradigma« auf dem besten Weg war, Grundlage für eine bestimmte, weit verbreitete Boomeritis-Weltsicht zu werden, was dann auch tatsächlich passierte. (Siehe meine Anmerkungen zu dem Film *What the Bleep* weiter unten). Jedes Jahr wurde irgendeine neue Entdeckung in der Physik als Beweis dafür bejubelt, dass *das eigene Bewusstsein* notwendig ist, um das Quanten-Wellenpaket kollabieren zu lassen und einem Objekt zur Existenz zu verhelfen. Auf diese Weise eroberte die *Philosophie des Subjekts* in imperialistischer Manier selbst die Grundlagen des Universums (deswegen Boomeritis).

Fred Alan Wolf, aus meiner Sicht der bei weitem größte Einfaltspinsel unter denen, die diese falsch verstandene Physik in Umlauf bringen, sagt, wenn Sie einen Aschenbecher anschauen, pushen Sie ihn in die Existenz. (Doch wenn wir beide, Sie und ich, den Aschenbecher anschauen: Wessen Bewusstsein verhilft ihm dann zu seiner Existenz, Ihres oder meines?) Das ist auf jeden Fall NICHT das Gleiche wie die Behauptung der Postmoderne, Intersubjektivität sei konstitutiv für die Realität eines Referenten, sondern tatsächlich genau das Gegenteil: Ihr eigenes Ego, so wird hier behauptet, schafft Realität.

Wie bereits zehn Jahre zuvor war das *Quanten-Vakuum* auch hier zum Vorkämpfer geworden. Das ging einher mit der zwanghaften Manie, alles als »das neue Paradigma« zu bezeichnen, selbst wenn der Begriff hier fast im gegenteiligen Sinne benutzt wurde, wie von Thomas Kuhn empfohlen – was, wie Kuhn selbst eifrig erläuterte, überhaupt nichts genutzt hatte. Kuhn geht es eigentlich um etwas Ähnliches wie das, was wir in Anhang II entwickelt haben, nämlich, dass alles wirkliche Wissen in Richtlinien oder Exempeln gründet, und ohne Richtlinien haben Sie auch keine Bezugspunkte und keine Bedeutung, Punkt.

Das erklärt auch, warum Habermas die Systemtheorie als *egozentrisch* (sein Begriff) bezeichnet und damit die Systemtheoretiker in totale Verwirrung gestürzt hat. Aber der Punkt, um den es Habermas geht, ist ebenso einfach wie richtig: Die Philosophie des Subjekts hat keinen Blick für Intersubjektivität und kann folglich auch den eigenen Narzissmus nicht korrigieren, sei es theoretisch oder sonstwie, und deshalb regiert das Subjekt imperialistisch (d.h., die Systemtheorie behauptet, alles mit einzubeziehen und akzeptiert keine Kritik von anderer Seite; deswegen die Egozentrik dieser Theorie). Es ist ganz egal, ob Sie die monologische Philosophie des Subjekts ins Transpersonale, in Quanten-Reiche oder innere Bereiche ausdehnen – Sie befinden sich schlichtweg auf einem imperialistischen (egozentrischen) Kreuzzug. Und in diesem Fall zieht theoretischer Narzissmus häufig persönlichen Narzissmus nach sich – deshalb lauert Boomeritis oft gleich um die Ecke.

Was also »die Theorie von allem« betrifft, die Laszlo vorschlägt – und entschuldigen Sie, dass ich so darauf herumreite –, können Sie sich schon vorstellen, dass sie etwas mit »Hologrammen« und dem »Quanten-Vakuum« zu tun hat und »das neue Paradigma« heißen muss. Und da der Integrale Ansatz so populär ist, muss hier natürlich auch das Wort »integral« auftauchen. Nun, hier kommt's, es gelingt ihm tatsächlich, alle vier Schlagworte in wenigen Sätzen unterzubringen: »Die Hypothese, die wir jetzt vorbringen können, ist vielleicht gewagt, aber logisch. *Das Quanten-Vakuum bringt das holographische Feld hervor, welches das Gedächtnis des Universums ist.* Das ist eine bemerkenswerte Entwicklung, denn *das neue Paradigma* bietet die beste Grundlage für die lange gesuchte *integrale Theorie von allem,* die es jemals gab (Hervorhebungen von ihm).«

Monologischen Reduktionismus so weit zu treiben, dass er auf alles Anwendung findet, ist in der Tat ein großartiges Projekt. Aber obwohl er einen ähnlich subtilen Reduktionismus betreibt, ist Edgar Morin der sehr viel bessere Theoretiker und Philosoph, weil er mit weitaus mehr Einsicht ein größeres Gebiet abhandelt. Laszlo ist wunderbar, wenn er die Zonen erläutert, die tatsächlich Methodologie 8 benutzen – nämlich die Systemtheorie in all ihren klassischen und jüngsten Formen, von dynamisch und Chaos bis zu Komplexität.

Hier erweist sich Laszlo, wie üblich, als Meister. Aber wenn er seinen Imperialismus bis in die anderen sieben Zonen vorantreibt, führt das nicht zu besonders glücklichen Resultaten. Wie Sie sehen, bin ich von Laszlos Ansatz besonders enttäuscht (und deswegen ein wenig ärgerlich), weil er in vielen Bereichen enorm großen Schaden anrichtet und dabei die ganze Zeit behauptet, integral zu sein.

Das Buch der Geheimnisse, von Deepak Chopra (München 2005). Ernstzunehmende Autoren werfen Deepak vor, er sei »von der leichten Sorte«. Ich halte das für unfair; er ist ein guter Gelehrter mit einem suchenden Intellekt und kann hervorragend schreiben. Was die Intellektuellen ärgert, denke ich, ist Deepaks Fähigkeit, seine Einsichten für ein breites Publikum einfach und verständlich zu formulieren, was seine Bücher sehr populär und oft zu Bestsellern macht (was meistens ausreicht, um von der *Intelligenzija* ausgeschlossen zu werden).

Meine Bedenken gegen ihn decken sich in etwa mit denen, die ich zu den anderen Autoren in diesem Anhang geäußert habe: Da Deepak die Zonen 2 und 4 nicht versteht (zumindest benutzt er sie nicht), bleibt seine Arbeit modernistische Erkenntnistheorie (nämlich empirischer oder phänomenologischer Spielart und davon vor allem die naturwissenschaftlichen Versionen), die er à la William James auf die inneren Bereiche auszuweiten versucht – was auch hier wiederum in Ordnung ist, soweit das möglich ist, aber brutal wird, wenn es nicht weitergeht. Deepak landet schließlich bei dem Versuch, *prämoderne Metaphysik* mit *moderner Physik* beweisen zu wollen; und das Ergebnis ist, befürchte ich, ein theoretisches Trümmerfeld.

Mein zweites Bedenken in Bezug auf einige dieser Ansätze ist, dass sie, gerade weil sie oft blind für die Stufen der Zone 2 sind, auch blind dafür sind, wie diese Stufen auf sie selbst und ihr Schreiben einwirken. Oft vertreten sie die Werte einer dieser Stufen, ohne sich darüber im Klaren zu sein, dass ihre Aussagen nur für eine von etwa einem Dutzend Stufen der Werteentwicklung stimmen. (Außerdem können sie, wie Boomeritis zeigt, in gestörten Formen dieser Stufen feststecken, ohne es auch nur zu wissen.) Deepak zeigt (in seinem Buch *Die göttliche Kraft*) ein gutes Verständnis für einige der Typen von außergewöhnlichen oder *geschulten Zustand-Stufen,* die in Zone 1 auftreten können. Aber da er nicht auch Zone 2 oder deren Stufen versteht, agiert er selbst oft nur auf der Höhe von Grün und betrachtet alle seine Stufen der Zone 1 aus der Sicht einer einzigen Wertestufe der Zone 2.

Die Verwechslung von Spiritualität mit den Werten, Normen und Erkenntnissen der grünen Welle wuchert in dieser Kultur üppig, was offensichtlich auf den Einfluss der grünen Kulturell Kreativen zurückgeht, die etwa 20 % der Bevölkerung ausmachen. (Die häufigste Form dieser Weltsicht der grünen Welle ist das bereits erwähnte »415-Paradigma«.) Das ist nicht nur ein schwerer Fall von Verwechslung von Ebene und Linie, sondern hat die Arbeit der populäreren spirituellen Autorinnen und Autoren auch anfällig werden lassen für heftige Boomeritis.

Ein drittes wichtiges Problem dieser generellen Ansätze ist, dass sie völlig blind sind für den Komplex Wahrheit-Macht-Wissen. Das ist ein weiterer Aspekt der Postmoderne, der an diesen Theoretikern vorbeigegangen zu sein scheint. Die Sensibilität für intersubjektive Realitäten hat die meisten Vertreter der Postmoderne auch sensibilisiert für den Missbrauch, der mit der Behauptung betrieben wird, man sei im Besitz »der Wahrheit« und »des Wissens« – so etwas gibt es einfach nicht losgelöst von Machtbeziehungen.

Selbst (oder besonders) eine Person, die behauptet, im Besitz der spirituellen Wahrheit zu sein, übt Macht aus und versucht Macht auszuüben; keine Form von Wissen oder Wahrheit ist davon ganz frei, am besten gibt man das zu und versucht in dieser Hinsicht selbstkritisch zu sein. Wenn man das nicht tut, landet man genau da, worauf Metaphysik laut Behauptung von Moderne und Postmoderne schon immer hinauswollte: bei Macht. Also Achtung! Der Schritt von Metaphysik zu Post-Metaphysik stellt den Versuch dar, diesen ganzen Komplex von Wahrheit-Macht-Wissen in den Vordergrund zu rücken und sich bewusst damit auseinanderzusetzen, anders als die Metaphysik, die ihn einfach praktiziert.

Machen wir uns abschließend klar, was wir nicht länger tun können. Wir können einfach nicht mehr Dinge sagen wie: »Bringen wir Körper, Verstand, Seele und Geist zusammen – und Herz und Gemeinschaft – zu einem wirklich Integralen Ansatz.« Das ist nicht integral (jedenfalls nicht AQAL-integral), denn solche Lehrsätze können auf der Ebene von Magenta, Rot oder Blau (usw.) begrüßt werden. Es ist einfach eine Tatsache, dass jemand, der verschiedene Komponenten eines menschlichen Wesens (»Körper, Verstand, Seele, Geist und Gemeinschaft« usw.) einbezieht, ohne gleichzeitig die Ebenen und Linien (und genealogischen Weltenräume) von Zone 2 und Zone 4 mit einzubeziehen, nicht nur bei einem gespaltenen menschlichen Wesen landet; sondern er kann auch zutiefst amoralisch sein – und sich dabei die ganze Zeit in der Vorstellung wiegen, »integral« zu sein.

Im amerikanischen Fernsehen brachte der *Discovery Channel* einmal die Sendung *Nazis: The Occult Conspiracy* (Nazis: Die okkulte Verschwörung, Anm.d.Ü.): Hitler und sein innerer Kreis – vor allem Leute wie Goebbels und Himmler (Leiter der SS) – praktizierten tiefsten Mystizismus und übten sich in mystischen Bewusstseinszuständen. Vor jeder Schlacht befragten sie die Astrologie, versuchten mit Hilfe von Pendeln die Kriegsschiffe der Alliierten zu orten, riefen zu täglicher Meditation auf, wählten bewusst okkulte Symbole und Mythen, verfolgten ihre eigenen Reinkarnationen (oder was sie dafür hielten) zurück, standen voll hinter Slogans wie »Körper, Geist und Seele« und machten viele tiefe Erfahrungen mit *Unio mystica.*

Genau dort landen Sie, wenn Sie nur die Entwicklung horizontaler Zustände im Auge haben, ohne gleichzeitig die Entwicklung von vertikalen Stufen (vor allem in Bezug auf Ethik, Erkenntnis und zwischenmenschliche Perspektiven) zu fördern.

What the Bleep Do We Know? Der verblüffende Erfolg dieses Do-it-yourself-Machwerks zeigt, wie sehr Menschen nach irgendeiner Bestätigung für eine mystische, spirituelle Sicht der Welt hungern. Aber die Schwierigkeiten mit diesem Film sind so enorm, dass man kaum weiß, wo man anfangen soll. *What the Bleep* kreist um eine Reihe von Interviews mit Physikern und Mystikern, die ontologische Behauptungen über das Wesen von Realität und die Tatsache aufstellen, dass Sie sich – ja, richtig geraten – »Ihre Wirklichkeit selbst erschaffen«. Aber Sie schaffen sich Ihre Wirklichkeit nicht selbst, dass tun nur Psychotiker. Es gibt in der modernen Physik mindestens sechs Hauptströmungen, und keine stimmt mit den allgemeinen und pauschalen Behauptungen in diesem Film überein. Keine Schule der Physik glaubt, dass ein menschliches Wesen die Wellengleichung von Schrödinger in 100 % der Atome eines Objekts kollabieren lassen kann, um es in die Existenz zu pushen. Die Physik in diesem Film ist ebenso grauenhaft wie sein Mystizismus, der geht nämlich auf ein Individuum namens »Ramtha« zurück, der behauptet, ein 35.000 Jahre alter Krieger aus Atlantis zu sein. Keiner der Interviewten wird während seiner Aussagen namentlich genannt, denn der Film möchte den Eindruck vermitteln, dass es sich hier um bekannte und renommierte Wissenschaftler handelt.

Unter dem Strich kommt dabei nichts weiter heraus als New-Age-Mystizismus (von der Spielart »Dein Ego hat alles im Griff«), kombiniert mit verquaster Physik (und das alles als 415-Paradigma Brei; selbst WENN ein menschlicher Geist erforderlich wäre, um ein Objekt in die Existenz zu pushen – sogar David Bohm lehnte diese hirnverbrannte Vorstellung ab –, aber selbst wenn: Der Punkt wäre, dass der Große Geist sofort, von Augenblick zu Augenblick, die GANZE Manifestation in die Existenz pushen würde – und nicht selektiv ein Ding hineinpusht statt ein anderes, wie zum Beispiel ein neues Auto, einen Job oder eine Beförderung – und genau das sagt der Film; und das ist wieder einmal die Philosophie des Subjekts in Reinform und damit Boomeritis). Schlechte Physik und verquaster Mystizismus, und die Leute hungern nach diesem Zeug, gesegnet seien sie. Zwischen Moderne (und wissenschaftlichem Materialismus) und Postmoderne (und ihrer Verleugnung von Tiefe) ist nichts geblieben, was die Seele nähren könnte, und deshalb wurde *What the Bleep* so fieberhaft gelobt und begrüßt. Es tut mir leid, hier so harte Töne anzuschlagen, weil die Filmemacher sicher ehrenhafte Absichten hatten. Aber dieser Film ist genau die Art von Schund, die dafür sorgt, dass Mystizismus und Spiritualität bei wirklichen Wissenschaftlern, der gesamten Postmoderne und jedem, der lesen kann, ohne die Lippen zu bewegen, einen überwältigend schlechten Ruf haben.

Heterologies: Discourse on the Other, von Michel de Certeau (Minneapolis 1986). Dieses Buch stelle ich hier vor als Beispiel für ein ganz anderes Problem: Der Autor versteht Intersubjektivität und wirft den Mythos vom Gegebenen über Bord, geht aber in jeder Linie nur bis zur Höhe von Grün. Deswegen *bleibt er stecken bei Multiplizitäten,* die für immer inkommensurabel und nicht kommunizierbar bleiben, eine Welt der Fragmente und Brüche, die sich niemals fraktal zusammenfügen (d.h. die niemals zu trans-globalen Allgemeinheiten und Gemeinschaften werden). Das ist eine klassische Entwicklungssperre auf der (postmodernen) pluralistischen Welle.

Diese klassische Begrenzung zeigt sich besonders in der Unfähigkeit der Moderne, dem hermeneutischen Kreis zu entkommen, den sie verabsolutiert (das ist Quadrantenabsolutismus – in diesem Fall des unteren linken Quadranten und dann nur bis zur Höhe von Grün). Das äußert sich in ihrer Behauptung, es gäbe keine außer-linguistischen Realitäten – eine Behauptung, die AQAL kategorisch ablehnt (zusammen mit Habermas und anderen Menschen, die integraler denken).

Diese postmoderne-pluralistische (grüne) Welle hat natürlich die akademischen Geisteswissenschaften in den letzten dreißig Jahren beherrscht. Sie ist immer mehr zu ihren gestörten Formen erstarrt, und die Folge waren »Pluralitis« und Boomeritis, denn dabei kommen grüne Inquisitoren heraus (siehe *The Shadow University* von Kors und Silverglate, ein abschreckendes Beispiel für diese Inquisitoren, wie sie an amerikanischen Universitäten aktiv sind).

Aber es handelt sich hier auch um die zerstörerische Version der postmodernen Weltsicht, die jetzt, so der Soziologe Jeffrey Alexander, allmählich stirbt, da das Integrale Zeitalter beginnt. Doch die grüne Welle beherrscht in der akademischen Welt noch immer die Geisteswissenschaften und damit die Zweite Kultur. Und sie wird in einem mehr oder weniger ganz konkreten Sinn kämpfen bis auf den Tod, denn es hat sich inzwischen herumgesprochen, dass alte Paradigmen sterben, wenn diejenigen sterben, die an alte Paradigmen glauben. Erkenntnissuche schreitet von Begräbnis zu Begräbnis voran.

Jewish Renewal: A Path to Healing and Transformation, von Michael Lerner (New York 1996). Wundervoll getragen von einer scharfen spirituellen Intelligenz. Aber bei Interpretation und Umsetzung liegt das

Schwergewicht bei Grün, sodass dabei unter dem Strich der Versuch herauskommt, der Welt grüne Werte aufzuzwingen und das sogar mittels Verfassungsänderung (das ist subtiler Imperialismus auf politischem Gebiet). Wie wir gesehen haben, hat Grün große Schwierigkeiten zu verstehen, dass seine Werte – Frieden, Harmonie, Heilung, Transformation, Teilen, Fühlen, Einverleibung – Werte sind, die eben nur Grün teilt. Das sind nicht die Werte von Purpur, Rot, Bernstein, Orange, Petrol, Türkis, Indigo oder Violett. Wenn ich die Welt transformieren will, steht hinter diesem Wunsch die anmaßende Haltung: »Du bist neben der Spur, aber ich weiß, was du brauchst.« Wenn ich Ihnen meine Werte in dieser Form aufdränge, ist das eine subtile Form von Wertegewalt. Andererseits versteht der zweite Rang, dass Menschen nun mal da sind, wo sie eben sind, und wir Rot Rot, Bernstein Bernstein, Orange Orange sein lassen müssen usw.

Natürlich können wir auf das Wachsen und die Entwicklung aller Menschen hinarbeiten, doch nicht, indem wir anderen unsere Werte aufzwingen. Die wirkliche Frage, die sich eine aufgeklärte Gesellschaft stellen muss, ist nicht, wie kann ich dafür sorgen, dass alle Grün werden, sondern wie kann ich **Lebensstationen** schaffen, die – unter anderem – die verschiedenen **Stufen** widerspiegeln, ohne eine dieser Stationen zur dominierenden Monade der Gruppe zu machen. Ich habe mich mit Michael drei Stunden darüber unterhalten, warum seine Sicht grün ist, und obwohl er das vom Verstand her begriffen hat und dieser Einschätzung sogar zustimmt, kann er die Einsicht einfach nicht halten, weil sein Schwergewicht woanders liegt. Sein jüngstes Buch *The Left Hand of God* (San Francisco 2006) ist noch polarisierter und grüner und damit meines Erachtens nicht besonders viel versprechend.

Die Wiedergeburt der Natur, von Rupert Sheldrake (Reinbek 1994). Sheldrake ist einer meiner weiteren Lieblingsautoren, den Postmoderne und geisteswissenschaftliche Professoren ablehnen, weil seine Erkenntnistheorien grundsätzlich eine Erweiterung des Spiegels der Natur oder des Paradigmas der Widerspiegelung sind (was, wie wir gesehen haben, lediglich andere Namen für den Mythos vom Gegebenen sind). Viele von Ruperts frühen Büchern treffen direkt ins

Schwarze und beschäftigen sich mit Fragen, welche die konventionelle Wissenschaft nicht beantwortet oder denen sie sich noch nicht einmal zuwendet. Und keine dieser Fragen ist wichtiger als die nach der Entwicklung der Form oder Struktur lebender Systeme (deshalb benutzt er Waddingtons Gedanken der *morphogenetischen* oder *morphischen Felder*, der zufällig eine wissenschaftlich völlig gültige Hypothese ist.)

Die Folge war, dass sowohl die Vertreter der Moderne – die feststellen mussten, dass seine Arbeit ihre etablierten Weltsichten bedroht – als auch der Postmoderne Sheldrake ablehnten, da er das alles mit Hilfe modernistischer (monologischer) Erkenntnistheorien entwickelte; was für manche ausreicht, um einige extrem wichtige Ideen sofort abzulehnen, obwohl man sie durch eine leichte Verschiebung einfach in einen neuen Bezugsrahmen stellen könnte.

Ein zweiter Punkt ist, dass Rupert sich in jüngster Zeit – möglicherweise aufgrund dieser Ablehnung von Moderne und Postmoderne – immer mehr auf eine retro-romantische Weltsicht zurückgezogen hat, was meiner Meinung nach unnötig und schade ist, weil diese Sicht Zustände und Stufen verwechselt (und damit Kindheitszustände mit fortgeschrittenen Stufen gleichsetzt), Prä-Rationales als Trans-Rationales rühmt und wenn es um den Unterschied, sagen wir von präkonventionellem Magenta und postkonventionellem Türkis geht, die Fähigkeit zu differenzieren verliert. Rupert ist immer ein brillanter, in seiner Quintessenz türkiser Denker gewesen, der jetzt – vielleicht aus Wut und Verzweiflung – Magenta umarmt. Aber wie auch immer, die postmodernen Ideen von Kontextualismus, Konstruktivismus und Aperspektivismus haben sein Denken immer noch nicht so weit erreicht, dass ihm die postmoderne Welt Gehör schenkt, was sehr schade ist.

Der Quantenmensch: ein Blick in die Entfaltung des menschlichen Potentials im 21. Jahrhundert, von Michael Murphey (München 1994). An ähnlichen Problemen – dem Mythos vom Gegebenen, dem Fehlen postmoderner Intersubjektivität – krankt auch die ebenso tief greifende Arbeit von Michael Murphy, dessen »natürliche Geschichte meta-normaler Phänomene« mit Sicherheit die wichtigste Abhandlung zu diesem Thema ist. Aber sie wird verschandelt – und von den Vertretern der Postmoderne (und damit praktisch von den akademischen Geisteswissenschaften insgesamt) ebenfalls verworfen –, weil Murphy die konstitutive Natur von Intersubjektivität nicht berücksichtigt.

Die »natürliche Geschichte«, die er erzählt, ist nicht, wie er sich das vorstellt, einfach ein objektiver Bericht, sondern eine exklusive Sicht von Türkis und höher; die Sicht des gebildeten, westlichen weißen Mannes, der drei bestimmte Richtlinien anerkennt und benutzt; dessen eigene para-normalen, meta-normalen und transpersonalen Zustände und Stufen eine Wahrnehmungsfähigkeit umsetzen und hervorbringen und die Phänomene, welche in diesen spezifischen Weltenräumen angesiedelt sind, aufdecken kann – *dann* und *nur dann*, werden Murphys Daten sichtbar. Und diese Daten, diese Tatsachen, sind definitiv real. Aber sie liegen nicht einfach herum und warten darauf, dass ein universell gelehrter, objektiver Naturhistoriker über sie stolpert und objektiv über sie berichtet. Weil Murphy das anders sieht, hat die Postmoderne sein gesamtes Werk als unwesentlich abgetan, was wirklich tragisch ist. Integralisten beziehen seine großartige Arbeit natürlich ein, aber das ist hier nicht das Thema.

Dies ist die brillante Arbeit eines wirklich bahnbrechenden Genies, Pflichtlektüre für Integrale. Aber synoptischer Empirismus ist ein synoptischer Mythos vom Gegebenen – oder eine stark erweiterte, doch immer noch monologische Phänomenologie, was auch für eine Naturgeschichte meta-normaler und über-normaler Phänomene gilt. Hier könnte, wie bei so vielen Ansätzen in diesem Anhang, leicht Abhilfe geschaffen werden.

Bis dahin benutzen diese Ansätze einfach erweiterte moderne Erkenntnistheorien, um prämoderne Metaphysik zu rechtfertigen; und sowohl die »Modernisten« als auch die »Metaphysiker« müssen ihre Sicht gründlich überholen, wenn sie die postmoderne Wende des GEISTes berücksichtigen wollen. Diese Forschung wird in akademischen Kreisen niemals den Respekt bekommen, den sie so reichlich verdient, solange sie sich nicht damit auseinandersetzt, dass sie erkenntnistheoretisch und methodologisch partiell (nicht falsch) ist. Das ist meiner Meinung nach wirklich tragisch, denn sie leistet einen entscheidenden Beitrag zu jeder integralen Weltsicht.

Lebendiger Buddha, lebendiger Christus – Verbindende Elemente der christlichen und buddhistischen Lehren, von Thich Nhat Hanh (München 1996). Wahrscheinlich symbolisiert niemand die Ambiguität und Ambivalenz der spirituellen Traditionen in der postmodernen Welt besser als Thich Nhat Hanh. Die positiven Aspekte stehen außer Zweifel: das große Herz, die edlen Absichten, das Gute, das durch Meditation und Kontemplation entstehen kann. Aber wenn die Traditionen in der prämodernen Welt integral waren, sind sie es in der modernen und postmodernen Welt nicht mehr, und deshalb tragen sie in der heutigen Welt früher oder später zur Zerrissenheit der Seele bei und dort, wo Ganzheit sein sollte, bleiben nur Bruchstücke und Brüche übrig.

Die spirituellen Traditionen stützen sich in ihren theoretischen Aspekten auf Metaphysik, die neben anderen Unzulänglichkeiten, wie wir oft gesehen haben, fadenscheinig geworden ist, weil sie Intersubjektivität nicht versteht. Und bei ihren praktischen Aspekten haben die Traditionen sich immer auf Meditation und Kontemplation gestützt, die den Mythos vom Gegebenen und monologische Phänomenologie verkörpern.

Diese Unvollständigkeiten und Unzulänglichkeiten summieren sich nicht zu Ganzheit. Die Seele bleibt zurück mit einer Handvoll tiefer spiritueller Erfahrungen, die in einer fragmentarischen Weltsicht mit zerbrochenem Rahmen und einer reduktionistischen Haltung angesiedelt werden. Wie in Kapitel 5 erläutert, ist das ein sicheres Rezept dafür, dass Menschen sowohl tiefer als auch enger werden, immer tiefer und enger, tiefer und enger …

DER PSYCHOAKTIVE BEZUGSRAHMEN

Wie wir in Kapitel 5 auch gesehen haben, gibt es für all das Rettung, ohne die Grundlagen einer spirituellen Tradition verändern zu müssen. Ein paar Dinge müssen ergänzt – nicht weggelassen – werden, damit die großen Weisheitstraditionen integraler werden oder die prämoderne, moderne und postmoderne Wende des GEISTes einbeziehen können. Wir haben diese Veränderungen als **Ergänzung** zusammengefasst und betonen im oberen linken Quadranten dreierlei: **Schatten, Zustände und Stufen.**

Die wichtigste Ergänzung besteht wahrscheinlich darin, einen integraleren Bezugsrahmen zu benutzen. Welchen Bezugsrahmen Sie auch verwenden: Wenn er wirklich integral ist, behebt er die Schäden nach und nach von selbst, sodass die Stärken der Traditionen durchschimmern können, während ihre Begrenztheiten jetzt in einem Kontext stehen und abnehmen. Die kognitive Linie ist notwendig, aber nicht hinreichend für dauerhaftes Wachstum und Transformation. Welche kognitive Sicht Sie auch einnehmen: Sie erschließt Ihnen zugleich den Raum für die Möglichkeiten sämtlicher anderen Intelligenzen.

Ein wirklich Integraler oder AQAL-Bezugsrahmen ist keine leblose Landkarte, sondern eine **psychoaktive Landkarte**. Er ist ein psychoaktives System, das Ihren Körper-Geist ganz durchgeht und sämtliche Potenziale aktiviert, die Sie im Augenblick nicht nutzen. Wenn Sie AQAL (oder IBS – das Integrale Betriebssystem) erst einmal herunterladen, fängt es fast automatisch an, nach Bereichen zu suchen, die Sie laut integraler Landkarte besitzen, bislang aber möglicherweise nicht bewusst realisiert haben – sei es Quadrant, Ebene, Linie, Zustand oder Typ. Der AQAL-Bezugsrahmen aktiviert diese Bereiche und rückt sie ins Blickfeld, auf diese Weise erkennen Sie, dass Sie zu all diesen Möglichkeiten in Ihrem eigenen Sein Zugang haben. Wenn Sie dieses Buch bis hierher gelesen haben, ist der integrative Prozess in Ihnen bereits aktiviert worden und Sie verstehen wahrscheinlich, was das heißt.

Sie müssen sich mit AQAL einfach nur vertraut machen, um diesen psychoaktiven Bezugsrahmen in Ihrem eigenen System in Gang zu setzen. Damit fallen auch die Schranken für alle anderen Intelligenzen, denn die kognitive Linie, die Linie der Co-Gnosis, ist notwendig, aber nicht hinreichend für sie alle. Weil der AQAL-Bezugsrahmen seinen Ursprung bei Indigo (und höher) hat, löst er in Ihrem eigenen System eine Resonanz aus, die wie ein Magnet auf der Höhe von Indigo wirkt, der auch alle anderen Linien nach oben ziehen hilft. Natürlich kann und soll auch jede dieser anderen Linien entwickelt werden, aber sie können nur in den Raum der Möglichkeiten hineinwachsen, den die kognitive Linie vorgibt.

Setzen Sie diese Möglichkeiten also möglichst hoch an, laden Sie ein Integrales Betriebssystem herunter, damit sich die großartigeren Möglichkeiten Ihres eigenen Morgen allmählich entwickeln können und sich, verwurzelt in den großen Traditionen, entfalten zum modernen und postmodernen Aufblühen von GEIST selbst ...

AUF DEM WEG ZUM INTEGRALEN

Wenn wir unsere Spiritualität nicht ergänzen, bleibt das heute nicht mehr ohne Auswirkungen und Konsequenzen. Wenn Sie Ihre eigene spirituelle Praxis nicht zu einer integralen spirituellen Praxis machen, kann Sie das mehr oder weniger buchstäblich oder noch schlimmer, im übertragenen Sinne, langsam umbringen: Denn was da stirbt, ist die Seele, die darum kämpft, im heutigen integralen Zeitalter wiedergeboren zu werden; die darum kämpft, wieder hineingeboren zu werden in ihren eigenen höchsten Stand von Freiheit und Vollkommenheit, die darum kämpft, sich zu bekennen zum GEIST, der die gesamte komische Ganzheit umfängt, mit Liebe und Güte, Mut und Mitgefühl, Fürsorge und Bewusstsein, Innerlichkeit und Identität; strahlend und leuchtend, ekstatisch und klar, alles zugleich, jetzt und immerdar.

In deinem eigenen tiefsten Inneren kennst du DICH, in meinem eigenen tiefsten Inneren kenne ich ICH-ICH, und WIR wissen DAS: Dein eigenes Selbst ist das Selbst von allem, was ist und jemals sein wird, und die Geschichte des gesamten Kosmos ist die Geschichte deines ureigenen Seins und Werdens, du kannst das spüren bis in deine Knochen, denn du *weißt* in deinen tiefsten Tiefen, das ist es, was du bist, wenn du aufhörst, dich darüber zu belügen, wer und was du wirklich bist.

Und was du bist: Du bist das große Ungeborene, zeitlos und ewig, in seiner Perspektive der ersten Person als das große ICH-ICH, das große Selbst; der Zeuge dieser Seite und dieses Zimmers und dieses Universums mit allem, was darinnen ist. All das bezeugend mit einem leidenschaftlichen Gleichmut, bleibst du alleine das, was unbewegt bewegt. Und du bist auch das große Ungeborene, zeitlos und ewig, in seiner Perspektive der zweiten Person als das Große Du, das Große Andere, vor dem du dich in einem unendlichen Akt vollkommener Erlösung, wilder Hingabe und ekstatischer Unterwerfung verneigst und dafür den gesamten Kosmos empfängst als deinen Segen, dein Verzeihen, deine ewige Gnade.

Und du bist auch das große Ungeborene, zeitlos und ewig, in seiner Perspektive der dritten Person als Große Vollkommenheit, der Heilige Geist, das große Netz des Lebens in all seiner unendlichen Vollendung und seinem dynamischen Chaos; seinen pulsierenden Pulsaren und explodierenden Nebelwolken, seinen Sternen, Galaxien, Planeten und Ozeanen, durch welche das eine Blut strömt und in denen das eine Herz schlägt des Eros, der seine eigene höhere Ganzheit sucht und immer findet, sie wieder sucht und immer wieder von neuem findet; denn du weißt immer, dass du hier bist, stimmt's?

Bei Spaß und Sport, Spiel und Wonne, Reue und Schrecken, Qual und Innehalten wirfst du dich von neuem in das Spiel, um es noch einmal ganz von vorne zu beginnen, und hier, in diesem deinem Tiefsten, das im eigenen Herzen Galaxien gebiert, die Sterne als Neuronen in deinem eigenen Gehirn aufblinken lässt, das Lieder der Liebe und Freude darüber singt, dass du deine eigene gute Nacht hingibst und opferst; und all das im Inneren des Raumes, der du bist, des Raumes, den du als eigenes ICH-ICH fühlst, als immer gegenwärtigen Zeugen der Formen deines eigenen Spiels.

Und in dem großen ICH-ICH, während du Zeuge bist der Formen deines eigenen Spiels als der gesamte Kosmos – genau in diesem Augenblick, der dieses zeitlose Jetzt ist, ein Jetzt, das keinen Anfang und kein Ende hat, ist *gleichzeitig* GEIST in den Formen seiner ersten, zweiten und dritten Person, das Große Ich und Wir und Es fühlen einander, und in diesem einen einzigen saumlos sprudelnden Jetzt, das genau der Augenblick ist, bevor du auch nur irgendetwas tust, ist es ganz einfach vorbei.

Was heißt, es hat ganz einfach angefangen.

Bücher von Ken Wilber

Das Spektrum des Bewusstseins. Eine Synthese östlicher und westlicher Psychologie (1977). Einführung in das Modell des vollständigen Spektrums, die zum ersten Mal in systematischer Form aufzeigt, wie die großen psychologischen Systeme des Westens mit den großen kontemplativen Traditionen des Ostens zusammengebracht werden können. Wilbers erstes Buch und immer noch eines der beliebtesten.

Wege zum Selbst. Der Mensch auf dem Weg vom animalischen zum kosmischen Bewusstsein. Eine interdisziplinäre Darstellung der Entwicklung des menschlichen Geistes (1979). Ein einfaches und populäres Handbuch der Psychologien und Therapien, die uns sowohl aus westlichen als auch aus östlichen Quellen zur Verfügung stehen; von Wilber gedacht als ein Überdenken der »romantischen« Phase seines frühen Werks.

Das Atman Projekt. Der Mensch in transpersonaler Sicht (1980). Das erste psychologische System, das einen Weg aufzeigt, östliche und westliche, konventionelle und kontemplative, orthodoxe und mystische Ansätze zu einem einzigen, zusammenhängenden Bezugsrahmen zu vereinen.

Halbzeit der Evolution. Eine Jahrtausend-Vision (1981). Unter Bezugnahme auf Theoretiker von Joseph Campbell bis zu Jean Gebser zeigt Wilber die evolutionäre Reise der Menschheit – und »die Dialektik des Prozesses« – von ihrer ursprünglichen Vergangenheit bis zu ihrer integralen Zukunft auf.

Das holographische Weltbild. Wissenschaft und Forschung auf dem Weg zu einem ganzheitlichen Weltverständnis (1982). Eine Anthologie mit Beiträgen prominenter Wissenschaftler und Denker (darunter Karl Pribram, Stanley Krippner, Renée Weber, William Irwin Thompson, David Bohm und Marilyn Ferguson) zum Dialog zwischen Wissenschaft und Religion.

Der glaubende Mensch. Die Suche nach Transzendenz (1983). Eine wissenschaftliche Einführung in ein System zuverlässiger Methoden für die Einschätzung der Legitimität und Authentizität von religiösen Bewegungen.

Die drei Augen der Erkenntnis. Auf dem Weg zu einem neuen Weltbild (1983). Eine Untersuchung über die drei Reiche der Erkenntnis: das empirische Reich der Sinne, das rationale Reich des Verstandes und das kontemplative Reich des Geistes. Enthält wichtige Skripte wie »Die Prä/Trans-Verwechslung« und »Eine Mandala-Karte des Bewusstseins«.

Quantum Questions (1984). Eine Anthologie von nicht technischen Exzerpten aus den Schriften großer Physiker, darunter Heisenberg, Schroedinger, Einstein, de Broglie, Jeans, Planck, Pauli und Eddington.

Psychologie der Befreiung. Perspektiven einer Entwicklungspsychologie – die östliche und westliche Sicht des menschlichen Reifungsprozesses, von Ken Wilber, Jack Engler und Daniel P. Brown (1986). Neun Aufsätze, die das Modell des vollständigen Spektrums menschlichen Wachstums und menschlicher Entwicklung vom Präpersonalen über das Personale bis zum Transpersonalen erforschen.

Meister, Gurus, Menschenfänger. Über die Integrität spiritueller Wege, herausgegeben von Dick Anthony, Bruce Ecker und Ken Wilber (1987). Psychologen und spirituelle Lehrer tragen zu dieser Studie über religiöse Bewegungen bei, die eine Lösung liefern will für das Dilemma, vor das wir gestellt sind, wenn wir spirituelle Tyrannei von legitimer spiritueller Autorität unterscheiden sollen.

Mut und Gnade. In einer Krankheit zum Tode bewährt sich eine große Liebe – das Leben und Sterben der Treya Wilber (1991). Die bewegende Geschichte von Kens Heirat mit Treya und der fünfjährigen Reise, die sie durch ihre Krankheit, Behandlung und schließlich zu ihrem Tod durch Brustkrebs führte. Kens weit reichender Kommentar ist kombiniert mit Auszügen aus Treyas persönlichem Tagebuch.

Eros, Kosmos, Logos. Eine Jahrtausend-Vision (1995). Der erste Band der Kosmos-Trilogie und das Buch, in dem Ken das Vier-Quadranten-Modell einführt. Diese Tour de Force an Gelehrtheit und Vision verfolgt den Verlauf der Evolution von Materie zu Leben zu Geist (bis zu möglicherweise noch höheren zukünftigen Ebenen) und beschreibt die allgemeinen Muster, welche die Evolution in allen drei Bereichen annimmt. Wilber konzentriert sich hier vor allem darauf, wie sich Moderne und Postmoderne zu Geschlechterfragen, Psychotherapie, ökologischen Fragen und zahlreichen verschiedenen Befreiungsbewegungen stellen.

Eine kurze Geschichte des Kosmos (1996). Eine kurze, höchst lesbare Version von *Eros, Kosmos, Logos,* geschrieben in leicht verständlichem Plauderton, ohne technische Beweisführungen und Anmerkungen; vielleicht sein populärstes Buch, gut geeignet zum Einstieg für Leserinnen und Leser, die seine Arbeit noch nicht kennen.

Das Wahre, Schöne, Gute. Geist und Kultur im 3. Jahrtausend (1997). Aufsätze, in denen der integrale Ansatz für Gebiete wie Psychologie, Spiritualität, Anthropologie, kulturelle Studien, Kunst- und Literaturtheorie, Ökologie, Feminismus und planetarische Transformation erforscht wird. Enthält auch eine historische Zusammenfassung von Wilbers eigenen Arbeiten und Antworten auf seine Kritiker.

Naturwissenschaft und Religion. Die Versöhnung von Weisheit und Wissen (1998). Widmet sich dem Jahrhunderte alten Problem der Beziehung zwischen Wissenschaft und Religion. Nachdem er einen Überblick über die großen Weisheitstraditionen der Welt gegeben und ihre gemeinsamen Wesenszüge beleuchtet hat, zeigt Wilber mit zwingenden Argumenten auf, dass diese nicht nur mit wissenschaftlicher Wahrheit kompatibel sind, sondern mit dieser auch eine ähnliche wissenschaftliche Herangehensweise gemeinsam haben.

The Essential Ken Wilber: An Introductory Reader (1998). Kurze Auszüge aus Wilbers populärsten Büchern, die neuen Leserinnen und Lesern die Essenz und den Geschmack seiner Arbeit vermitteln. Zusammengestellt von Shambhala Publications.

Einfach Das. Tagebücher eines ereignisreichen Jahres. (1999). Ein lebendiger und unterhaltsamer Einblick in ein Jahr im Leben von Ken Wilber – und zugleich eine Reihe von kurzen Essays über augenblickliche Strömungen in Spiritualität und Psychologie, tägliche Reflektionen, Meditationserfahrungen und Ratschläge für spirituell Suchende, die zum Nachdenken anregen.

The Collected Works of Ken Wilber. Die ersten acht Bände dieser sich fortsetzenden Reihe wurden 1999 bis 2000 veröffentlicht.

Volume 1: *The Spectrum of Consciousness* (*Das Spektrum des Bewusstseins*), *No Boundary* (*Wege zum Selbst*) und ausgewählte Essays.

Volume 2: *The Atman Project* (*Das Atman Projekt*) und *Up from Eden* (*Halbzeit der Evolution*).

Volume 3: *A Sociable God* (*Der glaubende Mensch*) und *Eye to Eye* (*Die drei Augen der Erkenntnis*).

Volume 4: *Transformation of Consciousness* (*Psychologie der Befreiung*), *Integral Psychology* (*Integrale Psychologie*) und ausgewählte Essays.

Volume 5: *Grace und Grit* (*Mut und Gnade*), mit einem neuen Vorwort.

Volume 6: *Sex, Ecology, Spirituality* (*Eros, Kosmos, Logos*).

Volume 7: *A Brief History of Everything* (*Eine kurze Geschichte des Kosmos*) und *The Eye of Spirit* (*Das Wahre, Schöne, Gute*).

Volume 8: *The Marriage of Sense and Soul* (*Naturwissenschaft und Religion*) und *One Taste* (*Einfach Das*).

Integrale Psychologie. Geist, Bewusstsein, Psychologie, Therapie (2000). Eine bahnbrechende Studie, eine Einführung in die erste wirklich integrale Psychologie. Dieses Modell bezieht Entwicklungswellen, Entwicklungsströme, Bewusstseinszustände und das Selbst ein und verfolgt den Verlauf all dieser Elemente vom Unbewussten zum Selbst-Bewussten zum Über-Bewussten. Grafische Darstellungen zeigen die Korrelationen von Hunderten von psychologischen und spirituellen Schulen weltweit auf, darunter die Kabbala, Vedanta, Plotin, die heilige Teresa, Aurobindo, die Theosophie und moderne Theoretiker wie Piaget, Erikson, Loevinger, Kohlberg, Carol Gilligan, Neumann und Gebser.

Boomeritis. A Novel That Will Set You Free (2002). Geschichte eines Hochschulstudenten und seiner Reise zur Selbstentdeckung, die brillante Gelehrsamkeit mit bissiger Parodie kombiniert. Der Roman zielt auf eines der hartnäckigsten Hindernisse für die Verwirklichung der integralen Vision: Die Krankheit des Pluralismus plus Narzissmus, die Wilber »Boomeritis« nennt, weil sie die Generation der Baby-Boomer offensichtlich am heftigsten befallen hat.

The Simple Feeling of Being: Embracing Your True Nature (2004). Eine Sammlung inspirierender mystischer und lehrreicher Auszüge aus Wilbers Veröffentlichungen, zusammengestellt und herausgegeben von einem seiner langjährigen Studenten.

Integrale Spiritualität (2006). Eine Theorie der Spiritualität, welche die Wahrheiten von Prämoderne, Moderne und Postmoderne – einschließlich der Revolutionen in Wissenschaft und Kultur – honoriert und zugleich die essentiellen Einsichten der großen Religionen einbezieht. Die Kritik hat dieses Buch wegen seiner revolutionären Sicht des Wesens und der Rolle von Religion und Spiritualität begeistert aufgenommen.

Ganzheitlich handeln. Eine integrale Vision für Wirtschaft, Politik, Wissenschaft und Spiritualität (2010). Die erste allgemein verständliche Einführung in Ken Wilbers wissenschaftliche Sicht. Brillant und kompakt bietet es aber auch den langjährigen Freunden der Arbeit von Ken Wilber neue Ansätze und Anregungen.

Anmerkungen

Kapitel 1: Integraler methodologischer Pluralismus

1 Einleitend haben wir Dinge gesagt wie: »Die Quadranten sind die innere und die äußere Sicht (oder Perspektive) des Individuums und des Kollektivs.« Genauer genommen unterscheiden wir bei diesen Perspektiven zwischen »Sicht durch« und »Sicht aus«. Alle individuellen (oder fühlenden) Holons HABEN oder BESITZEN vier Perspektiven, durch welche oder mit denen sie die Welt sehen oder berühren, und das sind die Quadranten (die Sicht durch). Wir können aber alles AUS diesen vier Perspektiven *betrachten* – oder es gibt aus diesen Perspektiven eine Sicht auf alles – und der Fachausdruck dafür lautet *Quadrivium*. Ein Stuhl z.B. hat als Gebrauchsgegenstand keine vier Quadranten, aber wir können ihn aus diesen vier Quadranten oder Perspektiven betrachten, und das wäre dann ein Quadrivium von Sichtweisen von diesem Stuhl oder über diesen Stuhl. Ein individuelles Holon (wie Sie oder ich) *hat* eine Ich-, Wir-, Es- und Sie-plural-Dimension-Perspektive (und demzufolge eine Sicht durch diese); ein Gebrauchsgegenstand nicht, aber ich kann den Gebrauchsgegenstand aus jeder dieser Perspektiven oder jedem Quadrivium betrachten. Auf ähnliche Weise sind die acht Zonen »acht Quadranten« und die acht Methodologien sind »acht Quadrivia«. Siehe Anhang II.

2 Wenn wir in der integralen Mathematik drei Elemente benutzen, so wie **1p x 1-p x 3p**, sind das meistens: Quadrant x Quadrivium x Bereich (und »Bereich« kann ein Quadrant oder ein Quadrivium sein). Natürlich kann das schnell noch komplizierter werden, aber integrale Mathematik besteht zu großen Teilen aus simplen Wiederholungen dieser grundlegenden Möglichkeiten. Wenn integrale Mathematik komplexer wird, benutzen wir nicht nur drei, sondern vier und fünf Elemente (z.B. **1p x 3-p x 1-p x 3p**). Wenn wir nur drei Elemente benutzen, wie ich es in diesem Buch meistens tue, können die Definitionen anders aussehen als die in den Exzerpten angegebenen, obwohl sie sich in Wirklichkeit nicht von diesen unterscheiden. Varelas Sicht z.B. liest sich, wenn wir vier Elemente benutzen, **3p x 1-p x 3-p x 3p**. Wenn Sie diese Gleichung auf drei Elemente verkürzen, kann das ganz unterschiedlich aussehen, je nachdem, welche drei Sie wählen. Im Text benutze ich die ersten drei dieser vier Elemente (**3p x 1-p x 3-p**), aber Sie können die letzten drei benutzen (**1-p x 3-p x 3p**).

Auch sind »die Innenseite und die Außenseite des Einzelnen und des Kollektivs« genau genommen nicht das Gleiche wie die Ansätze der ersten, zweiten und dritten Person oder Kombinationen von diesen, und wenn wir das gleichsetzen, führt das zu einigen schwerwiegenden theoretischen Problemen. Manchmal benutzen wir 1-p und 3-p, um innere und äußere Sichtweisen darzustellen, aber das sind Zugeständnisse an das Allgemeinverständnis und nicht die tatsächlichen Definitionen. Die Quadranten (innen/außen x Singular/Plural) sind sehr viel grundlegendere und ursprünglichere Differenzierungen in der Kosmogenese als 1,2,3p (und erzeugen diese sogar). Das Gleiche gilt für Urteile wie z.B. ästhetische, moralische und wissenschaftliche.

3 Siehe Exzerpt B aus Vol. 2, wilber.shambhala.com, wo dieses Thema ausführlich behandelt wird.

Kapitel 2: Stufen des Bewusstseins

4 Weitere zusätzliche Materialien finden Sie unter *www.kenwilber.com* und *wilber.shambhala.com:* Vor allem weitere Anmerkungen zu diesem Buch, aber auch Textausschnitte, die hier herausgenommen (gestrichen) wurden, Feedback, Diskussionsforen usw.

5 Siehe Robert Kegan, *Die Entwicklungsstufen. Fortschritte und Krisen im menschlichen Leben* (München: Kindler Verlag, 2005); Susanne Cook-Greuter, »Maps for Living: Ego-Development Stages from Symbiosis to Conscious Universal Embeddedness«, in: Michael L. Commons und andere (Herausgeber), *Adult Development,* vol. 2: *Models and Methods in the Study of Adolescent and Adult Thought* (New York: Praeger Publishers, 1990); und Don Edward Beck und Christopher C. Cowan, *Spiral Dynamics: Mastering Values, Leadership and Change* (Cambridge, Mass.: Blackwell Publishers, 1996).

6 Diese »Höhensicht« akzeptiert auch die frühere (und weit verbreitete) Sicht von kognitiver Erkenntnis als notwendig, aber nicht hinreichend, denn das Erkenntnisvermögen ist einfach ein modifizierter Typ von Bewusstsein, der als konkrete Entwicklungslinie (oder Pfad den Berg hoch) mit seinem eigenen Inhalt und seiner eigenen Struktur auftaucht. Die kognitive Linie als solche ist einfach eine Linie von vielen, deren Höhe sich ebenfalls an Bewusstsein per se bemisst.

7 Anmerkung für fortgeschrittene Leserinnen und Leser: Bitte beachten Sie, dass ich bei den höheren Ebenen in Klammern darunter »früher: psychisch, früher: subtil, früher: kausal« gesetzt habe. Der Grund dafür ist, dass wir diese Begriffe jetzt ausschließlich für Körper und die ihnen entsprechenden Bewusstseinszustände und nicht für Bewusstseinsstrukturen verwenden. Und natürlich können die grobstofflich/psychischen, subtilen, kausalen und nichtdualen Bewussteinszustände praktisch auf jeder Stufe der Bewusstseinsstruktur auftreten, und nicht nur auf den höheren und höchsten (siehe auch das Wilber-Combs-Raster).

Kapitel 3: Bewusstseinszustände

8 Man könnte sagen, Sie können die Innenseite von Strukturen fühlen, da sie die Furchen sind, in denen Ihr Denken und Fühlen verläuft, aber mit Hilfe von Phänomenologie, Meditation, Introspektion usw. allein können Sie weder deren tatsächliche Struktur sehen noch deren Existenz vermuten.

9 Wer sich dafür interessiert: Die psychedelische Kartographie von Stan Grof stellt ebenfalls eine Kartographie der Zone 1 dar (deshalb finden Sie in seinen Kartographien überhaupt keine Stufen der Zone 2, was für sie sowie für ihr »kosmisches« Spiel und ihre kosmologischen Ableitungen eine starke Einschränkung bedeutet).

Kapitel 4: Zustände und Stufen

10 Spiral Dynamics behauptet, die vMEME schlössen sämtliche Intelligenzen mit ein, aber das ist eindeutig falsch: Während vMEME ihr eigenen Typen von Erkenntnis, Moral, Ästhetik usw. haben, liefern sie selbst keine strukturellen Beschreibungen von Piagets Erkenntnis, Kohlbergs Moral, Loevingers Ich-Gefühl, Toberts Handeln-Forschen, Selmans Interaktion oder Basseches' Dialektik, um nur einige von vielen zu nennen – jedenfalls nicht in Begriffen, die diese Theoretiker akzeptieren würden. Es handelt sich hier um verschiedene Linien mit unterschiedlichen Strukturen. In dem Maße, wie SD das Gegenteil behauptet, verstrickt es sich in einen eindeutigen Linienabsolutismus.

11 Zu der Frage, ob Spiral Dynamics (SD) ein vollständiges Modell der Psyche darstellt, habe ich in der vorigen Fußnote bereits klar gemacht, dass dies meiner Meinung nach eindeutig nicht der Fall ist; aber Don ist da ganz anderer Meinung. Sagen wir einfach, dass sich unsere Wege hier entschieden trennen. Zu behaupten, SD enthalte sämtliche wichtige Grundlagen (das ließe sich bereits als solches bestreiten), ist eine Sache, doch eine ganze andere Sache ist die Behauptung, dass sie die konkreten Struktur-Stufen z.B. von Piaget, Kohlberg, Loevinger usw. einbeziehen, was jedes wirklich integrale Modell tun würde, hier jedoch nachweisbar nicht der Fall ist.

Eine einfache Kritik an Spiral Dynamics geht von folgenden Tatsachen aus: Sie befassen sich nicht mit Stufen des Bewusstseins (z.B. Tart) und auch nicht mit Zustand-Stufen; sie beziehen die höheren, transpersonalen Strukturen des Bewusstseins nicht mit ein (auch keine Struktur-Stufen); haben keine Theorie über die Beziehung von Zuständen und Stufen/Ebenen; verwechseln multiple Ebenen mit Ebenen-und-Linien; verwechseln bleibende Strukturen mit temporären Strukturen; haben kein entwickeltes Konzept des Selbst-Systems und damit keine glaubwürdige Theorie der Unterdrückung und des Unbewussten; sie sind eng verknüpft mit dem unglaubwürdigen

Konzept der MEME; beziehen keine konkreten Struktur-Stufen wie die von Loevinger, Selman, Perry, Piaget, Kohlberg und anderen ein (und sind, weil sie diese auslassen oder etwas anderes behaupten, befangen in einem versteckten, aber durchgängigen Linienabsolutismus); und verwechseln Stufen mit multiplen Intelligenzen, die Stufen habe. Als einfaches Einführungsmodell sind SD wunderbar geeignet; als konkretes psychologisches Modell sind sie eine Katastrophe.

Ich bin oft gefragt worden, warum ich über Spiral Dynamics »meine Meinung geändert« habe, aber jeder dieser Kritikpunkte steht bereits in den Fußnoten des allerersten Textes, den ich jemals über SD geschrieben habe (das sind drei volle Seiten von Anmerkungen, in denen ich SD kritisiere; siehe mein Buch *Ganzheitlich handeln,* Anmerkungen 6, 9 und 10 zu Kapitel 10). Und in ähnlicher Weise habe ich diese Kritikpunkte seitdem in jede Darstellung von Spiral Dynamics direkt oder als Fußnoten einbezogen – wie auch hier. Mit anderen Worten, meine Haltung zu SD ist von Anfang an gleich geblieben, und wer denkt, ich habe meine Meinung geändert, hat einfach nicht die Fußnoten gelesen. Gleichzeitig und ebenfalls von Anfang an hat SD, soweit ich weiß, nicht einen einzigen Kritikpunkt von mir oder aus irgendeiner anderen Richtung berücksichtigt, und das meiner Meinung nach vor allem deswegen, weil es nicht möglich ist, mit Individuen, die ihren Lebensunterhalt damit verdienen, dass ihr Modell das einzig richtige ist, eine theoretische Diskussion zu führen.

Trotz alledem: In einen AQAL-Kontext gestellt, empfehle ich SD immer noch als sehr nützliches Werkzeug zur Einführung, und zwar als eines, das sich speziell mit den Stufen von Wertesystemen oder Werte-Intelligenz beschäftigt (schließlich steht das »v« in vMEM für »values« (Werte); und **»ein Systeme- oder Werte-MEM«** ist ein direktes Zitat für die Definition eines Werte-MEMs, wie SD es versteht.) In dieser Form benutzen wir »Graves/SD« in diesem Kapitel – als die Ebenen einer an Werte angepassten Intelligenz, die mit verschiedenen Lebensbedingungen verknüpft und an diese gebunden sein kann und sich in Drehungen, Windungen und als Beimischung entwickelt, ohne selbst andere Intelligenzen mit einzuschließen, wie andere Forscherinnen und Forscher sie *definiert und entdeckt* haben (fragen Sie z.B. Bill Torbert, ob SD sich mit Handeln-Forschen beschäftigt; fragen Sie Susanne Cook-Greuter, ob SD das Thema Ich-Entwicklung behandelt; fragen Sie Robert Kegan, ob sich SD mit Ordnungen des Bewusstseins beschäftigt – alle sind sich einig: Die Antwort lautet eindeutig Nein.)

Die acht Ebenen von Werte-MEMEN reichen bis zur reifen Erkenntnis der Schau-Logik und zentaurischem Selbstgefühl (Ebene von Türkis in Abbildung A). Was immer Spiral Dynamics sonst noch sein oder nicht sein mag, das sind die acht Ebenen von Wertesystemen in Zone 2, auf die wir uns in diesem Kapitel konzentrieren.

Kapitel 5: Boomeritis-Buddhismus

12 Für diejenigen unter Ihnen, die mit dem Buddhismus nicht vertraut sind, könnte man das – würde man mich bitten, es in einem einzigen (langen) Absatz zu sagen – ziemlich frei und allgemein wie folgt zusammenfassen:

Das Leben, wie wir es normalerweise leben, ist voller Gespaltenheit und Leid. Ursache für dieses Leid ist das Gefühl von einem getrennten Selbst und das Festhalten daran. Wir können das Leiden überwinden, indem wir dieses Festhalten an und die Identifizierung mit dem getrennten Selbst überwinden. Es gibt einen Weg, einen Pfad, auf dem wir dieses Gefühl von einem getrennten Selbst überwinden und vollkommene Befreiung erlangen können. Dieser Pfad beinhaltet richtige Sichtweise, richtige Meditation und richtiges Gewahrsein. **Richtige Sichtweise** ist so etwas wie die Sichtweise, die in diesem Abschnitt zum Ausdruck gebracht wird. **Richtige Meditation** heißt Ausrichtung der Konzentration und Einsichtsschulung, die zu richtigem Gewahrsein führen. **Richtiges Gewahrsein** ist nichtduales Gewahrsein, das Subjekt und Objekt, Leerheit und Form vereint.

Die wiederholte Erfahrung nichtdualen Gewahrseins führt dahin, dass sich meine Identität »auflöst« und verlagert von grobstofflichen Formen (Nirmanakaya) zu subtilen Formen (Sambhogakaya) zu kausaler Formlosigkeit (Dharmakaya), einer reinen Leerheit, die wir als »nicht-selbst Selbst« oder »kein-Geist Großer Geist« bezeichnen können – nicht der kleine Geist, sondern allumfassender Großer Geist oder nichtduales Gewahrsein, das schließlich das Gefühl von einem getrennten Selbst auflöst in unendliche Offenheit. Dann umfasst meine Identität in Freiheit grobstoffliche (Nirmanakaya), subtile (Sambhogakaya) und kausale (Dharmakaya) Reiche und integriert sie ganz (Svabhavikakaya) – eine nichtduale Verwirklichung, die der Urgrund, der Pfad und die Erfüllung des Weges ist. Wünsche, Gedanken und Wahrnehmungen können weiterhin aufkommen (was auch geschieht), befreien sich aber sofort in die große Leerheit und Weiträumigkeit, die ihre wahre Natur ist.

Weil Leerheit und Form nicht-zwei sind, ist das Begehren nicht nur kein Hindernis für Verwirklichung, sondern ein Fahrzeug für Verwirklichung; ist das intellektuelle Denken nicht nur kein Hindernis für Verwirklichung, sondern ein Fahrzeug für Verwirklichung; ist das Handeln nicht nur kein Hindernis für Verwirklichung, sondern ein Fahrzeug für Verwirklichung. Grundlegendes nichtduales Gewahrsein beinhaltet darum nichts weniger als ein freudiges Spielen mit der Einheit von Leerheit und leuchtender Form – das Erkennen, dass die Welt der Form, so wie sie ist, auf unzählige Arten und Weisen die Große Vollkommenheit in all ihrer Wunderbarkeit ist und die Natur des gewöhnlichen Geistes, so wie er ist, der voll erleuchtete Buddha-Geist. Deshalb ist das einfache Ruhen in dieser immer gegenwärtigen, natürlichen, mühelosen, leichten und spontan gegenwärtigen wachen Leerheit, die keine andere ist als die ganze Welt der leuchtenden Form, der unübertroffene Weg des Buddha.

Weil dieses nichtduale Gewahrsein die ganze Welt der Gedanken, Wünsche und Formen umarmt, führt dieses nichtduale Gewahrsein zu richtigem Mitgefühl für alle fühlenden Wesen. Richtiges Mitgefühl führt zu geschickten Mitteln, allen fühlenden Wesen zu helfen. Geschickte Mittel sind, wie alles relative Handeln, etwas völlig Paradoxes: So wie ich schwöre, Verwirklichung zu erlangen, selbst wenn es keine Verwirklichung gibt (oder ich bereits verwirklicht bin), erkennen geschickte Mittel, dass es keine anderen gibt, die es zu befreien gelte, deshalb schwöre ich, sie alle zu befreien. Und so führt buddhistische nichtduale Verwirklichung zu einer strahlenden, freudigen Umarmung der gesamten Welt der Form, einem tiefen Mitgefühl für alle fühlenden Wesen und geschickten Mitteln, um allen Wesen zu helfen, den Ozean des Leidens zu überqueren und an das Ufer immer gegenwärtiger und niemals verloren gegangener Befreiung zu gelangen.

13 Leerheit selbst wird nicht geschaffen oder mit geschaffen, Form aber sehr wohl, und Leerheit emergiert zugleich mit Form, deshalb ist nichtduale Verwirklichung zum Teil eine Sache der Auslegung.

14 Was die kognitive Entwicklung betrifft, so verwechselt dieser Standpunkt »notwendig, aber nicht hinreichend« mit »überhaupt nicht notwendig«, eine unglückliche, weit verbreitete Verwechslung in der amerikanischen »nur Gefühle«-Schule des Buddhismus, die selbst eine Boomeritis-Verdrehung von *Chittamatra* ist.

15 Vgl. Abb. 13 (und A) als Beispiel für wachsende Perspektiven unter Benutzung der Skala von Loevinger.

16 Siehe hierzu Anmerkung 15.

Kapitel 6: Der Schatten und das verstoßene Selbst

17 Das macht deutlich, wie wichtig es ist, die Spur der inneren Phänomene des Individuums oben links sowohl von innen – Zone 1 oder **1p x 1-p x 1p** – als auch von außen – Zone 2 oder **1p x 3-p x 1p** – zu verfolgen. *Von außen* können Abwehrmechanismen tatsächlich begrifflich formuliert werden als **Abwehrhierarchie**, die vertikal verläuft und sich von Fusion zu Spaltung zu Verdrängung zu Unterdrückung zu Unaufrichtigkeit zu Systematisierung zur Unterdrückung des Sublimen usw. entwickelt. Aber *von innen* fühlt sich das wie **bedrohliches** Gelände an, eine defensive Grenze, die das Individuum **als Angst erlebt**, nicht als Abwehrhierarchie. Von innen betrachtet, stellen Abwehrhierarchien lediglich die vielen unterschiedlichen Formen von Angst dar, die ein Individuum empfinden kann; die vielen unterschiedlichen Wege, mich angesichts dieser Angst zusammenzuziehen, und die vielen Aspekte meines gefühlten Selbst, die ich konsequent verleugnen, verdrängen, unterdrücken, projizieren und mir entfremden kann, was zu psychologischen Fehlleistungen, Fehlinformationen, Schmerz und Leiden führt.

18 Für fortgeschrittenere Leserinnen und Leser werde ich das gleiche Beispiel etwas detaillierter durchgehen.

- Gesunde Entwicklung wandelt erste Person subjektiv *im Ich-Strom* in erste Person objektiv oder possessiv (Ich in Mich/Mir/Mein) um, während ungesunde Entwicklung erste Person subjektiv *im Ich-Strom* in zweite oder dritte Person umwandelt (Ich in Dein, Sein, Ihr, Es). Das Erste ist eine gesunde Auflösung von Identifikationen, das Zweite ist pathologische Dissoziation. Meditation kann beides bewirken.
- Genauer gesagt und aus einem etwas anderen Blickwinkel betrachtet, wandelt gesunde Entwicklung und Transzendenz Ereignisse in meinem subjektiven-Ich (mit denen ich so stark »identifiziert« bin, dass ich sie nicht sehen kann) um in Mich/Mir oder Mein (die als Objekt meines nächst höheren Subjekts gesehen werden können – ich habe sie transzendiert und einbezogen: habe sie **mir angeeignet** UND sie dann **transzendiert**); während pathologische Entwicklung mein Ich der ersten Person im Raum meines eigenen Ich in Erfahrungen der zweiten oder dritten Person umwandelt (»Ich bin nicht ärgerlich, aber ich erlebe meinen Chef als ärgerlich!«), sodass ich sie scheinbar transzendiert, in Wirklichkeit aber abgespalten habe. Aus gesunder Desidentifizierung ist pathologische Dissoziation geworden.

Die gesunde Auflösung von Identifizierungen (oder Loslösung oder Nichtanhaftung) heißt also transzendieren und einbeziehen: »Ich habe Ärger in mir, aber ich bin nicht mein Ärger« (so wie diese Person auch sagen würde: »Ich habe Gedanken, aber ich bin nicht meine Gedanken«). Pathologische Transzendenz oder Entwicklung ist: »Ich bin nicht dieser Ärger, und ich habe diesen Ärger nicht in mir.« Gesunde Entwicklung wandelt Ich in Mich/Mir/Mein um, pathologische Entwicklung wandelt Ich in Es um.

- Der zentrale Punkt ist, dass der **Ärger**, wenn jemand anfängt zu meditieren, **in beiden Fällen als Objekt des Gewahrseins auftaucht.** Aber das eine ist Schatten-Ärger und das andere ist authentischer Ärger oder Ärger, den ich als zu mir gehörig betrachte, und Meditation ist nicht nur *unfähig, den Unterschied festzustellen;* sie kann die Tendenz zur Desidentifizierung und Dissoziation, die das Problem überhaupt erst geschaffen hat, sogar verstärken. »Da kommt Ärger hoch, da kommt Ärger hoch, da kommt Ärger hoch ...« (Auf gut Deutsch: »Ich spalte mich pathologisch von meinen Gefühlen ab, ich spalte mich pathologisch von meinen Gefühlen ab, ich spalte mich pathologisch von meinen Gefühlen ab ...« Und nachdem ich das jahrelang praktiziert habe, wundere ich mich, dass ich mit meinem spirituellen Weg nirgendwo ankomme ...)
- Das Problem ist: Zu dem Zeitpunkt, an dem der Ärger als phänomenologisches Objekt hochkommt, ist der Schaden bereits angerichtet worden. Und Meditation kann ihn nicht beheben, weil die bereits bestehende Identifizierung der ersten Person mit dem Schatten unbewusst ist – *die versteckte Identifikation* mit dem Schatten beruht auf der Tatsache, dass der Schatten trotzdem und immer noch ein Impuls meiner ersten Person ist, ganz gleich,

wie sehr ich mich auch bemühe, ihn zu verleugnen, zu unterdrücken, zu verstoßen und als Objekt zu betrachten.

Und wenn sich dann mein Schatten-Ärger als Objekt oder Gefühl zeigt, das ich als Zeuge beobachten kann, dann hat das spaltende Selbst das Gefühl, dass das einfach großartig ist! Denn das ist genau das, was ich versuche: Ich will meinen Ärger nicht als meinen, sondern einfach als etwas Unpersönliches sehen, das ich beobachten, betrachten oder umwandeln kann. »Ärger loslassen!«, das ist genau das, was Meditation tut – und was Unterdrückung ebenfalls versucht! Und das Selbst, das unterdrückt, stellt zu diesem Zweck alles Mögliche an; nur betrachtet es den Ärger nicht als eigenen, obwohl ich doch erst dann, aber nicht vorher, damit beginnen kann, ihn loszulassen.

Sowohl Psychotherapie als auch kontemplative Spiritualität sind im Wesentlichen Bestrebungen der Zone 1 und beide sind auf ihre Weise daran interessiert, Ich in Es umzuwandeln. Aber, wie wir gesehen haben, die westliche Psychotherapie machte eine kolossal wichtige Entdeckung: Auf den ersten Stufen dieser Entwicklung kann es passieren, dass Teile des »Ich« nicht in »Mich/Mir/Mein«, sondern in »Es« umgewandelt werden. Dieses »Es« ist der Schatten, und der Schatten ist ein verborgener und verstoßener *subjektiver* Impuls, der jetzt nicht nur als **Objekt** auftaucht, sondern als ein **Anderes**. Das Andere ist nicht nur ein Objekt, sondern ein Objekt, das Sie ängstigt, nötigt, ärgert, in Rage bringt und wovon Sie besessen sind.

Das ist keine gesunde Transzendenz, sondern pathologische Dissoziation, und Meditation geht mit beiden – sowohl mit dem Objekt als auch mit dem Anderen – gleich um. Sie betrachtet sie als Phänomene, die sich im Gewahrsein zeigen und die wir als Zeuge mit bloßer Achtsamkeit beobachten müssen. Aber zu der Zeit, in der sie im Gewahrsein als Phänomene auftauchen, ist der Schaden bereits angerichtet worden, und Meditation besiegelt lediglich die Andersartigkeit der wesensfremden und nichtauthentischen Gefühle. Aber Meditation bringt Sie in Kontakt mit diesen nichtauthentischen Gefühlen, und so werden Sie unglaublich, überschwänglich, selbstlos und liebevoll nichtauthentisch.

Der Punkt ist, während sich die kontemplativen Traditionen auf einige der jetzt zugänglichen Zustände und Stufen der Zone 1 konzentrieren, vermitteln die psychodynamischen Traditionen uns ein unschätzbares Wissen über die Schäden, die in deren frühesten und prägendsten Lebenphasen passieren können.

19 Stufen der Zone 2 sind unter anderem Stufen, die Individuen in einer Gemeinschaft teilen – und aus diesem Grund ist es so schwer, wenn nicht unmöglich, sie zu sehen (genauso wie ein Fisch das Wasser, in dem er schwimmt, nicht sehen kann). Während Individuen diese Stufen der Zone 2 durchlaufen, erleben sie diese tatsächlich von innen – d.h., Individuen auf der bernsteinfarbenen Welle erleben »bernsteinfarbene Gefühle«, »bernsteinfarbene Gedanken« und haben »bernsteinfarbene Ziele«, sie *wissen nur einfach nicht, dass sie* **bernsteinfarben** *sind.* Solange Sie von Ihrer Gruppe nicht ei-

nen Schritt zurücktreten und viele andere Individuen in Ihrer Gruppe untersuchen, können Sie die Strukturen, die die Menschen in Ihrer Gruppe gemeinsam haben, nicht sehen.

Eine Möglichkeit, dahin zu gelangen, besteht darin, die Geschichte Ihrer Gruppe zu studieren. Einige wenige geniale Individuen – Nietzsche, Gebser, Foucault – haben genau das getan, und es ist ihnen gelungen, ein paar dieser Struktur-Stufen intuitiv aufzuspüren. Eine weitere, präzisere Methode, einige dieser Strukturen wirklich aufzuspüren und zu beleuchten, besteht darin, sie ganz konkret und systematisch mit einer großen Anzahl und Gruppen von Menschen über einen längeren Zeitraum hinweg zu erforschen. Das begann tatsächlich, wie wir bereits erwähnten, Anfang des 19. Jahrhunderts mit James Mark Baldwin.

20 Diese zweite wichtige Entdeckung begann als Zone-1-Erforschung des jetzt gefühlten Widerstands, was schnell eine *Rekonstruktion* der frühen Geschichte des Ich mit einbezog und zwar sowohl von innen (Zone 1), in Form der Gefühle des Ich und deren Bedrohlichkeiten, als auch von außen (Zone 2), als Hierarchie von Abwehrmechanismen – ein Typ von Genealogie vom Inneren und Äußeren sowohl in ihren gesunden als auch in ihren ungesunden Formen. Die nach wie vor gültige Idee bestand darin, dass mir das Verständnis der Entstehung meines Widerstands helfen kann, ihn zu überwinden und mich mit meinem eigenen Schatten anzufreunden. Psychoanalytisches Bewusstsein war immer historisches Bewusstsein. Für die *Behandlung* von Schattensymptomen ist es nicht unbedingt notwendig, ihre Geschichte zu begreifen, für deren *Verständnis* jedoch sehr wohl.

21 Dieses hochinteressante Forschungsergebnis ist nicht ohne Ironie, da es besagt, dass die Lehren der kontemplativen Traditionen selbst, da sie Zone 2 nicht sehen oder registrieren können, wenig inhaltliche Anhaltspunkte dafür geben, diese Verlagerung in den vertikalen Stufen registrieren zu können (sie sehen horizontale Zustand-Stufen, keine vertikalen Struktur-Stufen). Sie müssen diese Dinge also selbst herausfinden (d.h., sich fragen: Kommt diese Tradition primär von Rot, Bernstein, Grün, Indigo? usw.).

Manche Traditionen berufen sich sogar auf ein Bezugssystem, das die vertikale Stufenentwicklung heftig missbilligt und ausschließlich die horizontale Zustandsentwicklung aktiv fördert (genau aus dem Grund, weil die erste Entwicklung – nicht die zweite – für ihr Dogma und ihr eigenes System eine Bedrohung darstellt). So sind z.B. einige Traditionen stark Bernstein (mythische Zugehörigkeit), und man kann durchaus eine grobstofflich-subtil-kausale *Zustandsschulung* absolvieren und *trotzdem bei Bernstein stehen bleiben,* weil die Kultur im unteren linken Quadranten und der Bezugsrahmen im oberen linken Quadranten eine Routine schaffen, eine kosmische Gewohnheit, die so stark ist, dass es extrem schwierig ist, hier auszusteigen.

22 Wir sagen hier nicht, dass Meditation oder Gebet keine Auswirkungen auf den Schatten haben, denn die Unterdrückungsbarriere kann durch diese

Praktiken bis zu einem gewissen Grade durchlässiger werden, doch das ist *für sich genommen und als solches keine Garantie* dafür, dass Sie sich den Schatten aneignen, Sie haben lediglich besseren Zugang zu ihm. Das ist auch eine empirische Beobachtung: Nach zwanzig Jahren Meditation haben Menschen noch immer ihre Schatten ...

23 Die simple Tatsache, dass Sie meditieren, ist keine Garantie dafür, dass Sie in vier Jahren zwei Stufen oder vertikal überhaupt weiterkommen. Weitere Faktoren sind die kognitiven Komponenten und die Sicht oder der Bezugsrahmen, die Sie vertreten. Viele Traditionen – und Individuen – haben eine Denkstruktur, welche die vertikale Transformation durch Meditation tatsächlich behindert und nur eine horizontale Transformation (oder Fortschritte in der Zustandsschulung) zulässt; genau aus dem Grund, weil letztere für die eigene grundlegende Weltsicht oder Strukturstufe keine Bedrohung darstellt.

24 In dieser Hinsicht ist es enttäuschend zu sehen, wie selbst die jüngsten Versuche, Ost und West zusammenzubringen (von *Psychoanalysis and Buddhism* bis zum *Mind and Life Institute*, *The Sacred Mirror,* dem *Shambhala Institute* bis zu *Thoughts without a Thinker*), es versäumen, alle diese drei Facetten mit einzubeziehen. Wie nützlich wäre hier ein AQAL-Ansatz.

Kapitel 7: Ein Wunder namens »Wir«

25 Es gibt individuelle Holons, soziale Holons, Artefakte und Haufen. Nur individuelle Holons HABEN vier Quadranten; die anderen können VON vier Quadranten aus betrachtet werden (d.h. Quadrivium). Siehe Anhang II.

26 Beachten wir auch, dass in AQAL das Wort *sozial* eine weit gefasste und eine engere Bedeutung hat. Weiter gefasst bezeichnet »sozial« jedes kollektive System, kommunale Holons, Gruppe oder Gesellschaft (oder die unteren beiden Quadranten zusammengenommen). Wenn wir sagen »soziales Holon«, ohne etwas hinzuzufügen, meinen wir diese umfassendere Bedeutung. Aber »soziales Holon« kann auch das Äußere eines Kollektivs bedeuten, im Gegensatz zu dessen innerer Entsprechung, und dann bezeichnet »sozial« *nur* den unteren rechten Quadranten, und »kulturell« benutzen wir dann für den unteren linken Quadranten. Immer, wenn ich also »soziales Holon« generell sage, meine ich »soziokulturelles Holon«, und **kulturelles Holon** und **soziales Holon** verweisen dann speziell jeweils auf den unteren linken bzw. den unteren rechten Quadranten.

Ich treibe hier einfach nur einen weiteren kleinen Spaß mit technischen Begriffen, die wir entwickelt haben, um Leute bewusst zu verwirren, denn mir gefällt es, wenn sie schließlich denken: »Was zum Teufel hat er eigentlich gesagt?«

27 Der dominante Resonanz-Modus kann unter bestimmten Umständen tatsächlich zur Unterdrückung werden, aber die Abhilfe für diese Unterdrückung besteht darin, sich auf eine höhere Ebene des Holarchie-Nestes von wachsender Fürsorge und Mitgefühl zu begeben, und nicht in dem Versuch, eine eingebildete Vergangenheit – und damit eine niedrigere Ebene – zurückzugewinnen, wo, wie man annimmt, diese Unterdrückung nicht existierte. Das ist ein langes und komplexes Thema, über das ich eine Menge geschrieben habe, das wir aber beiseite lassen, um den generellen Punkt dieses Abschnitts zu Ende zu bringen.

28 Auf lange Sicht – im Verlauf von Tausenden Jahren Geschichte – scheinen Gesellschaften sich etwa von Rot zu Bernstein zu Orange zu entwickeln, und das stimmt auch; stimmt in dem Maße, wie der dominante Modus des Diskurses den dominanten Monaden bestimmter, tonangebender Gruppen von Individuen in dieser Gesellschaft folgt, und diese dominanten Monaden entwickeln sich definitiv in Stufen; und es stimmt auch, dass Individuen von den jeweiligen Stufen/Zyklen, die das Kollektiv selbst durchläuft (siehe z.B. Marx, Lenski), geprägt werden.

Aber wenn sich eine Gesellschaft erst einmal bis zu einer bestimmten Ebene entwickelt hat, müssen Gruppen in dieser Gesellschaft – *anders als die Individuen* – diese Stufen nicht wiederholen. Liegt also z.B. der Schwerpunkt einer Gesellschaft sagen wir bei Orange, dann *müssen* sich die *Individuen,* die in dieser Gesellschaft geboren werden, von Magenta zu Rot zu Bernstein zu Orange entwickeln; doch *Gruppen* können sich in dieser Gesellschaft auf *jeder* dieser Ebenen bilden, und Gruppen können in dieser Gesellschaft von diesen Ebenen springen, wenn die individuellen dominanten Monaden in diesen Gruppen wechseln (wie wir beim Pokerspiel gesehen haben). Das meine ich, wenn ich sage, dass individuelle Holons obligatorische Stufen durchlaufen, soziale Holons jedoch nicht.

Ob ein soziales Holon in seiner eigenen Entwicklung festgelegte Stufen durchläuft, hängt davon ab, welche Ebene, welcher Typ und welche Linie von sozialem Holon gemeint ist: eine Familie, eine Stadt, eine Nation, eine Zunft, eine Organisation, eine Liebesbeziehung usw. – und dann unten links oder unten rechts? Je nach entsprechender AQAL-Matrix ist jeder Fall anders. Viele dieser sozialen Holons zeigen Zyklen oder Phasen. Und doch durchlaufen Gruppen oder Kollektive nicht auf die gleiche Weise Stufen wie Individuen.

Wie auch immer jedoch – und das ist ein völlig anderes Thema – das soziale Holon aussehen oder um welchen der unteren Quadranten einer beliebigen Begebenheit es gehen mag, sie haben einen tiefgreifenden Einfluss auf ihre Mitglieder und sind tatsächlich soziale Dimensionen des In-der-Welt-Seins ihrer einzelnen Mitglieder. Soziokulturelle Holons haben eine Geschichte, eine Genealogie, eine Semiotik und ein System – aber diese Entwicklungen entsprechen nicht den Stufen der individuellen Entwicklung, denn es gibt hier keine dominante Monade, um sich in enger Einheit entwickeln zu können, sondern lediglich ein Kollektiv von Mitgliedern, die sich gegenseitig austauschen: Ein kollektives Tätigkeitsfeld, kein individuelles – und diese beiden durchlaufen nicht zwangsläufig die gleichen Stufen, wenn sie überhaupt Stufen zeigen.

Was wir jedoch feststellen, ist, dass Faktoren in allen vier Quadranten beteiligt sind: d.h., im oberen rechten evolutionäre Kräfte; unten links linguistische Entwicklungen; im unteren rechten technologische Stufen. Kulturelle Stufen wiederholen sich in Individuen, artifizielle Stufen nicht. Das heißt, wenn eine Gesellschaft im Bereich der Artefakte verschiedene Stufen durchlaufen hat, müssen Individuen diese nicht zwangsläufig wiederholen: Wenn ich in einem sozialen System lebe, das sich, sagen wir, zur Informationsgesellschaft entwickelt hat, muss ich nicht erst einmal jagen, Ackerbau betreiben und am Fließband arbeiten, um meinen Computer benutzen zu können. All das können wir mit AQAL erklären, nicht aber mit simplen Stufen- oder Zyklentheorien (die AQAL benutzt, aber in Kontexte stellt).

Viele dieser Unterscheidungen verfolgen wir in den »Exzerpten A-E« gründlich, sollte Sie das interessieren. Doch hier müssen sie uns nicht länger aufhalten. Der Punkt ist einfach, dass soziale Holons nicht zwangsläufig die Stufen – und auch nicht die Typen von Stufen – durchlaufen wie individuelle Holons.

29 Neben den generellen Ähnlichkeiten der Ansätze von Zone 4 gibt es natürlich bedeutende Unterschiede. Ein Hauptunterschied besteht in ihrem Standpunkt zu der Beziehung zwischen Signifikant (Ausdrucksseite des sprachlichen Zeichens, Anm.d.Ü.) und Signifikat (Inhaltsseite des sprachlichen Zeichens). Für de Saussure ist diese Beziehung zwar willkürlich, aber – sobald sie erst einmal besteht – eine sehr enge. Sie stellt eine mehr oder weniger unzerstörbare Einheit oder ein mehr oder weniger unzerstörbares Zeichen in einem System der Unterschiede dar, das von einer einheitlichen Struktur zusammengehalten wird – und die Erforschung der Regeln, Grammatik oder Tiefenstruktur dieses linguistischen oder symbolischen Systems heißt **Semiologie** (Saussure) oder **Semiotik** (Peirce).

Eine generelle Zusammenführung dieser beiden Ansätze finden Sie in Ken Wilber: *Das Wahre, Schöne, Gute.* Frankfurt 2002 – Kapitel 4 und 5. Für de Saussure ist das Zeichen eine Dyade (Signifikant, Signifikat); für Peirce ist es eine Triade (Zeichen, Objekt, Interpretant); für AQAL ist das Zeichen quadratisch (Signifikant, Signifikat, Semantik, Syntax), wobei jedes Element mehrere Hauptebenen hat. Ich will mich der Einfachheit halber hier nur auf Zeichen, Signifikant, Signifikat und Referenten beziehen, aber wir sollten das Gesamtwesen von Semiotik auf der AQAL-Matrix im Hinterkopf behalten. Auch dazu finden Sie eine Zusammenfassung in *Das Wahre, Schöne, Gute* und im zweiten Band der *Kosmos Trilogie* eine vollständige Darstellung.

Für die **Poststrukturalisten** von Lacan und Derrida bis zu Lyotard ist die Beziehung zwischen Signifikant und Signifikat keine solche Einheit. Struktur wird ersetzt durch *Ketten von gleitenden Signifikanten.* Zwischen Signifikant

(Symbol) und Signifikat (Bedeutung) klafft eine grundlegende Lücke, und diese Lücken sind meistens gefüllt mit Ideologie/Ismen – Patriarchat, Androzentrismus, Rassismus, Sexismus usw. Zwischen Signifikant und Signifikat gibt es einen *gleitenden Relativismus* und eine *endlose Verschiebung von Bedeutung* (das Versagen, die Unbestimmbarkeit von Bedeutung zu erfassen, wird Präsenz und Metaphysik genannt). Aber Ansätze wie die Grammatologie können diese gleitenden Ketten von Signifikanten untersuchen (die Ansätze der Zone 4 oder **1p x 3-p x 1p*pl** sind, wobei 1p*pl »erste Person Plural« bedeutet; Zone 2 und Zone 4 sind insofern ähnlich, als beide äußere Sichtweisen eines inneren Holons darstellen, wobei der Hauptunterschied der von 1p Singular von Zone 2 und 1p*Plural von Zone 4 ist).

Auch wenn der Poststrukturalismus viele wichtige, bleibende und universelle Wahrheiten enthält, landete er durch seine fanatische Verleugnung von universellen Wahrheiten beim ersten von vielen weiteren performativen Widersprüchen. Hilary Putnam, Donald Davidson, Jürgen Habermas, Karl-Otto Apel und Charles Taylor gehören neben vielen anderen zu denen, die diese Wahrheiten einfach niedermachten, und niemand nimmt diesen Teil des Poststrukturalismus ernst, außer Lyotard mit seinem Boomeritis-Narzissmus und dessen Anhänger (»Niemand sagt mir, was ich zu tun habe!«) – was, wie ich zugeben muss, traurigerweise eine ziemlich große Fraktion der akademischen Intelligenz ist.

Aber auf jeden Fall endete dieser nahezu vollständige Relativismus mit Derridas Zugeständnis in seinem Buch *Positions* (o.J.), dass es einen transzendentalen Signifikanten gibt – es gibt eine Realität, auf die Signifikanten sich beziehen müssen, damit ein Gespräch überhaupt in Gang kommt. Ohne einen transzendentalen Signifikanten, so Derrida, könnten wir noch nicht einmal Sprachen übersetzen – und dort endete der extreme poststrukturalistische Standpunkt; (der uns ebenso wichtige wie partielle Wahrheiten hinterließ). AQAL hat viele dieser Teilwahrheiten des Poststrukturalismus – Kontextualismus, Konstruktivismus und Aperspektivismus – vollständig mit einbezogen (Ken Wilber, *Naturwissenschaften und Religion* – siehe Anhang/Bücher).

Michel Foucault – ein raffinierterer Denker – blieb immer im Strukturalismus verwurzelt (und machte sich folglich viele seiner bleibenden Wahrheiten zunutze), selbst als er zum Pionier des **Neostrukturalismus** wurde. Wenn man sich den gesamten Foucault anschaut (d.h., alle seine drei Hauptphasen miteinander kombiniert), gibt es eine Entwicklungsarchäologie (des Wissens/der Erkenntnisse), eine Genealogie von »Neostrukturen« des Wissens/der Macht und die Kontinuität eines Selbst, das sie durchläuft. Ich stimme mit Habermas darin überein, dass Foucault der postmoderne Poststrukturalist ist, mit dem man sich einfach einigen muss; sein Neostrukturalismus ist in AQAL natürlich eine der Quellen der richtungweisenden Generalisierungen der Zone 4.

Insgesamt fällt uns also möglicherweise auf, dass AQAL-**Signifikanten** *und* **Signifikate** *und* **Referenten** mit einbezieht und sowohl ihre gleitenden (oder relativistischen, kulturspezifischen) und nichtgleitenden (universellen) Aspekte berücksichtigt. (Zur Beziehung von Signifikanten und Signifikaten siehe die nächste Anmerkung).

30 Wenn wir einfach nur die vier Quadranten als Quadrivium benutzen, ist in der integralen Semiotik ein Signifikant (oder ein materielles Zeichen) der obere rechte Quadrant, das Signifikat (oder was uns in den Sinn kommt) ist der obere linke Quadrant, Ketten von Signifikanten oder Syntax sind der untere rechte und Ketten von Signifikaten oder Semantik der untere linke Quadrant. Der Referent existiert oder ex-ist-iert (oder wird hervorgebracht) in einem Weltenraum, den wir locker mit dem unteren linken Quadranten gleichsetzen, um seinen kulturellen Charakter zu betonen, aber genauer betrachtet, bedeutet Weltenraum die totale AQAL-Konfiguration in diesem spezifischen Augenblick. (Wenn wir acht Perspektiven benutzen, ist Syntax 7/4, Semantik 8/3, Signifikant 5/2 und Signifikat 6/1.)

Die wichtigste Idee, die eine integrale Semiotik beleuchtet, ist wahrscheinlich das Entwicklungssignifikat, oder die Idee, dass das, »was uns in den Sinn kommt«, zum Teil durch die Entwicklungsebene oder den Weltenraum des Empfängers der Botschaft bestimmt wird. Der **Referent** des **Signifikanten** »Göttlichkeit« z.B. existiert im ultravioletten Weltenraum und kann nicht gesehen werden (oder bringt nicht das richtige **Signifikat** hervor), wenn sich das eigene Bewusstsein nicht bis zu dieser Ebene entwickelt hat. Der Versuch, die Existenz der Göttlichen Personen zu erklären, die nicht in den ultravioletten oder höheren Ebenen verankert sind, ist Zeitverschwendung.

31 Ich möchte an dieser Stelle darauf hinweisen, dass das in keiner Weise für Genpo Roshi (und seinen »Big Mind Process«) gilt, der ein geschätztes Mitglied des *Integral Institute* ist und mit uns zusammen daran arbeitet, dieses Problem im (amerikanischen) Buddhismus zu überwinden.

Kapitel 8: Die Welt des schrecklich Offensichtlichen

32 Und können dadurch umgekehrt auch sehen (wie wir auf dem schwierigen Weg herausgefunden haben), warum noch mehr Gehirnforschung die Menschen, die nicht im entsprechenden Zustand oder auf der entsprechenden Stufe sind, von gar nichts überzeugt ...

33 Wird lediglich der obere rechte Quadrant als real anerkannt, zieht das sämtliche Negativerscheinungen der monologischen Ansätze mit all ihren unangenehmen Seiten nach sich (mit denen wir uns in Kapitel 9 eingehend beschäftigen werden). Das schwierigste Thema, mit dem diese Disziplin konfrontiert ist, heißt »das harte Problem« – damit ist das Geist(Verstand)/Körper-Problem gemeint, das jetzt aber meistens als Geist(Verstand)/Gehirn-Problem formuliert wird, ein Problem, das wir wie folgt artikulieren könnten: Wenn ich mit meiner Methodologie, die so, wie sie nun einmal ist, nirgendwo Be-

wusstsein entdecken kann, das Bewusstsein aus dem Universum wegradiert habe, wie kann mein reduktionistischer Ansatz, der die Lösung sowieso nicht erkennen würde, selbst wenn er darüber stolperte, es dann berücksichtigen? Ich bin mir nicht sicher, ob Sie es genauso ausdrücken würden, aber Sie bekommen mit, wie hier der Wind weht. Die Lösung des harten Problems erfordert Methoden, die das Problem selbst nicht erkennt oder zulässt. (Teile des Geist(Verstand)-Körper-Problems können z.B. nur mit dem Bewusstsein gelöst werden, das sich im Satori umsetzt. (Siehe *Integrale Psychologie*, Kapitel 14.)

34 Dieser Freundeskreis hat ein »Wir« im unteren linken Quadranten, das aus kollektiven **Signifikaten** besteht, und ein »sie – Plural« im unteren rechten Quadranten, das aus den ausgetauschten materiellen **Signifikanten** besteht – grobstofflich, subtil und kausal. Laut AQAL-Theorie besteht das *Innere* eines sozialen Systems nicht aus den Mitgliedern dieses Systems, sondern aus den zwischen diesen Mitgliedern ausgetauschten *Signifikanten.* Im unteren rechten Quadranten sind *Organismen* oder *soziale Mitglieder* **im** sozialen System (oder bewegen sich innerhalb der Grenze von »sie – Plural«), ihre ausgetauschten *Signifikanten* machen das **Innere** des Systems aus. Korrelierend dazu sind im unteren linken Quadranten *kulturelle Mitglieder im* kulturellen Holon oder »Wir«, während das *Innere* dieses »Wir« aus der Nexus-Agens, dem kollektiven Tätigkeitsfeld gegenseitig miteinander in Resonanz tretender (d.h. intersubjektiver) oder *gemeinsamer Signifikate* in den Mitgliedern besteht.

Noch einmal: Das stimmt im Wesentlichen mit Luhmanns Punkt überein, wird aber noch differenzierter dadurch, dass wir »gemeinsame Kommunikation« unterteilen in gemeinsame Signifikanten (unten rechts) und gemeinsame Signifikate (unten links), was auch das Fundament für eine integrale Semiotik legt (siehe Band 2 der *Kosmos-Trilogie*).

Wir formulieren das für den unteren rechten Quadranten auch folgendermaßen: Soziale Systeme setzen sich aus *Mitgliedern plus den zwischen ihnen ausgetauschten Artefakten* zusammen; die Mitglieder sind im sozialen System, die Artefakte machen sein Inneres aus. (»Artefakte« – ausgetauschte materielle Artefakte – bedeutet »Signifikanten«.) Dieses Thema verfolgen wir in den Exzerpten A-G ausführlicher.

35 Gaia ist das Netzwerk von *prokaryontischen Zellen, die den Planeten umkreisen.* Prokaryontische Zellen sind frühe, primitive, einzellige Organismen (im Gegensatz zu eukaryontischen Zellen, die »wirkliche Zellen« sind). Deswegen schließt Gaia oder das Kollektiv von prokaryontischen Zellen als wissenschaftliche Hypothese (die meiner Meinung nach stimmt) NICHT Dinge ein wie sämtliche Lebensformen, Menschen, Säugetiere, Reptilien, Fische, Pflanzen, die Biosphäre usw.

Evolutionär wird Gaia in Abbildung 19 im unteren rechten Quadranten korrekt lokalisiert als kollektive Dimension von prokaryontischen Zellen (die oben rechts aufgeführt sind). Laut AQAL-Theorie machen die gaianischen prokaryontischen Holons, weil höhere Holons niedrigere Holons transzendieren und einbeziehen, das *Innere* aller höheren Lebensformen aus, und nicht umgekehrt, wie die Mythen des alten Paradigmas es darstellen – d.h., Säugetiere umfassen Gaia, aber Gaia umfasst nicht Säugetiere. Das heißt, Gaia ist in uns, wir sind nicht in Gaia. Aber genau aus diesem Grund bedeutet Gaia töten für die Menschen Selbstmord – und das ist die Grundlage für eine nichtreduktionistische Ökologie.

36 Wenn Sie das ebenfalls quält, wäre ein guter Anfang *Naturwissenschaft und Religion,* Kapitel 9, Postmoderne.

Kapitel 9: Das Förderband

37 Wenn sie sich für das Letzte entscheiden, müssen sie oft in Häusern für »fundamentalistische Bruderschaften« leben, deren Bewohner auf der bernsteinfarbenen/ethnozentrischen Stufe verharren und die Haltung vertreten, »Jeder, der nicht an Jesus glaubt, muss auf ewig in der Hölle schmoren«, was einer erstklassigen liberal-weltzentrischen Ausbildung nicht unbedingt förderlich ist. Andererseits unterdrückt die liberale Erziehung selbst, zumindest in ihrer augenblicklichen Form, eine spirituelle Intelligenz, die sich über Bernstein hinaus entwickeln will. Wir haben es hier also tatsächlich mit einer brutalen Wahl zu tun.

38 Diese werden bei Orange selbst-bewusst differenziert, sind aber als Hauptlinien praktisch auf allen Entwicklungsstufen vorhanden. Außerdem sind dies keine Quadranten, sondern das, was ich **Urteilsqualitäten** nenne, und jede Urteilsqualität ist eine Intelligenz oder eine Linie.

39 Einige Intellektuelle der Aufklärung waren zu Anfang noch Gläubige im Sinne einer rationalen oder orangenen Spiritualität – deren bekannteste Spielart war der Deismus –, aber die kulturelle Verwechslung von Ebene und Linie ging so weit und Wissenschaftlichkeit hatte sich bereits so fest etabliert, dass die große Mehrheit der Intellektuellen innerhalb einer einzigen Generation zu dem Glaubensbekenntnis (!) überwechselte, Religion sei völlig »out« und Wissenschaft völlig »in«, wenn es um die Frage nach den höchsten menschlichen Anliegen ging. Das heißt, **Wissenschaftlichkeit** wurde zum spirituellen Glauben der modernen Aufklärung.

40 Hierin besteht das wirkliche »Verbrechen der Aufklärung«, das mit den Standardanalysen und -kritiken der (meist grünen) liberalen Intellektuellen wenig zu tun hatte. Und auch nichts zu tun hatte mit dem verächtlich abgetanen newtonischen-kartesianischen Paradigma, das in Wirklichkeit den erstaunlichen Sprung darstellte, den eine andere Intelligenzlinie nach vorn tat. (Der Hass gegen den newtonischen-kartesianischen Sprung ist eines der sichersten Anzeichen für Boomeritis; siehe mein Buch *Boomeritis*, wo ich die Gründe dafür ausführlich analysiere.) Weder das newtonische-kartesia-

nische Paradigma noch das analytische Denken, weder das Patriarchat noch irgendeiner der üblichen Sündenböcke hatten irgendetwas zu tun mit der grundlegenden Ursache der allmählichen Spaltung. Das sind einfach nur die beliebtesten Prügelknaben von Grün.

Sicher waren Faktoren in allen Quadranten beteiligt. Die Industrialisierung (unten rechts) kann zu Spaltung beitragen, aber nur, wenn es auf derselben Ebene keine spirituelle Weisheit gibt (und es gab sie nicht), um für einen Ausgleich zu sorgen. Die Entdeckungen der grundlegenden Bausteine der materiellen Welt (oben rechts) können mit Sicherheit zu Spaltung beitragen, aber nur wenn dieser Quadrant verabsolutiert wird (und genau das trifft auf Wissenschaftlichkeit zu).

Der kulturelle Abscheu vor Monarchie, Aristokratie und Denkweisen mythischer Zugehörigkeit (unten links) kann zur Überhöhung von Rationalität und einem Widerwillen gegen alles Mythische beitragen, aber das führt nur dann zu einer Spaltung von Kunst, Moral und Wissenschaft, wenn in diesem System Wissenschaft zu Wissenschaftlichkeit verdreht wird (was mit der Unterdrückung von spiritueller Intelligenz und deren großer Verschiebung tatsächlich passierte).

All diese Faktoren haben sicherlich ihren Teil beigetragen, aber ohne die vorherige Verwechslung von Ebene und Linie hätten sie niemals die Zugkraft entwickelte, die schließlich bewirkte, dass sich das System einer rabiaten Wissenschaftlichkeit zuwandte, welche die anderen Bereiche bei lebendigem Leibe auffraß und eine Verzweiflung hinterließ, die sich generell ausbreitete und die tonangebenden Formen des ernst zu nehmenden Diskurses doch mit Macht verstärkten. So begannen unter anderem »die Wissenschaften vom Menschen«, über die Foucault so viel zu sagen hatte, ihre Laufbahn damit, dass sie Abweichungen von den eigenen Wahrheiten zur Krankheit erklärten, die medizinische Maßnahmen verlange. Gott war jetzt ein Gebrechen, für das die gerade flügge werdende Psychiatrie Heilung parat hatte.

41 Mit diesem Thema habe ich mich ausführlich in meinem Buch *Das Wahre, Schöne, Gute* beschäftigt; wenn Sie das interessiert, verfolgen Sie es dort bitte weiter. Hier finden Sie die Forschung über dieses Thema und eine Erläuterung aus Integraler Perspektive. Der einzige Vorbehalt ist, dass diese Erläuterung das Wilber-Combs-Raster nicht berücksichtigt, die Beziehung von Zuständen und Stufen ist also noch nicht ganz ausformuliert; aber Sie können zwischen den Zeilen lesen und sie entsprechend ergänzen. Die restlichen Ausführungen werden dem Thema immer noch gut gerecht.

Kapitel 10: Integrale Lebenspraxis

42 In *Eros, Kosmos, Logos* habe ich 1995 erstmals den theoretischen Rahmen von AQAL vorgestellt, der die Methoden aufzeigte, die den Kern früherer

transformativer Ansätze bildeten. Darauf aufbauend, ging *Einfach Das* weiter zu einer Integralen Lebenspraxis, die auf Modulen beruht und alle Ebenen, Linien und Quadranten einbezieht. Diesen Ansatz haben wir 2000 verfeinert durch die explizite Aufdeckung und Formulierung von acht grundlegenden Perspektiven und Methoden, was zu der Überlegung führte, jede dieser Zonen zu schulen oder zu üben und zwar nicht nur in einem akademischen Rahmen, sondern als persönliche Lebenspraxis – die heute AQAL-Praxis oder Integrale Lebenspraxis heißt. 2002 begann die Belegschaft des *Integral-Institute* mit den ersten Integralen Trainingsseminaren, die 2003 zum ersten Mal öffentlich angeboten wurden.

Diese Seminare und Workshops waren das Ergebnis der gemeinsamen Bemühungen einer Gruppe von ziemlich ungewöhnlichen Pionierinnen und Pionieren, darunter Jeff Salzman, Huy Lam, Terry Patten, Diane Hamilton, Bert Parlee, Willow Pearson, Sean Hargens, Cindy Lou Golin, Colin Bigelow, Rollie Stanich, Marco Morelli, Elliott Ingersoll, Jeff Soulen, Barrett Brown, David Johnston, Sofia Diaz, Michael Zimmerman, Brett Thomas, John Forman, Fred Kofman, Clin Fuhs und vielen weiteren ...

Anhang I

1 Formaler Hinweis: Die *Koshas* sind Ebenen/Strukturen, *Turiya/Turiyatita* sind Zustände.

2 Exzerpt G beschäftigt sich auch direkt mit dem Thema Reinkarnation und stellt die Frage, wie es sich in diese Hypothesen einfügt.

Anhang II

3 Wenn ich sage, dass sich das manifeste Universum entwickelt, heißt das nicht zwangsläufig, dass ich der neodarwinistischen Sicht der Evolution in allen Punkten beipflichte. Ich habe meine akademische Abschlussarbeit über die Biochemie und Biophysik des visuellen Prozesses geschrieben (»The photoisomerization of rhodopsin isolated from bovine rod outer segments«), und das, woran es unserem Verständnis vom Mechanismus der Evolution mangelt, könnte mehrere Büchereien wie die des Kongresses füllen. Ich bin auch kein Fan des Intelligent Design, das nichts anderes ist als Kreationismus in einer anderen Verkleidung. Aber Sie brauchen kein Intelligent Designer zu sein, um zu erkennen, dass die Evolution mit einer gewissen »kreativen Anziehung« verbunden ist. Whitehead sprach in diesem Zusammenhang von einem »kreativen Fortschreiten zum Neuen«.

Wenn wir von den Fakten der Evolution ausgehen, wie wir sie verstehen, ist die Annahme dieses Triebes – ein anderer Name dafür ist Eros – eine vollkommen realistische Schlussfolgerung. Sagen wir einfach, es gibt genug Platz für einen Kosmos des Eros. Aber bei Post-Metaphysik geht es vor allem darum, uns strikt auf das Wesentliche zu beschränken und uns zu weigern, mehr Dinge zu postulieren, wenn weniger den Zweck erfüllen. Es ist nur so, dass Eros zu den Dingen gehört, die offensichtlich nicht einfach verschwinden ...

4 Eine genauere Darstellung finden Sie in der Erläuterung von »Gegebenheiten der Involution« in den Exzerpten A – G.

5 Das verhindert auch, dass wir zu Vertretern des Intelligent Design werden. Verfechter des Intelligent Design haben eine Wahrheit auf ihrer Seite: Der wissenschaftliche Materialismus kann nicht die gesamte Evolution erklären (er kann so ziemlich alles erklären, nur nicht die wichtigsten holistischen Transformationssprünge). Dem stimme ich zu. Doch damit die Evolution weiter voranschreiten kann, brauchen wir nichts weiter als einen minimalistischen Eros (als involutionäre Gegebenheit). Diese Kraft des kreativen Voranschreitens zum Neuen ist eine Form von GEIST-in-Aktion, und mehr als dieser Eros ist nicht erforderlich, damit eine evolutionäre Theorie wunderbar funktioniert.
Aus diesem Grund schreitet die Evolution stoß- und ruckweise voran; sie ist ein kreatives Kunstwerk, kein Produkt von intelligenter Technik (wenn sie es wäre, wäre der Techniker ein Idiot). Die Vertreter des Intelligent Design plaudern sich ihre eine kleine Wahrheit so zurecht, dass sie daraus die Forderung ableiten, der Jehovah der Genesis möge dieser Eros sein, und dafür gibt es nirgendwo im Himmel oder auf Erden auch nur den geringsten Beweis.

6 Es gibt viele verschiedene Möglichkeiten, den Aspekt der Zustände in dieser Definition noch weiter zu differenzieren. Wir haben bereits darauf hingewiesen, dass sich die Menschheit als ganze die Hauptzustände, obwohl sie immer gegenwärtig sind und menschliche Wesen von den frühesten phylogenetischen Stufen an Zugang zu Wachen, Träumen, Tiefschlaf und nichtdualen Zuständen hatten, in etwa der gleichen Reihenfolge angeeignet hat, wie Meditierende es auch heute tun: indem sie sich von äußerer grobstofflicher Versenkung (Heidentum) zu einem Mystizismus der Gottheiten (aufsteigend und transzendental) zu formloser Unendlichkeit (das große Zeitalter der Achsenzeit) zu immer gegenwärtiger Nichtdualität bewegen. Anders als bei Bewusstseinsstrukturen jedoch ist diese Abfolge von geschulten Bewusstseinszuständen sehr fließend, und Individuen können mit diesen Zuständen Gipfelerfahrungen in verschiedenen Abstufungen machen. Aber es gibt bei den tiefsten Zuständen definitiv einen historischen Fortschritt, der durch Wachheit oder Zeugenschaft generell vorangetrieben wurde.
Wie in Kapitel 4 bereits erwähnt, neigten wir frühen Forscher dazu, höhere Zustände mit höheren Strukturen zu verwechseln und dann die höheren Zustände oben auf die konventionellen Strukturen zu packen. Das habe

ich in *Halbzeit der Evolution* getan, wo die Strukturen »durchschnittlicher« Modus und die Zustände »fortgeschrittenster« Modus heißen. In *Halbzeit der Evolution* verfolge ich die Spur dieser beiden »Linien«, d.h., tatsächlich verfolge ich hier – ziemlich richtig – 1. Den durchschnittlichen Schwerpunkt der vertikalen **Struktur-Stufen**, der in den einzelnen Epochen emergierte (den »durchschnittlichen Modus« – archaisch zu magisch zu mythisch zu rational zu integral-aperspektivisch), und 2. die Weiterentwicklung von geschulten Zuständen, die in diesen Zeitaltern ebenfalls emergierte – wo Zustände von grobstofflich zu subtil zu nichtdual (»fortgeschrittenster Modus«) wach durchdrungen wurden; wobei es sich hier um **Zustand-Stufen** handelt, die ich in meinem Buch *Halbzeit der Evolution* auch als Weg der Schamanen/ Yogis (grobstofflich bis subtil), Weg der Heiligen (subtil bis kausal) und Weg der Weisen (kausal bis nichtdual) bezeichne.

In Wirklichkeit läuft das auf ein Wilber-Combs-Raster für die phylogenetische Entwicklung hinaus, wobei die Strukturen auf der vertikalen Skala von unten nach oben verlaufen und die Zustände auf der horizontalen Skala quer angeordnet sind. Wenn Sie das berücksichtigen, ist *Halbzeit der Evolution* immer noch voll gültig und ziemlich präzise.

Obwohl also in jeder dieser großen Zeitepochen, die sich durch die weit verbreitete Emergenz einer höheren Stufe definierten (von archaisch zu magisch zu mythisch zu rational zu integral-aperspektivisch), jedem Individuum alle vier oder fünf Hauptzustände zugänglich waren, tendierte die Menschheit als ganze dazu, in der gleichen Reihenfolge wachen Zugang zu den großen Zuständen zu bekommen wie Meditierende heute; und das begründet die zweite Entwicklung, die ich in *Halbzeit der Evolution* verfolge. Die generellen Korrelationen zwischen diesen beiden (*Stufen* als durchschnittlicher Modus und *Zuständen* als fortgeschrittenster Modus) sind genau die, die ich in *Halbzeit* vorschlage: magisch/grobstofflich, mythisch/subtil, rational/kausal, integral/nichtdual.

Der Punkt bei Zuständen ist, dass sie eine lockerere Skala bilden als Stufen, weil hier Gipfelerfahrungen möglich sind, aber generell entwickelten sich die am höchsten entfalteten religiösen Vorbilder von *Zuständen* des heidnischen Naturmystizismus und subtilen Energien (Weg der Schamanen/ Yogis) weiter zum Mystizismus der inneren Gottheiten und der prophetischen Sicht, der Begegnung mit einem Leuchten und einer schöpferischen Quelle nicht von dieser Welt (Weg der Heiligen) zu kausaler Leerheit und nichtmanifester Versenkung (Weg der Weisen) zur nichtdualen Einheit von Leerheit und aller Form (Pfad der Siddhas und des Tantra).

Wir können unsere Definition von ERLEUCHTUNG jetzt also noch präziser auf die Zustände abstimmen, um diesen allgemeinen Fortschritt des realistischen Zugangs zu den Zuständen, der in jeder der Hauptstufen/ Zeitepochen möglich war, zu verdeutlichen. »Totales Einssein« ist dann genau die höchste Stufe und der höchste Zustand, die zu einem beliebigen Zeitpunkt in der Geschichte zu erwarten sind, und genau das hat *Halbzeit* entdeckt: magisch/grobstofflich, mythisch/subtil, rational/kausal, integral/

nichtdual. In dem Text konzentriere ich mich auf die Weiterentwicklung der Stufen, aber die Weiterentwicklung der Zustände ist ebenfalls eine wichtige Variable und fügt sich in unsere gleitende Skala und Definition von ERLEUCHTUNG präzise ein. Diese Entdeckung der Korrelationen zwischen den generellen Epochen der Stufen und der Weiterentwicklung von wach durchdrungenen Zuständen ist immer noch der beste Beitrag von *Halbzeit der Evolution*, denke ich.

7 Für eine noch differenziertere Version auf der Grundlage tatsächlich zugänglicher Zustände siehe die vorige Anmerkung.

8 Dieses Ergebnis geht auf mehrere Quellen zurück, zu denen Kegan, Spiral Dynamics, Paul Ray, Loevinger und Wilber gehören. Diese Zahlen summieren sich nicht zu 100 %, weil es Überschneidungen gibt.

9 Das ist kein subjektiver Idealismus, noch hindert es uns daran zu sagen, dass Ökosysteme im Zeitalter von Purpur und noch früher in irgendeiner Form existierten. Ebenso wie die Ablehnung des Mythos vom Gegebenen uns erlaubt, trotzdem von »intrinsischen Zügen« der Sinneserfahrung zu sprechen, können wir sagen, dass Ökosysteme, auch wenn sie im Weltenraum von Purpur nicht ex-ist-ierten oder in Erscheinung traten, trotzdem in diesem Weltenraum »bestanden« oder als Wesenszüge des Kosmos, die Purpur nicht erkannte, vorhanden waren. Und dennoch nehmen wir mit dieser Aussage vom Mythos des Gegebenen Abstand und zwar aus dem einfachen Grund, weil *diese Wesenszüge selbst* nicht vorgegeben sind, sondern lediglich Co-Produkte der höchsten Ebene des Bewusstseins, die sich behauptet.

Mit anderen Worten: Wesenszüge selbst beruhen zum Teil auf Interpretation und sind kon-struiert. Diese Wesenszüge werden dann rückblickend in frühere Zeiten hineingelesen – was in Ordnung ist, nur dass es sich hier nicht um Wesenszüge einer vorgegebenen Welt handelt, sondern um Wesenszüge des Weltenraums von Türkis (die natürlich von Indigo mehr oder weniger abgelehnt – oder genauer, transzendiert und einbezogen – werden, dessen typische Wesenszüge von Violett abgelehnt werden usw.).

Mit anderen Worten: Dies sind nicht wesentliche (im Sinne von feststehenden) Wesenszüge, sondern Wesenszüge, die auf Interpretation beruhen. Der Punkt ist, dass sich alles, was für den Kosmos wirklich »wesentlich« ist, mit jedem neuen Weltenraum verändert; sodass sowohl das, was ex-ist-iert, als auch das, was be-steht, ein Kon-strukt des Bewusstseins ist (aber natürlich nicht nur des Bewusstseins, weil jede Begebenheit tetra-strukturiert ist). Mit diesem Beispiel weisen wir lediglich darauf hin, dass Ökosysteme im Weltenraum von Purpur nicht ex-ist-ieren und in dessen Phänomenologie nirgendwo auftauchen.

10 Siehe Anmerkung 9.

11 Wir werden das gleich noch einmal in Quadrant und Quadrivium unterteilen.

12 Mit dieser Information können wir jetzt sehen, dass »acht Zonen« und »acht Perspektiven/Methodologien« einfach eine komplexere Version von Quadranten und Quadrivia sind. Das heißt, die acht Zonen sind »acht Quadranten« oder acht konkrete Dimensionen/Perspektiven eines individuellen Holons, und die acht Perspektiven/Methodologien sind acht grundlegende Wege, alle Begebenheiten mit Hilfe dieser Dimensionen (und der Methodologien, die wir innerhalb dieser Dimensionen benutzen können) betrachten zu können.

Wie heißt das lateinische Wort für acht Quadrivia – Oktavia? Das klingt ja allmählich wie eine Liste von römischen Eroberern. Aber es sollte klar sein, dass ich hier kein korrektes Latein benutze.

13 Das ist ein gutes Beispiel dafür, wie wir so ziemlich alles lokalisieren können. Gaia ist ein soziales Holon (kein individuelles Holon), das bei E/8 und höher ex-ist-iert. Auch wenn jemand nicht versteht, dass Gaia objektiv kein planetarischer Organismus ist, sondern ein planetarisches Kollektiv (d.h., das globale Ökosystem), kann er trotzdem eine subjektive Erfahrung mit globalem Einssein machen, die er »Gaia« nennt. Das objektive gaianische System als Kollektiv ist (3-p, E/8), während die subjektive Vorstellung von Gaia als Individuum (1-p, E/8) ist. Beide existieren und können lokalisiert werden; der Irrtum ist begründet in dem falschen Glauben, die zweite Realität würde die erste korrekt darstellen.

Das heißt, der Irrtum einer solchen Person – und wir können eindeutig Irrtümern, Illusionen, falschen Vorstellungen usw. unterliegen – ist begründet in dem Glauben, das zweite (der *Signifikant* »Gaia als planetarischer Organismus«) habe tatsächlich einen objektiven *Referenten* in der Welt rechter Hand, während sein Referent nur im subjektiven Raum oder im Raum linker Hand existiert. Rechter Hand ist Gaia ein System, kein Individuum, und der aktuelle Stand des Beweismaterials macht klar, dass sich irrt, wer etwas anderes denkt. (Wir nennen das einen *referentiellen Irrtum*, da der Referent des Signifikanten, obwohl er irgendwo existiert, nicht dort existiert, wo die Person es annimmt. Mit anderen Worten, sie hat die falsche Adresse für den Referenten.

Es gibt auch *phänomenologische Irrtümer,* bei denen ein Individuum sich vorstellt, dass das von ihm gesehene Phänomen für alle anderen auch wahr ist. Die drei Stränge (gültiger Erkenntnis, Anm.d.Ü.) sollen phänomenologische Irrtümer korrigieren. Es gibt noch weitere wichtige Typen von Irrtümern – mit denen wir uns hier nicht weiter beschäftigen müssen –, beachten Sie jedoch, dass auch die Irrtümer selbst in einem Weltenraum existieren, was für alle Dinge gilt, seien sie real oder imaginär. Die Eindrücke, an denen eine Person irrtümlich festhält, beruhen einfach explizit oder implizit auf der *Behauptung*, Referenten für oder Beziehungen zu Dinge/n zu haben, deren kosmische Adresse – neben anderen möglichen Problemen – nicht stimmt.

14 Siehe Anmerkung 13

15 Die kosmische Adresse eines bestimmten Holons ist natürlich dann am vollständigsten, wenn sie sämtliche AQAL-Parameter enthält, soweit sie bestimmt worden sind; je mehr Parameter, desto genauer die Adresse. Ich habe bereits darauf hingewiesen, dass eine Adresse als minimale Angaben Quadrant/Perspektive und Höhe/Ebene enthalten muss, aber wir können natürlich noch weitere Parameter hinzufügen, soweit sie bekannt sind. Beachten Sie, dass wir einen Quadranten entweder durch eine Perspektive, wie 3-p, darstellen können oder – noch genauer – indem wir die Nummer des Quadranten selbst angeben, d.h., Q/1 (oben links), Q/2 (unten links), Q/3 (oben rechts), Q/4 (unten rechts), da Quadranten grundlegender sind, obwohl jede dieser Darstellungen in Ordnung ist.

Ebenen können wir mit Zahlen angeben, doch da diese sich je nach der benutzten Anzahl von Ebenen ändern, greifen wir für Bezeichnungen der Höhe meistens auf Farben zurück und bezeichnen die Hauptebenen mit ir, m, r, b, o, g, p, t, i, v, uv (also E/m für magenta, E/o für Orange, E/i für Indigo usw.).

Linien können wir mit »L/« und den Namen der Hauptlinien im oberen linken Quadranten bezeichnen: kognitiv: k, moralisch: m, zwischenmenschlich: zm, psychosexuell: ps, ästhetisch/ künstlerisch: ä, kinästhetisch: kä, Selbstgefühl: S, Werte: W, musikalisch: mu, logisch-mathematisch: lm, innerpersönlich: in. Typen bezeichnen wir mit »T/«; im oberen linken Quadranten können dazu gehören: männlich: m, weiblich: w, Enneagramm E plus die Zahl (d.h., E5, E7) usw. (Linien, Typen und Zustände in den anderen Quadranten können wir natürlich auch mit passenden Symbolen nach Wahl bezeichnen.)

Je mehr dieser fünf Elemente wir angeben, desto genauer ist die kosmische Adresse (Q/E/L/Z/T). Wenn wir mehr als eines dieser Elemente verwenden, halten wir uns an diese Reihenfolge (woran wir uns, wenn wir im Text nur die Höhe und den Quadranten angegeben haben, nicht gehalten haben, da wir die entsprechenden Erklärungen in einer anderen Reihenfolge abgegeben haben, trotzdem ist das die richtige Reihenfolge).

Für ein bestimmtes erkennendes Subjekt (d.h. ein Holon, das Quadranten hat) könnte das heißen: Der Forscher John Doe argumentiert aus der Perspektive der dritten Person (d.h. benutzt die Q/3-Perspektive oder Es-Perspektive) auf Ebene 5 oder Orange (E/5 oder E/o), Linie/kognitiv (L/k), Zustand/grobstofflich (Z/g), Typ/männlich (T/m), und das alles zusammen ergibt (Q/3, E/5, L/k, Z/g, T/m). John Doe könnte (via Quadrivia) ein Objekt im unteren rechten Quadranten erforschen, das einen festen Zustand hat (Z/g), Stamm/Linie *Homo erectus* (Symbol: he; also L/he), weiblicher Typ (T/w), da es ein Mitglied des globalen Ökosystems ist, das allgemein bekannt ist als Gaia (dessen Gesamtgestalt erst auf Höhe 8 emergiert). Das könnten wir ausdrücken mit dem Satz: John Doe (Q/3, E/5, L/k, Z/g, T/m) konzentriert sich auf den femininen *Homo erectus* in seiner Interaktion mit Gaia (Q/4, E/8, L/he, Z/s, T/f).

Die generelle kosmische Adresse dieser Interaktion lautet:

Subjekt $^{(Q/3,\ E/5,\ L/k,\ Z/g,\ T/m)}$ x Objekt $^{(Q/4,\ E/8,\ L/he,\ Z/s,\ T/f)}$

Wenn wir das drastisch vereinfachen wollen, können wir einfach nur die Perspektiven angeben: 1p x 3-p x 3p, oder meine erste Person (John Doe) betrachtet aus der Perspektive der dritten Person ein System der dritten Person plural, was eine sehr vereinfachte Version der integralen Mathematik ist, die wir in diesem Text benutzen; aber Sie können sehen, wie ausgeklügelt die Darstellungen werden können. Wahrscheinlich ahnen Sie auch schon, welche Probleme auf John zukommen: Er betrachtet ein Sie-(dritte Person plural) System aus einer Es-Perspektive, aber dieses System existiert auf Höhe acht und John segelt auf Höhe fünf herum. Unter anderem wird er deswegen das Objekt mit Hilfe rein instrumenteller Rationalität unter Verwendung der kognitiven Linie sehen (statt durch paradigmatisch-übergreifende Erkenntnis, die noch höhere Ebenen von Komplexität sieht). Nicht dass er alles nur verzerrt sieht, aber die entscheidende Tiefe der Interaktion wird sehr wohl verzerrt sein.

Genau dieses Problem hat in der biologischen Genetik die Entdeckung des tatsächlichen Elements der natürlichen Auslese verhindert, das zufällig auf jeder Ebene von Komplexität ein Holon ist (siehe die Diskussion in *Eros, Kosmos, Logos* über unterschiedliche Elemente von natürlicher Auslese auf verschiedenen Ebenen von Komplexität). Stellt sich die Frage, was diese auf der inadäquaten Höhe von Forschern beruhenden Probleme in Psychologie und Spiritualität angerichtet haben; ersparen Sie es mir bitte, dass ich mich dazu auch nur ansatzweise äußere.

Und als Letztes, die kosmische Adresse dieser Interaktion (die ich fett gedruckt belasse) ist nicht nur »eine Sicht von nirgendwo«. Wenn diese Interaktion (John Doe erforscht Gaia), sagen wir, von einem Mann vom kognitiven Standpunkt der dritten Person aus auf der Höhe von Ultraviolett (seien wir großzügig und sagen wir, dass ich dort bin) in der kognitiven Linie dargestellt und erläutert wird, lautet die kosmische Adresse dieser Begebenheit:

Subjekt $^{(Q/3,\ E/10,\ L/k,\ Z/nd,\ T/m)}$ **x Subjekt** $^{\mathbf{(Q/3,\ E/5,\ L/k,\ Z/g,\ T/m)}}$ **x Objekt** $^{\mathbf{(Q/4,\ E/8,\ L/he,\ Z/s,\ T/f)}}$

Das können wir vereinfachen, indem wir lediglich die Perspektiven angeben: **1p x 3-p x 3p (1p** x **3-p** x **3p**). Oder: Meine erste Person nimmt einen Standpunkt der dritten Person von seiner ersten Person ein, die eine objektive Sicht (3-p) von diesem System der dritten Person einnimmt. Der Punkt ist, es gibt keine absolute »Sicht von nirgendwo«, sondern im Reich der Manifestation sind alle Wahrnehmungen *immer auch* Perspektiven, endlose Widerspiegelungen des Kosmos in einem Spiegelgewölbe, das er schöpferisch hervorbringt, um sich selbst zu sehen.

16 Siehe z.B. meine Bücher *Die drei Augen der Erkenntnis* und *Naturwissenschaft und Religion.*

17 Der Vorzug des Positivismus besteht – von seinen reduktionistischen Heftigkeiten mal abgesehen – darin, dass er mit seiner Schlussfolgerung »Die Bedeutung einer Aussage ist das Mittel zu ihrer Verifizierung« zumindest auf die Tatsache stieß, dass das Mittel für ihre Umsetzung Teil jeder Realität ist. In diesem einen sehr speziellen Sinn ist eine Mega-Phänomenologie ein Mega-Positivismus. Deswegen ist ein »positiver Beweis« für ein Giga-Glossar kein Problem.

Der Positivismus geriet in Schwierigkeiten, als er versuchte, sämtliche Weltenräume auf atomistische Elemente der dritten Person, oben rechts, E/5 und höher (und Zahlen, die sie darstellen) zu reduzieren – oder **3p x 3-p x 3p** auf E/5 und höher. Die positivistische Reduktion, die als solche im oberen linken Quadranten, E/5 und höher existiert, ist eine referentielle Unwahrheit (siehe Anmerkung 13/Anhang).

18 In Wirklichkeit sind es »Tetra-Struktionen«. Ich hoffe, es ist klar, dass ich, immer wenn ich von »Kon-Struktionen« des Bewusstseins rede, Tetra-Struktionen des Kosmos meinen. »Kon-Struktionen des Bewusstseins« sind einfach die Komponenten linker Hand – vor allem von unten links –, die Aspekte dieser Tetra-Struktion und Tetra-Evolution jeder Begebenheit sind.

Anhang III

19 Als Ausnahme galten linguistische Spiele à la Wittgenstein oder von anderen, denen jede wirkliche Tiefe oder Innerlichkeit fehlt. In der Postmoderne einschließlich der postmodernen akademischen Welt dürfen Sie so viele spirituelle Spiele spielen, wie Sie wollen, solange diese nicht spirituell sind. Die Postmoderne ertrinkt nahezu in Oberflächlichkeiten und performativen Widersprüchen dieser Art. Aber das ist keine ernsthafte Spiritualität, selbst wenn es hier, wie auch anderswo, hin und wieder Öffnungen gibt.

20 Es sei denn als linguistische Spiele oder archäologische Proben.

21 Aus quadrantischer Sicht würde das heißen: Das Zeichen setzt sich zusammen aus Signifikant oben rechts und Signifikat oben links (und ja, laut Postmoderne klaffen zwischen beiden oft große Lücken, was zu einer Verschiebung der Bedeutung führt). Die Integrale Theorie definiert ein Zeichen als »jeden Aspekt von Realität, der einem anderen ein anderes bezeichnet.« Zeichen existieren in semantischen (unten links) und syntaktischen (unten rechts) Systemen, zusammengehalten von Pragmatik (deren *Telos* darin besteht, die vier Quadranten jeder semiotischen Gegebenheit zu vereinen: Und alle Gegebenheiten sind semiotisch, obgleich nur höhere Tiere linguistische Formen von Semiotik haben: Die vier Quadranten gehen ganz bis nach unten und nehmen die Semiotik mit). Übrigens schließt sich Whitehead in dieser Hinsicht James an, was auch der Grund dafür ist, warum Whitehead

seiner Essenz nach tatsächlich monologisch ist (was AQAL wiedergutzumachen versucht, indem wir von »quadrantischem Erfassen« sprechen).

22 Man könnte auch sagen, dass es Absolute Subjektivität (*Brahman-Atman*) gibt, die in Wirklichkeit Nichtdualität oder reine Wahrnehmung ist (und damit auch nicht qualifizierbares *Shunyata* und formloses, nicht manifestes *Nirvana*), und dann gibt es das manifeste Reich relativer Subjekte und Objekte (das kein Reich reiner Wahrnehmung, sondern ein Reich von Perspektiven ist). Im manifesten Reich ist das relative Subjekt in Wirklichkeit eingebettet in Ketten von Intersubjektivität (so wie das Objekt vermischt ist mit Interobjektivität) – und wer das nicht sieht, bezieht sich darauf als Mythos vom Gegebenen, als Philosophie des (reinen) Subjekts und Philosophie des Bewusstseins.

Während der Westen also dazu tendiert, Absolute Subjektivität oder Bewusstsein als solches abzulehnen – oder genauer, reine Leerheit (das Papier, auf dem die vier Quadranten gezeichnet sind) –, ist der Osten befangen im Mythos vom Gegebenen und der Philosophie des Subjekts. Der Osten begreift das Absolute richtig, verstümmelt aber das manifeste Reich auf üble Weise. Wie in diesem Buch immer wieder gesagt wird, mag das Nichtduale tatsächlich die Einheit von Leerheit und Form sein, aber die Welt der Form ist AQAL. Wird das nicht gesehen, fehlt ein adäquater Bezugsrahmen oder eine adäquate Sicht.

23 Siehe die Erläuterungen zu Daniel P. Brown im dritten Kapitel dieses Buches. Meditierende denken, dass sie tatsächlich *Dharmas SEHEN*, aber das stimmt nicht. Wie Browns Untersuchung nur allzu deutlich zeigt, ist das, was verschiedene Meditierende mit unterschiedlichen kulturellen Hintergründen und Bezugssystemen sehen, co-konstruiert durch die Interpretationen, die sie benutzen. Gewahrsein und Meditation per se setzen einfach den Mythos vom Gegebenen fort sowie die Illusionen, die er erzeugt. Das haben monologische Meditation und Kontemplation mit monologischer Wissenschaft gemeinsam, Und aus diesem einen entscheidenden Grund werfen die Vertreter der Postmoderne sie alle in einen Topf.

Register

G

H

I

J

K

L

M

N

R

S

T

U

V

W

Y

Z

Kontaktadressen

Im Jahr 1998 entstand in Deutschland der *Arbeitskreis Ken Wilber*, der sich 2001 mit Gruppen in Österreich und der Schweiz zusammenschloss, um in einem regen virtuellen Austausch, aber auch in persönlichen Begegnungen, z.B. in Integralen Salons, das Ideal eines integralen Weltbildes zu fördern und zu vertiefen. Internationale Kongresse und Tagungen finden seither regelmäßig statt. Wilbers AQAL-Modell dient dabei als Landkarte und der persönliche Kontakt zum Integralen Institut in Boulder sowie mit Ken Wilber ist zur bedeutsamen Quelle von Inspiration und Anregung geworden.

Um die Bereitschaft zum Austausch mit anderen Integralen weltweit zu signalisieren, wurde 2006 der Arbeitskreis in INTEGRALES FORUM umbenannt.

Wenn Sie sich für den Austausch mit Menschen im *Integralen Forum* interessieren, Wilbers Werk umfassender reflektieren wollen, eine integrale Lebenspraxis anstreben und zu einer integralen Welt beitragen möchten, dann nehmen Sie gern Kontakt auf über die Website des *Integralen Forum e.V.*

www.integralesforum.org

Dort finden Sie Kontaktadressen von Aktiven (in Ihrer Region oder zu Fachthemen) in mehreren Ländern sowie Hinweise auf aktuelle Veranstaltungen und Treffen.